GRIECHENLAND

OST- UND SÜDOSTEUROPA
GESCHICHTE DER LÄNDER UND VÖLKER

Herausgegeben von Horst Glassl und Ekkehard Völkl

Michael W. Weithmann

GRIECHENLAND

Vom Frühmittelalter
bis zur Gegenwart

Verlag Friedrich Pustet
Regensburg

Umschlagmotiv: Peter von Heß, Ankunft König Otto I.
in Nauplia am 6. 2. 1833 (Detail).
Bayer. Staatsgemäldesammlungen, München
(Foto. ARTOTHEK)

Die Deutsche Bibliothek – CIP-Einheitsaufnahme

Weithmann, Michael W.:
Griechenland : vom Frühmittelalter bis zur Gegenwart /
Michael W. Weithmann. – Regensburg : Pustet, 1994
  (Ost- und Südosteuropa)
  ISBN 3-7917-1425-2

ISBN 3-7917-1425-2
© 1994 by Verlag Friedrich Pustet, Regensburg
Umschlaggestaltung: Richard Stölzl, München
Gesamtherstellung: Friedrich Pustet, Regensburg
Printed in Germany 1994

INHALT

GELEITWORT

Als sich im Verlauf des 19. Jahrhunderts und bis ins 20. Jahrhundert herein das zerfallende Osmanische Reich aus Südosteuropa zurückgezogen hatte und als am Ende des Ersten Weltkriegs auch das Habsburger Reich sowie das Russische Reich zusammengebrochen waren, entstanden eine Reihe neuer Staaten und die Vielfalt der seit vielen Jahrhunderten im östlichen und südöstlichen Europa lebenden Völker trat stärker denn je in Erscheinung.

Kenntnisse über diese Länder und Völker liegen seit Jahrhunderten vor. 1526 war es der kaiserliche Diplomat Herberstein, der als erster durch seine Reisebeschreibung 1526 den Vorhang über das ferne »Moskowien« lüftete. Der Donau-, Karpaten- und Balkanraum hingegen war – trotz der Einbindung in das osmanisch-türkische Reich – nicht so abgelegen, daß man überhaupt nichts darüber gewußt hätte. Am meisten trat Griechenland zu Beginn des 19. Jahrhunderts durch den »Philhellenismus« in das Blickfeld des westlichen Europa; die anderen Länder folgten.

Dann isolierte sich im 20. Jahrhundert die Sowjetunion unter Stalin so wirkungsvoll, daß man jeden Bericht über die dortigen Verhältnisse dankbar aufnahm. Die Reisebeschreibung von Klaus Mehnert (»Der Sowjetmensch«) aus den dreißiger Jahren blieb für lange Zeit eines der wenigen Bücher, die einen Einblick in das Alltagsleben der Sowjetunion gewährten. Nach dem Zweiten Weltkrieg versank sogar der gesamte Ländergürtel von Polen bis Bulgarien für einige Jahrzehnte hinter dem »Eisernen Vorhang«.

Der Zusammenbruch des »Ostblocks« und das Ende der Sowjetunion bedeutete für das gesamte östliche und südöstliche Europa tiefgreifende Veränderungen. Die baltischen Staaten gibt es wieder, es entstand die Moldau-Republik und weitere neue Staaten kamen durch die Auflösung der Tschechoslowakei und Jugoslawiens hinzu. Bei dem raschen Wandel, der seither abläuft, und bei der Suche nach neuen Orientierungen lassen sich aber auch Traditionen und Verhaltensweisen erkennen, die weit in die Vergangenheit zurückreichen und zu deren Erklärung es eines Blickes auf den historischen Hintergrund bedarf.

Über den Werdegang der Griechen, Rumänen, Polen, Bulgaren,

Makedonen, Ukrainer und anderer Völker besteht an guten Büchern kein Mangel. Wenn dennoch eine neue Reihe »Ost- und Südosteuropa – Geschichte der Länder und Völker« erscheint, geschieht dies mit einer besonderen Zielsetzung, nämlich die komplizierte Fülle der historischen Abläufe in einer wissenschaftlich präzisen, aber so verständlichen Darstellung zu präsentieren, daß sie einem allgemein interessierten Leser ohne Schwierigkeiten einen Zugang ermöglicht. Zu diesem Ziel soll eine übersichtliche Gestaltung der Texte ebenso beitragen wie die Ausstattung der Bände mit einem informativen Anhang über wichtige Persönlichkeiten und historische Schauplätze sowie – zum praktischen Gebrauch – der wichtigsten Sehenswürdigkeiten und Museen. Das Augenmerk soll auf die politische Geschichte, aber auch auf die Wirtschaft, Gesellschaft und Kultur gelegt werden.

Es ist ein Anliegen von Verlag und Herausgebern, Interesse für die Völker des östlichen und südöstlichen Europa und Verständnis für ihre Situation sowie ihre jeweils andersartige Problematik zu wecken, aber auch die Attraktivität dieser Länder und ihrer Menschen nahezubringen.

Prof. Dr. Horst Glassl
Universität München

Prof. Dr. Ekkehard Völkl
Universität Regensburg

Zur Benutzung des Buches:

Eine allgemein gültige Transkription der griechischen Schrift existiert nicht. Im Vorliegenden sind griechische Begriffe, Personen und Ortsnamen, die sich im Deutschen eingebürgert haben, in diese Form umgeschrieben. Ansonsten werden Doppellaute als Umlaute, »Beta« als W und »Eta« als E und I wiedergegeben.

Im laufenden Text des Buches sind diejenigen Personen bei Erstnennung durch einen Pfeil (→) gekennzeichnet, über die man im Anhang S. 266 ff. zusätzliche Informationen findet.

»Alte« und »Neue« Griechen

Bei Nikos Kazantzakis (1887–1957), dem Schöpfer des wohl bekanntesten griechischen Romans, »Alexis Sorbas«, stoßen wir auf die Begriffe von der »Zwillingsgeburt der Griechenseele« und von den »Zwei Seelen in der Brust des Griechen«. Kazantzakis spricht damit prägnant den inneren Gegensatz an, der die nationale Identität der Griechen zutiefst prägt, das sogenannte »Rhomäisch-Hellenistische Dilemma«.

Griechenland, das ist einerseits das Erbe des »alten«, des klassischen Hellas, in dem die Grundlagen für das moderne Europa gelegt worden sind, – versinnbildlicht im Parthenon über Athen. Zwar ist auch in späterer Zeit in Griechenland die Kontinuität zur Glanzzeit des Altertums nie gänzlich abgerissen, doch im wesentlichen hat der Einfluß von außen – nämlich der im 19. Jahrhundert aus dem Westen stammende Philhellenismus – das »antike« Selbstverständnis der »Neu-«-Griechen bewirkt. In diesem Sinne nennen sich die Griechen selbst »Hellenen« und ihr Land »Hellas«.

Griechenland versteht sich andererseits aber als in der Nachfolge des 1000-jährigen Byzanz, des christlich gewordenen griechischen Ostteils des Römischen Reiches, stehend. Das Symbol von Byzanz ist die Hagia Sophia in Konstantinopel, die (historisch) größte Kirche der orthodoxen Christenheit. Die Einheit von Byzanz und der Orthodoxie ist die eigentliche, geschichtlich gewachsene griechische Tradition, die im Begriff »Romaiosyne« – (Ost)-Römertum – zum Ausdruck kommt. Danach bezeichnen sich die Griechen als »Rhomäer«, ein Name, der heute freilich nur mehr intern gebraucht wird und Ausländern gegenüber nicht zur Anwendung kommt.

Zwischen dem Neo-Hellenismus, der sich auf die Antike rückbesinnt und der Romaiosyne, die sich an Byzanz orientiert, herrscht durchaus ein starker Widerspruch. Im Mittelalter manifestierte er sich im Gegensatzpaar: Heidnisches Hellenentum – rechtgläubiges (orthodoxes) Rhomäertum. In neuerer Zeit wird die Betonung der antiken Komponente mit einer Hinwendung zum Westen, nach Westeuropa gebracht, demgegenüber das Rhomäertum Griechenland eher als Teil der osteuropäischen, orthodoxen Welt sieht. Dieses nationale Spannungsverhältnis bestimmt die Geschichte Griechenlands bis heute.

Michael W. Weithmann

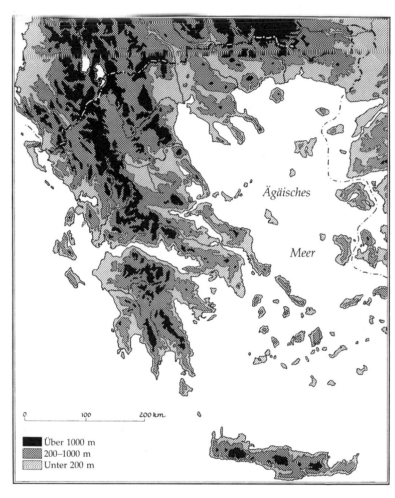

Ägäisches

Meer

	Über 1000 m
	200–1000 m
	Unter 200 m

Reliefkarte der Griechischen Halbinsel

DER NATURRAUM

Die griechische Landschaft

Ein weißer Glanz ruht über Land und Meer
Und duftend schwebt der Äther ohne Wolken
Und nur die höchsten Nymphen des Gebirgs
erfreuen sich des lichten Schnees auf kurze Zeit.

(Goethe, Nausikaa-Fragment)

Eine »*Vermählung aus Land, Licht und Meer*« hat Goethe Griechenland genannt. Der deutsche »Olympier« zu Weimar hat das Land der Griechen in innerlich-deutscher Romantik »*geschaut*«, hat sein Wesen »*mit der Seele gesucht*«, aber wohl nie gefunden, geschweige denn, daß er, der für seine Zeit Weitgereiste, das damals so ferne Land je realiter gesehen hätte. Um so erstaunlicher ist es, wie Goethe mit dieser poetischen Formulierung wohl den Kern des Phänomens »Griechenland« erkannt und treffend ausgesprochen hat!

Denn nur mit prosaischen, aber im Grunde bedeutungsgleichen, Worten erklärt uns die moderne Geographie die Beschaffenheit der einzigartigen griechischen Landschaft als eine »*geophysische Verschränkung von Gebirge und Meer unter mittelmeerischem Trockenklima*«. Werfen wir einen Blick auf die Reliefkarte:

Das Festland

Die Griechische Halbinsel ragt schroff zwischen Adria und Ägäis empor. Sie stellt den südlichen Ausläufer des festländischen Balkanstocks dar. Die gebirgige Balkanhalbinsel mit ihren verschachtelten Gebirgszügen und kahlen Hochebenen stößt hier als durchgehendes Bergland noch 750 km ins Mittelmeer hinein. Gebirgige Formen bestimmen daher in erster Linie das Bild des griechischen Festlands. Die karstigen Dinarischen Hochgebirgszüge setzen sich von den Albanischen Alpen weiter nach Süden im kahlen Grammosmassiv und im Pindosrücken fort, erreichen hier Höhen von über 2500 m und teilen das griechische Festland, die »*Stereia*«, in den westlichen Epiros, ein geschlossenes kahles Gebirgsplateau, und in die östlichen grünen

Gesicht Thessaliens. Hier steigt der vielgipflige, schneebedeckte Olymp unvermittelt über dem Meer und über den thessalischen Ebenen zu knapp 3000 Höhenmetern auf und trennt Thessalien vom nördlich gelegenen Makedonien. Der Ossa, eine fast 2000 m hohe nackte Felspyramide auf bewaldeter Basis, der 1650 m hohe Pelion und der bis zu 2150 m auffahrende Othrys riegeln das ebene Thessalien zur Ägäis hin ab. Der Oite (2150 m) flacht südlich nach Attika hinein ab zum Pentelikon – berühmt wegen des pentelischen Marmors – zum »kräuterreichen Hymettos« über Athen und setzt sich fort in den Laurion-Hügeln mit ihren bereits im Altertum erschöpften Silberbergwerken.

Nach Süden geht das Pindosgebirge über in den Parnassos (Parnaß), der sich über Delphi bis auf 2457 m hoch auftürmt und zum Golf von Korinth hin steil abfällt. Jenseits des Golfs, auf der Peloponnes, setzen sich die Bergstränge im rauhen arkadischen Hochland und im Taygetosgebirge fort. Im Profitis-Elias-Gipfel über Sparta erreicht der Taygetos eine Höhe von 2407 m und zieht sich, von wilden klammartigen Schluchten durchbrochen, bis über die steinige Halbinsel Mani hin. »Pentedaktylos«, Fünffinger, wird der Taygetos-Gebirgszug heute genannt, weil seine weißen Gipfel sich wie die Knöchel einer Faust aufreihen. Er zergliedert die südliche Peloponnes in die Landschaft Lakonien im Osten und in die Landschaft Messenien im Westen. Der parallel zum Taygetos sich hinziehende Parnos-Stock verwehrt Lakonien den offenen Zugang zum Meer und macht es zu einer geschlossenen Landschaft. Von der Peloponnes aus setzt sich das Dinarische Faltengebirge unterseeisch fort, taucht als Insel Kreta wieder auf und steigt dort in den Levka Ore (Weißen Bergen) und im Ida-Massiv auf knappe 2500 m auf.

Schwer zugängliches, verkehrsfeindliches Gebirge, in das zahlreiche kleinere Becken als Siedlungskammern eingeschlossen sind, wasserloser Karst und schroffe, felsige vegetationsarme Geländeformen, die von erodierten Durchbruchstälern durchzogen sind, prägen das geophysische Bild Griechenlands. 80% seiner Fläche sind siedlungsfeindliches Gebirgsland und es ist damit ein kleines Abbild der gesamten südosteuropäischen Balkanhalbinsel. Als Besonderheit aber machen die enge Durchdringung von Gebirge und Meer die griechische Halbinsel wohl zur geomorphologisch differenziertesten Landschaft Europas mit einer sonst nicht vorkommenden Vielgestalt naturräumlicher Kontraste, von Vegetationswechseln und vielfältiger klimatischer Einflüsse. Alle elementaren Formen der Erde sind hier auf kleinem Raum pittoresk vereinigt: Gebirge, Ebene, Niederung, Meer.

Innerhalb der vorherrschenden Gebirgslandschaften ist der Siedlungsraum des Menschen unübersichtlich aufgesplittert in eine Vielzahl kleiner, abgeschlossener Becken und isolierter Kammern und in einige wenige umfangreichere Plateaus und Hochebenen – wie das Tafelland von Tripolis im Inneren der Peloponnes oder die schmale Hochebene von Ioannina in Epiros.

Nur wenige breitere, von Höhenzügen eingerahmte Talebenen erlauben eine intensivere Nutzung und Besiedlung: Die vom Peneios durchflossene siedlungsgünstige Thessalische Ebene, die traditionelle Kornkammer Griechenlands, deren kleinere östliche Senke, der Boibeis, in historischer Zeit allerdings versumpft und unbesiedelt war, – sowie die vom Acheloos geschaffene, zum Ionischen Meer hin offene Ätolische Ebene, und auf der südlichen Peloponnes das Eurotasbekken um Sparta und die Messenische Ebene.

Die ausgedehnten Schwemmlandebenen im Bereich der Spercheios-Mündung in Mittelgriechenland, weitere in Attika, an der Küste der Argolis und an der Meeresseite von Elis – heute allesamt üppiges landwirtschaftliches Kulturland – waren bis in unser Jahrhundert hinein zum großen Teil versumpfte, überschwemmungsgefährdete und vom Menschen gemiedene Gebiete.

Ganz besonders gilt dies für die großflächigen Anschwemmungsräume der wasserreichen Balkanflüsse Nestos und Strymon in Thrakien, und für die breiten Schwemmlandebenen des Axios und des Haliakmon in Makedonien. Heute sind dies die fruchtbarsten Regionen Griechenlands. Früher jedoch, noch bis in die Zeit nach dem Zweiten Weltkrieg, erstreckten sich hier meilenweit nur malaria- und mückenverseuchte Salzsümpfe.

In den beengten Siedlungskammern des binnenländischen Gebirges war (und ist) nur die kleine Landwirtschaft im klein- und kleinstparzellierten Grundbesitz möglich, meist nur zur Subsistenz mit geringen Überschüssen für den örtlichen Markt. Die größeren Hochebenen und Kessel bieten nur dürftige Böden. In den Ebenen ist die Landwirtschaft ertragreicher, hier gab (und gibt) es auch größere Grundeinheiten und Großgüterwirtschaft, wie etwa in osmanischer Zeit die großen Ciftlik-Güter in Thessalien und Makedonien, auf denen Hunderte von abhängigen Bauern für die türkische Beamtenkaste oder Stiftungen arbeiteten. Später gingen sie in griechischen Staatsbesitz über, behielten aber die Form des Großgrundbesitzes.

Die größeren Siedlungen im landwirtschaftlich genutzten Binnenland – Edessa, Larissa, Trikala, Lamia, Agrinion – sind bäuerliche Landstädte und lokale Märkte nur für die engere Umgebung. Kleingewerbe und Handwerk sind rein auf ihre ländliche Umgebung bezogen (»Bazarstädte«). Der »urbane« Handel, das Dienstleistungsgewerbe und die Industrie konzentriert sich in den großstädtischen Ballungszentren an der Küste.

Neben kargem Ackerbau bietet das Bergland noch die Möglichkeit der Kleinviehzucht in der Form der halbnomadischen Fernweidewirtschaft. Besonders im makedonischen Bergland und im Pindos, aber auch in Arkadien, war die »Transhumanz«, d. h. der jahreszeitliche Wechsel zwischen den Hochalmen im Sommer und den Winterquartieren in der Ebene weitverbreitet. Die Hirten überwinterten in den am Gebirgsfuß gelegenen »Kalyvia« (Winterdörfern) und trieben im Frühjahr die Herden auf die Gebirgsmatten und auf die baumlosen Hochflächen. Die also nur in der kalten Jahreszeit voll bewohnten Kalyvien-Siedlungen konnten, wie etwa in Metsovo (Epiros) oder Arachowa (Böotien), durchaus ansehliche Größe erreichen. Die wandernden Gebirgshirten Griechenlands waren übrigens ursprünglich keine »Griechen« im ethnischen Sinne, sondern in der Mehrzahl aus dem inneren Balkan eingewanderte walachisch-rumänische Stämme, in geringerer Zahl auch Albaner.

Der im klassischen Griechenland noch dichte Waldbestand war in hellenistischer und römischer Zeit durch Raubbau erheblich dezimiert worden, hatte sich aber aufgrund von Landflucht und Entvölkerung in der Spätantike wieder leidlich ausgebreitet. Im Mittelalter wurde er durch die expansiven walachischen Wanderhirten jedoch wieder aufs schwerste beeinträchtigt, da sie die Berghänge und Hochebenen durch Brandrodung und Ziegenfraß zu baumlosen Weideflächen umwandelten. An der Küste und auf den Inseln tragen die Venezianer einen Gutteil der Verantwortung für die Waldvernichtung, – nicht so sehr als Holz für den Bau ihrer Flotte, sondern als begehrtes Handelsgut in der gesamten Levante. Heute ist der Waldbestand durch Bodenspekulation bedroht. 1991 und 1992 wurde durch Brandstiftung, die Platz für illegales Bauland und touristische »Erschließung« schaffen sollte, ein Drittel der noch vorhandenen Wälder vernichtet. Die unkontrollierte Rodung in den vergangenen 2500 Jahren bewirkte eine verhängnisvolle, bis heute fortschreitende Veränderung der griechischen Landschaft. Bodenerosion, Verkarstung und damit Wassermangel sind die Folgen.

Nur die Flüsse aus der nördlichen Balkanregion – der Nestos (slawisch Mesta), der Strymon (slawisch Struma) und der Axios (slawisch Vardar) –, dazu noch der im Grammos entspringende Haliakmon, sind das ganze Jahr hindurch mit großer Menge wasserführend. Die jeweils im Pindos entspringenden Flüsse Thessaliens, der gewundene Peneios und der kürzere Spercheios, sowie der Hauptfluß Ätoliens, der Acheloos (auch Aspropotamos genannt), nehmen im Sommer deutlich ab, während die Hauptflüsse der Peloponnes, der an Olympia vorbeifließende Alpheios und der Lakonien durchziehende Eurotas sich in der heißen Jahreszeit zu dünnen Rinnsalen wandeln.

Die gebirgige, zum Teil verkarstete Oberflächenstruktur Griechenlands ist der Grund, daß man heute nur mit einem Viertel der Staatsfläche, die zu Siedlung, Anbau und Weide nutzbar ist, rechnen kann. Ziehen wir davon die erst in moderner Zeit durch Flußregulierung und Trockenlegung neugewonnenen landwirtschaftlichen Flächen in Thrakien und Makedonien ab, so halbiert sich das Kulturland für die historische Zeit noch einmal! Das bedeutet, ⅞ der griechischen Halbinsel war bis in unser Jahrhundert hinein unerschließbares Ödland, entweder gebirgige Steinwüste oder versumpftes Flachland. *»Hellas hat die Armut zur Schwester«*, hieß es daher, denn das von der Natur so mager ausgestattete Agrarland konnte über Jahrhunderte hinweg nie seine eigene Ernährung sicherstellen.

Eine Antwort auf die kargen Lebensbedingungen war die Emigration. In der zweiten Hälfte des 19. und zu Beginn des 20. Jahrhunderts wanderten zahlreiche Griechen (aus dem Mutterland, aber auch aus Kleinasien) nach Übersee aus. In den USA rechnet man heute mit 2 000 000 Griechischstämmigen, in Australien und Neuseeland mit 700 000 und in Kanada mit 250 000. Eine andere Form ist die Arbeitsemigration, bei der die »Gastarbeiter« nach einiger Zeit in ihre griechische Heimat zurückkehren und dort eine eigene Existenz aufbauen. Ziel der Arbeitsemigration war in den 60- und 70er Jahren besonders die Bundesrepublik Deutschland.

Naturgemäß stößt die verkehrsmäßige Erschließung in einem geophysisch so unregelmäßig aufgebautem Raum auf große Schwierigkeiten. Die binnenländische Infrastruktur Griechenlands ist entsprechend undifferenziert und beschränkt sich je auf eine West-Ost- und eine Nord-Süd-Achse: Die historische und aktuelle Hauptader des Landes ist die Vertikal-Verbindung zwischen Thessalonike und Athen und von dort weiter nach Patras. Sie ermöglicht die einzige durchgehende Kommunikation zwischen Nord-, Mittel- und Südgriechenland. Wer heute auf der gut ausgebauten Autobahn (Europastraße 92) in 7 bis 9 Stunden die begradigten und höhennivellierten 600 Straßenkilometer von Saloniki bis Korinth abfährt, ahnt nichts mehr von den früheren beschwerlichen mehrwöchigen Reisen. Denn obwohl diese Magistrale das Gebirge weitgehend meidet, mußten in historischer Zeit mehrere Engstellen und Pässe überwunden werden: Besonders kritische Punkte waren der Peneiosdurchbruch von Makedonien nach Thessalien (heute meist Tempotal genannt), und der strategisch höchst bedeutsame Thermopylen-Paß zwischen dem Malischen Golf und dem Kallidromos-Gebirge, durch den der Weg nach Mittelgriechenland führt. Die Straße von Athen in die Peloponnes passierte die berüchtigte Kaki-Skala-Enge und überquerte den Isthmos von Korinth, die nur 7 km schmale Landenge zwischen dem Korinthischen und dem Saronischen Golf. Der Isthmos, das Tor zur Peloponnes, war ab der Spätantike immer wieder schwer befestigt worden. Seit 1893 durchsticht hier der schiffbare Kanal von Korinth auf 6,7 km die Landenge und verbindet damit das Ionische Meer mit der Ägäis.

Schwierig gestaltet sich bis heute die Landverbindung vom verkehrsoffeneren und siedlungsgünstigeren Ostteil zum abgeschiedenen Westteil des griechischen Festlandes. Der Pindoskamm kann hier nur im 1705 m hohen (und daher im Winter nur schwer erreichbaren) Zygos- (oder Katara-)Paß überwunden werden. Diese einzig größere West-Ost-Achse führt von Thessalien (Larissa, Trikala) hinüber nach Epiros (Ioannina).

Von enormer strategischer, politischer und ökonomischer Bedeutung war in historischer Zeit die von den Römern angelegte Via Egnatia. Sie durchmaß allerdings nicht das »eigentliche Griechenland«, sondern stellte die östliche Fortsetzung der Via Appia (Rom-Brindisi) dar. Sie führte von Durazzo (heute albanisch Durres) quer durch das epirotische und makedonische Bergland nach Thessalonike und von dort dem nordägäischen Küstensaum entlang weiter bis Konstantinopel. Durch die Via Egnatia war Griechenland an das römische und an das darauf aufbauende nachrömische mittelalterliche Straßennetz Europas angebunden. Als Kommunikationsstrang zwischen den beiden Weltstädten Rom und Konstantinopel war sie die frequentierteste via publica (Römerstraße) des spätrömischen Imperiums.

Nur in ihrem Ostteil zwischen Saloniki und Istanbul hat diese Route (Europastraße 5) heute noch verkehrspolitische Bedeutung. Durch die Öffnung Albaniens könnte aber auch wieder die westliche Strecke zwischen Saloniki und Durazzo (und damit der Transfer nach Italien) ausgebaut werden. Die alte Via Egnatia kann damit ihre alte Weltgeltung als Transitstrecke von West- und Südeuropa in den Vorderen Orient wiedergewinnen. Wegen der kriegerischen Verwicklungen im inneren Balkanraum und der damit verbundenen Gefährdung des internationalen Handelsverkehrs liegen entsprechende Pläne bereits der EU vor.

Das Meer

Der gebirgige, verschlossene Charakter ist aber nur die eine Seite der griechischen Landschaft. Auf der anderen steht das Meer, die offene See, die sprichwörtlichen »Küsten des Lichts«. Angeblich soll auf jedem Punkt innerhalb der griechischen Landmasse das Meer immer innerhalb nur eines Tagesmarsches erreichbar sein! Über 15021 km Küstenlinie verfügt Griechenland in seiner heutigen Gestalt, die Inselwelt miteinbezogen. (Im Vergleich dazu das wesentlich großflächigere Italien: 8700 Küstenkilometer.) Wir können daraus das endlos gezackte Küstenprofil ermessen, das sich in zahlreiche Buchten, landeinwärtsdrängende Golfe (griechisch Kolpos, Plural Kolpoi), Halbinseln und Vorgebirge gliedert. Eine innige, aber auch sehr problematische Verzahnung von Berg und Meer, denn die vorherrschenden Steilküsten sind verkehrs- und siedlungsfeindlich und bieten kaum geschützte Naturhäfen. Viele Häfen, besonders auf den Inseln und im Epiros sind reine Anlegestellen ohne ausbaufähige Verbindung zum bergigen Hinterland. Auch die breiten Schwemmlandgürtel mit ihren vorgelagerten Lagunen und den flachen Buchten und dem sich häufig ändernden Litoralsaum, z. B. in Makedonien oder in Elis, sind siedlungsfeindlich und bieten keine festen Stützpunkte.

Wo Meeresarme tief ins Binnenland vorstoßen, finden wir die bevorzugten Hafenplätze, an denen sich von der Antike bis heute die großen Metropolen Griechenlands entwickelt haben: Am Thermäischen Golf Thessalonike, am Saronischen Golf Athen und Piräus, und am Korinthischen Golf, der ganz Griechenland durchteilt, die Stadt Patras. Diese vier Küstenstädte sind die modernen pulsierenden urbanen Zentren Griechenlands, allen voran der Großraum Athen / Piräus, wo sich heute ein Drittel der Gesamtbevölkerung Griechenlands zusammenballt. Seit jeher befinden sich an der Küste, bzw. in Küstennähe, die meeresorientierten Verkehrsknotenpunkte des Landes, zugleich die überregionalen Mittelpunkte von Handel, Gewerbe, Industrie und staatlicher Verwaltung. Die Landesstruktur bringt es mit sich, daß sich die städtischen Schwerpunkte, wie überhaupt die Vorzugsräume, eher an der der Ägäis zugewandten Ostseite Griechenlands häufen.

Während das Gebirge trennt, verbindet das Meer. Mit Küstenschiffahrt war eine leichtere Kommunikation möglich als durchs gebirgige Binnenland. Sowohl das Ionische Meer wie auch die Ägäis, die beide ja innerhalb des Mittelmeeres jeweils eine Art Binnenmeer bilden, sind

mag spira hen verkehusfieundlich. Schon in prähistorischer Zeit war
hier die Küstenseefahrt, bzw. die »Schönwetterfahrt«, mit keinen
besonderen Schwierigkeiten verbunden. Das leicht zu befahrende
Meer blieb durch seine Inseln und die immer nahen Küsten über-
schaubar und lud zum Befahren geradezu ein.
Etwa ein Fünftel der Gesamtfläche des Landes entfällt auf seine
formenreiche Inselwelt. Von über 3000 Meereseilanden sind heute 167
dauerhaft besiedelt. Der Westküste vorgelagert sind die relativ fruchtbaren Ionischen Inseln. Kahl und felsig sind die zahlreichen Inseln
und Inselgruppen der Ägäis, die Sporaden (die »Verstreuten«) und die
Kykladen (die »Kreisenden«). Der Dodekanes (»Zwölfinseln«) und die
direkt der kleinasiatischen Küste vorgelagerten Großinseln Lesbos,
Chios, Samos und Rhodos bilden die uralte Landbrücke von Griechenland nach Kleinasien. Die kleinasiatische Westküste gehörte bis in
unser Jahrhundert hinein noch zum griechischen Siedlungs- und
Kulturraum.
Kreta, die größte der griechischen Inseln, bildet eine kleine Welt für
sich. Die weit im Osten gelegene Insel Zypern muß in diesem Buch
ausgespart bleiben.

Griechische Doppelnatur

Zwei verschiedene, ja entgegengesetzte Naturräume bestimmen also
die geomorphologische und – wie wir sehen werden – auch die
kulturgeographische Physiognomie Griechenlands:
Das Gebirge und das Meer, der Balkan und der Mittelmeerraum. Dies
führt in mehrfacher Hinsicht zu einer dezidierten kontinental-mariti-
men Doppelnatur des Landes und seiner Bewohner.
Auch klimatisch bedingt in unserem Raum der Widerstreit des balkan-
festländischen und des mediterranen Klimatypus' eine Vielzahl loka-
ler Klimaformen, wobei das gemäßigte mittelmeerische Klima über-
wiegt, – wie auch die Flora zeigt: Trocken-heiße Sommer mit dem
berühmten klaren blauen Himmel (so kennt es meist der Tourist), in
welchen vor dem Aufkommen des Massentourismus das ganze öffentliche Leben in eine Art Sommerschlaf versunken war, und regneri-
sche Winter, – jeweils unterbrochen durch einen fast frühlingshaften
grünen Herbst und einen üppigen farbenprächtigen kurzen Früh-
ling.
Die Ölbaumgrenze verläuft im Landesinneren parallel zur Küstenlinie. Sie reicht in Nordgriechenland bis auf etwa 300 m, in Mittelgriechenland bis zu 600 m, und auf der Peloponnes bis zu 1000 m Höhenli-

nie. In dieser küstennahen Zone herrscht das eigentliche mediterrane Klima: Hohe Sommerwärme, Trockenheit, frostfreie Winter. Die montane Region über dieser Linie – durchaus ein beträchtlicher Teil des Landes – ist zum kontinentalen Klimabereich zu rechnen. Der immergrüne Ölbaum (Olea) ist quasi der Inbegriff der rein mediterranen Vegetation. Ölbaumhaine bestimmen das Bild Griechenlands in den Küstenbereichen.

Die senkrecht durch das Festland ziehende Pindoskette, das Hochland von Arkadien und der die südliche Peloponnes teilende Taygetoskamm fungieren als west-östliche Wetterscheide. Deutlich regenreicher ist der Westteil – Epiros, Elis, Messenien –, aber wegen der Erosion ist er keineswegs fruchtbarer als der trockene Osten. Im Ostteil des Landes, in Makedonien, in Attika und in Lakonien, zwang – unter anderem – auch die mangelnde Niederschlagsmenge die Bewohner zur Gemeinsamkeit, zum gemeinsamen wirtschaftlichen und politischen Handeln, und damit letzlich zur Gründung von Poleis, von Stadtstaaten. Zudem in Landesnatur und Naturbeschaffenheit bevorzugt, ist daher der Ostteil Griechenlands die traditionelle Kulturzone.

Kulturgeographische Grundlagen

Die geschilderten naturräumlichen Geofaktoren prägen auch die geschichtlichen Triebkräfte, die auf Griechenland einwirken.

Große Bevölkerungszahlen konnten sich in den von Gebirgsschranken umrahmten, in sich geschlossenen Landschaftskammern und an den Küstenhöfen nicht entwickeln. Das bizarre Terrain und die abweisende Natur im Binnenland hat generell die Bildung größerer politischer Einheiten nicht zugelassen, denn auch die politische Macht mußte aufgefächert und zersplittert bleiben wie die Siedlungsräume selbst. Das charakteristische politische Merkmal der griechischen Antike war ja gerade die »Kleinstaaterei«, die Aufteilung in eine Vielzahl von lokal distanzierten Kantonen und Vorzugsräumen, die als historische Zentren (Poleis, Stadtstaaten) Bedeutung erlangt haben. Deren Bewohner fühlten sich zwar durch Sprache und Kultus als »Hellenen« den umwohnenden »Barbaren« gegenüber als zusammengehörig, konkurrierten aber untereinander nichtsdestotrotz in erbittertster Weise. Eine der wichtigsten Merkmale, die die griechische Geschichte geformt haben, ist der *Partikularismus*, die Aufteilung der politischen Macht in verschiedene individuelle Gruppen. Der Historiker spricht von »zentrifugalen Triebkräften«, die hier wirksam sind.

Politische Uneinigkeit und staatliche Dezentralisation aber sind wiederum die Voraussetzung für Fremdherrschaft und Fremdbestimmung, – ein weiteres Leitmotiv der griechischen Geschichte. Die politische Zusammenfassung des Landes erfolgte immer von außen – als Fremdherrschaft – und im Rahmen mächtiger Imperien: Im makedonischen Alexanderreich, im Imperium Romanum, im Byzantinischen Reich und im Osmanischen Reich. Dabei lag Griechenland immer am Rande, an der *Peripherie*, niemals im Zentrum dieser Hegemonialsphären. Wir dürfen nicht vergessen, daß der griechische Raum von seiner Einbindung ins Makedonische und dann ins Römische Reich an, das ganze Mittelalter und die Neuzeit hindurch niemals selbstbestimmtes Subjekt war, sondern immer nur randständiges Objekt größerer Mächte. Daran hat auch die – wiederum von außen – durchgesetzte Gründung eines eigenen Staatswesens im Jahre 1830 nur wenig geändert. Der von den europäischen Großmächten gewährten innenpolitischen Autonomie (und auch die war und ist fragil) entsprach nicht die außenpolitische Souveränität. Neu-Griechenland war eine neue Figur auf dem balkanischen Schachbrett der europäischen Großmachtdiplomatie des 19. Jahrhunderts. Auch heute gilt Griechenland innerhalb der Europäischen Gemeinschaft als »peripherer Staat«, der auf äußere Hilfe angewiesen und daher de facto nur bedingt souverän ist.

Fazit: Geschichte wird hier passiv erlitten, nicht aktiv gestaltet. Und dafür ist Griechenlands schicksalhafte Geographie verantwortlich. Das kleine ostmittelmeerische Land dient seit jeher als Brücke dreier Kontinente: Europa, Asien, Afrika. Es liegt, quasi eingekeilt, im sensiblen Übergangs- und Grenzraum zwischen den sich antagonistisch gegenüberstehenden Macht- und Kulturblöcken des Orients und des Okzidents. Und besonders fatal war – und ist! – seine geopolitische Schlüsselposition im Schnittpunkt der traditionellen wie aktuellen Krisengebiete unserer Erde: Zwischen Balkan und Nahost.

Die Doppelnatur des Landes (Gebirge/Meer) bewirkt auch bei den Menschen eine deutliche Kultur- und Mentalitätsscheide. Im balkanisch geprägten Landesinneren herrschte noch lange die archaische patriarchalische »Geschlossene Gesellschaft«. Die Gebirgsbauern waren ein ausgesprochen zähes, konservatives Element, deren Horizont kaum über die nächste Bergschranke reichte. Signifikant dazu im Gegensatz stehen die Küstenbewohner. Sie sind seit jeher urban geprägt und zeigen durch Schiffahrt und Fernhandel Weltoffenheit und Liberalität. Dies gilt zuallererst für die der Ägäis zugewandten Ostseite Griechenlands. Nur die Landschaften östlich der Pindoskette und ihrer Fortsetzung in der Peloponnes haben sich als geschichtstragend erwiesen. Dort verläuft die Nord-Süd-Verbindung Griechenlands, und die Küste zeigt hier erheblich mehr siedlungsfreundliche und hafenreiche Abschnitte als im Westen.

Schon im Altertum wurde die Verschiedenheit der griechischen Mentalitäten im berühmten Gegensatz vom »fortschrittlichen Athen« zum »beharrenden Sparta« offenbar. Im Mittelalter manifestierte sich dieser letztlich landschaftlich bedingte Mentalitätswiderspruch sogar im ethnischen Bereich. Denn nur die Küstenregion (und auch bevorzugt die Ostküste) und die Inseln blieben vorwiegend griechisch besiedelt, während sich im Binnenland fremde Völker – Slawen, Aromunen, Albaner – breitmachten. Im neugriechischen Staat rief die Divergenz des griechischen Volkscharakters ein eigenes Schlagwort hervor: »Ethnikos Dichasmos« (»Nationale Spaltung«). Dieser Begriff wird nun allerdings transferiert auf den unüberbrückbaren innenpolitischen Dissens, – zwischen Royalisten und Republikanern vor dem Zweiten Weltkrieg und zwischen Liberalen und Konservativen auf der einen Seite und Kommunisten und Sozialisten auf der anderen nach dem Zweiten Weltkrieg. Auch der bis in die jüngste Zeit wirksame Sprachdualismus zwischen einer griechischen Hochsprache und einer griechischen Volkssprache hat das nationale Gemeinschafts- und Verantwortungsgefühl der Menschen bildungs- und klassenmäßig, aber auch sozialgeographisch, tief gestört. Und von Anfang des griechischen Nationalstaatsgedankens Ende des 18. Jahrhunderts an bis heute als unüberwindbar zeigt sich der Widerspruch zwischen dem genuinen byzantinisch-christlich-orthodox geprägten Nationalgedanken, der »Romaiosyne«, und dem aus Westeuropa übernommenen, an der klassischen Antike orientierten Nationalgedanken, – dem »Neo-Hellenismus«.

»Ich kenne kein anderes kleines europäisches Land, in dem sich so mannigfaltige, unvergleichliche Elemente zu einem nationalen Dasein zusammenfinden!« (Henry Miller)

Landschaftliche Gliederung

Geographisch ordnet sich das heutige Staatsgebiet Griechenlands in a) das Festland, b) die Halbinsel Peloponnes und c) die Inselwelt.
Die auch in historischer Zeit gebräuchliche Bezeichnung für das zentralgriechische Festland ist »STEREA HELLAS« oder verkürzt »STEREIA«, »das Feste«. In osmanischer Zeit kam der Begriff Rumeli oder

»Rumelien« auf. Ursprünglich bezeichnete Rumeli das gesamte europäische Festlandsterritorium des Osmanischen Reiches, bezog also Makedonien und Bulgarien mit ein, wurde aber auch als Sonderbezeichnung für Mittelgriechenland verwendet. Der Name leitet sich von »Rum«, dem osmanischen Wort für (Ost-)Rom, ab. Der nachantike, bis ins 19. Jahrhundert gebräuchliche Name für die Peloponnes war »Morea«. Für die ägäischen Inseln kam im Mittelalter der Terminus »Archipelagus« auf, eine Verballhornung aus »Ägion Pelagos« (Ägäisches Meer), die größte Insel darin, Kreta, wurde »Candia« genannt. Der italienische Begriff »Levante« (Osten) bezieht sich auf den gesamten Ostmittelmeerraum.

Die meridionale Ausdehnung der Griechischen Halbinsel ermöglicht eine klare, landschaftlich, klimatisch aber auch kulturell bedingte Scheidung in *Nordgriechenland*, bestehend aus Thrakien, Makedonien, Epiros und Thessalien, in *Mittel- oder Zentralgriechenland*, das sich über Akarnanien, Ätolien, Lokris, Böotien und Attika erstreckt, und in *Südgriechenland*, das die Peloponnes umfaßt.

Administrativ wird das Staatsgebiet in Nomoi (Einzahl Nomos) eingeteilt, die in etwa Regierungsbezirken entsprechen. Die Nomoi sind weiter in Eparchien, Landkreise, unterteilt.

Die seit der Antike tradierte historische Landschaftsgliederung deckt sich zum Teil mit den modernen Verwaltungseinheiten.

Thrakien

Beginnen wir im äußersten Nordosten: Der Regionalbegriff »Thrakien« bezieht sich nicht nur auf Griechenland, sondern bezeichnet eine südosteuropäische Großlandschaft, die sich heute über Bulgarien, die europäische Türkei (um Edirne) und das griechische thrakische Küstenland erstreckt. Die griechische Region Thrakien umfaßt die Nomoi Hebros (Alexandroupolis), Rhodopi (Komotini) und Xanthi mit der Insel Samothrake. Das entspricht der nordägäischen Küste zwischen den Flüssen Hebros (bulgarisch Marica, türkisch Meric) und Nestos (bulgarisch Mesta), im Norden begrenzt durch das bis über 2000 m aufsteigende Rhodopen-Gebirge, dessen Hauptmassiv in Bulgarien liegt. Thrakien ist ein ausgesprochener ethnischer Fluktuationsraum. Von seiner bewegten Völkergeschichte zeugen heute noch dominante ethnische und religiöse Minderheiten: So Türken und Bulgaren, die eigene Ortsnamen verwenden, z. B. Dedeagac für Alexandroupolis, Gümülcine für Komotini oder Eyice für Xanthi. Eine besondere Minorität in Thrakien und Makedonien bilden die Poma-

24

ken, eine slawisch (bulgarisch-)sprachige, aber muslimische Volksgruppe. In Griechenland existiert für sie auch die Bezeichnung »Achrianes«. In den Nomoi Rhodopen und Xanthi besteht derzeit ein leichtes Übergewicht der muslimischen Bevölkerung.

Der gesamte nordägäische Küstensaum ist erst seit 1913 griechisches Staatsgebiet. Er wurde sowohl während des Ersten wie des Zweiten Weltkriegs von den Bulgaren, die dieses Gebiet als ihren natürlichen Ägäiszugang beanspruchen, besetzt. Die Minderheiten, die entweder nach Sofia oder Ankara orientiert sind, sowie die unmittelbare Nähe zur bulgarischen wie türkischen Grenze machen Thrakien zu einem potentiellen politischen Spannungsraum in Südosteuropa. Regionalpolitisch gesehen leidet Griechisch-Thrakien unter einer ausgesprochenen Abseitslage. Wirtschaftlich ist der Nomos wenig entwickelt. Die weiten Tabakkulturen um Xanthi bieten heute keine Quelle des Wohlstands mehr wie noch vor 100 Jahren. Längst hat der »American Blend« den Orient-Tabak vom Weltmarkt verdrängt.

Makedonien

Westlich schließt sich die Großregion MAKEDONIEN mit der Hauptstadt Thessalonike (Kurzform Saloniki) an. Auch der Territorialbegriff Makedonien bezeichnet ein übernationales Land, das sich heute über Griechenland, Bulgarien und »die ehemalige jugoslawische Republik Makedonien« erstreckt. Das frühere jugoslawische Makedonien mit der Hauptstadt Skopje ist das Herzland des Balkans. Hier ermöglicht der Vardar-Durchbruch die günstigste Verkehrsverbindung von der Donau zum Mittelmeer. Entsprechend umkämpft war (und ist!) dieses Gebiet zwischen Bulgaren, Serben und Griechen und den hinter ihnen stehenden Großmächten. Seit neuestem beteiligen sich am Verteilungskampf auch die einheimischen slawischen Makedonier, die ihre 1992 ausgerufene Unabhängigkeit bewahren wollen. Östlich an die frühere jugoslawische Republik Makedonien grenzt Pirin-Makedonien (benannt nach dem Pirin-Gebirge). Es handelt sich hierbei um den kleinen bulgarischen Anteil Makedoniens.

Nach den Balkankriegen 1912/13 und dem Rückzug der Osmanen aus Südosteuropa war Makedonien dreigeteilt worden. Der Raum Skopje kam an Serbien und teilte 1918 bis 1992 das Schicksal Jugoslawiens. Bulgarien, das mit einigem Recht auf ethnische und kulturelle Verwandtschaft zu den slawischen Makedoniern hinweisen konnte, wurde mit dem kleinen Piringebiet abgefunden. Die *Makedonische Frage* war damit keineswegs aus der Welt geschafft und führte zwischen Sofia und Belgrad zu teils offenen, aber immer latenten Gegensätzen. Der jugoslawische Präsident Tito versuchte das Problem nach dem Zweiten Weltkrieg durch die Gründung einer eigenen jugoslawischen Teilrepublik Makedonien zu lösen. Mit dem Zerfall Jugoslawiens 1992 sind jedoch die alten Spannungen wieder aufgetaucht. Aber nun nicht mehr nur zwischen Belgrad und Sofia, und dem um seine Souveränität ringenden Skopje, sondern zusätzlich noch mit Albanien, wegen der wachsenden albanisch-muslimischen Minderheit, ganz besonders aber mit Athen, das den Namen »Makedonia« einzig und allein für seinen Bereich Makedoniens reklamiert. Griechenland hatte 1913 den Löwenanteil Makedoniens erhalten: Das südmakedonische Bergland, das makedonische Küstenland, sowie – im Wettlauf mit Serben und Bulgaren – die Großstadt Thessalonike.

An die thrakische Küstenregion grenzt der makedonische Nomos Kavala, dem auch die Insel Thasos zugeordnet ist. Kavala, das byzantinische Christopolis, soll seinen heutigen Namen vom kreuzfahrerzeitlichen »Chevalleria« (neulateinisch für »Pferdewechselstation«) erhalten haben. Die griechische Region Makedonien besteht heute aus den Nomoi Kavala, Drama, Serrai, Chalkidike (Polygiros), Thessalonike, Kilkis, Pella (Edessa), Emathia (Beroia), Pieria (Katerini), Florina, Kastoria, Kozani und Grevena. Die hohe Anzahl der Nomoi ist ein Zeichen dafür, daß Makedonien die flächenmäßig größte Region Griechenlands ist. Mit über 2 Millionen Einwohnern ist sie auch die volkreichste.

Das dynamische Zentrum Thessalonike ist mit 0,7 Millionen Einwohnern die zweitgrößte Stadt Griechenlands. 315 v. Chr. von einem der Diadochen (Alexandernachfolger) gegründet, hat die Stadt in Mittelalter und neuerer Zeit zwischen Griechen, Balkanslawen und Türken eine wechselvolle Geschichte erlebt, wovon die historischen Namen Solun (bulgarisch und serbisch für Saloniki) und Selanik (türkisch für Saloniki) noch beredtes Zeugnis abgeben. Immer aber war Thessalonike ein politischer und kultureller Mittelpunktsort: Unter den Römern (167 v. Chr. bis ins 6. Jhd.) die Hauptstadt der Provinz Macedonia und die Hauptstation der Via Egnatia, unter den Byzantinern zusammen mit Konstantinopel die einzige Großstadt, die der slawischen Völkerwanderung auf dem Balkan im 6. und 7. Jahrhundert standgehalten hatte und von der aus die Balkanvölker im 9. und 10. Jahrhundert christianisiert worden sind, und unter den Osmanen von 1430 bis 1913 ein levantinisches, multikulturelles Handels- und Kulturzentrum par excellence, an dem die jüdische Bevölkerung einen starken Anteil hatte. Trotz des verheerenden Brandes von 1917, dem das »alte, orientalische« Stadtbild zum Opfer gefallen war, sind sowohl aus der byzantinischen wie der osmanischen Epoche noch ansehnliche Monumente vorhanden.

Der ausschließlich griechische Charakter Makedoniens ist relativ jungen Datums. Noch Anfang des 20. Jahrhunderts gab es im makedonischen Küstenland starke slawische (bulgarische) Bevölkerungsanteile, die sich mit der griechischsprachigen Bevölkerung durchaus die Waage hielten. In den Städten waren die Zentren meist den Türken vorbehalten, Griechen siedelten sich in den Vorstädten an, während die Slawischsprachigen als Bauern eher auf dem Land anzutreffen waren. Auf den Bergen zeigten sich wieder andere ethnische Elemente, nämlich rumänischsprachige Wanderhirten, die Aromunen, und griechischsprachige Nomaden, die Sarakatsanen. Diese bunte Völkerkarte ist übrigens in die italienische Küchensprache als »Macedonia di Frutta« (gemischter Obstsalat) eingegangen! Liest man etwa Reiseberichte über Makedonien, die vor dem Ersten Weltkrieg verfaßt worden sind, so hat man große Mühe, die damals gebräuchlichen slawischen oder türkischen Orts-, Berg- oder Flußnamen mit der modernen griechischen Nomenklatur in Einklang zu bringen: z. B. Vodena (slawisch) für Edessa, oder Bistrica (slawisch) bzw. Ince Karasu (türkisch) für den Haliakmon.

Schon während des Ersten Weltkriegs wurde ganz Makedonien zu einer Drehscheibe »ethnischer Säuberungen«, mit denen die beteiligten Staaten Griechenland, Serbien und Bulgarien ihren jeweiligen Anteil Makedoniens sichern wollten. Tausende Bulgaren und Türken verließen Griechisch-Makedonien, und viele Griechen aus Bulgarien und der Türkei fanden hier eine neue Heimat. Nach dem für Griechenland katastrophalen griechisch-türkischen Krieg von 1919–1922 einigten sich Ankara und Athen 1923 auf einen umfassenden Bevölkerungsaustausch, in dessen Verlauf ein Großteil der fast 1,5 Millionen griechischen Flüchtlinge aus Kleinasien nach Griechisch-Makedonien umgesiedelt worden ist. Erst sie haben Küsten-Makedonien zu einem vorwiegend griechisch bewohnten Land gemacht.

Durch die planmäßige Gründung neuer Siedlungen, besonders aber durch die großflächige Trockenlegung und Landerschließung der Küstengebiete seit 1930, trägt das nordgriechische Küstenland einen wesentlich moderneren Charakter zur Schau als Mittel- und Südgriechenland. Der Wasserreichtum und die im Oberlauf der Flüsse starken Gefällestrecken sichern die Energiezufuhr (die mit EU-Hilfe noch weiter ausgebaut wird). Die grünen Ebenen von Serrai und Drama, vor der Trockenlegung und Kanalisierung gefährliche Sumpffiebergebiete, gelten heute als die ertragreichsten landwirtschaftlichen Distrikte ganz Griechenlands. Die zum Teil in ihrem Unterlauf regulierten Balkanflüsse Strymon und Axios, und der das westmakedonische Bergland durchziehende Haliakmon sorgen für ausreichende Bewässerung der kultivierten Schwemmlandflächen. Die wirtschaftliche Prosperität läßt Makedonien heute zu einem Wachstumsraum und zu einer Zuwanderungszone werden.

Die ausgedehnten Meliorationen haben übrigens die thrakische und die makedonische Küstenlinie deutlich verändert. In antiker wie in mittelalterlicher Zeit reichte das Meer viel weiter ins Landesinnere hinein. Die Mündungsgebiete der Flüsse haben sich dauernd, manchmal nur innerhalb von Jahrzehnten, verschoben. Der ausgefranste, durch das Geschiebe der Flüsse sehr flache Küstensaum mit seinen zahlreichen verschilften Lagunen bildete die Brutstätte für die Malaria, die noch bis nach dem Zweiten Weltkrieg in Griechenland endemisch war. Infolge der Malaria-Gefährdung waren gerade die meeresnahen Niederungen Makedoniens und Thrakiens, die uns heute als so fruchtbar erscheinen, bis zum Beginn der Eindeichungen und Entwässerungen vor 60 Jahren praktisch unbesiedelt.

Die durch das Meer und die Flüsse, und in jüngster Zeit auch durch Menschenhand erfolgte Veränderung der makedonischen Küste können wir gut am Loudias-See verfolgen (auch »See von Jannitsa«, in osmanischer Zeit Jenidze Gölü). Bis ins 3. nachchristliche Jahrhundert war er ein Teil des Thermäischen Meerbusens. Etwa ab dem Jahr 500 änderten der Axios und der Haliakmon ihre Mündungsrichtungen und schnitten die Wasserfläche durch Anschwemmung vom Meer ab, und es bildete sich inmitten des ansonsten fruchtbaren makedonischen Tieflandes (der »Kampania«) ein ausgedehnter moskitoverseuchter Sumpfsee heraus. Wegen der Unberechenbarkeit der beiden Flüsse sind die Trockenlegungs- und Kultivierungsmaßnahmen in der Loudiassenke bis heute noch nicht abgeschlossen. Es zeigt sich nun auch, daß – vielleicht verursacht durch diese Maßnahmen – das Mündungsverhalten der beiden Flüsse sich wiederum ändert, mit der dramatischen Folge, daß der schmale Golf von Thessalonike langsam aber stetig durch Anschwemmung und Geschiebematerial vom Thermäischen Golf abgeschnürt wird. Bereits heute muß die Fahrtrinne für Schiffe mit größerem Tiefgang regelmäßig ausgebaggert werden. In einer Zeit, in welcher diese technischen Möglichkeiten nicht bestanden hätten, würde die Hafenstadt Thessalonike innerhalb von zwei Generationen zu einer Stadt im Landesinneren werden!

Als makedonische Teillandschaft bemerkenswert ist die vegetationsreiche Halbinsel Chalkidike, die sich mit ihren drei fingerförmigen Vorgebirgen – von West nach Ost: Kassandra, Sithonia (auch Longos) und Athos – in die Nordägäis vorschiebt.

Die Athos-Halbinsel steigt auf zum 2044 m hohen Athos-Gipfel, der hier fast lotrecht ins Meer abstürzt. Die mittelalterliche Bezeichnung Hagion Oros (Heiliger Berg) weist auf die Klöstergemeinschaft der sogenannten MÖNCHSREPUBLIK ATHOS hin, die hier im 10. Jahrhundert entstanden ist. Das erste Kloster war die Megiste Lawra (Großes Höhlenkloster) von 963. Zahlreiche orthodoxe Mönchsgemeinschaften entstanden im 11. und 12. Jahrhundert. Im 13. Jahrhundert traten noch bulgarisch-orthodoxe, serbisch-orthodoxe und russisch-orthodoxe Großklöster hinzu. Privilegien der byzantinischen Kaiser, die auch unter den osmanischen Sultanen unangetastet blieben, sicherten der klösterlichen Athos-Gemeinde innere Autonomie zu. Sie gilt im wesentlichen heute noch. Der griechische Staat übt seit 1923 das Protektorat (Schutzherrschaft) über den Athos aus. Innere Angelegenheiten verbleiben der mönchischen Ratsversammlung. Auf der schmalen Bergzunge leben etwa 1600 Einwohner: Mönche und – männliche! – Bedienstete. Frauen ist der Zutritt traditionell untersagt. Hauptort des monastischen Athos-Distrikts ist Karyes.

Zum makedonischen Nomos Kavala zählt noch die bewaldete und relativ fruchtbare Insel Thasos. Seit 1981 wird in ihren Gewässern Erdöl gefördert.

Epiros

Der EPIROS bildet den nordwestlichen Teil Griechenlands. Der Name bedeutet »Festland«; er wurde diesem Landesteil von den Bewohnern der Ionischen Inseln verliehen. Das kahle, unwirtliche Bergland wird gegen Osten durch den Hochgebirgskamm des Pindos und im Westen durch das Ionische Meer eingegrenzt. Im Inneren wird es von drei parallel in Nord-Süd-Richtung streichenden Bergketten bestimmt. Durch die verkehrshemmenden Gebirgszüge ist Epiros bis heute ein relativ abgeschlossenes Gebiet geblieben. Auch die Küste ist hafenlos und bot nur der Kleinschiffahrt Raum. Die moderne Fährverbindung von Bari und Brindisi nach Igoumenitsa wurde erst in unserer Zeit eingerichtet und dient in erster Linie dem Tourismus. Die historische Schiffsverbindung von Süditalien lief über das heutige albanische Durres (Dyrrhachium, Durazzo).

Das im Gegensatz zu Ostgriechenland niederschlagsreichere Klima wirkte sich – unter vormodernen Anbaumethoden – nicht unbedingt

segensreich aus. Die vom Gebirge umrahmten epirotischen Becken-
ebenen und Hochtäler waren wegen mangelnden natürlichen Wasser-
ablaufs versumpfungsgefährdet und nicht durchwegs für landwirtschaftliche Produktion nutzbar. Der verhältnismäßig starke Regen
förderte zudem die Bodenerosion. Dagegen kommt die feuchtere
Witterung dem südepirotischen Hügelland zugute, das sich zu
Fruchtland eignet.

In antiker und mittelalterlicher Zeit erstreckte sich der Territorialbegriff Epiros auch auf den südlichen Teil des heutigen Albanien, auf die
sogenannte Kameria/Chameria (italienisch Ciamura) mit den Städten
Gjirokaster (griechisch Argyrokastron) und Korca (griechisch Koritsa).
Mit der Gründung des albanischen Staates 1912 entstanden hier
Grenzkonflikte zwischen Athen und Tirana, die bis heute nicht grundlegend beigelegt sind. Bis ins letzte Jahrhundert war der Epiros
ethnisch ein griechisch-albanisches Fluktuationsgebiet, in dem orthodoxe und muslimische Albanerstämme in hoher Zahl mit den Griechen durcheinander siedelten. Die berühmtesten albanischen Stämme
waren die Sulioten und die Himarioten, die entscheidenden Anteil am
griechischen Nationalaufstand von 1821 hatten, sich also aufgrund der
gemeinsamen griechisch-orthodoxen Konfession durchaus mit der
griechischen Sache identifizierten. Im Verlauf der Balkankriege 1912/
13, des Ersten und des Zweiten Weltkriegs und zuletzt im griechischen Bürgerkrieg 1944–1949 wurde das albanische Element im Epiros
Schritt für Schritt verdrängt. Die Zahl der Albaner in Epiros ist heute
offiziell unbekannt, ebenso wie der Anteil der Griechen in der Bevölkerung Südalbaniens. Albanische Stellen sprechen von 60 000 Griechen in Südalbanien, nach Athen sind es 300 000 bis 400 000, real dürfte
die Zahl 100 000 sein.

Im Mittelalter wanderten über den Pindos vom Balkan her auch
walachische (aromunische) Hirtenstämme in Epiros ein. Ihre in der
Türkenzeit recht ausgedehnten Sprachinseln im Hochland, z. B. in der
Zagorochoria um Metsovo, sind heute durch den 150jährigen Gräzi-
sierungsdruck stark geschrumpft. An eine frühmittelalterliche slawische Besiedlung erinnerte die byzantinische Bezeichnung Vagenetia
für das nordepirotische Küstengebiet, die bis ins Spätmittelalter üblich
war.

Epiros ist heute in die Nomoi Thesprotiai (hier der Hafen Igoumenitsa), Ioannina, Preveza und Arta aufgeteilt. Hauptort ist Ioannina am
gleichnamigen See. Die Stadt hat als Festung erst im byzantinischen
Mittelalter Bedeutung erlangt. Im 14. Jahrhundert war sie Teil des
serbischen Großreiches, ab 1430 dann osmanisch. Unter den Türken

blühte die Stadt als merkantiles Zentrum für Griechen, Aromunen und Albaner auf. Ein Teil der albanischen Bevölkerung trat damals zum Islam über und wurde von den Türken favorisiert. Für sie bürgerte sich die spezielle Volksbezeichnung »Arnauten« ein. Ioannina war Ende des 18. Jahrhunderts die Residenz → Ali Paschas aus Tepeleni, eines eigenwilligen arnautischen Provinzgouverneurs, der vergeblich versucht hatte, einen von Istanbul unabhängigen arnautisch-griechischen Herrschaftsbezirk im Epiros zu schaffen. Wie die gesamte nordgriechische Region wurde Ioannina erst 1913 an den neugriechischen Staat angeschlossen. Die Altstadt hat ihren osmanischen Charakter noch gut bewahren können.

Die römische und byzantinische Hauptstadt des Epiros war Nikopolis, die »Siegesstadt«, die Kaiser Octavian nach der Schlacht bei Actium (31 v. Chr., Aktion am Eingang zum Ambrakischen Golf) hatte errichten lassen. Sie bestand bis über das 10. Jahrhundert, überdauerte arabische und bulgarische Überfälle und wurde allmählich wegen der Malariaausbreitung verlassen. Heute kündet nur noch ein Ruinenfeld von ihr. Arta, an der Stelle des antiken Ambrakia gelegen, war im 13. Jahrhundert Hauptstadt des byzantinischen Despotats Epiros. Die kirchenreiche Stadt und die Festung hatten zu dieser Zeit noch nicht die weite Schwemmlandebene der Arachthos-Mündung vor sich wie heute, sondern sie grenzte wohl direkt an den Ambrakischen Golf. Was heute Kulturland ist (mit Ausnahme des versumpften Westteils), war bis in unser Jahrhundert hinein verschilftes Fiebergebiet. Arta kam bereits 1881 an Griechenland. Von der in spätbyzantinischer Zeit bedeutenden epirotischen Festung Rogoi künden heute nur noch spärliche Reste.

Der südlich von Nikopolis gelegene Handelshafen Preveza spiegelt besonders typisch die wechselvollen mittelalterlichen und neuzeitlichen Geschicke der epirotischen Küste wider: Der Ortsname ist slawisch und bedeutet »Überfahrt«. Im 13. Jahrhundert wird die Stadt als byzantinisch erwähnt, im 15. Jahrhundert wird sie erst venezianisch, dann osmanisch. 1605 von toskanischen Piraten zerstört, wird sie 1684 bis 1699 von den Venezianern wiederaufgebaut und stark befestigt, dann wieder osmanisch, 1717 erneut venezianisch, 1797 napoleonisch-französisch, von 1798 bis 1820 wechselt die Herrschaft fast jährlich zwischen Ali Pascha von Ioannina und türkischen Regierungstruppen, dann wird sie wieder türkisch, und ab 1913 endgültig griechisch. Ein auch für Historiker höchst verwirrender Geschichtsverlauf!

Das Ionische Meer zwischen Griechenland, Kalabrien und Sizilien hat seinen Namen von den Ionischen Kolonien erhalten, die im 7. und 6. Jahrhundert v. Chr. von Griechenland und Kleinasien aus in Unteritalien angelegt worden sind. Das milde Klima und die regelmäßigen Windverhältnisse (z. B. der Scirocco im Südosten) haben diesen Meeresteil zu einer leicht überwindlichen Seebrücke zwischen Griechenland, Sizilien und Italien werden lassen.

In mäßiger Entfernung der westgriechischen Küste vorgelagert sind die IONISCHEN INSELN, von Nord nach Süd: KERKYRA (italienisch Korfu, von griechisch Koryphi, »der Gipfel«), dann die Fast-Insel LEUKAS (venezianisch Santa Maura), erst seit 1903 durch einen Kanal von Akarnanien getrennt, sowie KEPHALLENIA (Cefalonia), die größte der Ionischen Inseln, und ZAKYNTHOS (Zante), die bereits auf der Höhe der Peloponnes liegt. Alle diese Inseln bilden heute eigene Nomoi. Zum Nomos Kephallenia zählt noch das kleine ITHAKA (venezianisch Val de Compare). Kleinere Inselgruppen sind die Othonischen Inseln nordwestlich von Korfu, der Schwarm der Echinaden vor der Küste Akarnaniens und die weit abgelegenen und von Schiffen kaum angelaufenen Strophaden.

Kerkyra gilt als der »Garten Griechenlands«, auch Kephallenia und Zakynthos sind im Inneren sehr fruchtbar, während Leukas und Ithaka zum überwiegenden Teil verkarstete Kalkeilande darstellen. Seismische Störungen stellen einen ewigen Gefahrenherd dar. Im Jahr 1953 erschütterte ein schweres Erd- und Seebeben mit dem Epizentrum Zakynthos diese Meereszone.

Die Nähe zu Italien, besonders aber die Einflußsphäre der Seerepublik Venedig bewirkten für die Ionische Inselwelt eine historische Sonderstellung. Trotz geographischer Nähe wenden sich die Inseln vom griechischen Festland ab und orientierten sich kulturgeographisch zur italienischen Adria hin. Für Venedig galten sie als Brückenpfeiler für ihr Levantereich und als lebensnotwendige Interessenssphäre, die ab dem 15. Jahrhundert mit Klauen und Zähnen verteidigt wurde. Daher wurden sie (mit Ausnahme von Leukas) niemals Teil des Osmanischen Reiches. Nach dem Ende der Markusrepublik durch Napoleon wurde Korfu im Jahre 1797 zum Sitz der napoleonischen Gründung »Republik der Sieben Inseln« erklärt. Zu den sechs Ionischen Inseln war noch das weit entfernte Kythera (Cerigo) geschlagen worden. Nach Napoleons Sturz 1815 geriet der Sieben-Insel-Staat unter britisches Protektorat. 1864 übergab London den Heptanesos an den

neugriechischen Staat. Italienische Ansprüche führten 1923 und
1940–1943 zur italienischen Okkupation Korfus.
Das nach Westen gerichtete Sonderdasein der Ionischen Inseln, speziell Korfus, ist heute noch an dem italienischen und britischen
Ambiente erkennbar. Italienisch blieb auch unter den Briten Amtssprache und ist auch heute noch weit verbreitet.

Thessalien

Siedlungsfreundlicher und offener als der Epiros ist die Großlandschaft THESSALIEN östlich des Pindoskamms. Sie umfaßt das westthes-
salische Becken um Karditsa und Trikala, und die ostthessalische
Senke um Larissa. Thessalien ist die traditionelle Kornkammer Griechenlands und verfügt über ausgezeichnetes Acker-, Weide- und
Farmland, besonders seit der endgültigen Trockenlegung des Boibeis-
(oder Karla-)Sees südöstlich von Larissa im Jahr 1949. Auch die Gebirge, welche die Becken einrahmen, zählen zu Thessalien, wie der
Olymp, der zur Unterscheidung der anderen zahlreichen Berge dieses
Namens genau »Thessalischer Olymp« heißt. In das thessalische
Pindosgebiet wanderten im 11. Jahrhundert aus dem Zentralbalkan,
ähnlich wie in den Epiros, zahlreiche nomadisierende Aromunen-
oder Vlachenstämme ein, nach welchen das thessalische Hochland im
Mittelalter »Vlachia magna« (Groß-Walachien) genannt wurde. In
Resten hat sich diese romanischsprachige Hirtenbevölkerung bis
heute beiderseits des Pindos erhalten.
Das thessalische Kerngebiet teilen sich heute die Nomoi Larissa und
die Ostteile der Nomoi Trikala und Karditsa. Die größte Stadt ist
Laris(s)a am Fluß Peneios, eine agrarisch geprägte Landstadt, die auf
antiker Grundlage im 10. Jahrhundert von Byzanz als administrativer
und kirchlicher Mittelpunkt wiedergegründet worden war. Unter den
Türken hieß die Stadt Yeni Sehir (Neue Stadt) und wurde mit zahlreichen öffentlichen Bauten versehen, die zum Teil noch erhalten sind.
1881 wurde Larissa mit Süd- und Mittelthessalien griechisches Staatsgebiet. Der Norden Thessaliens um Elasson wurde dagegen erst 1912/
13 griechisch. Trikala, das den antiken Namen Trik(k)a weiterführt, ist
ebenfalls erst wieder im byzantinischen Mittelalter neugegründet
worden. Im 14. Jahrhundert residierten hier serbische Fürsten. Unter
den Türken stieg Trikala dann zum Verwaltungsmittelpunkt Thessaliens auf.
Nördlich von Trikala erheben sich bei Kalambaka über dem Peneiostal
die Meteora-Klöster auf bis zu 550 m hohen isolierten Sandsteinsäu-

len. »Meteora« bedeutet treffend »in der Luft«. Die Klöster sind während der serbischen Herrschaft im 14. Jahrhundert entstanden. Der mittelalterliche Name für die ursprünglich 24 Klöster umfassende Mönchsgemeinschaft war Stagoi, bzw. Stagous (eis tous hagious, »zu den Seligen«).

Zu Thessalien im weiteren Sinne zählt die Landschaft Magnesia um den Golf von Volos. Die Hafenstadt Volos (von slawisch golos, »kahl«) übernahm im 14. Jahrhundert die Funktion des nahegelegenen antiken und byzantinischen Ortes Demetrias. An den frühmittelalterlichen slawischen Stamm der Belegeziten erinnerte der mittelalterliche Regionalname Belegezitia für die Umgebung der Pagasäischen Meeresbucht. Das Waldgebirge Peleon (Pilion) führte bis ins letzte Jahrhundert den slawischen Namen Zagora. Seine 24 griechischen Dörfer genossen in der Türkenzeit außerordentliche Handelsprivilegien und innere Autonomie. Noch heute sind hier zahlreiche dekorativ geschmückte herrschaftliche Häuser (Archontika) aus dieser Zeit erhalten.

Dem heutigen Nomos Magnesia gehören auch die nördlichen Sporadeninseln Skiathos und Skopelos an.

Als Teillandschaft Thessaliens gilt die PHTIOTIS, deren Mitte die Spercheios-Ebene bildet. Bis ins 19. Jahrhundert versumpft, ist sie bis heute in eine blühende Gartenlandschaft umgewandelt worden. Hauptstadt des heutigen Nomos Phtiotis ist Lamia. Die antike Stadt dieses Namens war im 6. Jahrhundert untergegangen. An ihrer Stelle entstand im 9. Jahrhundert der byzantinische Bischofssitz mit dem (vermutlich slawischen) Namen Zeitunion. Die Türkenzeit war hier bereits 1830 zu Ende.

12 km südlich von Lamia bilden die Thermopylen das Tor nach Böotien und damit nach Mittelgriechenland. Die Thermopylen – »Warme Tore« nach den heute noch genutzten heißen Schwefelquellen – waren im Laufe der Geschichte öfters Schauplatz schwerer, aber immer vergeblicher Verteidigungsanstrengungen. Am berühmtesten sind natürlich die Spartaner unter ihrem König Leonidas, die 480 v. Chr. hier das Perserheer zwei Tage aufhalten konnten. Im Jahr 395 durchbrachen die Westgoten die Thermopylen, im 10. Jahrhundert die Bulgaren, und 1205 die abendländischen Kreuzritter. Die antike Küstenlinie hatte sich damals aber durch Anschwemmung schon deutlich zuungunsten der Verteidiger verändert. Eine gewisse strategische Bedeutung erlangten die Thermopylen aber selbst noch im Zweiten Weltkrieg, als die Briten gegen die vorrückenden deutschen Truppen hier eine Auffangstellung errichteten.

Unter Mittelgriechenland verstehen wir die gebirgige Landbrücke zwischen dem Ionischen Meer im Westen, dem Korinthischen Golf im Süden, und der Ägäis im Osten. Dies ist die eigentliche »Stereia«. Sie bildete zusammen mit der Peloponnes das griechische Kernland der Antike. Alles Gebiet, das nördlich der Warmen Tore lag, war für die griechischen Stadtstaaten (Poleis) des klassischen Altertums schon mit dem Ruch des »Barbarischen«, des Nicht-Griechischen, behaftet.

Im Bereich Mittel- und Südgriechenland decken sich die klassischen, aus der Antike übernommenen und in Mittelalter und Neuzeit weitertradierten Landschaftsgrenzen im wesentlichen mit den neugriechischen Nomoi gleichen Namens.

Akarnanien und Ätolien

Im äußersten Westen breiten sich die vom Acheloos durchflossenen Landschaften AKARNANIEN und ÄTOLIEN aus. Bereits in der Antike, mehr aber noch in byzantinischer und osmanischer Zeit galten sie als nur spärlich besiedelt und nahezu verlassen. Die heute ertragreichen Flußniederungen waren zum großen Teil versumpft und unbewohnbar. Das öde Gebirgsland bot im Mittelalter nur den aromunischen Wanderhirten Weideflächen, weshalb für diese Region auch der Name Vlachia parva (Klein-Walachien) aufkam.

Akarnanien und Ätolien sind heute verwaltungsmäßig zu einem Nomos mit der Hauptstadt Mesolongion zusammengefaßt. Mesolongion (bekannter unter dem italienischen Namen Missolunghi, der Name bedeutet »inmitten der Lagunen«) ist erst im 16. Jahrhundert entstanden. Berühmt wurde das von Salzsumpf und Brackwasser umgebene Städtchen durch Lord Byron, der hier 1824 während des griechischen Unabhängigkeitskrieges am Sumpffieber starb. Wirtschaftlich und verkehrspolitisch erheblich bedeutender ist Agrinion im heute fruchtbaren ätolischen Becken. Im Mittelalter stand hier die Aromunensiedlung Vrachori. Die heutige Landstadt wurde nach einem Erdbeben 1887 völlig neu angelegt. Ob sie an der Stelle des antiken Agrinion steht ist unsicher. Strategisch wichtig waren im späten Mittelalter die Seefestungen Vonitsa im Norden Akarnaniens und Naupaktos am Korinthischen Golf. Entsprechend hart umkämpft waren sie zwischen Venezianern und Türken.

Naupaktos in der Landschaft LOKRIS ist das venezianische Lepanto, bekannt durch die spanisch/venezianisch-türkische Seeschlacht von

1571 In Wirklichkeit fand dieses Treffen aber nicht im Korinthischen Golf, sondern weit außerhalb bei den Oxia-Klippen statt. Westlich von Naupaktos nähert sich die ätolische Küste auf 1,8 km der gegenüberliegenden Peloponnes. Die Meerenge von Rhion (nach der Burg Rhion auf der peloponnesischen Seite) war seit dem Altertum auf beiden Seiten durch Festungsanlagen gesichert. Die Venezianer nannten die schmale Wasserstraße »Kleine Dardanellen« oder »Dardanelli di Lepanto«. Heute garantiert ein fast pausenloser Fährverkehr von Rhion nach Antirrhion die Verbindung zwischen Peloponnes und Festland.

Östlich schließt sich an Lokris das Ländchen Phokis an, das fast gänzlich vom Parnaß-Massiv eingenommen wird und in klassisch-griechischer Zeit durch das Apollon-Heiligtum von Delphi hochberühmt war. In der phokischen Gebirgseinsamkeit befindet sich eines der bedeutendsten byzantinischen Baudenkmäler in Griechenland: das 1030 gegründete Kloster Hosios Lukas. Die heutige Nomos-Hauptstadt Amphissa erlangte erst im hohen Mittelalter unter dem Namen Salona gewisse Bedeutung, als im 13. Jahrhundert fränkische Barone hier eine Burg errichteten.

Böotien

Die Kernlandschaft Mittelgriechenlands ist Böotien, eine von Bergen umstandene, durch Höhenzüge in fruchtbare Senken gegliederte Hochebene, die vom Fluß Kephissos bewässert wird. Die Byzantiner hatten hier nach den Wirren der Völkerwanderungszeit bereits wieder im 9. Jahrhundert festen Fuß gefaßt. Davon zeugt die prächtige Kirche von Skripou bei Orchomenos, die 873/74 erbaut wurde und das früheste bezeugte binnenländische Baudenkmal nach dem Slaweneinbruch darstellt.

Das westliche Böotien war im Mittelalter ein stark versumpftes, fieberverseuchtes Gebiet. Erst 1883 bis 1892 gelang die endgültige Trockenlegung des abflußlosen Kopais-Sees und damit eine beträchtliche Ausdehnung des Kulturlandes. Das antike Zentrum Böotiens war Theben, das auch in byzantinischer Zeit Bedeutung als Handwerks- und Handelsstadt behielt. Entwickelt war besonders die Seidenweberei. Die weitreichenden Handelsbeziehungen wurden durch eine einflußreiche jüdische Gemeinde ermöglicht. Nach dem Ende der byzantinischen Herrschaft 1204 stritten sich französische Kreuzfahrer, katalanische und navarresische Söldner und florentinische Handelsherren um den Besitz der Stadt, bis die Türken sie 1460 einnahmen und bis 1830 behielten. Das heutige Stadtbild Thebens (neugriechisch Thivai) wird gänzlich vom Wiederaufbau nach zwei furchtbaren Erdbeben, 1853 und 1893, bestimmt.

Hauptstadt des neugriechischen Nomos Böotien (Viitia) ist Livadia, das antike Lebadeia. Ab 1470 war es türkischer Verwaltungssitz für ganz Zentralgriechenland und hat seine Mittelpunktsfunktion bis heute bewahrt.

Euböa

Vor der Küste Böotiens und Attikas erstreckt sich über eine Länge von 170 km Euböa, die – nach Kreta – zweitgrößte der griechischen Inseln. Beim Hauptort und einzigen Hafen Chalkis trennt der nur 39 m enge Sund des Euripos die Insel vom Festland. Tageszeitlich verschieden strömt im Euripos das Meer entweder von Nord nach Süd oder umgekehrt. Auch ansonsten ist der Meeresarm zwischen Euböa und dem Festland nicht sehr breit, so daß die bergige und kahle Insel immer in Sichtweite von der Festlandsküste aus bleibt. Ihre Gebirgszüge sind für griechische Verhältnisse mäßig hoch und eher sanfthügelig geschwungen. Landwirtschaft ist in kleinen fruchtbaren Kammern gut möglich. In historischer Zeit (unter den Venezianern) war aber die Holz- und besonders die Salzausfuhr von größerer Bedeutung. Auch Muschelfischerei wird öfters erwähnt. Zum offenen Meer hin ist Euböa verschlossen, die felsige Ostküste ist hafenlos und wegen ihrer Stürme auch heute noch gefürchtet. Die weit vor dem Kap Kaphiros (Capo d'Oro) liegende Sporadeninsel Skyros gehört heute zum Nomos Euböa.

Unter lombardischer Herrschaft (1207–1366) im Anschluß an den 4. Kreuzzug war die Insel in drei Baronien geteilt, unter den Venezianern (1366–1470) bürgerte sich der Name Negroponte für die Insel ein, eine Verballhornung von »Euripos«; die Türken (1470–1832) nannten sie Egriboz.

Attika

Das Kithäron- und das Parnesgebirge scheidet Böotien von Attika, der trockenen, halbinselartigen Ausbuchtung Mittelgriechenlands in die Ägäis.

Die in politischer und kultureller Hinsicht zentrale Landschaft des antiken Hellas war ohne Zweifel Attika mit der gesamtgriechischen Metropole Athen. Auch heute ist – nach der Ausrufung Athens als

Hauptstadt Neu-Griechenlands im Jahre 1832 – die 4-Millionen-Doppelstadt Athen-Piräus unbestritten der lebhafte Mittelpunkt ganz Griechenlands in bevölkerungsmäßiger, administrativer, ökonomischer und kultureller Hinsicht. Mehr als ein Drittel der Gesamtbevölkerung des Landes konzentriert sich im Großraum Athen, dem »Wasserkopf Griechenlands«, 80 Prozent der Industrieproduktion findet hier statt, die Hälfte des gesamten Kfz-Bestandes des Landes quält sich täglich durch die smoggeplagte Stadt! Die gesamte Ostküste Attikas bis zum Kap Sunion hin ist ein einziger immer weiter ausufernder urbaner Agglomerationsraum. Das kärgliche Attika profitiert davon in gewisser Weise. Die Wasserarmut war immer das Hauptproblem dieser Region. 1931 konnte sie durch die Anlage eines Stausees bei Marathon für die nächsten vier Jahrzente behoben werden. Ab 1975 bezieht Attika sein Wasser vom hochgelegenen, 200 Kilometer entfernten Mornos-Stausee in den phokischen Bergen.

In scharfem Kontrast zur überregionalen Geltung Attikas und Athens im Altertum und in der Moderne steht seine fast völlige Bedeutungslosigkeit in den 2000 Jahren dazwischen!

Die Erz- und Silberbergwerke von Laurion am Kap Sunion, deren Ausbeute mit den Reichtum des klassischen Athen begründet hatte, waren bereits in der Römerzeit erschöpft. Die Hauptroute von Mittelgriechenland in die Peloponnes folgte im Mittelalter der Strecke Theben-Eleusis-Korinth, und berührte Athen nicht mehr. Die Stadt geriet so, wie ganz Attika, ins Abseits. Unter Byzantinern, Franken und Türken sinkt Athen zu einem randständigen, staubigen Provinznest herab, von dessen Existenz man im Abendland des 16. Jahrhunderts kaum mehr wußte. Der Hafen Piräus verlandete schon unter den Römern und wurde von westlichen Seefahrern Porto Leone genannt. Als man sich 1835 an den Wiederaufbau der Hafenanlagen machte, zählte der Ort gerade 50 Einwohner. Das byzantinische Kloster Daphni, heute eingekeilt in eine geschäftige Suburb Athens, stand von seiner Erbauungszeit im späten 11. Jahrhundert an bis ins 19. Jahrhundert hinein in völliger ländlicher Einsamkeit. Bei der Ausrufung zur neugriechischen Hauptstadt 1832 lebten im Schatten der Akropolis knapp 2000 Menschen. Die Hauptstadtfunktion Athens, sein systematischer urbaner Aufbau und der Einzug des Königshofs und der Regierungsstellen zog dann ein rapides Bevölkerungswachstum nach sich. Die streng zentralistisch ausgerichtete politische und ökonomische Struktur Neugriechenlands bewirkt bis heute ein weiteres stetiges Anwachsen der Hauptstadt.

Im 14. und 15. Jahrhundert hatten die Florentiner Handelsherren

Acciajuoli, die über Athen herrschten, versucht, das verödete Land mit christlich-orthodoxen Albanern neu zu bevölkern. Aus dieser Zeit stammten die bis in die 30er Jahre unseres Jahrhunderts bezeugten attischen Dörfer, in welchen albanisch gesprochen wurde und albanische Trachten getragen wurden. Auch in Athen selbst stellten Reisende des letzten Jahrhunderts einen beträchtlichen Teil albanischer Bevölkerung fest. Die Bezeichnung »Plaka« für die Altstadt unterhalb der Akropolis etwa stammt aus dem Albanischen. Die Assimilierung dieser Volksgruppe gelang durch die gemeinsame Orthodoxie und die Einbindung der Albanersippen in das griechische Klüngel- und Parteienwesen des 19. Jahrhunderts relativ rasch.

Die beiden Inseln im Saronischen Golf, Ägina und Salamis, haben ihre antike Bedeutung im Mittelalter völlig eingebüßt und dienten nur noch Piraten aller Herren Länder als Unterschlupf. Beide Inseln waren daher öfters Ziel von verwüstenden Strafexpeditionen, – so 1537 von der osmanischen Flotte unter dem Admiral Chaireddin Barbarossa. Der Ort Ägina, wo 1812 zwei Reisende die Giebelfiguren (die Ägineten) des antiken Tempels zum Kalkwert erstanden hatten, hieß bis in unsere Zeit einfach Paläochora (»Altes Dorf«, im Sinne von »Ort mit Ruinen«). Auch der Name Salamis war vergessen, die Insel hieß bei den Venezianern Brusia oder Coloris. Die Inseln sind heute Teil des Meeres-Nomos Piräus. Dieser maritime Verwaltungsbezirk erstreckt sich noch auf die sogenannten »Schifferinseln« Hydra und Spetsä, beide berühmt wegen ihrer albanischstämmigen Reederfamilien und unabhängigen Handels- und Kriegsflotte im 18. Jahrhundert, sowie auf die weit entfernte Insel Kythera (venezianisch Cerigo) südlich der Peloponnes.

Die attische Landschaft MEGARIS zwischen Saronischem und Korinthischem Golf bildet die Landbrücke von Mittelgriechenland in die Peloponnes.

Das Heiligtum von Eleusis, bis ins 4. Jahrhundert hinein Schauplatz der chthonischen eleusinischen Mysterien, fiel 395 dem Goteneinfall zum Opfer. In seinen Ruinen hielt sich eine bescheidene Festung über die byzantinische Zeit hinweg. Heutige Mysterien-Sucher erleiden in »Lefsina« wohl einen besonders nachhaltigen Neu-Griechenland-Schock: Der Ort ist ein Zentrum der griechischen Schwerindustrie geworden. Durch Bauxitabbau ist die »Heilige Erde« aufgerissen, und eine Sprengstofffabrik verhindert jegliche »innere Schau« der Antike!

Megara war bis in unser Jahrhundert hinein ein Zentrum der in diesem Gebiet siedelnden Albaner. Anstelle der antiken Polis stand hier im

Mittelalter ein byzantinischer Wachturm und später eine venezianische, dann türkische Festung.

Hinter Megara führte die gleichermaßen von Land und Seeräubern bedrohte Kakiskala (»Schlechter Steig«, in der Theseussage Sitz des berüchtigten Riesen Pokrustes) zum Isthmos von Korinth, und damit hinüber in die Halbinsel Peloponnes, in das eigentliche Südgriechenland.

Der »Isthmos« (Landenge) von Korinth wurde von Kaiser Justinian Mitte des 6. Jahrhunderts gegen die Slawengefahr mit einer Sperrmauer abgeriegelt, die nach ihrer Länge von sechs Meilen (ca. 9,3 km) »Hexamilion« genannt wurde. Während des Mittelalters wurde sie mehrfach – zumeist vergeblich – instandgesetzt. Zuletzt errichtete der Despot Manuel Paläologos hier 1415 ein gewaltiges Bollwerk mit angeblich 153 Türmen gegen die vorrückenden Osmanen, 1687 warfen die Venezianer anstelle der verfallenen Mauern umfangreiche Verschanzungen gegen die Türken auf – ebenso vergeblich.

Über die engste Stelle des Isthmos von knapp 7 km führte der »Diolkos«, die antike hölzerne Schleifspur für Schiffe. Bereits die Kaiser Nero und Vespasian ließen im 1. nachchristlichen Jahrhundert erste Arbeiten für einen Durchstich durchführen. Realität wurde der schiffbare Kanal aber erst 1882 bis 1893. Auf 6343 m Länge bei nur 23 m Breite verbindet er seitdem den Korinthischen Golf mit dem Saronischen Golf, das bedeutet im weiteren Sinne das Ionische Meer mit der Ägäis (s. Abb. S. 156).

Peloponnes

Der Name der Halbinsel Peloponnes – Pelopos Nesos – stammt aus dem griechischen Altertum und bezieht sich auf die klassische Mythengestalt Pelops, einen Sohn des Tantalos. Da das griechische Wort für Insel -Nesos- feminin ist, heißt es grammatikalisch korrekt »die Peloponnes«.

Die peloponnesische Halbinsel galt im Altertum, bei Strabo und Pausanias, als die »Akropolis Griechenlands«, also als das eigentliche, das innere Griechenland. Während der Landesname »Hellas« bei den klassischen Griechen noch die ganze griechische Welt außer den Kolonien bezeichnet hatte, schied man ab der Spätantike und in Byzanz die Peloponnes quasi als eigene Welt strikt vom Begriff Hellas ab, der hinfort nur noch für die mittelgriechische Region Verwendung fand.

Die antike Bezeichnung Pelopsinsel war aber schon in byzantinischer

Zeit nur mehr Gelehrten und Chronisten geläufig. Seit dem 10. Jahrhundert wird für die Halbinsel der Name *Morea* bezeugt. Er bleibt bis in unser Jahrhundert hinein volkssprachig in allgemeinem Gebrauch. Die Herkunft des Namens Morea ist unklar. Die plausibelste Erklärung von slawisch »more« (Meer), also eine Verwandtschaft mit unserem Landschaftsnamen Pommern/Pomorze, (»Land am Meer«) wird heute allgemein verworfen. Man bemüht dagegen entweder eine Umstellung des Begriffs Romea (die latinisierte Bezeichnung für das oströmische Reich insgesamt), oder das mittelgriechische Wort Moreas (Maulbeerbaum); freilich ist der für die Seidenerzeugung grundlegende Maulbeerbaum erst im 11. Jahrhundert im großen Stil auf der Peloponnes eingeführt worden. Von den fränkischen Fürsten ab 1204 wird der Name Morea als »La Moree« oder »L'Amoree« als Gesamtbegriff für den fränkischen Herrschaftsbereich in Südgriechenland übernommen. Für die Venezianer wird der südliche Teil Griechenlands ebenfalls zu »La Morea«. Unter Franken und Venezianern scheidet sich die Geschichte der Peloponnes von der Mittel- und Nordgriechenlands und geht besondere Wege. Auch die Osmanen betonen die Eigenständigkeit der Peloponnes durch die Einrichtung einer eigenen Provinz »Mora« im Gegensatz zu den mittel- und nordgriechischen Landesteilen, die Teil der größeren Provinz Rumelien waren.

Die ganz überwiegend gebirgige, stark in Hochschollen, Hochbecken und Küstenniederungen gegliederte und zerstückelte, wenig wasserführende Halbinsel Peloponnes zeigt eine deutliche Unterscheidung in zwei Landschaftsformen: Das zentralgelegene rauhe Hochland von Arkadien, das im Süden in das lakonische Hochgebirge, den Taygetos, übergeht, und die zur Meeresküste hin absteigenden Randlandschaften, im Norden Achaia, im Westen Elis, im Südwesten Messenien, im Südosten Lakonien, und im Osten die Argolis.

Achaia

Das Gebiet des antiken ACHAIA erstreckte sich entlang der Nordküste, also entlang des Korinthischen Golfs. In römischer Zeit wurde der Begriff Achaia als Provinznamen auf die gesamte Peloponnes übertragen. Vom 13. bis ins 15. Jahrhundert bedeutete Achaia das Gebiet des fränkischen Prinzipats. Nehmen wir den antiken Territorialbegriff zur Grundlage, so teilen sich heute die Nomoi KORINTHIA und ACHAIA seine Grenzen.

Der Name Korinth (Korinthos) hat die Zeitläufte vom frühesten Altertum bis in die Jetztzeit überdauert, dagegen ist die Kontinuität der

Siedlung mehrfach unterbrochen worden. Der antike griechische Stadtstaat Korinth wurde als ein Hauptwiderstandszentrum gegen Rom im Jahre 146 v. Chr. vom Konsul Lucius Mummius systematisch Haus für Haus zerstört. Die Trümmer blieben ein Jahrhundert lang exemplarisch liegen. Unter Cäsar wurde die Stadt im Jahr 44. v.Chr. als Römische Kolonie unter dem Namen Laus Julia Corinthus neugegründet und mit lateinisch sprechender Bevölkerung neubesiedelt. Die günstige Lage zwischen den beiden Meeren und diverse Privilegien Roms machten sie bald zur wichtigsten Handelsstadt des römischen Griechenland. Unter Kaiser Augustus wurde Corinthus Verwaltungshauptsitz der provincia Achaia, die nicht nur die Peloponnes, sondern auch Mittelgriechenland umfaßte. Durch die regen Handelsbeziehungen zum Osten etablierte sich eine starke orientalische Minderheit mit einer regen jüdischen und christlichen Gemeinde. Die Korintherbriefe des Paulus werden ins Jahr 52 datiert. Im 3. Jahrhundert erlitt die Stadt Schäden durch germanische Goten und Heruler und wurde 395 durch die Westgoten heimgesucht. Im 4. und. 5. Jahrhundert behielt das Gemeinwesen jedoch seine Bedeutung als Verwaltungsmittelpunkt, nun auch als Erzbistum unter christlichen Vorzeichen. Die große Katastrophe kommt – wie für ganz Hellas – im 6. Jahrhundert. 521 legt ein Erdbeben die alte Stadt in Trümmern; sie wird unter Kaiser Justinian um 550 wieder notdürftig aufgebaut, und 586 kurzzeitig von Slawen eingenommen. Im 7. und 8. Jahrhundert beschränkt sich die Siedlung auf die gewaltige, noch zum Teil aus hellenistischer Zeit stammende Burganlage Akrokorinth, die sich auf einem 575 m hohen Kalkklotz weithin sichtbar über der Katopolis (Unterstadt) erhebt. Mit der byzantinischen Rückeroberung der Peloponnes erhielt Korinth als Hauptort des militärischen Verwaltungsbezirks (des Themas) Peloponnes im 9. Jahrhundert seine alte Stellung wieder zurück. Auch wirtschaftlich erfuhr die Region Korinthia durch die neueingeführte Seidenraupenzucht einen großen Aufschwung. Ab dem 13. Jahrhundert teilt Korinth die verwirrende Geschichte Moreas in ihrem Durcheinander von fränkischer, florentinischer, byzantinischer, venezianischer und schließlich ab 1458 osmanischer Herrschaft. Die Franken bauten Akrokorinth, den »Schlüssel zur Morea«, zu einer uneinnehmbaren Festung aus. Unter den florentinischen Herzögen mußte die Unterstadt wegen der See- und Landräuberplage wieder aufgegeben werden. In der relativen Sicherheit der türkischen Herrschaft bildete sich am Fuß des Burgberges wieder ein bescheidenes Landstädtchen mit dem verballhornten Namen Kordos oder Gördes. Die Venezianer, die die Morea von 1687 bis 1711 besetzt hielten, errichteten auf dem

Burgberg und quer durch die Küstenebene neuzeitliche Verteidigungswerke, allerdings vergeblich. Im 18. Jahrhundert wurde das wieder osmanische Korinth der Umschlagplatz und der Ausfuhrhafen für die in Westeuropa sehr begehrten kernlosen getrockneten Rosinen, die unter dem Namen »Korinthen« bekannt wurden. Kurz nach den Kämpfen des Unabhängigkeitskrieges war Korinth zunächst als Hauptstadt des neuen Griechenland vorgesehen. Wegen der gewaltigen Zerstörungen wurde dieser Gedanke jedoch 1829 zugunsten Nauplions, und endgültig 1832 zugunsten Athens aufgegeben. 1858 legten mehrere Erdstöße das verbliebene kleine Dorf in Trümmer. Nur die aufrechtstehenden sieben Säulen des dorischen Apollontempels aus dem 6. vorchristlichen Jahrhundert, die alle Fährnisse bis dahin überstanden hatten, hielten auch diesem Unglück stand.

Die Siedlung wurde von dieser unruhigen Ecke 7 Kilometer nach Norden an die Küste verlegt und unter dem Namen (Nea-)Korinthos völlig neu gegründet und ab 1858 planmäßig als Neustadt angelegt.

Von der Fruchtbarkeit der korinthischen Küstenebene zeugt noch der Name der benachbarten Stadt Sikyon (»Gurkenfeld«), die im Mittelalter Vasilika (Basilika) hieß, von wo u. U. der Name des Krautgewürzes Basilikum herrührt. Weiter westlich dehnt sich der grüne achaische Küstensaum am Fuß des bis 2376 m aufragenden Kyllene- und des bis 2340 m hohen Chelmos-Stocks weiter aus, und geht über ins weite Schwemmland von Elis. Hauptort des Nomos ACHAIA ist die Hafenstadt Patras, heute mit 155000 Einwohnern die drittgrößte Stadt Griechenlands und der betriebsame, quirlige urbane Mittelpunkt ganz West- und Südgriechenlands. Durch seine schiffahrtsmäßige Anbindung an Italien – Bari, Brindisi, Ancona, Venedig – ist Patras seit jeher das Tor Griechenlands zum Westen. Die gegenwärtig unsicheren Landverbindungen durch den Balkan werden die Bedeutung der Stadt als Verkehrsknotenpunkt und West-Ost-Drehscheibe noch weiter erhöhen. Patras hat seine historische Kontinuität vom hellenischen Altertum bis heute durchgehend bewahren können. Von den Römern wurde es begünstigt und zu einer »freien Stadt« erhoben. Für das christliche Byzanz war Patras als Martyriumsort des Apostels und Nationalheiligen Andreas (unter Kaiser Nero) von hoher Bedeutung. Im frühen Mittelalter soll ein großer Teil der Patrenser wegen der Slawengefahr nach Sizilien ausgewandert sein, die Burg (das Kastron) blieb jedoch in der Hand der Byzantiner. Als die Slawen auf Morea Anfang des 9. Jahrhunderts unterworfen wurden, kehrten die Ausgewanderten zurück. Patras wurde zur Metropolie erhoben und zum kirchlichen Zentrum der Peloponnes. Nach den wirren fränkischen

Jahrhunderten ab 1205 geriet die Stadt 1458 in die Hände der Osmanen, behielt aber ihre hohe kirchlich-orthodoxe Stellung. Im 18. und 19. Jahrhundert war der Hafen von Patras immer der erste Ort Griechenlands, den die aus Italien übersetzenden europäischen »Gentleman-Reisenden« betraten.

Neben der ertragreichen Küstenebene bestimmt die zerklüftete Bergkulisse des Kyllene- (früher Zirja-), des Panachaiko (früher Vodia-) und des Aroania- (früher Chelmos/Helmos-)Massivs die Landschaft Achaias. Anbaufähiges Land findet sich hier nur in den tief eingekerbten Talfurchen und den kleinen Schwemmlandkammern der Sturzbäche. Jenseits der durch diese Gebirgszüge gebildeten Wasserscheide beginnt das felsige Arkadien. Hauptort der achaischen Bergregion ist Kalavrita. Die in der Nähe liegenden, hart an überhängende, haushohe Felswände angebauten Klöster Megaspileon und Hagia Lawra spielten eine bedeutende Rolle im Griechischen Aufstand von 1821.

Elis

ELIS (der Name bedeutet »Tal«) besteht aus der nordwestlichen Küstenlandschaft der Peloponnes, zum Hauptteil Schwemmlandebene, und dem dahinter liegenden breiten Hügelband, das gegen Arkadien zu in bewaldetes Hochland übergeht. Die lange nach innen gebogene Flachküste mit einer Kette vorgelagerter seichter Lagunen ist hafenlos und daher nahezu unbesiedelt. Dagegen ist das Küstenhinterland seit jeher günstiges Agrarland.

Das nach Westen exponierte Tiefland war vom 13. bis zum 15. Jahrhundert das Zentrum des fränkischen Fürstentums Achaia. Davon zeugen heute noch die gotische Kathedrale von Andreville (heute Andravida), der Hafen Glarentsa und besonders die hochgelegene Burg Clairmont (heute Chlemoutsi) am Kap Kyllene, wohl die bedeutendste Kreuzfahrerburg in Griechenland. Die heutigen Hauptorte des Nomos Elis, die Städtchen Amalias und Pirgos inmitten der reichen Gartenlandschaft der Peneios- und Alpheiosmündung, und der Hafen Katakolon, sind Neugründungen des 19. Jahrhunderts.

Das gesamtgriechische Heiligtum von Olympia im breiten Bett des Alpheios wurde 426 auf Geheiß Kaiser Theodosios' II. zum Teil abgebrochen, nachdem Theodosios I. bereits im Jahr 394 die Abhaltung der Olympischen Spiele als heidnisch verboten hatte. Erdbeben in den Jahren 522 und 551 brachten den Zeustempel zum Einsturz. Die Stätte verödete und wurde allmählich von den Ablagerungen des Alpheios bedeckt. Auf den Ruinen entstand im Mittelalter ein bescheidenes

Dörfchen mit dem slawischen Namen Miraka. Erst 1776 gelang es dem englischen Reisenden Richard Chandler, das antike Heiligtum genauer zu lokalisieren.

Messenien

MESSENIEN umfaßt im wesentlichen den westlichen Finger der Peloponnes. Die Landschaft zerfällt in die weite und reiche südliche Küstenebene, die Makaria, in das für griechische Verhältnisse niedrige messenische Bergland mit der oberen messenischen Ebene, der Stenyklara, und in die breite vorgelagerte westmessenische Küstenebene. Durch das Flußsystem des Pamisos und des Nedon ist Messenien außerordentlich wasserreich, was eine üppige Fruchtbarkeit des Küstenlandes zur Folge hat. Hauptort des gleichnamigen Nomos ist Kalamata (oder Kalamai) mit seinem olivenreichen Hinterland der Pamisos-Ebene. Die Hafenstadt, heute die zweitgrößte Stadt auf der Peloponnes, hat erst im fränkischen Mittelalter und unter den Venezianern Bedeutung erlangt. Der antike Hauptort war Messene auf dem Ithome-Berg. Im Mittelalter erlangte Androusa als zeitweiliger Sitz fränkischer Statthalter Bedeutung.

An der Südspitze der messenischen Halbinsel künden die beiden mächtigen Küstenfestungen Methone (italienisch Modon) und Korone (Coron) von der enormen Wichtigkeit, den der Besitz Messeniens für das venezianische Levantereich durch die Kontrolle der Wasserstraße am Ausgang des Ionischen Meeres bedeutet hat. Modon und Coron galten von 1206 bis 1500 als die »beiden Augen der Republik Venedig«.

Die breit ins Landesinnere reichende Bay von Navarino wird zur See hin von der langgestreckten Insel Sphakteria abgeschlossen und würde damit einen guten Naturhafen bilden, wenn der Küstenbereich hier verkehrsmäßig besser erschließbar wäre. Die fränkischen Barone erbauten auf dem Vorgebirge Koryphasion im frühen 13. Jahrhundert eine Burganlage, die sie nach einem vorgefundenen Dörfchen (N-)Avarino nannten. Die offensichtlich stark verschilfte Bucht hieß bei ihnen »Port Jonc« (Binsenhafen), woraus die Venezianer Zonchio oder Zonklon machten. Die Türken legten 1572 über der Bay ein Festungsstädtchen mit regelmäßigem sternförmigen Grundriß an. Die Siedlung am Fuß dieses sogenannten Neokastro trägt heute amtlich den homerischen Namen Pylos. Leicht konnte die Bucht aber, deren Ein- und Ausgang mit wenigen Schiffen zu blockieren war, auch zur Falle werden. So geschehen in der für die osmanisch-ägyptische Flotte vernichtenden Seeschlacht von Navarino im Jahre 1827, die letztlich den Ausgang des griechischen Unabhängigkeitskrieges bestimmt hat.

Lakonien

Die Taygetos-Mauer scheidet Messenien von LAKONIEN. Noch bis nach dem II. Weltkrieg war der direkte Gebirgsübergang nur auf schmalen Maultierpfaden möglich. Die Hauptverbindung zwischen Messenien und Lakonien lief daher im Bogen nördlich über die arkadische Hochebene oder zur See vom lakonischen Hafen Gythion nach Kalamata.

Das eigentliche Lakonien, das Gebiet der alten Spartiaten, besteht aus der gut bewässerten und anbaufähigen Beckenlandschaft am Eurotas zwischen Taygetos im Westen und Parnongebirge im Osten. Gegen Norden baut sich das arkadische Gebirge auf und nach Süden hin ist das Eurotasbecken in mehrere Stufen geteilt und wird vom Meer durch eine hügelige Schwelle abgeschnitten. Die breite Küstenniederung von Helos an der Eurotasmündung war unbewohnbar und ist auch heute noch trotz Meliorationsmaßnahmen teilweise versumpft.

Hauptort des lakonischen Nomos ist Sparta, die 1834 als »Nea Sparte« gegründete und regelmäßig angelegte Neustadt anstelle der spärlichen antiken und byzantinischen Spuren. Unter den Römern galt Sparta formal als freies Gemeinwesen und zehrte vom Ruhm der Vergangenheit, bis die christlichen Kaiser alle noch künstlich am Leben erhaltenen »altspartanischen Einrichtungen« aufhoben. Vom 6. bis zum Anfang des 9. Jahrhunderts verschwindet die Stadt aus der Geschichte. Unter dem Namen Lakedämon (Lakedaimone) wird sie unter Kaiser Nikephoros I. (802–811) wieder neugegründet. Im 13. Jahrhundert wurde sie zugunsten des nahegelegenen, aber strategisch günstigeren Mistra verlassen und verschwindet erneut aus der Geschichte bis ins 19. Jahrhundert.

Das hoch über der Eurotasebene auf einem isolierten Vorberg des Taygetos gelegene Mistra (Mystras) war ursprünglich eine Gründung der fränkischen Kreuzritter (s. Abb. S. 119). Ab 1262 wurde es zum Zentrum des spätbyzantinischen Despotats von Morea und entwikkelte sich in der ersten Hälfte des 15. Jahrhunderts zu einem Mittelpunkt byzantinischen Geisteslebens. Unter den Osmanen (ab 1460) behielt die Stadt ihre administrative Mittelpunktsfunktion für Lakonien und erfuhr durch Seidenraupenzucht auch wirtschaftliche Geltung. Nach 1834 wurde die in den griechischen Aufständen von 1770 und 1821 schwer in Mitleidenschaft gezogene Siedlung dann zugunsten des neuen Sparta verlassen.

Die Festungsstadt Monemvasia liegt auf dem östlichen Finger der Peloponnes, der in Kap Malea endet. Wegen ihrer grandiosen Lage auf dem Plateau und am Abhang eines 300 m hohen Felsklotzes im Meer wird sie treffend auch »Gibraltar der Levante« genannt. Monemvasia ist aus einer byzantinischen Fluchtsiedlung des späten 6. Jahrhunderts hervorgegangen. Ihr Name bedeutet »Einziger Eingang« und bezieht sich auf die schmale Brücke, die den alleinigen Zugang von der Landseite ermöglicht. Er verdeutlicht ihre einzigartig geschützte Lage. Der venezianische Name war »Malvasia«. Der von hier im 15. und 16. Jahrhundert verschiffte Wein aus der Morea erfreute sich als »Malvasier« in Europa großer Beliebtheit. Die abseits der Landverbindungen gelegene Seestadt wurde im 19. Jahrhundert allmählich verlassen und hat heute nur noch touristische Bedeutung (s. Abb. S. 148).

Nach Süden geht die Taygetos-Kette über in den knochigen Mittelfinger der Peloponnes, in die karge und vegetationsarme MANI (Maina), die am Kap Matapan, dem antiken Kap Tänaron, endet.

Diese rauhe, meerumrauschte »heroische« Landschaft war seit jeher Flucht- und Rückzugsgebiet und spielte in der Geschichte immer eine Sonderrolle. Nach den Slaweneinfällen im 6. Jahrhundert wurden die Manioten von den byzantinischen Zentren abgeschnitten und fielen in archaische »balkanische« Lebensformen zurück, die sich in einzelnen Zügen bis in unser Jahrhundert noch gehalten haben. Im 9. und 10. Jahrhundert wurde die Mani von Byzanz aus rechristianisiert, wovon noch zahlreiche kleine aus Rohsteinen zusammengeschichtete Kirchen künden. Die Manioten blieben aber von staatlicher Herrschaft, auch von der der Franken ab dem 13. Jahrhundert, nahezu unabhängig. Die Osmanen mußten sich mit der Abriegelung der unruhigen Halbinsel zufriedengeben und versuchten vergeblich – bisweilen gar im Verein mit den Venezianern – der maniotischen Seeräuberplage Herr zu werden. Vom 15. bis ins 19. Jahrhundert war kein Schiff zwischen Peloponnes und Kreta vor den Piraten aus der Mani sicher. Die schmale Ernährungsbasis der Halbinsel und die immer wieder aus der Morea, aber auch aus Kreta neueintreffenden Flüchtlingswellen und der damit verbundene Kampf um den Boden, hatten generationenlange Familienfehden und Blutrache zur Folge. Dies manifestierte sich in zahlreichen Wohn- und Wehrtürmen (Pyrgoi oder Kule), die den abweisenden und kriegerischen Charakter der maniotischen Siedlungen bestimmen. Hauptort der äußeren Mani (Exo Mani) ist Areopolis (historisch Tsimova) mit dem Hafen Limeni

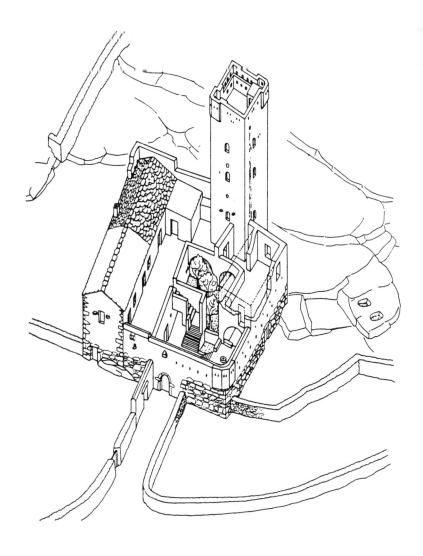

Rekonstruktion eines befestigten Gehöfts auf der Mani, 17. Jh.

(Tsipa). In der inneren Mani (Mesa Mani) finden wir das türmereiche, heute verlassene Kitta und die Pyrgos-Siedlung Vathia, die gegenwärtig als Touristenattraktion wieder aufgebaut wird.

Am windumtosten Kap Tänaron befand sich nach antiker Vorstellung einer der Eingänge zur Unterwelt. Hier sollen die Franken 1206 ihre Burg »La Grande Magne« erbaut haben, die bis heute allerdings nicht lokalisiert werden konnte. Eine schiffbare Bucht am Kap nannten sie Porte des Quailles (italienisch Porto Quaglio, »Wachtelhafen«), weil von hier Tausende von während des Vogelzuges geleimten Wachteln in den Schüsseln der fränkischen Herren landeten.

Noch zwei historische Landschaften Lakoniens verdienen Erwähnung: Die Vardounia (Bardunia) zwischen Eurotasbecken und Helos, im 18. Jahrhundert der Sitz eines wilden muslimischen Albanerstammes, dem 1770 Mistra zum Opfer gefallen war, und die Kynuria (eigentlich Kynosuria, »Hundeschwanz«), der steilufrige unwegsame Küstenstrich am Ostabhang des Parnon. Im Mittelalter hieß die Kynuria »Tsakonia«. Byzantinische Quellen behaupten, daß die Tsakonen ihre altdorische Mundart noch lange bewahrt hätten. Das ganze Küstengebiet mit dem Zentrum Leonidion gehört heute zum Nomos Arkadien.

Arkadien

ARKADIEN umfaßt die zentrale Berglandschaft der Peloponnes. Die schroffen Karstgebirge steigen über 2000 m auf. Zwischen ihnen liegt, von Gebirgszügen umrahmt, im Osten das langgezogene Hochbecken von Tripolis, 700 m hoch, im Südwesten das Hochbecken von Megalopolis (430 m) und eine Reihe kleinerer abgeschlossener Becken und Kammern. Erst heute ist ein Teil der vielfach abflußlosen Becken durch künstliche Entwässerung zur Gänze nutzbar, früher waren sie z. T. vermoort oder mit jahreszeitlich wechselnden Seen erfüllt, wie heute noch der Stymphalische See.

In klassisch-griechischer Zeit war das arkadische Bergland überwiegend mit Wald bedeckt. Erst der Holz-Raubbau in hellenistischer und römischer Zeit verwandelte Arkadien zur sprichwörtlichen »Heimat des Pan«, zum Hirtenland par excellence, wie ja der Landschaftsbegriff dann auch als Sinnbild für »ländlichen bukolischen Frieden« in die römische, und dann später in unsere Rokoko-Schäferlyrik eingehen sollte. Doch von beschaulicher Pastorale war Arkadien im Mittelalter weit entfernt. Das verödete Hochland diente ab dem 9. Jahrhundert als Refugium für die von den Byzantinern aus den Küstenländern und den Talschaften vertriebenen Slawen, die sich hier für mehrere Jahrhunderte festsetzten. Eine beträchtliche Anzahl von slawischen Berg-, Flur- und Ortsnamen (meist auf -itsa endend) kunden von einer intensiven slawischen Besiedlung. Einen größeren Ort gründeten sie in Veligosti anstelle des antiken Megalopolis. Als Gegengewicht errichteten die Byzantiner über den Ruinen des alten Tegea den Bischofssitz Nikli und an der Grenze zur Argolis die Festungsstadt Mouchli. Im 13. Jahrhundert unterwarfen die fränkischen Barone von Elis und Messenien aus das unübersichtliche Hochland und sicherten es durch zahlreiche Burgen und Wachtürme. Die berühmteste Burg ist Karytäna auf einem steilen Felskegel über dem Alpheiosdurchbruch. Unter den Franken kommt für Arkadien der Name »Skorta« (L'Escorta, La Scorta) auf, – vielleicht eine Verballhornung des Namens Karytäna mit dem des nahegelegenen antiken Gortys. Im 14. und 15. Jahrhundert wanderten albanische Stämme ein und verteidigten sich hinter den Bergmauern hartnäckig gegen die Osmanen. Die Türken mieden bis ins 17. Jahrhundert das Gebirge. Im 18. Jahrhundert aber gründeten sie als Verkehrsknotenpunkt die Stadt Tripolitsa (heute Tripolis) und konzentrierten bis zum griechischen Aufstand 1821 hier im Landesinneren ihre Macht in Morea. Eine zweite Welle albanischer Siedler, diesmal Muslime, strömte noch im 18. Jahrhundert ins Land. Ihr Zentrum wurde Lala.

Bis nach dem II. Weltkrieg war Arkadien aufgrund der unterentwikkelten Infrastruktur eine von der Küste abgeschiedene und unerschlossene Region.

Hauptstadt des heutigen Nomos Arkadien ist Tripolis. Die Stadt wurde nach 1834 anstelle der alten osmanischen Stadt völlig neu aufgebaut. Sie liegt faktisch in der Mitte der Peloponnes und ist besonders aufgrund der modernen Straßenbauten ab 1980 ein wichtiges Verkehrs- und Marktzentrum geworden.

Argolis

Dem Meer zugewandt ist die große Halbinsel Argolis. Zwei Landschaftsformen charakterisieren sie: Die grüne Ebene von Argos, die schon Homer als »rossenährend« und »breitschollig« apostrophiert hatte, und die kahlen, ausgemergelten Höhenzüge der Akte im Norden und im Osten, zum Saronischen Golf hin, die einen guten Hintergrund zum Atridenmythos bilden. Die breite Flachküste, die halbmondförmig die Bucht von Nauplion säumt, war in historischer Zeit Salzsumpf und wurde erst in jüngster Zeit in die heutige blühende

Gartenlandschaft verwandelt. Die klassische Hauptstadt Argos verlor im Mittelalter zugunsten der Hafenstadt Nauplion völlig an Bedeutung, hat sich aber heute wieder zu einem geschäftigen landwirtschaftlichen Zentrum entwickelt.

Der Hauptort des Nomos Argolis, Nauplion (Nauplia), spiegelt in seinen gewaltigen Befestigungsanlagen die umkämpfte Geschichte des spätmittelalterlichen Griechenland wider. Als »Napoli di Romania« war es im 15. und 16. Jahrhundert (bis 1540) ein strategisch wichtiger Flottenstützpunkt der Venezianer. Die gesamte Stadtanlage macht heute noch einen durchaus italienischen Eindruck. Mehrere türkische Bauwerke bekunden auch noch die zentrale Rolle, die »Anapli« im 17. und im 18. Jahrhundert unter den Osmanen eingenommen hat. Aus der kurzen Zeit der venezianischen Besetzung von 1684 bis 1711 stammt das hochgelegene Fort Palamidi, eines der stärksten im Mittelmeerraum. Nauplion war von 1822 bis 1834 neugriechische Hauptstadt. Erst unter König Otto von Wittelsbach, der 1833 im Hafen von Nauplion zum ersten Mal griechischen Boden betreten hatte, wurde Athen wegen seiner antiken Reminiszenzen zur Hauptstadt proklamiert.

Kreta

Das meridional durch die griechische Halbinsel ziehende dinarische Balkan- bzw. Hellenidengebirge findet in der Großinsel KRETA seine west-östliche Fortsetzung.

Die stark verkarsteten, tief eingerissenen Gebirgsgruppen der Levka Ori im Westteil (Weiße Berge, bis 2452 m), des Ida in der Mitte (Gipfel Psiloritis 2456 m) und des Dikte im Osten (2150 m) fallen nach Süden so steil zum Libyschen Meer hin ab, daß sich hier (mit Ausnahme Hierapetras) kein größerer Hafenort bilden konnte. Kreta hat sich dadurch kulturell immer nach Norden, zur Ägäis hin orientiert.

Zur Nordküste geht das kretische Gebirge in Hügelland über und öffnet sich in einer ertragreichen, breiteren Küstenebene. Die Küste selbst ist in mehrere Buchten gegliedert, die günstige Naturhäfen abgeben: Im Westen die Suda-Bucht, in der Mitte die Bucht von Heraklion, und im Osten die Mirabello-Bucht. In den Senken zwischen den Gebirgsstöcken breiten sich mehrere Beckenhochebenen aus, so im Westen die Omalos-Hochebene, in der Mitte der Insel nach Süden hin die weite Messara-Ebene, und im Ostteil die hochgelegene Lassithi-Ebene. In historischer Zeit dienten die Hochebenen größtenteils zur Weide. Erst in jüngerer Zeit wurden sie durch geregelte Be-

und Entwässerung zu Fruchtlandzonen umgewandelt. Anders als auf dem griechischen Festland und den Hochzonen der Peloponnes fehlt auf Kreta jeglicher Einfluß des festländischen Klimas. Die Insel zahlt zusammen mit den Kykladen, mit den südlichen Sporaden und mit Rhodos zur extrem mediterranen Klimazone.

Infolge seiner besonderen geopolitischen Lage hat Kreta in der Geschichte eine Sonderrolle gespielt. In römischer und frühbyzantinischer Zeit war Gortyn inmitten der Messara-Ebene die Hauptstadt der Inselprovinz. Die byzantinische Herrschaft wurde von 826 bis 961 durch die arabisch-islamische Eroberung der Insel unterbrochen. Diese »Sarazenen« kamen übrigens aus dem damals maurischen Spanien. Unter ihnen wurden die größeren Hafenstädte an der Nordküste gegründet, bzw. wieder aufgebaut. Als neuer Mittelpunkt der Insel entstand die zentral gelegene »Rabat el Kandak«. Die neue Hauptstadt wurde als »Kandia« auch von den Byzantinern übernommen; der antikisierende Namen Heraklion bürgerte sich erst im 19. Jahrhundert ein.

Nach der Aufteilung des Byzantinischen Reiches 1204 geriet Kreta unter venezianische Hoheit, der Name Candia setzte sich nun für die ganze Insel durch (»Regno di Candia«). Als Schnittpunkt der Seehandelsstraßen in die Levante war die Beherrschung der Insel für das venezianische Seereich von allerhöchster Priorität. Die lange Periode ihrer Herrschaft von 1206 bis 1645 zerfällt in mehrere Phasen, die ihre Anfänge immer nach schweren Aufständen der Einheimischen nahmen. Die Einführung des westlich-abendländischen Lehenssystems, an dem auch Griechen beteiligt wurden, bedeutete einerseits koloniale Ausbeutung, andererseits aber auch Schutz vor dem in der Levante ab dem 15. Jahrhundert immer mehr um sich greifenden Seeräuberunwesen. Von 1645 (in der über 20 Jahre lang belagerten Hauptstadt erst ab 1669) bis 1898/1913 war Kreta Teil des Osmanischen Reiches. Hauptstadt wurde Rethymnon. Die zerrissene Bergwelt hat seit jeher die Dezentralisation der einheimischen Kreter bewirkt und einheitliches Handeln gegen die Fremdherrschaft verunmöglicht. Eine besondere Volksgruppe bildeten die Sphakioten in der Landschaft Sphakia in den südlichen Levka Ori, die weder von Venezianern noch von Türken unterworfen werden konnten. Patriarchalische Bräuche hielten sich bei ihnen noch bis in unser Jahrhundert.

Von 1830 bis 1840 wurde Kreta von Kairo aus regiert. Ab 1840 war Chania der osmanische Regierungssitz. 1898 bestimmten die Großmächte die Autonomie der Insel innerhalb des Osmanischen Reiches. 1913 erreichte Athen den das ganze 19. Jahrhundert hindurch unermüdlich propagierten Anschluß ans Mutterland. Seitdem hat sich Heraklion zur viertgrößten Stadt Griechenlands entwickelt.

Die Insel ist in vier Nomoi eingeteilt, von West nach Ost: Chania, Rethymnon, Heraklion und Lassithion (Hauptort Hagios Nikolaos). Von Kreta setzt sich die Inselbrücke über Karpathos nach Rhodos fort.

Die Ägäische Inselwelt

Die Ägäis umfaßt etwa 196 000 Quadratkilometer. Sie teilt sich in das Thrakische Meer im Norden, in das Myrtoische Meer zwischen der Peloponnes und Kreta (benannt nach einer Sageninsel Myrtos), in das Ikarische Meer vor Kleinasien (benannt nach der Insel Ikaria), und im Süden in das Kretische Meer.

Die zahlreichen Inseln und Inselgruppen sind Bergspitzen eines alten Festlands, das im Diluvium (Pleistozän) 100 bis 600 m tief abgesunken ist. Eine unterseeische Schwelle von der Peloponnes über Kreta und Rhodos nach Kleinasien begrenzt das Ägäische Meer nach Süden hin zum erheblich tieferen Libyschen Meer. Vulkanische Tätigkeit (z. B. auf Thera/Santorini) und häufige Seebeben sind ein Zeichen dafür, daß die Erdrinde hier tektonisch noch nicht zur Ruhe gekommen ist.

Die griechische Mythologie leitet den Namen des Meeres von Theseus' Vater Aigeus ab. Profaner ist die Erklärung von Aigis, »Sturm«. Die stürmischen Winde der Ägäis wirkten jedoch wegen ihrer klimatisch bedingten Regelmäßigkeit seit jeher eher verkehrsfördernd. Die »Etesien« (Jahreszeitwinde), z. B. der sommerliche böige Meltemi, waren für die alte Schiffahrt gut berechenbar.

Die besondere geologische Beschaffenheit des Ägäisgrundes als »insularer Festlandssockel« ist seit den 70er Jahren unseres Jahrhunderts die Ursache für den griechisch-türkischen Streit um die Abgrenzung der Hoheitszonen in diesem Gebiet. Es geht dabei auch um vermutete unterseeische Erdölvorkommen, die allerdings bis jetzt in nennenswerter Größenordnung nur vor der Insel Thasos festgestellt werden konnten.

Der heutige Nomos DODEKANES (Zwölf-Inseln) faßt die südliche Sporadengruppe (Astypalaia, Kalymnos, Kos, Patmos, Leros) mit der Großinsel Rhodos zu einer Verwaltungseinheit zusammen.

Nach dem Untergang von Byzanz 1204 setzten sich im Dodekanes die beiden Handelsrivalen Venedig und Genua fest. Rhodos wurde zum stark befestigten Sitz des Johanniter-Ritterordens. Anfang des 16. Jahrhunderts geriet die Inselgruppe unter osmanische Oberhoheit, die den Bewohnern weitgehende Selbstverwaltung einräumte und auch die orthodoxe Mönchsrepublik Patmos unbehelligt ließ. 1912 wurde der Dodekanes von Italien okkupiert und 1923 staatsrechtlich Italien eingegliedert, als Folge des II.Weltkriegs aber 1947 an Griechenland angeschlossen.

Die gebirgig aufgebaute Insel RHODOS war von 1308 bis 1522 Hauptsitz des reichen geistlichen Ritterordens der Johanniter, der die Insel durch Plantagenwirtschaft förderte und kultivierte. Zu einer Symbiose mit der einheimischen griechischen Aristokratie, wie es ansatzweise unter den Venezianern in Korfu und in Kreta erfolgt ist, kam es auf Rhodos jedoch nicht. 1522 erzwangen die Osmanen den Abzug der Johanniter, die sich von da ab nach ihrem neuen Hauptsitz Malta »Malteser-Orden« nennen sollten. Unter italienischer Ägide wurden ab 1912 verschiedene Modernisierungsprojekte, wie etwa die Aufforstung, in die Wege geleitet.

Erwähnt sei noch das Inselchen Kastelorizon (Castel Rosso), heute wieder antik Megiste (danach türkisch Meis) genannt, die kleinste und östlichste Dodekanes-Insel. Sie liegt dicht vor dem türkischen Hafenstädtchen Kas und ist die am weitesten von Athen entfernte griechische Insel überhaupt.

Unmittelbar dem kleinasiatischen Festland vorgelagert sind die Großinseln Samos, Chios und Lesbos, heute administrativ in drei gleichnamige Nomoi gegliedert. Die Inseln teilen die schillernde nachantike Geschichte unter Byzanz, Genua, Venedig und ab dem 15. und 16. Jahrhundert unter den Osmanen.

SAMOS wurde bereits 1832 ein dem Sultan nur tributpflichtiges, aber ansonsten autonomes Staatsgebilde, das sich 1912 mit dem Mutterland vereinigte. Zu ihrem Nomos zählt noch die Sporadeninsel Ikaria, vor dem Beginn des Tourismus sprichwörtlich die ärmste aller Ägäisinseln.

CHIOS, das bis über 1000 m aufsteigt, war seit dem Altertum berühmt wegen seines Mastix-Anbaus, der von den Genuesen (1304–1566) stark gefördert wurde. Da Mastix das wohlriechende Grundelement für Parfüms, Bonbons und Heilmittel darstellte, erhielt die Insel, unter den Türken Sakiz (Mastix) genannt, als Gut der jeweiligen Sultana weitreichende Privilegien. Umso tragischer war das berüchtigte »Blutbad von Chios« (Gemälde von Eugène Delacroix 1832), das als Reaktion der Türken auf die griechische Unabhängigkeitserklärung 1822 über die Insel hereinbrach. Dank seiner Fruchtbarkeit gilt Chios heute wieder als eine der reichsten Inselprovinzen Griechenlands.

Der Inselname LESBOS wurde im Mittelalter zugunsten des Namens der Inselstadt Mytilene (italienisch Metellino, türkisch Mdilli) aufgegeben und erst wieder nach dem Anschluß an Griechenland 1912 offiziell eingeführt. Der Nomos Lesbos bezieht auch noch die fast baumlose nordägäische Insel Lemnos mit ein. Der sich auf die antike Dichterin Sappho (geboren um 600 v. Chr. auf Lesbos) beziehende Begriff »Lesbische Liebe« ist übrigens ein sexologischer Terminus unseres Jahrhunderts, der auf der Insel auf völliges Unverständnis stößt.

Samos, Chios und Lesbos wandten sich in historischer Zeit dem östlich gegenüberliegenden, zum Teil griechisch besiedelten Festland um die Großstadt Smyrna (türkisch Izmir) zu. Dort befand sich ihr natürliches wirtschaftliches Hinterland. Nach der griechisch-türkischen Grenzziehung von 1923, die sie dieser Basis beraubte, gerieten sie in die totale Isolation. Erst der Tourismus ab den 60er Jahren hat diese jahrzehntelange Stagnation auf den Inseln etwas gemildert. Der lebensnotwendige Verkehr mit der nur ein paar Seemeilen entfernten Türkei ist aber nach wie vor nicht problemlos möglich.

Im Zentrum des ägäischen Meeres breiten sich die KYKLADEN aus. Ihre Bezeichnung »Kreisinseln« bezog sich im Altertum auf das Apollon-Heiligtum auf Delos als Mittelpunkt, im Mittelalter dann auf die kreisförmige Anordnung um die größte Kykladeninsel, Naxos. Sie erhebt sich bis über 1000 m über das Meer. Mit Ausnahme von Naxos, Paros, Syros und Andros handelt es sich um überwiegend kahle und felsige Eilande, die ihre mangelnde landwirtschaftliche Fläche jedoch durch wichtige Bodenschätze und Edelmetalle wettmachen konnten. Berühmt war der parische Marmor. Schmirgel, Bimstein und Schiefer waren vor der Industrialisierung wichtige Naturprodukte der Inseln. Auch die Gewinnung von Baryt, Blei und Kupfer sicherte die Existenz der Bewohner. Heute lohnt sich der Abbau freilich nicht mehr.

Die nachbyzantinische Geschichte der sich z. T. in Sichtweite gegenüber liegenden Inseln ist fast noch verwirrender als sonst in der Ägäis. Im 13. Jahrhundert etablierte die Seerepublik Venedig auf NAXOS ein Ducatus (Herzogtum) Archipelagos, das sie diversen italienischen Patrizier- und Adelsdynastien zum Lehen gab. Zwischen den katholisch-lateinischen Herren und den orthodoxen griechischen Untertanen herrschte strikte Trennung. Im 16. Jahrhundert ging die Herrschaft an den Sultan über, der die italienische Inselaristokratie in seiner Sonderstellung beließ, aber andererseits die Orthodoxie privilegierte, wovon die erstaunliche Anzahl von griechisch-orthodoxen Kirchen und Klöstern aus dieser Zeit im ganzen Archipel zeugt. Die Kykladen waren bereits Teil des neugriechischen Staates von 1830. Ein besonderes Schicksal widerfuhr der Kykladeninsel TENOS (Tinos).

Über 500 Jahre, von 1207 bis 1718, waährlich nie in den Händen der
Markusrepublik, – die längste »Frankenherrschaft« im ganzen griechischen Raum. Noch heute lebt dort eine dominante katholische Min
derheit. Für die griechische Orthodoxie ist seit 1830 die Wallfahrt zur
Ikone der Panagia Tiniotissa ein jährlicher Höhepunkt. Administrativer Mittelpunkt des modernen Nomos Kyklades ist die Insel SYROS. In
venezianischer Zeit hatte sie unter dem Namen La Suda einen völlig
italienischen Charakter angenommen, bei Ausbruch des Unabhängigkeitskrieges 1821 waren 90% der Einwohner katholische Frankosyrio-
ten, die sich neutral verhielten. Durch Flüchtlinge aus den von den
Türken bedrohten anderen Inseln kehrte sich dann das Verhältnis
langsam um. 1834 wurde die Kykladenhauptstadt Hermoupolis auf
Syros gegründet. Bis zum Ausbau des Piräus Ende des 19. Jahrhunderts war Syros der weitaus größte und bedeutendste Hafen Griechenlands.
In langen Perioden der Geschichte war die Ägäis mit ihren zahlreichen
Inseln und unübersichtlichen Küsten ein bevorzugtes Operationsfeld
für Korsaren aller Art.
Piraterie galt im antiken wie im mittelalterlichen Ehrenkodex als nicht
besonders verwerflich. Noch vom 15. bis ins 17. Jahrhundert breitete
sich das Seeräuberunwesen in den griechischen Gewässern zu einer
epidemischen Plage aus. Von den islamischen Berberstaaten Algier
und Tunis, die nur nominell dem Sultan in Konstantinopel unterstanden, fuhren die »Barbaresken« zum Seeraub und Sklavenfang aus. Zu
großen Flotten zusammengefaßt, bildeten sie den Kern der osmanischen Reichsflotte (etwa 1571 in der Seeschlacht von Lepanto/Nau-
paktos), betätigten sich aber in den sogenannten Friedenszeiten als
Seeräuber und Küstenplünderer. Die gefürchtetsten ihrer Führer waren übrigens Renegaten, d. h. zum Islam übergetretene Christen, wie
der gebürtige Sizilianer Chaireddin Barbarossa oder der Kalabrese
Kilic-Ali. Berüchtigt auf christlicher Seite waren neben Angehörigen
italienischer Seestädte aller Couleur besonders Katalanen und Mallor-
chesen. Für die Jeunesse dorée des französischen Adels zählte ein
Abenteuer im griechischen Archipel fast zum »Muß«. Im 17. Jahrhundert kamen noch holländische und englische Freibeuter hinzu. Am
erfolgreichsten freilich waren die Galeeren der Johanniter (der späteren Malteser), die Seeraub und Brandschatzung mit dem allerchristlichsten Kreuzzugsgedanken verbanden. Die griechische Piraterie,
etwa der Manioten, blieb dagegen auf die Küsten beschränkt. Bevorzugte Opfer waren die schwerbeladenen venezianischen, genuesischen, pisanischen oder ragusanischen Handelsschiffe, genauso wie

die osmanischen Schatzschiffe. Hauptleidtragende aber waren immer die griechischen Insel- und Küstenbewohner, die von den Piraten, wie von den von ihnen provozierten Gegenschlägen gleichermaßen bedroht waren. Ganze Inseln verödeten, gesamte Inselbevölkerungen wanderten auf andere Inseln aus, wurden deportiert oder gar kollektiv in die Sklaverei verkauft.

Das ganze Mittelalter hindurch bis ins 19. Jahrhundert hinein verfolgen wir an den griechischen Küsten den Prozeß des Rückzugs der Siedlungen von der Küste weg ins gebirgige Landes- oder Inselinnere. Das erklärt die unzugängliche und bewußt versteckte Lage besonders der kleineren in Küstennähe gelegenen ägäischen Ortschaften.

Venezianische Galeasse vor dem Mandraki-Hafen von Rhodos.
Links das Fort Sankt Nikolas, vollendet 1467.
Von den Windmühlen stehen heute noch drei.

EINE BYZANTINISCHE RANDPROVINZ
(4. Jh. – 1204)

Hellas unter den Römern

»Graecia capta ferum victorem cepit et artis intulit agresti Latio . . .*«* »Das eroberte Griechenland überwand seinen wilden Sieger und brachte die Künste dem bäurischen Latium«, schreibt der römische Dichter Horaz ums Jahr 10 v. Chr. in seinen Episteln.

Schon im 2. vorchristlichen Jahrhundert war der Schatten des in den Orient expandierenden Rom auf Griechenland gefallen, – auf ein politisch zerrissenes Land, in dem die Epigonen der alten freien Stadtstaaten in wechselnden Bündnissen gegen die Hegemonie der makedonischen Könige ankämpften. Ein Terrain wie geschaffen für die römische Strategie des *Divide et Impera.* In der Rolle des überlegenen Schiedsrichters und Friedensstifters, dabei offen Bewunderung zeigend für die höhere hellenistische Bildung und Kultur, baute Rom Schritt für Schritt seine Machtposition aus. Und wenn Diplomatie und gegenseitiges Ausspielen nicht mehr weiter führten, ließ man die Legionen marschieren. In den »Drei Makedonischen Kriegen« wurde der Widerstand niedergeworfen. Besonders katastrophal wirkte sich die römische Strafexpedition nach dem Aufstand des Mithradates (88–86 v. Chr.) aus, und auch der verheerende Bürgerkrieg zwischen Cäsar und Pompeius, Octavian und Marc Anton (beendet 31 v. Chr. in der Seeschlacht bei Actium) hatte seinen Hauptschauplatz in Griechenland.

Diese Ereignisse waren begleitet von systematischer Zerstörung der Städte (z. B. Korinths), der Ausplünderung des Landes, Wegführung von Antiquitäten und Kunstschätzen, und der Deportation der hellenischen Intelligenz und Künstlerschaft nach Rom. Griechische Lehrer und Philosophen waren gefragt auf den römischen Sklavenmärkten!

Freilich, der politische und ökonomische Niedergang des antiken Hellas, verdeckt durch die erstaunliche hellenistische Kulturblüte, war nicht das Werk der Römer. Das hatten die Hellenen in ihren unaufhörlichen Kleinkriegen schon selbst vorher besorgt. Das machtbewußte Rom hat diese Entwicklung nur zu Ende gebracht, dann anstelle der Anarchie aber eine straffe politische Neuordnung bewirkt.

148 v. Chr. wurde die griechische Halbinsel als *Provincia Macedonia* Teil des römischen Reiches. Mit der Einrichtung einer eigenen kaiserlichen Provinz *Achaia* 27 v. Chr., die Mittel- und Südgriechenland umfaßte, verbesserte sich die Situation des römischen Graecia. Im Schutz der Pax Romana erfuhr das Land die für Handel und Wandel notwendige Ruhe vor kriegerischen Gefahren. Der »Römische Friede«, der bis ins 4. Jahrhundert aufrecht erhalten werden konnte, bedeutet für Griechenland die längste innere und äußere Friedensperiode in seiner Geschichte bis heute! Im Rom des Prinzipats erlebte der altgriechische, hellenische Geist eine unerhörte Renaissance, wie es Horaz ausgedrückt hatte. Rom wird quasi hellenisiert. Die römische Oberschicht wird zweisprachig, wer etwas auf sich hält, studiert ein paar Jahre in Athen. Graecia wird zum bevorzugten Ziel von Bildungsreisenden der römischen Aristokratie. Pausanias hat ums Jahr 170 n. Chr. für diesen Kreis seinen Reiseführer (Periegesis) über Griechenland verfaßt.

Schon Cäsar hatte Korinth wieder aufgebaut, unter Augustus wurden zahlreiche Kolonien anstelle der verfallenen Poleis angelegt, und die Städte mit den klangvollen Namen, Athen, Sparta, Korinth, besonders privilegiert. Tiberius, Nero und besonders Hadrian haben diese urbane Förderungspolitik weitergeführt. Jedoch nur die großen Städte profitierten von der kaiserlichen Monumentalpolitik. Das Land selbst war weiterhin agrarisch unterentwickelt, Handwerk und Gewerbe, die das klassische Hellas noch zum Teil ernährt hatten, waren längst der Konkurrenz Italiens und der reichen Provinzen im Osten erlegen. Ganze Landstriche entvölkerten sich, Siedlungen wurden aufgegeben, anbaufähiges Land verödete. »Cadavera Urbium«, »Städteleichen«, nannte man dies drastisch in Rom. Auch der kritische Pausanias vermittelt uns das Bild eines fast menschenleeren Landes mit einsam gelegenen klassischen Ruinen. Er spricht von »abgestorbenen« klassischen Poleis und beschreibt Tempel und Großbauten in beklagenswertem Zustand. Doch scheint Pausanias nur die »gute alte Zeit« im Kopf gehabt zu haben. Denn während die Poleis wirklich zu Ruinen zerfallen, bilden sich andere Siedlungs- und Wirtschaftsformen heraus. Kaiserliche Domänen und Latifundien, Großgrundbesitz meist in römischer Hand, bestimmen nun die Siedlungsgeographie Griechenlands. Die Poleis werden durch Villae Rusticae (Landstädte mit Herrschaftszentren) ersetzt. An der Küste schwellen die Hafen- und Handelsstädte Korinth, Patras, Nikopolis und Thessalonike durch Landflucht aus der Umgebung zu Großstädten an, deren »Modernität« aber den auf die klassische Antike fixierten Pausanias offenbar nicht interessiert hat.

Zwei ökonomisch und siedlungsgeographisch bedeutsame Phänomene stellen wir im römischen Griechenland fest: Erstens, das Ende der antiken Polis-Urbanität infolge der römischen Latifundienwirtschaft, d. h. eine fortschreitende Naturalwirtschaft und eine »Verländlichung« und Verdörflichung der Gesellschaft, die schon auf das Mittelalter hinweist. In sozialer Hinsicht bedeutet dies das Ende des freien städtischen Handels- und Ackerbürgers. Beherrschend wird nun eine schmale aristokratische Schicht von Großgrundbesitzern und von staatlichen und religiösen Würdenträgern. Ihnen steht die sozial immer weniger differenzierte und rechtlich immer mehr eingeschränkte Masse der Provinzialen gegenüber. Sowie ferner zweitens die unnatürliche Konzentration großer, z. T. unproduktiver Bevölkerungsteile in wenigen urbanen Großzentren, dadurch erfolgt eine Verminderung der Siedlungsdichte im Umland, und letztlich wegen des Fehlens der Ernährungsbasis eine deutliche Bevölkerungsabnahme und auf längere Sicht der Untergang der städtischen Lebensform.

Die sprachliche und kulturelle Romanisierung erfolgte in Griechenland – wie im ganzen hellenistisch bestimmten Ostteil des Reiches – keineswegs in der Intensität wie in den westlichen Provinzen. Das Latein konnte sich nur im nördlichen Makedonien durchsetzen. Griechisch galt schließlich als Hoch- und Kultursprache. Die *Koine*, die gemeinsame hellenistische Volkssprache, blieb vorherrschend im täglichen Gebrauch, im Handel, und im Bildungs-, Religions- und Kulturleben. Latein beschränkte sich auf die Behörden. Griechisch wurde die Sprache des Christentums, dessen Evangelien in der Koine verfaßt worden sind. Ab dem 4. Jahrhundert wurde auch die lateinische Amtssprache durch Griechisch ersetzt. Nach der politischen Teilung des Römischen Reiches im Jahr 395 wird im Ostteil das Griechische wieder zur offiziellen Hoch- und Staatssprache.

Quer durch die Diözese (Großprovinz) Macedonia verlief die *Via Egnatia*, die wichtige Landverbindung von Rom durch Südosteuropa nach Konstantinopel und zu den reichen Provinzen des Ostens. *Macedonia*, das damals auch das Binnenland um Scupi (Skopje) umfaßte, und sein Verwaltungssitz Thessalonike erfreuten sich daher gewisser Aufmerksamkeit in Rom. Dagegen stand die Provinz *Achaia* südlich des Olymp verkehrsmäßig buchstäblich im Abseits. Sie war ökonomisch (nach dem Steueraufkommen gemessen), politisch und strategisch für Rom, wie später für Konstantinopel, weitgehend bedeutungslos, – eine Konstante ihrer Geschichte! Und auch die Anziehungskraft des »klassischen Erbes« nahm in der großen Strukturkrise des Römerreiches rapide ab. Die Soldatenkaiser hatten in der Mehrzahl für die klassische Bildung nichts mehr übrig und das stärker werdende Christentum betrachtete sie schlicht und einfach als überholtes Heidentum. Athen wird im 4. Jahrhundert nur noch in spöttischem Zusammenhang mit der Akademie erwähnt.

Auch die Schwerpunktsverlagerung des Reichszentrums nach Osten durch die Gründung Konstantinopels im Jahr 330 bewirkte für Griechenland nichts, – wenn wir von der gründlichen Abräumaktion absehen, wodurch die neue Hauptstadt, das »Neue Rom«, mit antiken Bildwerken ausgeschmückt worden ist. Die griechische Halbinsel blieb noch immer für ein halbes Jahrhundert im Windschatten der weltbewegenden Ereignisse der Völkerwanderung, die inzwischen Italien und den Westteil des Reiches erschütterten.

Das frühchristliche Griechenland

Im 4. Jahrhundert wird das Imperium Romanum als Einheitsstaat unregierbar. Im Jahr 395 wird es administrativ geteilt. Die Teilungslinie zwischen Ost- und Westrom verläuft senkrecht durch Südosteuropa und orientiert sich großenteils an der alten lateinisch-griechischen Sprach- und Kulturscheide. Achaia und Macedonia fallen zusammen mit Thrakien und Moesien an den Pars Orientalis, den östlichen, griechischen Reichsteil. Von da ab bestimmt Konstantinopel

Der Byzantinische Doppeladler;
Symbol der Universalherrschaft
über Ost und West

61

das Geschick dieser Region. Die Kaiserstadt am Bosporus wird zum Zentrum des Oströmischen Reiches, das wir in der Tradition des Humanismus des 16. Jahrhunderts meist als *Byzantinisches Reich* bezeichnen. In Byzanz vereinigt sich der römische Weltordnungsgedanke mit der griechischen Tradition und dem rechtgläubigen (orthodoxen) Christentum. Das griechische Ostreich ist straff zentralistisch organisiert. An seiner Spitze steht der autokratisch und absolut herrschende »Basileus« (Kaiser), der in sich die höchste weltliche und kirchliche Macht vereinigt. In Konstantinopel hat man das hochstehende antike Erbe zu bewahren vermocht und sichert sich damit noch für ein halbes Jahrtausend die kulturelle Überlegenheit über den »lateinischen« Westen. Rom und Konstantinopel gehen in der Folgezeit verschiedene Wege: Sprachlich, kulturell und politisch. Am deutlichsten werden aber die Divergenzen in der Auslegung des Christentums. Vom päpstlichen Rom ausgehend bildet sich die »abendländische«, lateinische Form des »*Katholizismus*« (des Allumfassenden), Konstantinopel wird der Hort der »morgenländischen« *Orthodoxie*, der Rechtgläubigkeit. Erst allmählich, vom 6. bis ins 10. Jahrhundert, werden die Konturen schärfer, bis die Kirchenspaltung, das Schisma von 1054, den endgültigen Bruch herbeigeführt hat, der bis heute währt. Fundamentale theologische Fragestellungen spiel(t)en dabei übrigens keine herausragende Rolle. Schwerwiegender waren (und sind) kirchenrechtliche und -politische Probleme (wie die Anerkennung der päpstlichen Herrschaft), sowie auch die nicht wegzuleugnenden kulturellen und mentalitätsmäßigen Unverträglichkeiten zwischen Orient und Okzident.

Die Einwohner Griechenlands, wie des gesamten Oströmischen Reiches, kannten freilich weder den Begriff »Byzanz« noch »Ost«-Rom. Für sie existierte nach wie vor das Römische Reich, wenn auch mit dem neuen Mittelpunkt »Nea Rome« (Konstantinopel), und sie nannten sich daher weiterhin Römer (griechisch *Romaioi*). Um diese griechischsprachigen Römer von den lateinischen Römern zu unterscheiden, hat sich im Deutschen der neue Begriff »*Rhomäer*« eingebürgert. Rhomäer bezeichnet die orthodoxe, griechischsprachige (nicht unbedingt ethnisch-griechische) Einwohnerschaft des Byzantinischen Reiches.

Kaiser Theodosius I. hatte im Jahr 391 das Christentum endgültig zur alleinigen Staatsreligion erhoben. In Griechenland hatte der neue Glaube aber schon lange vorher Fuß gefaßt. Erleichtert wurde dies durch starke orientalische Bevölkerungsanteile in den Städten. Die Briefe des Paulus an die Korinther und Thessalonicher werden in die

Jahre 49 und 52 datiert. Eine große Rolle spielen in der Folgezeit die Märtyrerlegenden um Andreas, der unter Nero in Patras den Märtyrertod erlitten hatte, und um Demetrios, der unter Maximian in Thessalonike das gleiche Schicksal erfahren hatte. Die Heiligen Andreas und Demetrios sind die nationalen Schutzpatrone Griechenlands.

Der alte Glaube an die Götter wurde längst nicht mehr ernstgenommen. Die Olympischen Festspiele degenerierten zu »barbarischen Hanswurstiaden mit höchst obszöner Mimik«, wie es Karl Hopf, ein Historiker des letzten Jahrhunderts, ausgedrückt hat. Im Jahr 394 fanden sie durch kaiserlichen Erlaß ihr offizielles Ende. Mit dem Christentum gerät im Bewußtsein des einfachen Volkes auch der alte Volksname »*Hellenen*« in Mißkredit. Er wird zum Synonym für »Heiden« oder »Riesen«. Der heidnischen Intelligenz, die sich vergeblich gegen diese christliche Umwertung gewehrt hatte, wurde durch die Schließung der Akademie zu Athen im Jahre 529 unter Kaiser Justinian der Boden entzogen. Dieses Datum zeigt wohl den Endpunkt der Christianisierung an. Die Tempel waren bereits unter Theodosius in christliche Gotteshäuser umgewandelt worden, wie z. B. das Parthenon zur Kirche der Panagia (Gottesmutter), und der sogenannte Theseustempel in Athen zur Georgskirche. Das Galerius-Mausoleum in Thessalonike wurde kurz vor dem Jahr 400 zur Kirche. Die alten Kultstätten in Dodona, Delphi, Eleusis, Epidauros und Olympia (hier die Phidiaswerkstatt) wurden christlich umgeweiht. In Thessalonike, Philippi und Nikopolis entstanden große Basiliken. Vom 5. bis in die erste Hälfte des 6. Jahrhunderts stellen wir eine rege sakrale Bautätigkeit fest. Über 300 kleinere Kirchenbauten aus dieser Zeit konnten bisher in ganz Griechenland archäologisch nachgewiesen werden. Sie stehen in einem krassen Widerspruch zur spärlichen schriftlichen Überlieferung aus dieser Zeit, die uns überdies das Bild eines durch Katastrophen aller Art verwüsteten Landes suggeriert.

Neben die staatlichen und militärischen Dienststellen tritt nun eine allesumfassende kirchliche Administration, die im Bewußtsein der Untertanen bald die Führungsrolle übernehmen wird. Die Einrichtung der kirchlichen Diözese und ihre Unterteilung in Erzbischofs- und Bischofssitze bleibt de jure in der folgenden Zeit im wesentlichen unverändert.

Die »Dunklen Jahrhunderte«

Die Pax Romana zerbrach mit dem furchtbaren Goteneinfall 395–396 schlagartig. Die Visigoten (Westgoten) unter Alarich durchzogen von Thrakien kommend ganz Griechenland und setzten dann von Dyrrhachium nach Italien über. Von da ab ist Griechenland Kriegsgebiet. Vandalen suchen die Küsten heim, die Ostgoten unter Theoderich verwüsten den Norden Griechenlands (482–484), hunnische Reiterscharen erscheinen 517 vor den Thermopylen. Als Kaiser Justinian (527–565) alle verfügbaren Kräfte nach Italien und Nordafrika wirft, um den Westteil des Reiches wieder zu erobern, ist die Donaugrenze von Truppen weitgehend entblößt. Jetzt stoßen, teils unter dem Druck, teils unter der Führung türkischer Reitervölker wie der Awaren, aus dem Gebiet der heutigen Ukraine große Mengen von slawischen Stämmen in die Balkanhalbinsel vor.

Justinian versuchte, diesen Gefahren mit einem gewaltigen Festungsbauprogramm zu begegnen. Zerstörte Städte sollten wiederaufgebaut, strategische Punkte gesichert werden. In Griechenland waren Kastoria (als Dank nannte es sich dann Justinianopolis), Larissa, Trikala, Pharsalos, Chalkis, Platäa und Megara vorgesehen, besonders befestigt zu werden. Wieviel davon wirklich ausgeführt wurde, wissen wir nicht. Anzeichen für Bautätigkeit finden wir auf der Burg Kadmeia in Theben, auf der Akropolis über Athen, am Thermopylenpaß und am Isthmos von Korinth. Auf der Peloponnes wurde nur Korinth neuummauert, die übrige Halbinsel glaubte man durch die Isthmos-Sperrmauer hinreichend geschützt zu haben. Ein Irrtum, wie sich bald zeigen sollte.

Von »Städten« kann man – mit der Ausnahme Thessalonike – in dieser Zeit eigentlich nicht mehr sprechen. Es handelt sich um »*Kastra*« (Burgen), die nur eine relativ geringe Einwohnerzahl auf kleinem Grundriß aufnehmen können. Diesen Vorgang der Reduzierung der alten antiken Stadtfläche auf das meist hochgelegene, enge, aber schutzbietende Kastron (Burg) beobachten wir in der Spätantike im gesamten Mittelmeerraum.

Im 6. Jahrhundert gehen die antiken Lebensformen in Griechenland endgültig zu Grunde.

Zum wirtschaftlichen und sozialen Wandlungsprozeß tritt nun der Verlust der staatlichen römischen, bzw. byzantinischen Kontrolle über das Land und das Eindringen fremder Völkerschaften.

Nicht genug der Bedrohung von außen, scheint Griechenland auch noch von einem verhängnisvollen Zusammentreffen von Naturkatastrophen und Epidemien heimgesucht worden zu sein. Wir sollten dabei freilich auch immer die »miserabelistische« Tendenz der christlich-byzantinischen Chronisten berücksichtigen, die irdische Welt möglichst als Jammertal darzustellen. Verbürgt sind aber lokale Erdbeben 518 und 520, und überregionale Beben 522 und 551, in denen zahlreiche Orte in Trümmer fielen. Erdspalte und Flutwellen hätten ganze Landstriche verwüstet. Der Pest von 541–545 sei überhaupt die Hälfte aller Reichsbewohner zum Opfer gefallen.

Während Germanen und Hunnen Griechenland nur ausraubten und dann in reichere Gefilde weiterzogen, setzten sich die *Slawen* in hoher Zahl im Lande fest und siedelten dauerhaft auf dem gewaltsam besetzten Grund. Wir haben es also mit einer Eroberung und mit einer darauf folgenden Landnahme zu tun. Von 580 bis 587 drang eine erste Welle bis in die Peloponnes vor und wurde dort seßhaft. Zwischen 602 und 626 wanderten slawische Stammesverbände in ganz Südosteuropa einschließlich Griechenlands ein. Vermutlich haben bei der Organisation der Kriegszüge die Awaren, ein kriegerisches expansives türkisches Reitervolk, die führende Rolle gespielt. Byzanz sah sich gezwungen, seine Balkanprovinzen und Griechenland aufzugeben, freilich nicht dem rechtlichen Anspruch nach. 626 scheiterten die Awaren jedoch vor Konstantinopel und zogen sich in die ungarische Tiefebene zurück. Ihr Großreich zerfiel. Die Slawen aber blieben und bestimmen bis heute das ethnische Bild Südosteuropas (Südslawische Völker: Kroaten, Serben, Bulgaren).

Die slawische Landnahme verlief gewaltsam. Thessalonike wurde fünfmal vergeblich bestürmt. Brandschichten und Zerstörungsspuren aus dem Ende des 6. Jahrhunderts sind in vielen Städten Griechenlands feststellbar (u. a. in Athen und Korinth). Im Inneren Griechenlands hat nachweislich keine Stadt das 7. Jahrhundert überlebt. Die griechische Provinzialbevölkerung floh in die Kastra und in die Küstenstädte. Eine Symbiose mit den heidnischen Eindringlingen ist nirgends festzustellen. Neben Thessalonike bleiben Chalkis, Athen, Nikopolis, Korinth und Patras fest in byzantinischer Hand. Auch zahlreiche kleinere Küstenplätze und natürlich die Inseln halten sich unter dem Schutz der Reichsflotte. Flüchtlinge gründen auch neue strategisch günstiger gelegene Siedlungen, wie etwa Monemvasia in Lakonien und Arkadia (heute Kyparissia) in Messenien. Griechische Rückzugsgebiete werden die Halbinsel Mani und die lakonische Berglandschaft Tsakonien. Viele Griechen sind auch in das damals byzantinische Unteritalien ausgewandert.

Mit der slawischen Landnahme im Binnenland fallen diese Landesteile sozusagen auf eine prähistorische Stufe zurück. Die aus Osteuropa vordringenden Slawen waren animistische Heiden. Mit der antiken mediterranen Kultur waren sie bis dahin noch nicht in Berührung gekommen. Die in Griechenland eingewanderten Slawen bildeten keine einheitliche politische Macht und keinen festen Herrschaftsbezirk aus. Nach der Landnahme zerfielen sie in eine Unzahl von Familienverbänden, Sippen und Kleinstämmen, denen ständig wechselnde Häuptlinge und Kleinfürsten vorstanden. Deshalb sind nur wenige Stammesnamen überliefert, z. B. die Belegeziten in Thessalien oder die Milingen in Lakonien. Als Eroberer haben diese Stämme zunächst die von den Griechen verlassenen fruchtbareren Gebiete mit Weilern und kleinen Dörfern besiedelt. Davon künden noch viele aus dem Slawischen stammende Orts- und Flurnamen, die heute allerdings aufgrund nationalistischer »Ortsnamen-Hellenisierungskampagnen« nicht mehr auf den amtlichen Karten· vermerkt sind. Als Beispiele seien slawische Namen von Orten auf oder in der Nähe berühmter antiker Stätten genannt: Tsakovitsa (Dodona), Charvati (Mykene), Miraka (Olympia), Goritsa (Mantinea), Dropolitsa (Megalopolis), Navarino (Pylos), Vostitsa (Ägion) und Slawochorio (Amyklai). Für die Byzantiner hieß das Slawenland undifferenziert einfach »*Sklaviniai*«, d. h. etwa »Slawengaue«. Inwieweit sich die reale byzantinische Macht auf die Slaviniai erstreckte, ist schwer zu beantworten. Große Teile der Peloponnes lagen im 7. bis 9. Jahrhundert aber wohl außerhalb der Machtsphäre Konstantinopels.

Auch die griechisch verbliebenen Regionen erlitten, mit der Ausnahme Thessalonikes, einen kulturellen Niedergang und einen scharfen Kulturbruch. Vom Ende des 6. bis zum 9. Jahrhundert senken sich die »*Dunklen Jahrhunderte*« über Griechenland, zu welchen die schriftliche Überlieferung schweigt und für welche wir kaum Reste materieller Kultur finden. Vom Blickwinkel Konstantinopels aus gehörte Griechenland damals zu den »Katotika Mere«, den relativ unwichtigen »hinteren Ländern«.

Eine byzantinische Randprovinz

Mit Tauschhandel, mit Hilfe ihrer himmelhoch überlegenen Kultur und mit christlicher Mission gelingt es der byzantinischen Diplomatie, die slawischen Stämme zu pazifizieren und ihren Stammesadel nach Byzanz auszurichten. Militärische Maßnahmen sichern zuerst die Via Egnatia (688/89). Die Unterwerfung Mittelgriechenlands ist 783/84 abgeschlossen. In der Peloponnes hatte eine Pestepidemie die griechische Bevölkerung erheblich dezimiert und dadurch die Slawen zu einer weiteren gewaltsamen Ausbreitung provoziert. 804 erleiden sie aber vor Patras die entscheidende Niederlage. Und damit steht ganz Griechenland wieder unter der byzantinischen Herrschaft. Nur in gebirgigen Rückzugsgebieten halten sich noch slawische Stämme, die durch Tributzahlung ihre Unabhängigkeit sichern können.

Als durchsetzungsfähig hat sich die militärische Verwaltungsordnung erwiesen, die Konstantinopel in den unsicheren Gebieten eingerichtet hat. »Themen« (Einzahl Thema) werden die Militärbezirke genannt. Ende des 7. Jahrhunderts entsteht das *Thema Hellas* (Mittelgriechenland), hundert Jahre später werden die *Themen Makedonien* und *Peloponnes* geschaffen, Mitte des 9. Jahrhunderts in Westgriechenland das *Thema Nikopolis*.

Um das Land endgültig zu sichern, erfolgt unter Kaiser Nikephoros I. (802–811) und seinen Nachfolgern eine großangelegte Bevölkerungspolitik. Aus allen Teilen des Reiches werden griechischsprachige christliche Kolonisten geholt und in den neu- bzw. wiedergegründeten Städten angesiedelt. Zahlreiche Griechen aus dem von den Arabern bedrohten Ostmittelmeerraum lassen sich im wiedergewonnenen Griechenland nieder. Aus Sizilien und Unteritalien kehren die Nachfahren der einst Vertriebenen zurück. Griechenland, das seinen ethnischen Charakter während der »Dunklen Jahrhunderte« weitgehend verloren hatte, wird also im 9. Jahrhundert durch kaiserliche Maßnahmen wieder von außen »regräzisiert«! Die ethnische und kulturelle Kontinuität zur Antike war ja in den »Dunklen Jahrhunderten« weitgehend abgerissen. Die byzantinische Kultur in Griechenland ab dem 9. Jahrhundert trägt alle Anzeichen eines fundamentalen Neubeginns. Die unterworfenen Slawen werden in das Gräzisierungsprogramm miteinbezogen. Mit der Übernahme des Christentums ergibt sich für sie nun auch die Möglichkeit der Symbiose mit den Griechen und für einige sogar des Aufstiegs in die Reichsaristokratie.

Völlig verfehlt wäre es, von einer rassischen »Slawisierung der Griechen« zu sprechen, wie es in Polemiken des 19. Jahrhunderts der Fall war (so von → J. Ph. Fallmerayer). Griechen und Slawen, d. h. Christen und Heiden, bildeten vom 6. bis 9. Jahrhundert getrennte Lebenskreise. Von der Wiedereroberung ab war das griechische (»rhomäische«) Element in Mittel- und Südgriechenland sicher erheblich dominanter als das slawische. Die in der Tat sehr zahlreich über ganz Griechenland verstreuten slawischen Ortsnamen beweisen ja nur, daß das Land slawisiert war (und das auch nur für eine begrenzte

Zeit), nicht jedoch, daß die griechischen Einwohner »slawisiert« worden wären. Die slawischen Orts- und Flurnamen wurden von den gräzisierten Slawen beibehalten. Und sie wurden auch von den griechischen Neusiedlern übernommen, da die antiken Bezeichnungen nicht mehr bekannt waren. Der antike Musenberg Helikon zum Beispiel, den die Slawen Zagora nannten, blieb so auch unter den byzantinischen Griechen die »Tsagora«. Erst im 19. Jahrhundert erinnerten sich die europäischen Reisenden wieder des Namens Helikon, den die neugriechische Kartographie dann wieder eingeführt hat. In der mittelgriechischen Sprache sind übrigens, mit Ausnahme einiger Lehnworte, absolut keine slawischen Einflüsse festzustellen.

Nur mäßig erhellen sich die »Dunklen Jahrhunderte« in der mittelbyzantinischen Zeit, die wir vom 9. Jahrhundert bis zum Jahr 1204 rechnen.

Die auch weiterhin dürftige Quellenlage ist ein Zeichen dafür, daß die Vorgänge in Griechenland trotz der unter den Kaisern → Nikephoros I. (802–811) und Basileios I. (867–886) planmäßig einsetzenden Kolonisation, Neubesiedlung und der Christianisierung der unterworfenen Slawen in der »gottbehüteten Kaiserstadt« am Bosporus eine Nebenrolle gespielt haben. Die Kraftzentren des Byzantinischen Reiches lagen im Osten, in Anatolien, im nördlichen Zweistromland und in Syrien. Dort verteidigte die Hauptstreitmacht die reichen, aber permanent gefährdeten Grenzprovinzen erst gegen das (neu-)persische Sassanidenreich und ab dem 7. Jahrhundert gegen das muslimische Kalifat der arabischen Abbasiden. Aus dem kargen, bevölkerungsarmen Griechenland konnten keine nennenswerten Steuererträge eingebracht werden, und entsprechend nachlässig behandelte man es in der Kaiserstadt.

Erst als mächtige Reichsfeinde auch im Süden, Westen und Norden der Hauptstadt auftauchten, rückt die griechische Halbinsel wieder ins Blickfeld der byzantinischen Hofschreiber, – aber nur als gefährdete Glacis, als militärisches Vorfeld von Konstantinopel.

Arabische Flotten drangen ab dem Ende des 7. Jahrhunderts in den Ägäisraum ein. Die Anwendung des »Griechischen Feuers«, einer Art Flammenwerfer, hat im Jahr 678 die Hauptstadt noch gerettet. Im Jahr 823 besetzten andalusische Mauren unter einem Führer namens Igrit die Insel Kreta. Auf großen Widerstand sind sie auf der kaum mehr bevölkerten Insel sicher nicht gestoßen. 904 gelingt es einer Flotte aus Ägypten, kurzzeitig Thessalonike zu erobern. Durch die allgegenwärtige arabische Gefahr war wohl der größte Teil der ägäischen Inseln und der Küsten im 8. und 9. Jahrhundert verlassen und verödet. Die

»Rezzus«, die blitzartigen Überfälle der arabischen Flottillen, gingen als »Razzia« ins Europäische und als »Raid« ins Englische ein.
Mitte des 10. Jahrhunderts erfolgte unter Nikephoros Phokas, dem »bleichen Tod der Sarazenen«, der byzantinische Gegenschlag, der mit der Rückeroberung Kretas im Jahr 960/61 endete. Von da ab pendelt sich eine Art »Status Quo« zwischen dem arabischen muslimischen Nahen Osten und dem christlichen Byzanz ein. Trotz gelegentlicher militärischer Auseinandersetzungen standen sich die beiden Hochkulturen von da ab mit gegenseitigem Respekt und Achtung gegenüber. Gemeinsam war ihnen die Ablehnung lateinischer, germanischer, slawischer und türkischer Barbaren.
Gefährlich weitete sich die Bedrohung Griechenlands von Norden aus. *Bulgarien*, ab der Taufe des Khans Boris (als Christ nennt er sich Michael) im Jahre 864 das erste christliche, von Konstantinopel aus missionierte Slawenreich, machte Byzanz seine südosteuropäischen Provinzen streitig. Seine Politik war darauf gerichtet, alle slawischen Völker südlich der Donau in einem Reich zu vereinen und nach slawisch-orthodoxem Ritus zu christianisieren. Seine ab der Taufe Boris'/Michaels christlich legitimierten Herrscher nannten sich ab dem Ende des 9. Jahrhunderts »Zaren«. Der Titel ist von »Cäsar« abgeleitet, womit in der byzantinischen Hierarchie der Mitregent des eigentlichen Kaisers (Basileus) gemeint war. Damit erhoben die bulgarischen Zaren offiziell den Anspruch auf Teilnahme an der byzantinischen Universalherrschaft. Doch angesichts innerbyzantinischer Wirren genügte den großen bulgarischen Herrschergestalten Symeon (893–927) und Samuel (980–1014) die reine Teilnahme nicht mehr. Ihr Ziel war bald die Machtübernahme in Konstantinopel selbst. Ihre Heere standen wiederholt in Griechenland. Die Bulgaren konnten dabei vielleicht mit Unterstützung von Teilen der slawischen Einwohner Griechenlands rechnen. Möglicherweise bestand für die Griechenlandslawen damals eine »bulgarisch-christliche« Option als Alternative zur Gräzisierung. Wenn es sie gab, war sie 1018 mit dem gewaltsamen Untergang des I. Bulgarischen Reiches durch Kaiser Basilios II. (976–1025) vorbei. Der Kaiser, der seitdem den Ehren(!)namen »Bulgaroktonos« (Bulgarentöter) trägt, feierte den Sieg offiziell in Athen, das dadurch wieder kurz die Ehre erfuhr, von den Hofschreibern in der Hauptstadt erwähnt zu werden.

Kirchliche Reorganisation
Nach der Abwendung der Araber- und Bulgarengefahr kam es im Byzantinischen Reich in der 2. Hälfte des 10. Jahrhunderts bis über die

erste Hälfte des 11. Jahrhunderts hinaus zu einer politischen Stabilisierung. Auch die griechischen Militärbezirke haben davon profitiert. Da die äußere Gefahr geschwunden war, verloren sie ihren rein kriegsrechtlichen Charakter. Die Administration ging wieder in die Hände einer zivilen Beamtenschaft über. Ein wichtiger Vorgang war die kirchliche Reorganisation. Im wesentlichen hielt man sich an die im 5. Jahrhundert geschaffene, pro forma ja nie aufgegebene kirchliche Verwaltungsordnung. Ein dichtes Netz von neugegründeten Kirchen, Bischofssitzen und Klöstern überzog das Land. Wir können daraus schließen, daß die Mission und die Gräzisierung der Griechenlandslawen mit Ausnahme der Gebirgsstämme ums Jahr 1000 beendet war. Grundlegend für die kirchliche Einteilung war die gegen die Ansprüche Roms erfolgte Angliederung des östlichen Illyricums (d. h. der kirchlichen Diözesen, die sich über Dalmatien und Griechenland erstreckten) an das Patriarchat von Konstantinopel im Jahre 732. Damit war neben die politische Trennungslinie zwischen Ostrom und den fränkischen Nachfolgern Westroms nun auch eine deutliche kirchlich-administrative Grenze getreten. Die Länder und Völker östlich dieser Linie orientier(t)en sich nach Byzanz und seiner Auffassung des Christentums, der Orthodoxie. Westlich davon herrscht(e) Rom und der von ihm vertretene Katholizismus. Die Rivalität zwischen oströmischer morgenländischer und weströmischer abendländischer Kirche wird zu einer geschichtlichen Konstante ab dem 8. Jahrhundert. Im Jahr 1054 eskalierte der Streit in der Kirchenspaltung, dem Schisma.

Zu Metropolitensitzen wurden in Nordgriechenland, zusätzlich zum Erzbistum Thessalonike, die Städte Philippi und Serres (Serrai) erhoben. Hellas, d. h. Mittelgriechenland, gliederte sich in die Metropolen Larissa und Athen, sowie ab 880 als Nachfolge für Nikopolis, Naupaktos. 902 erfolgte eine Neugründung in Nea Patras in der Phtiotis. Auf der Peloponnes wurde die alte Metropole Korinth durch die 805 erfolgte Einrichtung eines Erzbistums in Patras beschränkt. 1082 wurde Lakedämone, das alte Sparta, zum Metropolitensitz ernannt. Die Großinseln Kreta, Rhodos und Lesbos bildeten eigene Metropolien. Eine Besonderheit der orthodoxen Kirchenorganisation stellen die zahlreichen autokephalen, d. h. verwaltungsmäßig unabhängigen, sich selbst bestimmenden, Erzbistümer dar, vorwiegend auf den Inseln – Korfu, Leukas, Ägina, Karpathos –, aber auch im Landesinneren, z. B. in Theben und in Euripos (Euböa).
Den alles überragenden Einfluß der Kirche dokumentiert eine ganze Reihe von Hagiographien über das Leben von Seligen und Heiligen,

von denen ein beträchtlicher Teil vom 8. bis zum 10. Jahrhundert in Griechenland tätig war. So Gregor Dekapolites (gestorben 842) in Thessalonike, Athanasios, der Gründer des ersten Athos-Klosters (gestorben 1002), Lukas (gestorben 953) in der Phokis, Petros von Argos (gestorben 922), und der Bußprediger und Bischof von Sparta, → Nikon Metanoeite (gestorben 997). Aus Patras stammte Arethas von Kaisarea (Mitte 9. Jahrhundert), der sich um die Einbindung der Klassischen Literatur ins Christliche bemühte. Thessalonike war die Heimatstadt der berühmten Slawenapostel und Slawenlehrer, Methodios (815–885) und Kyrillos (827–869).

Das religiöse und kulturelle Leben wurde in entscheidender Weise von den Klöstern geprägt, die im 10. und 11. Jahrhundert in großer Zahl entstanden sind. Das bedeutendste monastische Zentrum bildete sich ab 963 auf dem Berg Athos. Die meist einsam auf Bergeshöhen oder auf verlassenen Inseln angelegten Klöster waren reine Gebets- und Kontemplationsstätten. Sie waren keine »Arbeitsklöster« im abendländischen Sinne und hatten keinen Anteil an Rodung oder Landesausbau. Als Beispiele seien genannt das Kloster Hosios Lukas an den Hängen des Helikon vom Ende des 10. Jahrhunderts, das Wehrkloster Daphni zwischen Athen und Eleusis von 1080, sowie auf den Inseln die Nea Mone auf Chios (Mitte 11. Jahrhundert) und die burgartige Klosteranlage Ioannes Theologos auf Patmos, gegründet 1088. Die prächtige Ausstattung all dieser Bauwerke mit Mosaiken, Fresken und kostbarem Interieur spricht für den hohen Reichtum der Stifter und einen gewissen Wohlstand des Landes.

Die aus Thessalonike stammenden Slawenapostel Kyrillos und Methodios

71

Stadtgründungen und Handel

Wir stellen ab dem 10. Jahrhundert auch die Wiederbesiedlung verlassener Orte und neue Stadtgründungen fort. In Thessalien bildet sich wieder der traditionelle Großgrundbesitz, z. T. in Domänenbewirtschaftung, heraus. Die relativ befriedeten Verhältnisse ermöglichen auch den Aufschwung des Handelsverkehrs im Ostmittelmeerraum. In Thessalonike wurde eine Herbstmesse am Demetriostag im September proklamiert, die Händler aus allen Himmelsrichtungen anzog. Die aromunischen Hirten, die gerade im 11. Jahrhundert in großer Zahl in den Pindos einwanderten (wahrscheinlich mit Duldung, wenn nicht Einladung der byzantinischen Behörden), lieferten das Rohmaterial für eine florierende Textilherstellung in Theben und Patras. Bemerkenswert ist der Aufbau einer ausgesprochenen Luxusindustrie: Glas und Keramik – damals im Wert nur mit Gold vergleichbar – wurden in Korinth hergestellt. In Korinth und Theben bestanden Färbereien, in denen auch das dem Kaiserhof vorbehaltene Purpur eingefärbt wurde. In diesem Zeitraum wurde die Seidenerzeugung in Griechenland eingeführt. Dazu wurden ausgedehnte Maulbeerbaum-Plantagen angelegt, von denen angeblich der mittelalterliche Name der Peloponnes, »Moreas«, stammen soll. Zentren der Seidenweberei waren Theben und Korinth. Diese hochentwickelte, damals weltberühmte Technik erregte aber nicht nur die Bewunderung, sondern auch den Neid der mächtigen, feindlich gesonnenen Nachbarn im Westen.

Athen hat gegenüber diesen blühenden byzantinischen Städten in Griechenland an Bedeutung stark abgenommen. Schon der Geschichtsschreiber Michael Psellos (1018–1078) hatte die Vernachlässigung Athens bitter beklagt. Vom Jahr 1185 ist uns eine Elegie des Erzbischofs → Michael Choniates (1138–1222) überliefert, in der er Athen als traurige Ruine und seine Bewohner als ungebildete Barbaren beklagt. Der Piräus war völlig verlandet. Um 1040 waren hier norwegische Seefahrer an Land gegangen und hatten auf dem einsam am Strand stehenden antiken Marmorlöwen eine Runeninschrift eingekerbt. Der Löwe, nach dem der Landeplatz im Spätmittelalter »Porto Leone« genannt wurde, bewacht seit 1689 das Portal des Arsenals in Venedig.

Erheblich objektiver als der von Weltschmerz geplagte Michael Choniates berichten zwei fremde Reisende Mitte des 12. Jahrhunderts über Griechenland. Benjamin von Tudela, ein Rabbiner aus Andalusien, der die jüdischen Gemeinden in Griechenland inspiziert hat, schildert ein relativ reiches, staatlich wohlgeordnetes Land. Und auch der ebenso aus Spanien stammende arabische Geograph Idrisi (1100–1156) betont den Wohlstand des Landes und die Fertigkeiten seiner Bewohner. Da er seine Beschreibung im Auftrag des normannischen Königs Roger II. von Sizilien verfaßt hatte, könnte sich seine positive Wertung jedoch zuungunsten Griechenlands ausgewirkt haben. Denn auf diese Weise blieb der schon lange auf den Osten gerichtete Blick der ehrgeizigen Normannenkönige an Griechenland haften.

Im 12. Jahrhundert stellen wir in der gelehrten byzantinischen Literatur eine Wiederbelebung des Studiums der Antike fest. Berühmte Vertreter in Griechenland waren hierfür der schon erwähnte Michael Choniates und der Erzbischof von Thessalonike, Eustathios, der einen Kommentar zu Homers Ilias und Odyssee verfaßt hatte. Der Name »*Hellenen*« wurde in intellektuellen Kreisen wieder üblich, anstatt des allumfassenden Begriffs »*Rhomäer*« und der leicht despektierlichen Bezeichnung »*Graikoi*« (von lateinisch Graeci). Für das streng orthodoxe Kirchenvolk blieb jedoch der Name »*Hellenen*« bis ins 19. Jahrhundert gleichbedeutend mit »Heiden«. In den riesenhaften nackten Statuen, die in den überwucherten Heidentempeln standen und die man hin und wieder aus der griechischen Erde grub und sogleich zu Kalk verbrannte, erkannten die rechtgläubigen Pappades (Popen) keinerlei Verwandtschaft zu ihren christlich-orthodoxen Schäfchen.

Machtverfall des Byzantinischen Reiches

Das unaufhaltsame Vordringen islamisierter türkischer Stämme in das kleinasiatische Herzland des Reiches, aber auch Thronwirren und Bürgerkriege leiten in der zweiten Hälfte des 11. Jahrhunderts den Machtverfall des Byzantinischen Reiches ein. Das seiner Verfassung nach so straff zentralisierte Reichsterritorium beginnt sich aufzulösen. Archonten (Befehlshaber, Statthalter) einzelner Landesteile bilden eigene Herrschaftsbezirke und kassieren die Steuern für sich. Magnaten und Großgrundbesitzer erlangen Immunität, d. h. werden frei von staatlichem Einfluß, schalten und walten ohne Rücksicht auf das Gesamtreich und schließen sogar Bündnisverträge mit fremden Mächten ab. In Südgriechenland ist es die Familie der Sguroi, die sich Ende des 12. Jahrhunderts faktisch von der Zentralgewalt löst und sich in Korinth einen eigenen Herrschaftsmittelpunkt schafft. Das byzantinische Reichsheer wird durch wechselnde Söldnertruppen, darunter bald auch viele Türken, ersetzt. Sie kosten ungeheuer viel Geld, und müssen bei Zahlungsunfähigkeit mit Ländereien und Verpachtungen der Einnahmen ganzer Städte abgefunden werden.

Die folgenschwerste Entwicklung aber zeigt sich gegenüber dem

Abendland. Das einst aufgrund des ungebrochen übernommenen antiken Erbes in Kultur, Kunst, Wissenschaft und Technik so triumphierende Ostreich gerät ab dem 11. Jahrhundert in allen diesen Bereichen gegenüber dem rapide aufholenden »lateinischen« Westen ins Hintertreffen. Es stagniert auf diesem hohen Niveau, während im Abendland der Kulturkampf zwischen weltlicher Macht (des Kaisers) und geistlicher Macht (des Papstes) zu einer ungeheuren geistigen Dynamik führt, in der die Antike nicht nur starr rezipiert, sondern weiterentwickelt wird.

Dazu kommt der von beiden Seiten bewußt geschürte religiöse Haß. Seit der endgültigen Kirchenspaltung (Schisma von 1054) beschuldigte man sich in Rom und Konstantinopel gegenseitig als Schismatiker (Abtrünnige), belegte sich wechselseitig mit Bannflüchen und bezeichnete sich schließlich als Gottlose und Heiden. Für die Griechen spielte dabei auch noch der alte Barbarentopos eine große Rolle. Mit den Kreuzzügen, die in ihren Anfängen französisch (-normannische) Unternehmungen waren, wird im ganzen Orient, christlich wie islamisch, für (West-)Europäer der Kollektivname »Franke« üblich. Für den Byzantiner sind die »Franken« alle katholischen Europäer, gleich ob französisch-, italienisch-, englisch– oder deutschsprachig.

In Rom, das unter machtbewußten Päpsten zum geistigen Schwerpunkt des lateinisch-germanischen Abendlandes geworden war, bekam der Gedanke immer mehr Nahrung, die verlorene Kircheneinheit, die *Union*, gewaltsam herbeizuführen. Die Stimmung gegen das orientalisch verfeinerte Konstantinopel, gegen die »Graeculi« (Griechlein), die ihren Weltherrschaftsanspruch nur noch mit hohem Gepränge und raffinierter Diplomatie aufrecht zu erhalten vermochten, wurde in Europa immer aggressiver. Der Mißerfolg der abendländischen Kreuzzüge gegen die Muslime wurde bald den Byzantinern in die Schuhe geschoben, zumal die Taktik Konstantinopels gegenüber den mächtigen islamischen Reichen nicht auf rohe Gewalt, sondern auf zivilisierte Verhandlungen gerichtet war. Das Schlagwort von der »Perfidia Graecorum«, der »Hinterhältigkeit der Griechen«, machte bald die Runde im katholischen Abendland. Es bereitete den Boden für die Vernichtung des Oströmischen Reiches vor.

Das Trauma von 1204

Besonders zwei Mächte bedrohten Byzanz im 12. Jahrhundert: Mit militärischen Mitteln das normannische Königreich in Sizilien, seiner Loyalität zu Rom wegen praktisch der stark bewaffnete Arm des

Papstes, sowie – mit subtilen wirtschaftlichen Mitteln, die letztlich erfolgreicher waren – die Seerepublik Venedig.

Die *Normannen*, die sich nach der Vertreibung der Araber in Sizilien (Palermo) und Unteritalien festgesetzt hatten, waren bald bestrebt, ihren Machtbereich über das Ionische Meer nach Griechenland hin auszudehnen. Von Epiros drangen sie auf der immer noch intakten und richtungsweisenden Via Egnatia ab dem 11. Jahrhundert wiederholt in Nordgriechenland ein. 1147, also genau zu Beginn des zweiten Kreuzzuges, landete die Flotte des Königs Roger II. in Korfu. Ziel des Unternehmens waren die wirtschaftlich bedeutenden Städte Theben und Korinth. Nach der Vernichtung der dortigen Textilindustrie ließ Roger alle Seidenweberinnen aus Theben nach Palermo verschleppen und dort eine neue Seidenfabrikation aufbauen. Damit hatte er die byzantinische Wirtschaft aufs schwerste getroffen. Seinem Nachfolger Wilhelm II. gelang 1185 die Einnahme Thessalonikes, das er aber nur ein Jahr behaupten konnte. Der damalige Erzbischof der Stadt, Eustathios, hat uns die Eroberung und die panische Furcht, die die »nördlichen Barbaren« bei den Byzantinern auslösten, eindringlich beschrieben. Nur Söldnertruppen (die ironischerweise zum großen Teil auch aus Normannen, nämlich russischen Warägern, bestanden) unter Kaiser Isaak II. Angelos bewahrten durch einen Abwehrsieg am Strymon 1186 die Reichshauptstadt vor einem normannischen Angriff.

Durch ihre kriegerischen Aktivitäten im Ionischen Meer hatten sich die sizilischen Normannen jedoch die Gegnerschaft *Venedigs* zugezogen. Für die Seemacht von San Marco waren das Adriatische und das Ionische Meer die ureigenste Interessenssphäre, die mit keiner anderen Herrschaft geteilt werden durfte. »*Culphus noster*« hieß die Adria, »unser Golf«. Die Straße von Otranto war Venedigs Tor zur Welt. Die Normannen mußten davon unter allen Umständen ferngehalten werden! Venedig und Byzanz hatten also in diesem Falle denselben Gegner.

Hatte man in Konstantinopel noch anfänglich geglaubt, die Venezianer nur gegen die Normannen benutzen und dann wieder ausspielen zu können, so sah man sich in ihnen bald mit einem diplomatisch ebenbürtigen und zunehmend skrupelloseren Bündnispartner konfrontiert.

Der Aufstieg der Lagunenstadt hatte vom 5. bis zum 9. Jahrhundert noch unter byzantinischer Ägide und byzantinischer Oberherrschaft stattgefunden. Davon zeugt z.B. die byzantinische Bauweise des Markusdoms in Venedig. Die byzantinisch-venezianischen Verflechtungen blieben auch dann weiter bestehen, als die durch den Orient- und Balkanhandel reich gewordene Seestadt allmählich selbständig wurde und sich eine eigene aristokratisch-republikanische Verfassung entwickelte: Die Republik von San Marco unter Führung gewählter Dogen (Duces, »Herzöge«). Die weitreichenden Handelsbeziehungen in die Levante (Ostmittelmeerraum) erforderten die militärische Absicherung der Seewege. Neben die Handelsschiffahrt trat eine schlagkräftige und bewegliche Kriegsflotte. Mit deren Hilfe waren bereits im Jahr 1000 die dalmatinische Inselwelt und die dalmatinischen Küstenstädte dem venezianischen Seereich einverleibt worden.

Gegen die drohende Normannengefahr schloß Kaiser Alexios Komnenos I. (1081–1118) mit Venedig ein Zweckbündnis. Bald sollte sich herausstellen, daß Griechenland ohne die wirksame venezianische Waffen- und Flottenhilfe den Normannen schutzlos ausgeliefert wäre. Die Seerepublik ließ sich daher ihren Beistand teuer bezahlen: Das *Chrysobullon* (Staatsvertrag) von 1082 garantierte der Markusrepublik das Handelsmonopol im ganzen byzantinischen Machtbereich! Dazu Abgaben- und Steuerfreiheit für venezianische Kaufleute und das Recht, in allen größeren Hafenstädten eigene, befestigte, rechtlich exterritoriale Quartiere mit Faktoreien anzulegen. Ein immer dichter werdendes Netz venezianischer Niederlassungen überzog das Byzantinische Reich. In Griechenland entstanden derart privilegierte venezianische Handelsplätze auf Korfu, in Vonitsa am Ambrakischen Golf, in Methone, Nauplion, Korinth, Athen, Chalkis (Euripos), Theben, Demetrias und in Thessalonike. Mit der faktischen Kontrolle der Wirtschaft und des Handels durch Venedig war Konstantinopel in eine fatale Abhängigkeit von seiner »erwachsenen Tochter« geraten.

Die Seerepublik hat die Bestätigung dieser weitestgehenden Zugeständnisse auch von den folgenden Kaisern erzwungen, – wenn es sein mußte mit Gewalt. 1125 fiel etwa die byzantinische Festung Methone einer venezianischen Strafexpedition unter dem Dogen Domenico Michieli, der den bezeichnenden Beinamen »Terror Graecorum« (Schrecken der Griechen) trug, zum Opfer. Am Sankt Gregorstag 1171 ließ Kaiser Manuel I. Komnenos während eines nur kurzzeitigen byzantinischen Höhenfluges alle Venezianer im Byzantinischen Reich festnehmen, darunter auch einen Diplomaten namens Enrico Dandolo. Erst nach langen Verhandlungen und venezianischen Flottendemonstrationen in der Ägäis erhielten die Venezianer ihre Handelsprivilegien zurück. Das Klima der beiden früheren Bündnispartner wurde von da ab zunehmend aggressiver, und war ein weiterer Grund für das Anwachsen der tiefen Entfremdung zwischen christlichem Abendland und christlichem Morgenland. Auch die Seerepubliken Genua, Pisa und Ragusa (Dubrovnik) ertrotzten sich Vorrechte im gewinnbringenden Überseehandel. Die Anwesenheit all dieser arroganten lateinischsprachigen Geschäftsleute in den byzantinischen Hauptorten förderte die anti-lateinischen, bzw. anti-fränkischen Ressentiments bis zum Siedepunkt.

Ende des 12. Jahrhunderts war das römisch-deutsche Kaisertum auf dem Höhepunkt seiner Macht angelangt. Kaiser Heinrich VI. hatte gewaltsam sein normannisches Erbe in Sizilien eingeholt. Und mit dem Besitz Palermos übernahm er die expansive Levantepolitik seiner normannischen Vorgänger. Durch die bereitwillige Zahlung der »Alamannikon« (Deutschen-Steuer) vermochte sich der byzantinische Hof von der drohenden Invasion noch freizukaufen. Der Tod Heinrichs VI. 1197 hat die schon längst geplante Eroberung der östlichen Kaiserstadt gerade noch verhindert. Für die Markusrepublik, der in diesen Jahren (1192–1205) Enrico Dandolo als Doge vorstand, wurde die Lage nun prekär. Ein starker Eroberer Konstantinopels, der ihre Interessen beeinträchtigen kann, liegt nicht im Sinne der Herren vom Rialto. Als Alternative sieht Dandolo nur die Erhaltung des schwachen, auspressungsfähigen Byzantinerreichs, – oder aber die direkte venezianische Herrschaft in Byzanz! Als Kaiser Alexios III. Angelos inmitten unglaublicher Thronwirren 1203 noch Zeit findet, die Anerkennung der traditionellen venezianischen Vorrechte zu verweigern, bedeutet das für den Dogen den Krieg.

Das Hauptziel der vom päpstlichen Rom initiierten abendländischen Kreuzzüge bestand sicherlich in der Bekämpfung des Islam und in der Befreiung der heiligen Stätten der Christenheit. Doch insgeheim verfolgte man dabei noch ein anderes Ziel: Nämlich die Wiederherstellung der in Ost und West gespaltenen Kircheneinheit, der *Union*, – natürlich unter päpstlich-lateinischer Suprematie. Im Jahre 1203 ergab sich dafür eine weltgeschichtlich einmalige Situation: Auf Papst Innozenz' III. Veranlassung hatte sich zum IV. Kreuzzug ein Heer aus ganz Westeuropa in Oberitalien gesammelt. Nur die Markusrepublik besaß die Transportmöglichkeiten über die See. In Byzanz herrschte offene Anarchie, Thronprätendenten lösten sich im Jahresrhythmus ab, viele Lateiner in Konstantinopel fielen der Volkswut zum Opfer. Im Westen war man allgemein von einem geheimen Einverständnis der Byzantiner mit den Muslimen überzeugt. Es war unter diesen Umständen für Venedig nicht schwer, im stillen Einverständnis mit Rom den Kreuzzug vom ursprünglich geplanten Ziel Ägypten nach Konstantinopel umzulenken.

Am 13. April 1204 fällt die Kaiserstadt am Bosporus in die Hände der »Lateiner«. Das Ostreich ist vernichtet, die griechische Orthodoxie zutiefst gedemütigt.

Hochbordige venezianische Galeonen, Handels-
und Kriegsschiffe des 13. bis 16. Jh.

DIE ZEIT DER FRÄNKISCHEN FREMDHERRSCHAFTEN (1204–1453)

Die »lateinische« Ordnung

In der »*Partitio regni Graeci*« (Teilung des griechischen Reiches) oder »*Partitio Romaniae*« (Teilung des (Ost-)Römischen Reiches) von 1205 verteilen die Sieger ihre Beute. Die Seerepublik Venedig, ab jetzt die »*Serenissima Republica*«, die »Durchlauchtigste Republik«, sichert sich, wie könnte es anders sein, den Löwenanteil.

An Venedig fielen alle handelspolitisch und strategisch wichtigen Schlüsselstellungen, in erster Linie die ganze Morea und die Ionischen Inseln. Sich klug auf die wirklich wichtigen und beherrschenden Positionen beschränkend, besetzten die Venezianer auf Morea jedoch nur die beiden messenischen Küstenfestungen Methone (Modon) und Korone (Coron), die sie in der Folgezeit zu mächtigen Bollwerken ausbauten. »Oculi Capitales« (die Augen der Hauptstadt) nannten sie die beiden Seefestungen treffend. Die übrige Morea, die für sie als Seemacht weniger interessant war, überließ die Serenissima großzügig, d. h. gegen das Handelsmonopol und die formelle Anerkennung ihrer Oberhoheit, den fränkischen Kreuzfahrern. In der Ägäis entstand 1207 unter den Fittichen Venedigs der Ducatus (Herzogtum) Archipelagus mit dem Zentrum Naxos. Erster Duca war Marco Sanudo, ein Enkel Enrico Dandolos. Trotz wechselnder Lehensoberhoheit übten die Venezianer auf den Inseln die indirekte Herrschaft aus. Auch auf Euböa, das drei Veroneser Adeligen übergeben worden war (den »Terzieri«, Dreiherren), stellten sie ihren Einfluß sicher.

Die wichtigste Erwerbung aber war Kreta, – unter den Venezianern hinfort Regno di Candia (Königreich Candia) geheißen. 1204 war die Großinsel dem lombardischen Markgrafen Bonifatius von Monferrat zugesprochen worden. Der Doge Dandolo aber brachte ihn dazu, Kreta bereitwillig gegen das den Venezianern überlassene Thessalonike zu tauschen. Gegen heftigen Widerstand der Genuesen und der Kreter eroberte die Seerepublik bis 1218 die wichtigsten Plätze der Insel und installierte eine Art Militärkolonisation aus venezianischen Adelsgeschlechtern. Zu ihrem Schutz und zur Überwachung der Seewege wurden zahlreiche Kastelle errichtet, Sitia, Mirabello (Hagios

Nikolaos), **Hierapetra,** und an der Südküste das Frankokastello. Hauptstadt mit Sitz des Statthalters im Herzogsrang (Duca) wurde Candia, das alte Chandax (heute Heraklion), der Hafen Canea (Chania) wurde 1252 neuangelegt.

Mit dem Besitz Kretas war die Ägäis und das Levantemeer zur venezianischen »Oltramare« (Übersee) geworden. Die handelspolitischen Konkurrenten in diesem Raum, die italienischen Seestädte Genua und Pisa, waren ins Hintertreffen geraten.

Korfu mußte zwar 1212 wieder an das griechische Despotat Epiros abgetreten werden, ging aber dann ab 1386 dauerhaft in den Besitz Venedigs über. Überhaupt bedeutet die Partitio Regni Graeci ja erst den Beginn des venezianischen Levantereiches. Den Zenit erreichte es im 14. Jahrhundert mit den Erwerbungen Negropontes (Euböa) 1366, Nauplions und Argos' 1388, und Lepantos (Naupaktos) 1407. Die Gewinne am Ende des 15. Jahrhunderts, 1421 Korinth, 1464 Monemvasia, 1479 Zante (Zakynthos) und 1489 Zypern, leiteten bereits den Untergang des Seereiches ein.

Auch in Konstantinopel selbst hielt Venedig die Fäden in der Hand. Auf seinen Vorschlag hin wurde der einflußlose Graf Balduin von Flandern zum ersten »Lateinischen Kaiser« und damit zum nominellen Oberlehensherren des »Lateinischen Kaiserreichs von Konstantinopel« gewählt. An die Stelle des orthodoxen Patriarchen, der zusammen mit der byzantinischen Aristokratie nach Nikäa (heute Iznik) geflohen war, trat der Lateinische Patriarch von Konstantinopel, bezeichnenderweise immer ein Venezianer.

Ein langes Leben war dem Lateinischen Kaiserreich freilich nicht beschieden. Bereits 1261 fiel die Stadt am Bosporus wieder in die Hände der Griechen, deren Potentaten sich im nahen Nikäa behauptet hatten. Dem neuen Kaiser Michael aus der Dynastie der Paläologen war dies aber nur mit Hilfe Genuas möglich gewesen. Die Genuesen ließen sich dafür mit Privilegien und der Exklave Pera – direkt gegenüber Konstantinopel –, und damit der Meerengenkontrolle, entschädigen. Das restaurierte »Byzantinische« Reich wurde damit von Anfang an zu einem Spielball fremder Mächte. Zwar beanspruchten die paläologischen Kaiser, die bis 1453 noch in Konstantinopel residierten, den (ost-)römischen Kaisertitel (Basileus) weiter für sich, – was sich angesichts der realen Machtlosigkeit höchst seltsam ausnahm, war doch das Oströmische Reich 1204 endgültig und unwiederbringlich zugrundegegangen! Der neue Staat, der ab 1204 in Nikäa und ab 1261 in Konstantinopel entstanden war, war nicht mehr »Byzanz«, sondern das »*Griechische Kaiserreich*«, – nur mehr einer der zahlreichen Nachfolgestaaten, die sich nach der lateinischen Invasion aus der Erbmasse des Byzantinischen Reiches herausgebildet hatten. Durch den Besitz der alten Kaiser- und Patriarchenstadt, der Reichsinsignien, der Purpurgemächer und der immer noch größten Kirche der Christenheit, der Hagia Sophia, kam ihm freilich die ideelle Vormachtstellung zu.

Auch in Nordgriechenland währte die Lateiner-Herrschaft nur kurz. Thessalonike, das 1205 unter Bonifatius von Monferrat zur Hauptstadt des gleichnamigen lateinischen Königreichs geworden war, ging 1224 in die Hände des griechischen Herrschers von Epiros, und 1246 in den Besitz des nikäanischen Kaiserreichs über.

Dauerhafter vermochte sich dagegen die fränkisch-lateinische Herrschaft in Mittel- und Südgriechenland zu etablieren.

Dieser Kernbereich Griechenlands tritt damit, nach dem Verlust der Reichshauptstadt, nach langer Zeit wieder als eigenständiges staatliches Subjekt in die Geschichte ein, – allerdings unter abendländischer Fremdherrschaft.

Von 1205 bis 1212 eroberten die Franken sukzessive das Land südlich des Olymp. Es waren zumeist französische, flandrische und lombardische Adelsgeschlechter, die sich hier unter der nominellen Lehenshoheit des Lateinischen Kaisers in Konstantinopel ein neues Herrschaftsgebiet zusammeneroberten. Wie die eisengepanzerten Ritter auf die Einheimischen gewirkt haben, läßt sich aus einem zeitgenössischen Sprichwort folgern: *»Wenn die fränkischen Rosse wiehern, werden die griechischen Frauen schwanger!«* Goethe hat in der zu Mistra spielenden Szene im II. Teil des Faust den Siegeszug folgendermaßen nachempfunden:

»Germane, du, Korinthus Buchten *Nach Elis ziehn der Franken Heere*
Verteidige mit Wall und Schutz   *Messene sei der Sachsen Los*
Achaia dann mit hundert Schluchten *Normanne reinige die Meere*
Empfehl ich, Gote, deinem Trutz   *und Argolis erschaff er groß*

Widerstand zeigte sich in Akrokorinth und in Nauplion, wo sich der Archont Leon Sguros nach 1200 ein unabhängiges Territorium geschaffen hatte. Auch die Slawenstämme im Taygetos und die Manioten widersetzten sich der fränkischen Herrschaft. Die Einnahme von Monemvasia gelang erst 1249 mit venezianischer Flottenhilfe. Die Serenissima ließ sich auch diesen Beistand wieder mit der Überlassung großer Vorrechte auf Morea vergüten.

In Mittelgriechenland entstanden fränkische Lehensherrschaften in Theben, erst unter der Familie De la Roche, später unter den Saint Omer, in Bodonitsa (Mendenitsa) unter den Pallavicini, in Salona

(Amphissa) unter den D'Autrcmcncourt. Diese Baronien waren wiederum in eine Anzahl nachgeordneter Lehen (Afterlehen) aufgeteilt, die an einfache Ritter (Militoo) und Knappen (Sergentes) verliehen wurden. Unter diesen befand sich auch einer der wenigen Deutschen, ein rheinischer Herr von Katzenelnbogen in seinem Wohnturm über dem Thermopylenpaß. Die führenden Barone (Freiherren) standen in loser Lehensabhängigkeit vom Herzogtum Athen, das unter Othon de la Roche (1205–1225) gegründet worden war. Es bezog neben Attika und der Megaris auch Theben und ab 1209 Nauplion und Argos mit ein. Unter den De la Roche erhöhte sich der Titel zum »Sire d'Athènes«, griechisch »Megaskyros« (Großherr). In das Parthenon, das unter Byzanz die Panagia-Kirche gewesen war, zog der katholische Klerus ein. Nur schwächste Wandmalereien mit gotischen Lettern im Portiko des Parthenon erinnern uns heute noch an seine Zeit als katholische Marienkathedrale. Die Akropolis wurde in eine Burg im abendländischen Stil umgestaltet. Die Propyläen verwandelten sich zum zinnenbewehrten Herzogspalast. Hinter ihnen ragte bis ins 19. Jahrhundert der quadratische »Frankenturm« auf. Erst 1874 wurde die Akropolis auf Betreiben Heinrich Schliemanns von allen mittelalterlichen Zubauten »purifiziert« und zeigt sich seitdem in der heutigen reinen klassischen Form. Auf der Grundlage des antiken Kastrons Kadmeia errichtete Nicolas von Saint Omer eine prachtvolle Burg über Theben.

Auf der Morea gründeten 1205 die beiden aus der Champagne stammenden Grafen Wilhelm von Champlitte und Gottfried von Villehardouin einen fränkischen Lehensverband, der ab 1209 als »Principat (Fürstentum) von Achaia« einen höheren feudalen Rang einnahm. Der Titel des Fürsten lautete »Princeps totius Achajae«.

Das »Fränkische Griechenland« hatte Bestand weit über das Ende des »Lateinischen Kaiserreichs« 1261 hinaus.

Mit der byzantinischen Reichsherrschaft war jedoch keineswegs auch das Griechentum in seiner Gesamtheit politisch ausgeschaltet. Nur war es jetzt politisch und geographisch zerstückelt. Starke regionalistische Tendenzen hatten sich ja im übrigen bereits vor 1204 gezeigt. Neben dem Kaiserreich von Nikäa, das 1261 wieder den Thron in Konstantinopel einnehmen sollte, bildete sich ab 1210 im abgeschlossenen Epiros ein griechisches Staatsgebilde mit den Zentren Ioannina und Arta heraus. Gründer war Michael Dukas Komnenos Angelos, in dessen Namen schon die Verwandtschaft mit allen byzantinischen Kaiserfamilien anklingt. Unter Theodoros Angelos (1214–1230) dehnte sich dieser festlandsgriechische Machtbereich, der aus allen von den

Lateinern bedrohten Ländereien Zuzug erhielt, von Naupaktos bis Durazzo, und im Osten bis über Thessalien aus. 1224 machte Theodoros Angelos dem Lateinischen Königreich von Thessalonike ein Ende und ließ sich dort zum byzantinischen Kaiser krönen. Damit trat er in Thronrivalität zum byzantinischen (Ex-)Kaiser von Nikäa. Mit dem Ausgriff nach Makedonien und dem darauffolgenden Kampf mit dem bulgarischen Zaren Ivan II. Asen im Jahre 1230 hatte er seine Möglichkeiten jedoch bei weitem überschätzt. Thessalonike fiel 1246 unter Johannes Vatatses an das Kaiserreich von Nikäa. Der Raum des westgriechischen Sonderreiches beschränkte sich ab diesem Zeitpunkt wieder auf den Epiros. Nach dem byzantinischen Titel »Despotes« (Herr), den die Herrscher von Epiros führten, und der nur für Angehörige des regierenden Kaiserhauses galt, nennt man ihren Staat »*Despotat von Epiros*« oder »Despotat von Arta«.

»Wie ein neues Frankreich«

Werfen wir einen Blick auf »La Morée Franque«, die fränkische Morea.

Unter der Fürstenfamilie der Villehardouin (1209–1278) blüht das Prinzipat von Achaia politisch und kulturell auf. Wir werden darüber von einer ausführlichen Quelle, der »Chronik von Morea«, die in mehreren Versionen verfaßt worden ist, die letzte wohl um 1388, gut unterrichtet.

Sprachlich und kulturell waren das Fürstentum wie auch das Herzogtum von Athen französisch bestimmt. Der Königshof im Pariser Louvre war der Fixpunkt für die ganz überwiegend aus der Champagne, aus Burgund und aus der Normandie stammende Nobilität. In Europa sprach man bewundernd vom »*quasi Nova Francia*« (gleichsam ein neues Frankreich). Zwischen dem französischen Hochadel und der einheimischen griechischen Aristokratie gab es zunächst keine dynastischen Verbindungen. Der niedere fränkische Adel aber und die Dienstleute nahmen sich die Frauen aus dem Lande. Die daraus hervorgegangene fränkisch-griechische Nachkommenschaft nannte man »Gasmulen« (wörtlich Maultiere, Mulis). Sie entwickelten im 14. und 15. Jahrhundert eine eigene abendländisch-morgenländische Mischkultur.

Das Fürstentum wurde nach den Regeln des hochmittelalterlichen abendländischen Feudalrechts organisiert. Es wurde in 12 Baronien eingeteilt, die sich wiederum in insgesamt 114 Ritterlehen (französisch: Fiefs) aufzweigten. Als Herrschaftsmittelpunkt eines jeden die-

sei Territorien entstand eine Burg als befestigter Wohnsitz der betreffenden Adelsfamilie. Dies erklärt die hohe Anzahl mittelalterlicher,
nach abendländischem Brauch auf Berggipfeln angelegter Ritterbur-
gen in der Peloponnes. Als Residenz erbauten sich die Villehardouin
1221–1223 auf dem Felsenhügel Chlemoutsi (slawisch: Kleiner Berg)
bei Kyllene die weit über Land und Meer schauende Burg Clairmont.
Nach dem Recht, Münzen mit dem Abbild der Kirche von Tour (Tour-
nois) zu prägen, das Ludwig der Heilige dem Prinzipat zugestanden
hatte, wurde die Burg später auch Castel Tornese genannt. Sie ist auch
heute noch ein herausragendes Beispiel der Kreuzfahrerarchitektur.
Unterhalb Clairmonts entstand die Hafenstadt Clairence (Clarentia,
griechisch Glarentsa), von wo man in zwei bis drei Tagen Brindisi oder
Tarent erreichen konnte. In den Banken, Handelshäusern und Läden
herrschte hier bis ins 15. Jahrhundert geschäftiges Treiben. Heute
erinnern nur noch Erdwälle an diese mittelalterliche Großstadt. Das
nahegelegene Andreville (heute Andravida in Elis) wurde die Hauptstadt des Fürstentums. Die Wertung »La meillor Ville de la Morée« in
der Chronik von Morea können wir in der verschlafenen Landstadt

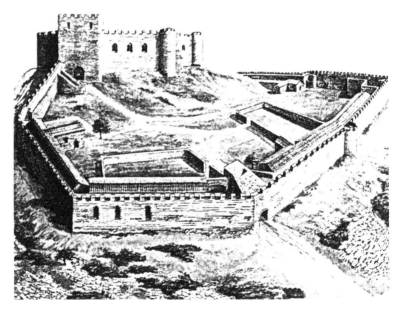

*Rekonstruktion der Burg Clairmont (Chlemoutsi) in Elis
(Frühgotische Kreuzfahrerarchitektur des 13. Jh.)*

heute nur mehr schwerlich nachvollziehen. Vom kirchlichen Mittelpunkt des Fürstentums, der Kathedrale Sainte Sophie, künden heute nur noch Ruinenreste.

Die alten hellenistisch-byzantinischen Kastra an der Küste wurden im abendländischen Burgenstil ausgebaut: Akrokorinth (Frankokastello und die gegenüberliegende Burg Montesquieu, heute »Penteskuphi«), Patras (Baronie der L'Alemand), Kalamata und Arkadia (Villehardouin), Nauplion und die Burg Larissa über Argos (De la Roche). Eine Neugründung war Vostitsa / Ägion (De Charpigny) und, als letzte der fränkischen Kreuzritterburgen in Griechenland ums Jahr 1300, Navarino (Saint Omer). Im Landesinneren entstanden auf byzantinischer Grundlage die Burgen Nikli (De Morlay) und Veligosti (De Valaincourt). Neu angelegt wurden die freiherrlichen Burgen Akova (De Rozière), auch böse »Matagrifon« (Tod der Griechen) genannt, sowie Karitäna (De Bruyère), Kalavrita (De Tournai) und Chalandritsa (De la Tremouille). Gegenüber den unbotmäßigen slawischen Stämmen im Taygetosgebirge versuchten die Fürsten von Achaia eine eigene Burgenpolitik zu betreiben. Prominentes Beispiel dafür ist die Burg Mistra auf einem isolierten Bergkegel über der Eurotasebene, die 1249 von Wilhelm II. Villehardouin errichtet worden war. Ansichten von Sprachgelehrten zufolge soll der Name Mistra vom umgangsgriechischen »Mysetra« (Käselaib in Kegelform) stammen, plausibler erscheint aber doch die Ableitung von Französisch »La Maitresse« (die Herrin). Die unruhige Mani riegelten die Franken mit den Burgen Beaufort (heute Leftron) und Passava (De Neuilly) ab. Der Name Passava soll entweder die französische Befehlsform »Passe avant« (Vorwärts!) oder Pas avant (Nicht weiter!) zur Grundlage haben. Ob es wirklich auf der Mani jemals eine Burg La Grande Magne gegeben hat, erscheint dagegen zweifelhaft. Im Parnon-Bergland entstand die Burg Geraki, die Guy de Nivelet übergeben wurde.

Bedeutend weniger im Landschaftsbild auffallend ist dagegen die westliche Sakralarchitektur, da sich die vom Papst im eroberten Land eingesetzte katholische Verwaltung an den vorgefundenen Bauten der orthodoxen Kirche schadlos hielt. Als Beispiele für Neugründungen seien genannt die gotische Kirche Notre Dame d' Isova in Elis und die Zisterzienserabtei Zaraka in der Einsamkeit des Stymphalischen Sees, beides heute vernachlässigte Ruinenstätten.

Kirchlich unterstanden Morea und das fränkische Mittelgriechenland ab 1205 Rom. Der höhere orthodoxe Klerus, der sich in der Regel weigerte, die päpstlich-lateinische Suprematie anzuerkennen, ging verbittert ins Exil (wie auch Erzbischof Michael Choniates von Athen).

Die Übernahme griechischer Kirchen durch katholische Priester verschärfte den Gegensatz zwischen katholischen fränkischen Herren und der Masse der orthodoxen Hintersassen weiter ins Extreme. Klosterkonfiskationen durch katholische Mönchsorden – etwa des Klosters Daphni durch die Zisterzienser – trugen dazu bei, daß im griechischen Volksbewußtsein die *Frankokratia*, die Herrschaft der Franken, bis heute als die weitaus drückendste der zahlreichen Fremdherrschaften empfunden wird.

Der machtpolitische Abstieg des Fürstentums Achaia erfolgte bereits nach zwei Generationen. Achaia war mit dem Despoten von Epiros verbündet und geriet in den Hegemonialkampf der beiden griechischen Nachfolger des Byzantinischen Reiches – Epiros und Nikäa (das sogenannte Kaiserreich von Trapezunt bleibt hier ausgespart). In der Entscheidungsschlacht von Pelagonia (bei Bitolj im heutigen Makedonien) 1259 geriet Wilhelm II. Villehardouin in die Gefangenschaft des Kaisers von Nikäa, Michael VIII. Paläologos, desselben, der 1261 wieder in Konstantinopel einziehen sollte. Seine Auslöse mußte das Fürstentum mit der Übergabe der Herrschaften Mistra, Monemwasia und Mani (nach anderer Version auch noch von Geraki und Beaufort) erkaufen. Damit hatte das Griechische Kaiserreich wie ein Pfahl im Fleische inmitten der fränkischen Morea Fuß gefaßt. Die militärische Durchsetzung dieser vertraglichen Abstimmung konnte 1262 von Konstantinopel nur mit türkischen Söldnertruppen erreicht werden. Die Türken betraten damals zum ersten Mal peloponnesischen Boden. Das neue griechische Strategen(Statthalter-)amt zu Mistra, an dessen Burgberg sich bald eine bedeutende griechische Stadt bildete, wurde zur Keimzelle des griechischen *Despotats Mistra*, das sich zum Ziel setzte, die Lateiner aus Griechenland zu vertreiben. Über die uneinnehmbare Seestadt Monemwasia lief der Nachschub. In einem unaufhörlichen Kleinkrieg und in gegenseitigen Intrigen wurde das fränkische Territorium von Mistra aus immer mehr eingeschränkt.

Nur Venedig blieb von all diesen Vorgängen unbeeindruckt. Im Jahr 1265 ließ es sich vom neuen Kaiser in Konstantinopel alle Eroberungen und Vorrechte, die es nach 1204 erlangt hatte, bestätigen.

Im Despotat Epiros und auf Korfu machte sich ab dem Ende des 13. Jahrhunderts der Einfluß italienischer Adelsgeschlechter, der Tocco und der Orsini, bemerkbar. Die Orsini traten übrigens zur orthodoxen Konfession ihrer Untertanen über, ein bemerkenswerter Einzelfall.

Im Norden drängte das serbische Reich in den griechischen Raum hinein. Unter dem serbischen Zaren Stefan Dušan (1345–1355) gehörten Nordepiros mit Ioannina und Thessalien dem Großserbischen Reich an. Stefan selbst ließ sich im Jahre 1346 in Skopje als »Zar der Serben und Griechen« krönen. Nach seinem Tod zerfiel das Reich jedoch in eine Vielzahl kleiner serbischer Teilfürstentümer, die in Nordgriechenland durchaus gräzisiert waren. Simeon Uroš gelang es von 1356 bis 1371 noch, Epiros, Ätolien und Thessalien als serbisch-griechisches Despotat mit der Residenz Trikala zusammen zu halten. Weitere serbische, aber kulturell griechische Herrschaftsgebilde bestanden um Serres und im südlichen Makedonien. Die Stadt Servia (Serbia), die häufig mit der spätmittelalterlichen Serbenherrschaft in Verbindung gebracht wird, ist übrigens weitaus älter. Der Serbenname geht hier bereits auf das 7. Jahrhundert zurück.

In Ioannina saß der Despot Thomas Preljumbovic. Er, wie auch andere serbische Herrscher, privilegierte die Meteora-Klöster und stattete sie mit reichen Stiftungen aus. Allerdings rief er 1367 zur Unterstützung gegen die sich ausbreitenden Albanerstämme die Türken ins Land. Ein verhängnisvoller Schritt! Ab 1371 bereits waren die Osmanen die Herrscher in Makedonien. Edessa und Serrä fielen 1383, Kastoria 1385. Thessalonike mußte 1387 und wieder 1394 bis 1402 seine Tore osmanischer Besatzung öffnen. Mit der Eroberung Larissas 1389, Trikalas und Amphissas 1393 durch Sultan Bayesid I. (Beiname »Yildirim«, der Blitz) war auch Thessalien und die Phokis in türkischer Hand.

In Epiros übernahm nach den Serben die auf Korfu residierende italienische Familie Tocco die Macht. Eine bemerkenswerte Figur war Carlo Tocco, der sich 1416 noch stolz Pfalzgraf von Kephallonia und Despot von Arta nannte. Nach seinem Tod ergab sich 1431 Ioannina dem osmanischen Sultan Murad II., Arta folgte 1449, Kephallonia und Vonitsa 1479. Die Türken ehrten ihren Gegner insofern, als sie das neu annektierte Gebiet an der epirotischen Küste »Karli-eli« oder »Karlili« nannten, was »Land des Karl« bedeutete.

Während das Prinzipat Achaia unter der Lehenshoheit der Anjou (Königreich Neapel) seine Existenz, wenn auch in geschwächter Form und unter häufig wechselnden, von außen eingesetzten Fürsten bis 1430 weiterführen konnte, kam schon 1311 für das Herzogtum Athen ein furchtbares Ende durch einen unvorhersehbaren Gegner.

Unter den Söldnern und Landsknechten aus allen Himmelsrichtungen, die der Konstantinopler Kaiser Andronikos II. in seine Dienste genommen hatte, befand sich auch eine katalonisch-spanische Kompanie, bestehend aus etwa 4000 Almugaravi (Infanterie) und 2000 bis 3000 Mann Hilfstruppen (darunter die Mehrzahl Türken). Nach Ausstehen des Soldes bekämpfte die gut organisierte und kriegserfahrene

Truppe erfolgreich die kaiserlichen Aufgebote und zog von den Dardanellen langsam dem griechischen Festland entgegen, – dabei alle Gebiete am Wege, auch einige Athosklöster, planmäßig ausplündernd. Dem damaligen Herzog von Athen, Walter de Brienne, blieb nichts anderes übrig, als die Compagna in Sold zu nehmen. Insgeheim aber plante er mit dem Fürsten von Achaia zusammen die Vernichtung dieser Abenteurer. 1311 kam es am Kephissos in Böotien zur Schlacht. Das überlegene fränkische Adelsaufgebot erlitt hier eine tödliche Niederlage, die berittene Noblesse versank buchstäblich im Morast des Kopais-Sees. Die Folge war die Errichtung des »Katalanischen Herzogtums von Athen«. Um sich lehensrechtlich abzusichern, übertrug der Capitano der Compagnie, Roger Deslaur, die Oberhoheit dem Hause Aragon in Sizilien. Zu Athen und Theben gewann die Compagna 1319 noch Thessalien und die Phtiotis hinzu. Neo Patras (heute Hypati) und Livadia/Lebadeia stiegen zu weiteren Residenzen auf. Die Peloponnes blieb ihnen verwehrt. Zur Überwachung des Landes errichteten die Katalanen zahlreiche Wachtürme, von denen noch viele Ruinen in Böotien künden.

Auch das Prinzipat von Achaia wurde von der Niederlage am Kephissos im Kern getroffen, war doch der alte fränkische Adel in seiner Gesamtheit dort umgekommen. Die vakanten Lehen in Morea gingen von da ab an diverse landfremde Vasallen der Anjou über.

Trotz seiner gewalttätigen Usurpation paßte sich das »Katalanische Herzogtum von Athen und Neopatras« bald in das schillernde fränkische Herrschaftsgefüge in Griechenland ein. Wirre Jahre kamen, als sich zwei Menschenalter später Ende des 14. Jahrhunderts eine »Navarresische Compagnie« in ähnlicher Form in Griechenland breitmachte und in die Dienste meistbietender Herren trat.

Alle fränkischen Kleinherrschaften waren im ausgehenden 14. Jahrhundert durch Schuldverschreibungen in die Abhängigkeit der schwerreichen Florentiner Bankiersfamilie Acciajuoli geraten. Diese übernahm dann mangels anderer Sicherheiten z. T. selbst die Herrschaft, etwa in Korinth, sowie im Herzogtum Athen. 1386 riß Nerio Acciajuoli mit Hilfe der Navarresen die Macht auf der Akropolis an sich, wurde aber seinerseits von der spanischen Soldateska böse ausgepreßt. Unter den wohlhabenden Acciajuoli erlebte Athen noch eine bescheidene Blüte. Auch die einheimischen Griechen, die sonst unter den Lateinern keinerlei Sonderrechte besaßen, wurden daran beteiligt, da die herzogliche Familie bald griechisch versippt war und auch offiziell griechisch sprach. Die Florentiner Handelsleute waren zudem so realistisch gewesen, sich freiwillig unter den allmächtigen

Schutz des türkischen Sultans zu stellen. Für 40 Jahre wagte es daher keiner der ringsum lauernden Usurpatoren, Briganten und Piraten, sich an Athen zu vergreifen. 1436 kam der Reisende Ciriaco von Ancona in die Stadt und beschrieb die noch zahlreich aufrecht stehenden antiken Denkmäler und den über den Propyläen erbauten Herzogspalast. Kabalen und Intrigen nach Nerios Tod veranlaßten schließlich Mehmed II., den Sieger von Konstantinopel, zur Intervention. Mit der Einnahme Thebens und Livadias 1458 kam Böotien unter direkte osmanische Herrschaft. 1460 öffnete die Akropolis ihre Tore dem neuen Herrn. Damit war die »Frankenherrschaft« in Griechenland zu Ende.

Die einzig stabile Ordnungsmacht in diesem Spannungsfeld gegensätzlicher Interessen und zunehmender Anarchie war Venedig.

Nur die Signoria, die Regierung von Venedig, erkannte weitblickend die wirkliche Gefahr aus dem Osten, nämlich den siegreichen Vormarsch der Osmanen an Konstantinopel vorbei auf den Balkan. So baute Venedig ab 1366 Chalkis (Negroponte) zur Festung aus, legte 1388 erst die Hand auf Argos und Nauplion, 1407 dann auf das strategisch hervorragende Lepanto (Naupaktos) und okkupierte 1417 Navarino. Nauplion, das venezianische Napoli di Romania, wurde, ähnlich wie die Mutterstadt, auf Pfahlgrund erweitert und mit Fortifikationen versehen. Der Hafen ließ sich mit einer Kette absperren, woher der Name »Porto Catena« (Kettenhafen) stammt. Für die Kastra von Thessalonike, Akrokorinth, Patras und Athen, die der Seerepublik nicht unmittelbar unterstanden, sicherte sie sich militärische Rechte für den Ernstfall. Den Jahrhundertstreit mit Genua beendete Venedig schließlich mit der Überlassung der Großinseln Chios (1304–1566) und Lesbos/Mytilena (1355–1462) an ihre Konkurrentin. Im Jahr 1422 wurden im Großen Rat zu Venedig ernsthaft Pläne erwogen, die Morea militärisch zu besetzen, um das Vordringen der Osmanen in den Mittelmeerraum zu stoppen. Ein Geheimbericht kam zu dem Ergebnis, daß es auf der Halbinsel 150 intakte Castelli gäbe und daß die Wirtschaft durchaus ausbaufähig sei. Zur Umsetzung des Vorhabens kam es jedoch nicht.

Byzantinische Endzeit (1453)

Das Griechische Kaiserreich von Konstantinopel ging mittlerweile seinem Untergang entgegen. Von einem einheitlichen Reich konnte längst nicht mehr gesprochen werden. Im Jahre 1337 war ganz Klein-

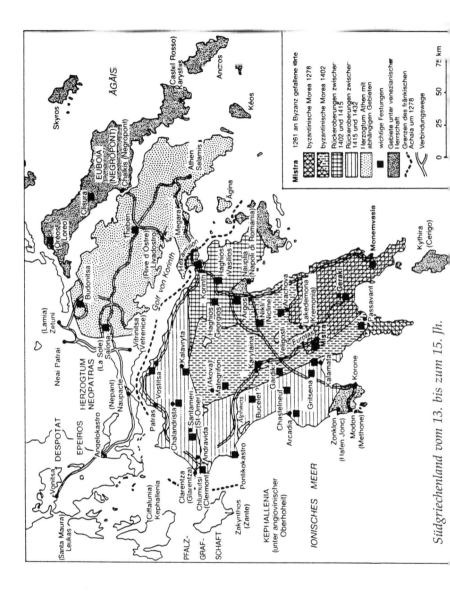

Südgriechenland vom 13. bis zum 15. Jh.

Mistra

- ◈ 1261 an Byzanz gefallene Orte
- ▨ byzantinische Morea 1278
- ▦ byzantinische Morea 1402
- ▤ Rückeroberungen zwischen 1402 und 1415
- ▥ Rückeroberungen zwischen 1415 und 1432
- ☐ Herzogtum Athen mit abhängigen Gebieten
- ■ wichtige Festungen
- ▨ Gebiete unter venezianischer Herrschaft
- ⸺ Grenzen des fränkischen Achaia um 1278
- ⋈ Verbindungswege

0   25   50   75 km

asien türkisch, 1354 überschritten die Osmanen an der Kaiserstadt vorbei die Dardanellen bei Kallipolis (Gallipoli) und gelangten nach Europa. Sukzessive gerieten Thrakien mit Adrianopel (1362), Makedonien (1371), Bulgarien (1396) und Serbien (ab 1389) unter ihre Herrschaft. Konstantinopel war damit von allen Seiten eingeschlossen. Nur noch der mächtige aus spätrömischer Zeit stammende Stadtmauerring schützte die Stadt. Mit allen Finessen der Diplomatie und immer weiteren Konzessionen vermochten die sogenannten Kaiser es noch, die Osmanen bis 1422, und dann bis zur endgültigen Eroberung 1453, von Belagerungen der Kaiserstadt abzuhalten. Höchst unsichere und eigennützige Helfer waren nur die miteinander rivalisierenden Genuesen und Venezianer.

Auch im Inneren löste sich das Reichsgefüge immer mehr in Anarchie auf. Großgrundbesitzer (Archonten) bildeten eigene Herrschaftsbezirke und betrieben Politik auf eigene Faust. Das steuerpflichtige Landvolk sank zur Leibeigenschaft herab und wurde der regelmäßig steigenden Tributzahlungen an äußere Feinde wegen in steigendem Maße ausgebeutet. Ein breiter freier oder halbfreier Bauernstand, den man zum Heeresdienst hätte heranziehen können, existierte nicht mehr. Die Landesverteidigung stützte sich auf fremde Kriegsknechte – Türken, Spanier, Albaner –, die sich oft genug gegen ihre Geldgeber wandten. Der unaufhörliche Steuerdruck und die soziale Verelendung führten schließlich zu einem innergriechischen Bürgerkrieg schrecklichen Ausmaßes. Besonders Thrakien war davon betroffen, das von der gepeinigten Bevölkerung fast völlig verlassen wurde. In Thessalonike entlud sich der Haß auf die Potentaten im sozialrevolutionären Aufstand der »Zeloten« (griechisch: »Eiferer«). Von 1342 bis 1349 errichtete diese radikal-religiöse Partei eine von fanatischen Mönchen geleitete Republik. Der Staatshaushalt in Konstantinopel brach völlig zusammen. Selbst die Kronjuwelen mußten an den Senat von Venedig verpfändet werden. Der permanente Bürgerkrieg im Innern des griechischen Reiches wurde mit türkischen Söldnertruppen, mit wechselseitiger Einladung türkischer Intervention und sogar mit dynastischen Einheiraten in das osmanische Sultanat geführt.

Mit der verheerenden Pestseuche von 1348 bis 1352, die sich über ganz Europa erstreckte, besonders aber in Südosteuropa wütete, trat eine demographische Katastrophe größten Ausmaßes ein. Der »Schwarze Tod« (die Beulenpest) raffte, so schätzt man, im griechischen Raum die Hälfte der Stadtbewohner und ein Drittel der Landbevölkerung hinweg. Die menschen- und arbeitsintensive Landwirtschaft kam völlig zum Erliegen.

Zur Heimsuchung durch »reguläre« Steuereintreiber kam für die dezimierte Bevölkerung noch die Räuberplage zu Wasser und zu Lande hinzu. Briganten und vaglierende Söldnerhaufen brachten ganze Landstriche unter ihre Kontrolle. Hoch im Kurs stand der Menschenfang. Gesamte Dörfer wurden zwangsverschleppt, um anderswo brachliegendes Land zu bearbeiten. Ab dem 14. Jahrhundert zeigt sich im griechischen Raum verstärkt die Tendenz: Weg von den offenen Küsten, die zum Angriff einladen, weg von den vielbegangenen Straßen und Wegen, auf welchen marodierende Banden unterwegs sind, hinauf in die Unzugänglichkeit der Berge. Dort war man sicher. Aber die Sicherheit und die vielbesungene »Freiheit der Berge« war bitter erkauft mit Isolation und dem Abgeschiedensein von den weiteren kulturellen Entwicklungen. Staatliche Strukturen gingen unter. In manchen Gegenden, im Epiros, im Inneren der Peloponnes und auf der Maina, fiel man wieder zurück in uralte patriarchalische Gesellschaftsformen. Sippen- und Clandenken, generationenlange Blutrache und ein unerbittlicher archaischer Familien-Ehrenkodex verhinderten jegliches gemeinsame Handeln gegen die Fremdherrschaft.

Der historische Betrachter kommt hier nicht darum herum, eine tiefe moralische Krise und einen Endpunkt in der ostchristlichen Welt festzustellen. In archaisierendem Stil und hochtrabender Rhetorik klagen spätbyzantinische Gelehrte über die schrecklichen Prüfungen der Zeit. Wieder einmal ahmen sie ihre großen antiken Vorbilder nach. Doch aus dem Rückgriff auf die hochstehende Vergangenheit die Grundlage für etwas Neues zu schaffen, ist ihnen in der Mehrzahl wesensfremd.

Während das Abendland in diesen Jahrhunderten einen beispiellosen Aufschwung in allen Lebensbereichen erfährt, sich dort in den Klöstern die rationale Wissenschaft herausbildet, Städte und Stände den individuellen Freiheitsgedanken entwickeln und sich erste Anzeichen für eine religiöse Neuorientierung zeigen, stagniert das orthodoxe Morgenland in seinen Dogmen, die ein für allemal im 5. Jahrhundert festgeschrieben worden waren. Es ist bezeichnend, daß gerade in der Zeit, als sich sein politischer Untergang drohend abzeichnet, sich mit dem »Hesychasmus« eine breite religiöse Bewegung herausbildet, die anstatt tätigen Handelns in der Welt die kontemplative Suche nach der göttlichen Stille (griechisch: Hesychia) in den Vordergrund stellt. Unter diesen Umständen gingen Dutzende gerade der reformfreudigen und sich mit den Fragen der Neuzeit auseinandersetzenden orthodoxen Philosophen und Kirchenleute nach Rom, Florenz, Mailand oder Paris in die Emigration. Ein gewaltiger »Brain Drain«, der dem Abendland zugute kam, und den Osten in Erstarrung und Rückschritt zurückließ.

Dem gemeinen Volk war es wohl egal, wem es Abgaben leistete, aber es erhoffte sich dafür Schutz und eine starke Hand, die die kleinen Herren und Ausbeuter in Zaum hielt. Ließ nun nicht die osmanische Propaganda verbreiten, wer sich als Christ in den Schutz des Groß-herrn und Sultans begebe, werde von seinen Tyrannen ein für allemal befreit, müsse zwar eine Aufsteuer zahlen, bleibe aber dafür in seiner Religionsausübung und seinem Leben ungestört?! Und der griechi-sche Klerus wußte sehr wohl, daß er unter den Osmanen seine Privilegien uneingeschränkt behalten durfte und unbehelligt vom Papst und von den hochmütigen Lateinern seinen Ritus pflegen konnte.

Denn vom Westen war trotz vollmundiger Versprechungen keine ernsthafte Hilfe zu erwarten. Rom bestand als Gegenleistung beharr-lich auf der »Union«, das heißt auf der bedingungslosen Unterwerfung der Ostkirche unter päpstliche, katholische Jurisdiktion. Dies war (und ist) für die »Rechtgläubigkeit« (Orthodoxie), besonders nach den Erfahrungen von 1204, absolut unannehmbar! Als Kaiser Ioannes VIII. nach einem demütigenden Bittgang durch Europa auf dem Konzil von Florenz im Jahre 1439 die Kirchenunion mit dem Papst verkündet, wird sie im orthodoxen Bereich nicht anerkannt. Für die Masse der »Rechtgläubigen« war die türkische Eroberung nichts anderes als die Strafe für diesen ungeheuren Verrat des Kaisers. So verwundert es uns nicht, wenn im griechischen Restreich der Spruch aufkam: »Lieber den Turban des Sultans als die Tiara des Papstes«. Eine Art Selbstaufgabe!

Für die osmanischen Sultane, die zunächst in Bursa, dann im europäi-schen Adrianopel (heute Edirne) residierten, waren bald nur mehr der dreifache Mauerring um Konstantinopel und die dort stationierten genuesischen und venezianischen Truppen das Problem. Im Jahre 1453, als schon längst nicht nur Anatolien, sondern auch die Balkan-halbinsel unter fester osmanischer Herrschaft stand, nahm Sultan Mehmed Fatih (»der Eroberer«) die halbverödete Stadt ein und erhob sie als Sultans- und Kalifenresidenz wieder zu einer wirklichen Welt-stadt.

Das Despotat von Mistra

Auf der Morea gelang den Griechen am Vorabend der osmanischen Eroberung noch eine gewisse Konsolidierung ihrer Machtstellung auf Kosten der fränkischen Kleinstaaten. Mistra war zu einer bedeutenden Stadt mit zahlreichen kunstvoll geschmückten Kirchen und Klöstern herangewachsen und entwickelte sich zu einem griechisch-orthodoxen Magnet des Widerstandswillens gegen die verhaßte Lateinerherrschaft. Im Jahre 1348 wurde Mistra zu einem erblichen Despotat erhoben, in dem jeweils ein naher Verwandter des Konstantinopler Kaiserhauses residierte. Sein Sitz war der prächtige Despotenpalast (s. unten). Die Despotenfamilie der Kantakuzenoi wurde 1384 durch die in Konstantinopel residierenden Paläologen abgelöst. Schritt für Schritt gelang es den Despoten von Mistra, die fränkischen Restbesitzungen auf Morea einzunehmen. Ein seltsames Schauspiel unter den Augen der längst im Lande stehenden Türken, die häufig als Schiedsrichter angerufen wurden! 1391 führten sie ihre erste Strafexpedition gegen Morea durch und zwangen Griechen wie Lateiner gleichermaßen zur Tributpflicht.

Gegenüber dem Fürstentum Achaia glückte den Paläologen zu Mistra noch ein letzter Triumph. Das ehemals stolze Prinzipat war zu einem vom Königreich Neapel schlecht verwalteten und an landfremde Statthalter verpfändeten Stück Land geworden. Durch eine Erbver-

Rekonstruktion des Despotenpalastes in Mistra (14. Jh.)

94

bindung sicherte sich Konstantin von Mistra (ab 1449 als Konstantin XI. der letzte griechische Kaiser) die Nachfolge über das Fürstentum. 1429 ging der fränkische Fürstensitz Clairmont/Chlemoutsi in seinen Besitz über, 1430 Patras. Mit dem Tode des letzten fränkischen Statthalters, des Genuesen Centurione Zaccaria, war das fränkische Prinzipat Achaia 1432 erloschen. Damit war die Peloponnes, mit Ausnahme der venezianischen Küstenfestungen, wieder griechisch geworden. Freilich nur für die nächsten 30 Jahre und im Zeichen staatlicher Dekadenz. Familienrivalitäten führten zur Herrschaftsteilung zwischen dem Teildespoten Thomas in Mistra und seinem Bruder Demetrios in Arkadia. Die Osmanen kassierten Tribut und entschieden die unausweichlichen Thronkämpfe in ihrem Sinne. Die Weigerung Thomas', einer weiteren Tributerhöhung zuzustimmen, lieferte Mehmed II. nach der Eroberung Konstantinopels 1453 den endgültigen Vorwand, das noch nicht osmanische Griechenland zur Gänze zu unterwerfen. 1456 ergab sich Athen, 1458 kapitulierten Korinth und Patras. 1460 eroberte Mehmed die innerlich zutiefst zerrissenen Despotate von Mistra und Arkadia. Für die kriegserfahrenen Osmanen war dies alles ein Nebenschauplatz. Nur die Albaner in ihren arkadischen Bergnestern hatten sich erbittert gewehrt. Die griechische Elite floh zum geringeren Teil zusammen mit Thomas nach Rom, oder begab sich mehrheitlich mit Demetrios in die religiös sehr nachsichtige Obhut des neuen muslimischen Großherrn in Konstantinopel/Istanbul.

Mit dem Fall von Mistra war 1460, historisch gesehen, der letzte Rest des einstigen Oströmischen Reiches untergegangen.

Trotz des rapiden Niedergangs Mistras hatte die byzantinische Philosophie dort noch eine Spätblüte erlebt. Um 1400 war → Georgios Gemisthos Plethon (1355–1452) nach Mistra gekommen. Er rief dort eine Akademie ins Leben, in der die Lehren Platons und Aristoteles' diskutiert wurden. Seine neuplatonische Philosophie, die uns allerdings nur in Bruchstücken überliefert ist, hat auch die italienischen Humanisten beeinflußt. Die Gründung der Platonischen Akademie in Florenz durch Cosimo de Medici – ein entscheidendes Ereignis der europäischen Renaissance – ist auf das Wirken Plethons auf dem Konzil von Florenz 1439 zurückzuführen. Weniger Erfolg hatte der Philosoph mit seinen sozialen und religiösen Reformversuchen, die auf scharfen Widerstand der in Tradition erstarrten orthodoxen Hierarchie stießen.

Bei Plethon blitzt zum ersten Mal die Vision eines griechischen Nationalstaates auf, der nicht mehr das ewig umkämpfte Konstantinopel als

Mittelpunkt haben sollte, sondern das eigentliche Griechenland mit dem Zentrum in der Peloponnes. Plethon neigte innerhalb der Orthodoxie den »Unionisten« zu, die im Zusammenschluß mit der Westkirche und dem Papst die Rettung sahen. Der Philosoph dachte wohl auch an Hilfe aus den mächtigen italienischen Renaissance-Stadtstaaten und an die Umwandlung des Despotats von Mistra in ein modernes Fürstentum dieser Prägung. Die Osmanen hätte man sich mit Tributzahlungen vom Leibe halten können. Die Türken waren ja nicht überall an der direkten Herrschaft interessiert, in manchen Fällen, z. B. in den Donaufürstentümern Moldau und Walachei, in Siebenbürgen und im Stadtstaat Ragusa (Dubrovnik), begnügten sie sich mit Unterwerfungserklärungen und jährlichen Abgaben. Ganz unrealistisch war Plethons Vorhaben also nicht. Die wahnwitzige Politik der tief verfeindeten letzten zwei Despoten hat Plethons Option jedoch zunichte gemacht.

Albaner und Aromunen

Die politischen Wirren des 14. und 15. Jahrhunderts begünstigten eine fundamentale ethnische Veränderung der Bevölkerung Griechenlands, – bedingt durch die albanische Expansion und das weitere Eindringen aromunisch-vlachischer Wanderhirtenstämme.

Die Siedlungsausbreitung der Albaner (Eigenname Skipetaren) war kein geplantes, systematisches Vorgehen, sondern ein kontinuierliches Abwandern einzelner Familien, Sippen und Clans aus ihren kargen und beengten Hochlandsregionen heraus in die südlich benachbarten, zum Teil leer- und brachliegenden Gebiete. Die albanischen Gebirgsbauern und Hirten waren gefragt als Stradioten (Söldner) und als Wehrbauern. Während der serbischen Periode siedelten sie sich mehr oder weniger freiwillig geduldet im Epiros, in Akarnanien und Ätolien an. Die Hoffnung der serbischen, griechischen und fränkischen Kleinherrscher, die kriegerischen Neuankömmlinge in ihrem Sinne auszunutzen, scheiterte zumeist. Wo die Albaner auf Widerstand stießen, schlossen sie sich zu Stämmen zusammen und erzwangen ihre Unabhängigkeit. 1318 erschienen sie auf diese Weise in Thessalien und setzten sich in Böotien fest. Der Herzog von Athen vermochte ihre Landnahme nur noch nachträglich abzusegnen. Im von der Pest entvölkerten Attika dagegen waren sie willkommen und besiedelten dazu noch die Megaris und die Inseln Salamis und Ägina. Der mächtige Clan der Spata eroberte das strategisch wichtige Lepanto (Naupaktos) und ermöglichte im ausgehenden 14. Jahrhundert das Übergreifen auf die gegenüberliegende Peloponnes. Anfänglich boten die Despoten von Mistra den eindringenden Albanern offiziell Siedlungsgebiete an. Als sie merkten, daß die streitbaren neuen Siedler weder gewillt waren Steuern zu zahlen noch Heeresfolge zu leisten, war Widerstand bereits vergeblich. Elis, die Korinthia, die Argolis und die Skorta (das arkadische Hochland) wurde neuer albanischer Siedlungsboden. Die Skipetaren, obgleich in sich uneinig, waren zu einem eigenständigen Machtfaktor auf Morea geworden, der geschickt zwischen Franken, Griechen und Türken lavierte. Auch Venedig übernahm albanische Stradioten, behielt aber die Macht über sie und verpflanzte sie als Kolonisten nach Euböa und auf verschiedene Inseln der Ägäis.

Ethnographisch gesehen bestand ein beträchtlicher Teil der spätmittelalterlichen Bevölkerung Griechenlands aus Albanern (griechisch: Arvanites). Schätzungen gehen bis zur Hälfte des von ihnen bewohnten griechischen Raums und bis zum selben Verhältnis beider Ethnien. Die Albaner behielten über Jahrhunderte ihre eigene Sprache (ein illyrisch-romanisches Idiom) und ihre eigene Folklore. Ein irgendwie staatliches Zusammengehörigkeitsgefühl fehlte bei ihnen jedoch. Diese Tatsache, besonders aber das gemeinsame orthodoxe Bekenntnis und der gemeinsame Widerstand gegen die Türken ermöglichte schließlich ihre allmähliche kulturelle Assimilation an das Griechische. Albanische Herkunft und Zweisprachigkeit hinderte zahlreiche gerade der prominentesten Widerstandskämpfer im Griechischen Freiheitskampf von 1821 bis 1830 nicht, sich als Griechen zu fühlen und der griechischen Nationalsache zu dienen. Die im 19. Jahrhundert eine große Rolle spielenden Familien Koundouriotis und Botsaris waren albanischer Herkunft. Albanische Enklaven bestanden in Griechenland noch bis in die Mitte unseres Jahrhunderts.

Ein anderes Kapitel stellen in diesem Zusammenhang die muslimischen Albaner (Arnauten) dar. Sie dringen erst in der Spätphase der Türkenzeit nach Griechenland ein.

Auch die vlachischen (walachischen) Wanderhirten waren nach dem Ende von Byzanz 1204 in Bewegung geraten und hatten sich sogar politisch zu organisieren vermocht. In Westmakedonien um Kastoria, Siatista und Naoussa bildeten sie geschlossene Siedlungsgebiete. In Hochthessalien entstand im 14. Jahrhundert ein vlachischer Herrschaftsraum (Vlachia magna). Über den Pindoskamm drangen die Hirtenstämme weiter nach Süden vor und erreichten die Hochregionen von Akarnanien und Ätolien. Diese romanischsprachige Bevölkerung (Eigenbezeichnung Aromunen), die in anderen Teilen des Balkann als Kutzovlachen, Zinzaren oder Mollakken bezeichnet wird und eng mit den Rumänen verwandt ist, bildete einen erheblichen Teil der spätmittelalterlichen Bevölkerung Griechenlands. Ihre Sprache, ihre halbnomadische Lebensweise und ihre Volksbräuche hielten sie noch lange auch im griechischen Nationalstaat nach 1830 bei. Das auch bei ihnen – ähnlich wie bei den Albanern – fehlende politische Großgruppenbewußtsein und die gemeinsame Orthodoxie hat aber ihre Hinwendung zum Griechentum bewirkt. Bis in die jüngste Zeit war ein nicht geringer Teil der Gebirgsbevölkerung im Norden Griechenlands jedoch noch zweisprachig.

Fest in aromunischen Händen lag der Warentransport auf den transbalkanischen Überlandwegen zwischen Venedig und Ragusa (Dubrovnik), und Thessalonike, bzw. Istanbul. Dazu schufen sie sich ein Verkehrsnetz, das ihnen weitreichende Handelsverbindungen in ganz Südosteuropa und darüber hinaus bis in die Metropolen des Habsburgerreiches ermöglichte. Griechisch war die Handels- und Verkehrssprache in ganz Südosteuropa. Die Anwendung dieser Sprache hat dann die Gräzisierung gerade der »tonangebenden« aromunischen Kaufmanns- und Händlerschicht bewirkt. Im 18. und 19. Jahrhundert wurden gerade sie zu eifrigen Verfechtern des Griechentums. Aromunischer Herkunft waren z. B. der Freiheitsdichter Rhigas Pheräos, der Politiker Ioannes Kolettis und die schwerreiche Händlerfamilie Sina.

Der Löwe von San Marco

Aus allen kriegerischen Verwicklungen mit den Osmanen versuchte sich die Seerepublik Venedig möglichst herauszuhalten. Die Ratsherren in der Lagunenstadt waren aufgrund ihres dichten Spionagenetzes längst darüber im Bilde, wer die kommende Großmacht im Levanteraum sein würde. Mit dem Sultansreich würde nicht so gut Kirschen essen sein, wie mit dem schwächlichen Rest von Byzanz. Es hieß sich gutzustellen mit den Osmanen, verliefen doch die lebenswichtigen Handelsrouten nach Syrien und Ägypten und die Seewege nach Candia/Kreta und in die Ägäis quer durch von ihnen kontrolliertes Gebiet. Im Frieden konnten beide Seiten profitieren: Venedig war auf Getreide, Gewürze und Sklaven aus dem Osmanenreich angewiesen, und der neue prachtvolle Serail (Palast) zu Istanbul war ein unersättlicher Markt für Luxusgüter, Technik und nicht zuletzt Waffen (die nur über Venedig beschafft werden konnten) aus dem Westen. Doch der ungestüme maritime türkische Vorstoß in die Ägäis und sogar in das venezianische »mare clausum«, in die Adria hinein, machte eine Konfrontation unausweichlich.

Die venezianischen Besitzungen in Griechenland – Korfu, Lepanto (Naupaktos, ab 1407), Modon und Coron, Navarino, Nauplion, Ägina und Negroponte (Chalkis mit Euböa) und weitere strategisch wichtige kleinere Stützpunkte wie das Kastell Pteleon (Phtelion) über dem Golf von Volos – erfreuten sich in der Regel einer ordentlichen Verwaltung durch zivile Statthalter (Bailli, Rettori oder Provveditori) und fähige militärische Capitanei (Hauptleute). Befestigungen, Häfen, Aquädukte und öffentliche Einrichtungen wurden gut in Schuß gehalten und laufend überprüft. Der steinerne geflügelte Markuslöwe mit dem geöffneten Buch und der Schrift: »*Pax Tibi Marce Evangelista Meus*«, heute noch zahlreich anzutreffen in den genannten Stätten, symbolisierte Ordnung, Stärke und Treue. (Ein geschlossenes Buch soll übrigens bedeuten, daß sich die betreffende Stadt nicht freiwillig unter den Schutz von San Marco verfügt hatte.) Die Venezianer selbst stellten nur eine dünne Oberschicht von »Nobili«, Beamten und Großhändlern über der griechischen und albanischen Plebs.

Der päpstliche Klerus genoß bei den Venezianern keinen so überragenden Einfluß wie bei den »Franken«. So kam es auch hier nicht zu den Demütigungen und Schikanen gegenüber der einheimischen griechisch-orthodoxen Kirche, wie sie sonst unter den Lateinern üblich waren. Die »*Venetokratia*« wird deshalb im neugriechischen Geschichtsbild auch etwas milder beurteilt als die »Frankokratia«.

Im allgemeinen verhielt sich die griechische Bevölkerung sowohl in den fränkisch-türkischen, wie den venezianisch-türkischen Auseinandersetzungen passiv. Starke Kräfte, gerade die orthodoxe Geistlichkeit, zogen als Fremdherrschaft die muslimischen Türken den katholischen Lateinern vor.

In Candia (Kreta) befanden sich größere venezianische Kontingente, und es bildete sich sogar eine im Lande selbst bald verwurzelte venezianische Adelsschicht heraus, die enge Verbindungen mit der alten griechischen Oberschicht einging. Trotzdem war die venezianische Herrschaft hier durch die Aufstandsbereitschaft der Einheimischen immer gefährdet. Noch aber war die Insel für die Türken ein zu großer Brocken. Wie ein Pfahl in der mittlerweile größtenteils türkischen Ägäis ragte noch bis 1522 die vom Johanniter-Ritterorden verteidigte Insel Rhodos empor.

Auf Lemnos, Chios und Samos gelang es den genuesischen Patrizierfamilien Zaccaria und Gattilusi noch, sich bis über die Mitte des

16. Jahrhunderts mit Tributzahlungen von direkter osmanischer Herrschaft freizuhalten. Aus dem Insel-Herzogtum Naxos aber floh die Bevölkerung nahezu geschlossen vor den nordafrikanischen und türkischen Piraten ins sichere venezianische Kreta. Auf Naxos wechselten sich die venezianischen Günstlinge fast in Dekaden ab, bis 1566 Sultan Selim II. den sephardisch-jüdischen Bankier Yusuf Nasi als seinen Statthalter einsetzte. Reibungsflächen zwischen Venezianern und Osmanen gab es mehr als genug. Die Stadt Thessalonike, durch den Zelotenaufstand entvölkert und demoralisiert, stellte sich 1423 selbst unter den Schutz der Signoria. Die Venezianer gingen auch tatkräftig daran, die Befestigungen und den Hafen zu erneuern. Dabei spannten sie die griechische Stadtbevölkerung zu den umfangreichen Arbeiten mit ein, – und handelten sich damit prompt den Ruf der Tyrannei ein. 1430 erschien Sultan Murad II. vor der Stadt und vertrieb die Venezianer. Thessalonike wurde zum orientalischen Selanik. Vor weiteren Kriegshandlungen versuchte die Markusrepublik noch rasch, wichtige Plätze in ihre Hand zu bekommen: 1421 Korinth, und 1464 – nach dem Untergang der griechischen Herrschaft – Monemvasia (Malvasia), sowie eher pro forma die »Braccio di Maina« (Halbinsel Mani) mit ihrer notorisch unruhigen Bevölkerung.

Doch Schlag für Schlag drängten die Osmanen die Venezianer aus dem Ägäisraum hinaus. 1470 fiel Negroponte (Chalkis/Euböa), 1499 Lepanto (Naupaktos). Eine furchtbare Katastrophe war der Verlust der »beiden Augen Venedigs«, von Modon und Coron (und Navarino) ein Jahr später, der von grausamen Massakern der Türken begleitet war.

Im Jahr 1517 besetzten die Osmanen unter Sultan Süleyman Syrien und Ägypten und hatten damit die Schlüsselpunkte des venezianischen Orienthandels im Griff. Der *venezianisch-türkische Friedensschluß von 1540* besiegelte die Übergabe von Nauplion und Monemvasia. Damit stand die gesamte griechische Halbinsel und die Ägäis, mit Ausnahme Kretas, unter osmanischer Herrschaft.

Dem französischen Königreich war ab dem Ende des 15. Jahrhunderts im deutschen Habsburgerreich ein bald übermächtiger Gegner entstanden. Die Diplomatie des »allerchristlichsten Königs von Frankreich« suchte und fand im osmanischen Sultansreich einen Verbündeten gegen die gemeinsamen außenpolitischen Gegner, gegen Habsburg und auch gegen Venedig. In immer wieder erneuerten »Capitulations« (Verträgen) sicherte das Sultansreich der französischen Krone Privilegien zu, die schließlich im 17. Jahrhundert im Protektoratsrecht über alle katholischen Untertanen im Osmanischen Reich gipfelten. In Griechenland waren davon das ehemalige Inselherzogtum Naxos mit den Inseln Syros und Tinos, die Großinsel Chios und die Ionischen Inseln betroffen, deren Bevölkerung zum Teil katholisch war. Aber nicht nur dort machten die Franzosen ihren Einfluß geltend, sondern auch in Athen, wo sich ab 1658 französische Kapuziner niederließen.

Zypern, das 1489 von der Markusrepublik erworben worden war, mußte 1570 den Osmanen überlassen werden. Die *Seeschlacht von Lepanto*, in der die verbündeten venezianischen, spanischen und päpstlichen Galeeren 1571 unter dem Oberbefehl des Habsburgers Don Juan d'Austria einen schweren Sieg über die osmanische Kriegsflotte errangen, änderte nichts mehr an der vollendeten Tatsache des osmanisch beherrschten griechischen Land- und Seeraumes.

Der venezianische Markuslöwe

GRIECHENLAND UNTER DEM HALBMOND
(1453–1821)

Die Türkenzeit

Seit dem Beginn des 14. Jahrhunderts waren die muslimischen Türken zur beherrschenden Großmacht im Ostmittelmeerraum aufgestiegen. In ihnen verband sich die orientalisch-islamische Hochkultur mit der natürlichen Tapferkeit und Organisationsfähigkeit der ursprünglichen Steppennomaden. Unter der Sultansdynastie der *Osmanen* (benannt nach dem Begründer Osman, gestorben 1326) schufen sie ein fast 700 Jahre währendes orientalisch-europäisches Weltreich, das mit Recht als eine der großen politischen Schöpfungen der Weltgeschichte angesehen wird. Wir dürfen unseren Blick nicht von der späteren Verfallszeit im 19. Jahrhundert blenden lassen, als das Riesenreich zum »Kranken Mann am Bosporus« degeneriert war. Denn vom 14. bis zur Mitte des 17. Jahrhunderts hinein war das Osmanische Reich eine innerlich gefestigte und nach außen expandierende Kraft, welcher der Westen kein Paroli bieten konnte. Im unruhigen Balkan und im Nahen Osten wurde es über Jahrhunderte seiner Aufgabe als Ordnungsmacht gerecht.

Das Regierungssystem hatte viel mit Byzanz gemeinsam. Auch hier stand der Herrscher absolut an der Spitze einer theokratischen politischen Ordnung. Eine straffe Zentralisierung mit zahlreichen weitverzweigten Behörden garantierte eine effektive Administration. Doch nur (ähnlich wie in Byzanz!) solange die Staatsspitze funktionierte! War das nicht der Fall, lag hier der Keim des Auseinanderfalls. Für die Untertanen änderte sich wenig: Die Herrschaft der byzantinischen Großgrundbesitzer und Adligen, der »*Authenteis*« (das »theta« wurde damals als starkes »ff« gesprochen), ging für sie über zur Herrschaft der türkischen »*Effendis*«.

Unter den Sultanen Bayesid I. (1389–1402), Murad II. (1421–1451) und schließlich unter Mehmed II. (1451–1481) war Griechenland Schritt für Schritt ins Osmanische Reich eingegliedert worden. Es war kein Vernichtungssturm, der über das Land hereinbrach, sondern eine allmähliche Machtübernahme, beginnend mit der Anerkennung der osmanischen Oberhoheit, Tributerhebung, Überlassung von Festungen bis hin zur definitiven Eroberung des Landes. Die einheimische griechische Bevölkerung, von allen möglichen Herrschaften ausge-preßt, war in der Regel nur schwer gegen die Osmanen zu mobilisie-ren. In den fränkisch und genuesisch beherrschten Gebieten zog man, als die Türken anrückten, deren Herrschaft den »Lateinern« bei wei-tem vor.

Nach 1460 bestand Griechenland aus 8 Provinzen (türkisch *Sancak*): Aus den Sancaks von Morea, Egriboz (Euböa mit Attika), Trikala (Thessalien), Ainebahte (Naupaktos, Akarnanien), Karleli (Ätolien, Südepiros), Ioannina (Epiros), Selanik (Thessalonike) und Kavala. Dazu kam das Eyalet (Großprovinz) der Inseln der »Weißen See«. Dies ist die türkische Bezeichnung für das Ägäische Meer (Cezair i Bahr i Sefid). Die Provinzen teilten sich unter in verschiedene Voyvodaliks (Amtsbezirke) und weiter in Kadiliks (Gerichtsbezirke). Die Provinz-grenzen änderten sich bisweilen, genauso wie die Hauporte, die Sitze der Sancak-Beys, sich abwechselten. Im Sancak Morea wechselte der Paschasitz, je nach der herrschenden Familie, zwischen Mistra, An-drousa, Leontarion (Londari), und Nauplion (Anapli). Mistra soll übrigens im 16. und 17. Jahrhundert 40 000 Einwohner gezählt haben, wie uns der reisende französische Kapuzinermönch Guillot aus was für Gründen auch immer weismachen will. Glaubhaft sind dagegen die osmanischen Steuerlisten, die für »Misithra« (Mistra) und »Balliba-dra« (Patras) je 4000 Köpfe zählen. Im Festlandsgriechenland behiel-ten Theben (Istivi), Lamia (Zeituni, Izzedin), Larissa (Yenisehir) und Athen (Setini) ihre zentralörtliche Funktion. Später wurden größere Verwaltungseinheiten, die Paschalyks und Eyalets (Vilayets), geschaf-fen, die den Gouverneuren (Paschas) eine größere Machtbasis boten, aber auch dazu verführten, sich von der Zentrale in Konstantinopel möglichst unabhängig zu machen.

Auf dem Lande behielt man das spätbyzantinische System der Le-hensvergabe im wesentlichen bei. Lehen (griechisch Pronoia, türkisch Timar) wurden an verdiente Kriegsleute (Spahis) vergeben. Die Masse der Untertanen bildete die »Rayah«, wörtlich die »Herde«, – nicht unbedingt im verächtlichen Sinn gemeint, sondern als das steuerzah-lende niedere Volk, das von oben geleitet werden muß. Zur Rayah zählten nicht nur die christlichen Untertanen, sondern auch die von Grundherren (Spahis) abhängigen türkischen Bauern. Die Abgaben lagen trotz der für Christen exklusiv geltenden Kopfsteuer bis ins 16. Jahrhundert unter den alten byzantinischen Steuerforderungen und weit unter den Lasten, welche die Griechen unter Franken und Genuesen zu tragen hatten. Dies war sicherlich mit ein Hauptgrund für die raschen Erfolge der Osmanen.

Die Kopfsteuer (Harac) wurde als Schutzsteuer von allen christlichen (wie auch jüdischen) Untertanen erhoben. Sie ging über die Kirchenorganisation direkt an den Staat. Aus der Existenz dieser speziellen Christensteuer wird erklärlich, daß den Türken an einer umfangreichen »Islamisierung« der christlichen Rayah überhaupt nicht gelegen sein konnte. Das hätte doch nur die Steuereinnahmen geschmälert!

Die Türkenherrschaft (*Turkokratia*), die in Makedonien, im Nordepiros und in Thrakien bis 1912 währte, ist im neugriechischen Nationalbewußtsein von dichten Nebelschwaden aus Mythen, Legenden und nationaler Ideologie umwabert. Auch die neugriechische Historiographie ist davon nicht frei. Vorherrschend ist das Klischee einer fünf Jahrhunderte langen Unterdrückung (»Türkenjoch«), die jegliche gesellschaftliche Entwicklung verhindert habe und die rechtlosen Griechen der Willkür säbelschwingender Paschas ausgeliefert habe. Nicht nur in Griechenland, sondern in allen modernen Balkanstaaten werden die heute dort noch grassierenden Übel – Korruption, Nepotismus, Fanatismus, Rückständigkeit und staatliche Inkompetenz – pauschal einfach und allein der Türkenzeit, der sogenannten »Zeit der Finsternis« angelastet. Ein billiges Argument, mit dem man eigene Versäumnisse zu kaschieren sucht! Der geschichtlichen Realität entspricht es keineswegs:

Das Oströmische Reich ist durch die Lateiner 1204 untergegangen und das griechische Restreich hatte sich längst *vor* den Türken in Anarchie und Tyranneien aufgelöst. Die unaufhörlichen Kriege der fränkischen und griechischen Kleinstaaten untereinander haben *vor* dem Erscheinen der Türken die Länder veröden lassen und die terrorisierte Bevölkerung in die Isolation der Berge getrieben, – und der Exodus der griechischen Gelehrten nach Westen setzte bereits *vor* der türkischen Eroberung ein.

Unhaltbar ist der Vorwurf, die lange muslimische Fremdherrschaft habe Griechenland (und den gesamten Balkanraum) von den gewaltigen zeitgenössischen gesellschaftlichen Umwälzungen des Westens – Renaissance, Reformation, Aufklärung – abgehalten. Richtig ist, daß nicht nur dem Islam, sondern auch dem östlichen Christentum diese spezifisch westlich-lateinischen Fortschrittsformen völlig fremd sind. Nicht der Islam hat den Fortschritt verhindert, sondern die unbewegliche Orthodoxie selbst, die sogar mit Hilfe der Türken ihre rechtgläubigen Schäfchen vom verderblichen Einfluß der häretischen Lateiner abgeschirmt hat.

Entgegen den nationalistischen Phrasen der grausamen Unterjochung zeichnen die Quellen für die ersten Jahrhunderte der Osmanenherrschaft ein ganz anderes Bild. Das Land wird befriedet, die Infrastruktur wiederhergestellt, Handel, Gewerbe und Wirtschaft blühen auf, eine streng überwachte Ordnung garantiert auch dem Untertanen Rechtssicherheit. Man kann geradezu von einer »Pax Ottomanica« sprechen, einer osmanischen Friedensordnung, die dem seit dem 12. Jahrhundert schwer umkämpften Raum eine längere Periode der Ruhe und damit der Prosperität verschafft hat. Deutlich wird dies am Anstieg der Bevölkerungszahlen im 15. und 16. Jahrhundert, die in den akribischen osmanischen Steuerlisten (Defter) aufscheinen. In Saloniki, Athen, Theben und Korinth vervielfacht sich die Einwohnerschaft. Auch das griechische Kunst- und Kulturleben kommt keineswegs zum Erliegen. Entgegen einem weitverbreiteten Vorurteil werden auch weiterhin orthodoxe Kirchen und Klöster gebaut. Einflußreiche Griechen (»Primaten«) waren auch an der Provinzverwaltung beteiligt. Sie bildeten zusammen mit den osmanischen Ayanen (Würdenträgern) den Provinzialrat, der dem Pascha und seinen Beamten (Voyvoden) zur Seite stand und auf die Höhe der Steuern maßgeblichen Einfluß hatte.

Ein wichtiges Merkmal der türkisch-muslimischen Fremdherrschaft war die Tatsache, daß sich die osmanischen Behörden nicht um die Angelegenheiten der christlichen Untertanen zu kümmern hatten. Hier sei angemerkt, daß »Bekehrung«, Mission von Christen im Sinne einer Islamisierung dem muslimischen Selbstverständnis in der Theorie wesensfremd ist. Juden und Christen werden als Vorläufer des Islam gewertet und gelten nicht als Heiden. Sie dürfen ihren Kultus weiter ausüben, wenn auch gegen Sondersteuer und mit gewissen äußerlichen Einschränkungen. Freilich, in der Praxis mag es anders ausgesehen haben, wenn bei Strafexpeditionen nur die Wahl zwischen Vernichtung oder Annahme des Islams bestand. Freiwillige Übertritte zur Religion der Sieger waren aber häufig. Sie erfolgten aus wirtschaftlichen und sozialen Gründen, um Status und Besitz zu erhalten, oder um in der Reichshierarchie aufsteigen zu können. Viele griechische (wie auch albanische) Familien und Clans verzweigten sich in christliche und muslimische Linien, zahlreiche der Konvertiten blieben aber Kryptochristen, oder es bildeten sich eigenartige christlich-muslimische Mischformen. Viele der Paschas und Valis (Gouverneure) der griechischen Sancaks waren islamisierte Griechen, die durchaus weiterhin Beziehungen zu ihren christlich gebliebenen Familienzweigen pflegten.

Häufig ist aber auch bezeugt, daß gerade die Übergetretenen zu fanatischen Verfechtern des neuen Glaubens und des Osmanentums wurden (sogenannte Neutürken). Für sie, wie allgemein für in den Dienst des Sultans übergetretene Christen, wurde auch der Begriff »Renegaten« verwandt.

Ein anderes Kapitel ist die von den türkischen Machthabern periodisch veranstaltete »Knabenlese« (griechisch: Paideumazoma), bei welcher geeignete Knaben aus christlichen Familien im Alter von 8 bis 15 Jahren zwangsweise für den Sultanshof rekrutiert wurden. Muslimisch erzogen, standen ihnen dort glänzende Laufbahnen in Verwaltung und Militär offen. Ein Teil bildete das gefürchtete Janitscharen-Korps, eine mönchische Elitetruppe von enormer militärischer Bedeutung (Yeniceri bedeutet »neue Truppe«). Man sollte die Knabenlese, die im gesamten türkischen Balkan durchgeführt wurde, im übrigen nicht an postmodernen Ein-Kind-Familien messen. Nicht selten drängte man die Kinder geradezu auf, um sich deren zu erwartende höhere Stellung zunutze zu machen. Die Verbindungen zwischen den Janitscharen und ihren christlichen Herkunftssippen rissen nämlich keineswegs immer ab. Das Ende der Paideumazoma erfolgte Anfang des 18. Jahrhunderts nicht so sehr wegen des christlichen Widerstandes, sondern weil die eigentlichen altosmanischen Familien fürchteten, gegenüber den Fremdstämmigen in Status und Hierarchie völlig ins Hintertreffen zu geraten.

Die strikte Nichteinmischung des Sultans in die innerchristlichen Belange bedeutete für die christlichen Untertanen eine weitgehende *Kultur- und Verwaltungsautonomie*. Die Verwaltungsstruktur der orthodoxen Kirche blieb unangetastet. Nicht nur religiöse, sondern auch zivilrechtliche Fälle wurden in eigener Regie erledigt und von der türkischen Herrschaft nicht berührt. Die orthodoxe Kirche bildete eine geduldete Glaubensgemeinschaft (*Millet*), welcher der Ökumenische Patriarch von Konstantinopel/Istanbul als »Millet-Bas« (griechisch Ethnarchos) vorstand. Die Rechte des Patriarchen blieben nicht nur unangetastet, sondern wurden in weltlich-administrativer Hinsicht noch wesentlich erweitert. Im hohen Rang eines »Paschas mit drei Roßschweifen« stehend, garantierte er dem Sultan das kollektiv veranlagte Steueraufkommen der griechisch-orthodoxen Gemeinde, übernahm den Steuereinzug von seinen Glaubensbrüdern und die Weitergabe an den Fiskus. Es ist einleuchtend, daß nur der türkischen Obrigkeit gegenüber loyale Personen für diesen Posten in Frage kamen, keineswegs Kandidaten, die sich etwa der Union mit Rom genähert hätten.

Das griechische Patriarchat sicherte sich zudem die Leitung über die bulgarische, serbische und rumänische orthodoxe Nationalkirche, ließ

*Ein orthodoxer Priester
(Pappas), Darstellung aus
der Mitte des 16. Jh.*

deren autokephale (eigenständige) Patriarchate oder Erzbistümer aufheben und den dortigen hohen Klerus durch Griechen ersetzen. Dies hatte bald eine weitgehende Gräzisierung der balkanslawischen und rumänischen Oberschichten zur Folge. Die Balkanvölker sahen sich also einer doppelten Fremdherrschaft ausgesetzt: Der türkischen Besatzung einerseits, die sich auf die ökonomische Ausbeutung konzentrierte, und der griechischen Kulturhoheit andererseits, die (für das Überleben einer Nation weitaus schlimmer!) geistige Bevormundung betrieb.

Griechisch-Türkische Herrschaftsverflechtung

Die Griechen, repräsentiert durch ihr Millet und ihren einflußreichen Ethnarchen, genossen unter den Osmanen demnach eine außerordentliche Sonderstellung.

Schon im 14. Jahrhundert waren die spätbyzantinisch-osmanischen kulturellen Verflechtungen und politischen Verbindungen (auch dynastischer Art) sehr eng geworden. Nach der Eroberung des Landes waren die Türken auf die alten Eliten angewiesen, um ihr wachsendes Reich funktionstüchtig zu halten. Konstantinopel blieb auch nach der »Halosis« (Einnahme) von 1453 die größte griechische Stadt. Damals zählte sie nicht mehr als 30 000 Einwohner, 1477 jedoch bereits wieder 80 000 (davon ein Drittel Christen), bis zum 17. Jahrhundert wuchs ihre Bevölkerung auf 700 000 an, der christliche Anteil betrug mindestens ein Viertel. Istanbul war bis Anfang des 19. Jahrhunderts die größte Stadt Europas.

(Hier sei angemerkt, daß der eigentlich erst ab dem 19. Jahrhundert populäre Stadtname »Istanbul« oder »Stambul« aus der umgangsgriechischen Form »eis tin Polin« im Sinne von »in die Stadt« stammt.)

Im Serail (Palast) zu Istanbul spielten Griechen in Vertrauensstellungen eine tragende Rolle. Die Sultane (durch unklare Haremsverbindungen übrigens, allerdings unbewußt, selbst zum Teil griechischer Abkunft) dankten es ihnen durch Gewährung weitreichender Privilegien und ihrer Favorisierung gegenüber allen anderen Untertanen.

Im vornehmen Istanbuler Stadtteil *Fanar* lebten die wohlhabenden griechischen Familien, darunter auch Zweige der alten Kaisergeschlechter der Kantakuzenen und der Palaiologen, weiter, als wäre das Griechische Reich nicht untergegangen. Aus ihren Reihen, den sogenannten »*Fanarioten*«, gewann das Osmanische Reich eine qualifizierte, wenn auch zunehmend selbstsüchtige Führungskaste, die sich überall in höchsten Staatsämtern einsetzen ließ. Skrupellos wirtschafteten die Fanarioten ungeheuren Reichtum in die eigene Tasche, wobei noch genügend für den osmanischen Fiskus abfiel. Im 18. Jahrhundert etwa wurde das Amt des Hospodars (des von den Türken eingesetzten Fürsten) in der Moldau und der Walachei unter den Fanarioten erblich. Die beiden Donaufürstentümer waren damit praktisch zu einer griechischen Kolonie herabgesunken. Andererseits traten die Fanarioten auch als Mäzene und Stifter für griechische Schulen und Kunststätten auf. An der »*Hohen Pforte*«, wie das Außenministerium im Serail genannt wurde, und damit auf die Beziehungen zu fremden Mächten, erlangten die Fanarioten ebenfalls großen Einfluß. Ihnen stand nämlich das Amt des »Dragomans«, des Pfortendolmetschers, zu, der aber in Wirklichkeit eine Art Außenminister war. Auch dem Statthalter von Morea stand ein griechischer Dragoman zur Seite.

Die türkische Krieger- und Beamtenkaste hielt sich vom Geschäftswesen und vom Handel möglichst fern. Diese als unwürdig erachtete Tätigkeit überließ man seinen Untertanen, die dafür verschiedene Abgaben zu berappen hatten. Für Armenier, Juden, in erster Linie aber wieder für die Griechen ergaben sich hierfür die besten Chancen. Bald hatten griechische Kaufmannsfamilien den Binnen- und Außenhandel im ganzen Osmanischen Reich in der Hand. Ein dichtes Netz von griechischen Handelsniederlassungen und Kontoren überzog das Reichsgebiet. Jede Stadt von Bedeutung verfügte über ein eigenes

Griechenviertel. Die griechische Sprache wurde die »Lingua franca«, die überregionale Verkehrssprache im europäischen Teil des Osmanischen Reiches.

Den Genuesen und den Venezianern blieben die lukrativen Handelsrouten in der Levante versperrt. So wurde die Seefahrt im östlichen Mittelmeer, das nun zu einem osmanischen Binnenmeer geworden war, zu einem griechischen Monopol. Der Handels- und Transportverkehr lag in den Händen griechischer Reeder, die auf den Ägäisinseln – auf Chios, Psara, Syros und den sogenannten Schifferinseln Hydra und Spetsä – fast unabhängig residierten. Ihre Handelsflotten, denen die Türken wegen der allgegenwärtigen Seeräuberplage Kanonen zugestehen mußten, wurden im 18. Jahrhundert zu einem eigenständigen Machtfaktor.

Durch ihre vielfältigen Handelsbeziehungen zum Westen und eine rege Diaspora war die griechische Kaufmannsschicht durchaus über die Vorgänge im Abendland unterrichtet. Geistige Zentren mit griechischen Schulen bildeten sich in Venedig und in Padua. Aus der sozialen Differenzierung dieser Schicht ging ein *griechisches Handelsbürgertum* hervor, das Ende des 18. Jahrhunderts zum Träger des neugriechischen Nationalgedankens werden sollte. Diese Entstehung einer zukunftsorientierten bürgerlichen Mittelschicht unterscheidet die Situation der Griechen unter den Türken fundamental von derjenigen der anderen türkisch beherrschten Balkanvölker, die bis ins 20. Jahrhundert auf der Stufe rein bäuerlicher Gesellschaften verharrten.

In der praktischen Herrschaftsausübung bedienten sich die Osmanen geschickt der alten römischen Maxime »Teile und Herrsche«, indem sie ein abgestuftes System von Sonderlasten, Privilegien, Vorrechten und regionalem Sonderstatus schufen. Die ägäischen Inseln genossen insgesamt weitgehende innere Selbstverwaltung (ausgenommen Rhodos), ihre Bewohner dienten in der Handels- und auch in der Kriegsmarine. Zu Knabenlesen kam es hier nicht. Im gebirgigen Binnenland, besonders in Makedonien und Epiros bestanden zahlreiche »Eleutheriochoria« (Freie Dörfer), deren Bewohner die Sicherung von Pässen, Brücken und strategisch wichtigen Plätzen übernahmen und dafür Waffen tragen durften und von Abgaben befreit waren, z. B. Metsovo am Katara-Paß und Arachowa am Zemenon-Sattel unterhalb des Parnaß. Auch für die Instandhaltung der Wege und das Betreiben von Hans (türkisch Han, griechisch Chania, »Unterkunftshaus«) wurde Abgabenminderung gewährt.

Im 16. und 17. Jahrhundert waren die Hafenstädte Modon und Koron, aber auch das peloponnesische Bergnest Dimitsana, als »Vakuf« (Lehen) von Mekka nur der Sultansmutter gegenüber verantwortlich. Dies kam einer besonderen Privilegierung gleich. Die »Agrapha Choria« im Pelion (Zagora, Melies, Makrinitsa u. a.) und im Pindos waren, wie der Name aussagt, »nicht (in die Steuerlisten) eingeschrieben« und daher überhaupt von Steuern befreit. Von der Autonomie ihrer Bewohner künden heute noch zahlreiche gut erhaltene Archontika Spitia, Herrenhäuser.

Im 18. Jahrhundert wurden besonders die Textilstädte, wie Ambelakia und Tyrnavos (beide in Thessalien), Tsaritsani bei Elasson, Kozani und das makedonische Naoussa (auch Augusta genannt) staatlich begünstigt. Ebensolche Vorteile genoß die aromunische Pelz- und Lederverarbeitung mit den makedonischen Zentren Kastoria (türkisch Kesrye) und Siatista (Sisehte). In den Bergbauorten in Makedonien und auf der Chalkidike galt weiterhin das »sächsische Bergrecht«. Einer besonderen Bevorzugung erfreuten sich die 22 Mastix-Dörfer auf Chios.

Städte und Ortschaften hatten unterschiedliche Rechtsstellungen, die sich meist auf ihr Verhalten während des türkischen Kriegszuges 1458 bis 1460 bezogen. Städte und Burgen, die sich bis zum Ende gewehrt hatten und erobert werden mußten, fielen mitsamt der gesamten Bevölkerung der Sklaverei oder sogar der Vernichtung anheim, oder wurden zwangsweise deportiert, wie z. B. die Bewohner von Mytilene 1462 oder von Argos 1463. Öffneten sie freiwillig die Stadttore, behielten sie in der Regel all ihre Rechte, ergaben sie sich erst nach mehrmaligen Aufforderungen, mußten sie mehr oder weniger drastische Einschränkungen hinnehmen.

Athen zählte unter den Türken zu den bevorrechtigten Städten des Reiches. Dies hatte sie Sultan Mehmed II., dem Eroberer Konstantinopels, zu verdanken, den sein griechischer Biograph Michael Kritouboulos gar als »Hellenenfreund« bezeichnet hat. Mehmed – eher ein Renaissance-Mensch denn ein orientalischer Despot – bewunderte die Leistungen der griechischen Antike und stattete 1460 der Akropolis und dem Parthenon einen persönlichen Besuch ab. Vom Jahr 1645 an erfuhr Athen – obgleich in allen Bereichen völlig unbedeutend und eher als Verbannungs- und Versetzungsort für in Ungnade gefallene osmanische Würdenträger bekannt – eine weitere Aufwertung. Es gelang nämlich den Einwohnern, Griechen wie Türken, gegen eine höhere Summe direkt dem sultanischen Harem unterstellt zu werden. Athen war damit einzig und allein dem höchst einflußreichen »Haupt der schwarzen Palasteunuchen« zinspflichtig. Die Folge war eine geregelte Besteuerung und die meist erfolgreiche Appellationsmöglichkeit an den Sultanshof wegen ungerechter Voyvoden (türkischer Beamter) und Paschas. Auch die Mastix-Insel Chios (Sakiz) prosperierte, da sie als Privatgut der Sultansfamilie eine besonders herausragende Stellung einnahm. Verdienste von Städten und Distrikten führten zu speziellen Freiheiten; z. B. war Ioannina bis zum Anfang des 17. Jahrhunderts von der Knabenlese ausgenommen.

Viele Regionen Griechenlands blieben auch ganz einfach deshalb frei von türkischer Fremdherrschaft, weil deren bewaffneter Arm nicht soweit reichte oder sich der Einsatz größerer Kräfte nicht lohnte. Die gebirgigen Teile Makedoniens, des Epiros oder Hocharkadiens hatten schon die Byzantiner nicht vollends beherrscht. Auch die Osmanen begnügten sich hier mit der formalen Anerkennung ihrer Oberherrschaft und mit der Zahlung eines meist eher symbolischen Tributs. Unabhängig blieben zum Beispiel die Landschaft Suli im Nordepiros und die Halbinsel Mani in Lakonien.

Die Mani konnte ihre traditionelle Eigenständigkeit auch unter den Osmanen bewahren. Die Türken lösten das Problem, indem sie automatisch jeweils dem mächtigsten maniotischen Clanführer den Titel »Bey« verliehen, der für sie – wenn auch nur sinnbildlich – die Abgaben erhob. Dieser Titel wurde von den maniotischen Familien stolz jeweils an den Namen angehängt – etwa Petrobey, Liberakisbey, Zanetbey. Auch die Venezianer versuchten ihren Einfluß über die Halbinsel (»Bracchio di Maina«) zu halten, und rüsteten die Manioten immer dann auf, wenn es zu ihrem eigenem Vorteil gereichte. In den langen Perioden der osmanisch-venezianischen Seekriege des 16. und 17. Jahrhunderts stellten die kampfbereiten maniotischen Korsaren immer einen wichtigen Faktor innerhalb der venezianischen Gesamtstrategie dar. Aber auch die Manioten selbst waren sich ihrer exponierten Lage bewußt und nützten die Angebote spanischer, päpstlicher, neapolitanischer und französischer Flotten für sich aus. Bei Nichtgelingen all dieser Unternehmen waren die Folge Strafexpeditionen von allen Seiten. Zahlreiche Clans wanderten aus und ließen sich in Neapel, Sizilien und Sardinien nieder. Auf Korsika soll im 17. Jahrhundert eine maniotische Familie Kalomeros erschienen sein, die ihren Namen (»Gutteil«) dann als Bonaparte ins Italienische übersetzt habe. So will es jedenfalls die Legende. Die Maina blieb darüber hinaus weiter ein bevorzugtes Fluchtgebiet von Griechen aus der Peloponnes und von den Inseln. Die Unabhängigkeit der steinigen Halbinsel von Osmanen und Venezianern während des 16. bis 18. Jahrhunderts war freilich verbunden mit der weiteren Konservierung einer vorstaatlichen archaischen Gesellschaft. Als prominentes Merkmal dieser ar-

chalechen Gesellschaftsform ragen noch heute die »Pyrgoi«, die Wehr-
und Wohntürme der maniotischen Großfamilien auf. Diese Türme
zeugen von generationenlanger innermaniotischer Blutrache und von
innermaniotischen Kämpfen um die Vorherrschaft (z. B. um den türkischen Titel »Bey«). Ein konstruktiver Beitrag zur nationalgriechischen
Sache läßt sich hier trotz spektakulärer Erfolge maniotischer Freibeuter nur schwer erkennen.
Der Klosterbesitz der orthodoxen Kirche – hervorzuheben sind ihre
ausgedehnten Ländereien – blieb von den Osmanen unangetastet.
Der katholisch-lateinische Kirchenbesitz dagegen wurde aufgelöst
und den Orthodoxen übertragen. Ausgenommen blieb davon das
ehemalige Insel-Herzogtum Naxos, in welchem die Katholiken einen
status- und zahlenmäßig beträchtlichen Bevölkerungsanteil bildeten.
Das Johanneskloster auf Patmos, die thessalischen Meteora-Klöster
und besonders die Athos-Klöster erreichten gerade in der Türkenzeit
eine neue Blüte. Das berühmte Theologische Seminar auf Patmos
konnte im 18. Jahrhundert von den Osmanen unbehelligt orthodoxe
Priester ausbilden. Der Athos hatte sich schon 1430 unter den Schutz
Sultan Murads II. gestellt und erhielt in der Folgezeit fast von jedem
neuen Herrscher am Goldenen Horn weitere Privilegien zugestanden.
Auch kleinere Klöster, wie Kaisariane am Hymettos in Attika, waren
begünstigt. Als Beispiel eines während der Türkenherrschaft neugegründeten Klosters sei Hagios Nikolaos bei Galatake in Nordeuböa
genannt.
Während die Leibeigenen auf den Spahilyks (Kriegerlehen), insbeson-
dere die auf den makedonischen und thessalischen Ebenen, der
persönlichen Willkür und Ausbeutung ausgeliefert waren, war das
bäuerliche Leben in den zahlreichen Vakuf-Dörfern weitaus milder.
Vakufs waren islamische fromme Stiftungen (für Moscheen, Krankenhäuser, Armenküchen), denen die festgeschriebenen Abgaben zuflos-
sen.
Echte Unterdrückung erfuhr die Masse der griechischen Untertanen
in erster Linie weiter von den eigenen Archonten und Primaten. Die
Herrschaftsverhältnisse auf der mittleren und unteren lokalen Ebene
blieben ja in den meisten Fällen auch unter den Türken weiter bestehen. Der spätbyzantinische Adel, der seinen Reichtum und Einfluß
behalten konnte, aber auch reiche griechische Emporkömmlinge, erwarben sich die Pacht von Steuern und Zöllen, die sie dann von ihren
griechischen Mit-Untertanen in türkischem Auftrag eintrieben, – natürlich mit erheblichem Aufschlag. Diese einheimische Kompradoren-
klasse wurde von den eigenen Landsleuten verächtlich »*Kotzabassides*«

genannt, eine Verballhornung von Koca-Basi, türkisch spöttisch für »Großkopf«. Durch Korruption und Kollaboration sicherten sich die Kotzabassides-Clans die regionalen Schlüsselstellen in Griechenland bis in den innergriechischen Bürgerkrieg von 1822 bis 1827 hinein, – und auch darüber hinaus! Die »Tzakia«, die für Neu-Griechenland bis heute so typische paternalistische Herrschaftsform von sich abwechselnden Politikerdynastien, ist ein Erbe dieser Zustände.

In den Ebenen Thessaliens und Makedoniens blieb ein nicht geringer Teil der Latifundien (türkisch: Ciftlik) in den Händen griechischer Großgrundbesitzer. Unter ihnen, den »Tsiflikades«, waren die orthodoxen Pächter und Hörigen einer noch größeren Ausbeutung als unter den Agas ausgesetzt, da sie auch noch für die Kopfsteuer ihrer griechischen Herren aufkommen mußten.

Die osmanische Herrschaft hat es damit für Jahrhunderte verstanden, die unterworfene Bevölkerung in sich zu spalten und eine breite Widerstandsbewegung von vornherein auszuschließen. Alle einflußreichen gesellschaftlichen Gruppen – der konservative orthodoxe Klerus, die Fanarioten, die Kotzabassides, die Handels- und Geschäftsleute, die Tsiflikades – profitierten vom osmanischen System.

Der im neugriechischen Nationalismus verherrlichte sogenannte »Volkskrieg« der Klephten (Klephtopolemos) gegen die Fremdherrschaft spielte dagegen eine vergleichsweise geringe Rolle. Die *Klephten* (wörtlich: »Diebe«; im übrigen Balkanraum Haiduken genannt) waren griechische Räuberbanden, die sich ganze Landstriche unterwarfen. Der Raub zu Lande war, ähnlich wie der Seeraub in der Ägäis, im Volksbewußtsein kein unbedingt verachtenswertes Unternehmen, betraf er doch in erster Linie die vermögende Schicht, also türkische Grundbesitzer und griechische Kotzabassides. Der Kleinkrieg der Klephten gegen die Obrigkeit war jedoch kein Phänomen, das ausschließlich auf die Türkenzeit beschränkt war, sondern erstreckte sich vom Ende der Römerzeit bis in unser Jahrhundert hinein. Überfälle auf türkische Gutshöfe und Racheakte an Kotzabassides dürften den Mythos der Klephten als »griechische Freiheitskämpfer während der Türkenzeit« genährt haben. Dies als »nationalgriechischen Widerstand« zu werten, ist jedoch eine nachträgliche romantische Ideologisierung.

Gegen die Klephten schickten die Osmanen und Kotzabassides eine eigene, von ihnen bezahlte Truppe ins Feld, die sogenannten *Armatolen* oder Martolosen. Dies waren bewaffnete griechische Banden in osmanischem Dienst. Die Armatolen pflegten jedoch bald ihre eigenen Gebiete abzustecken und sich mit den Klephten zu arrangieren. Die Begriffe »Klephten« und »Armatolen« vermischten sich daher zusehends im Bewußtsein der griechischen Untertanen. Beide Gruppen avancierten in den Volkslegenden zu »*Pallikaren*« (etwa »tolle Burschen«, von palikarisios, »tollkühn«), die im ewigen Kampf mit türkischen Agas (Herren), Begs (Kommandeuren) oder Paschas (Generälen, Gouverneuren) gestanden hätten.

Während Klephten wie Armatolen sich je nach Lage der Dinge dieser oder jener Seite zuwandten, war eine Reihe von zumeist einfachen Gläubigen, Mönchen und Popen nicht bereit, die den Christen auferlegten Einschränkungen widerspruchslos hinzunehmen. Von ihrer Kirchenleitung, die offen mit der muslimischen Herrschaft zusammenarbeitete, konnten sie keine Hilfe erwarten. Viele von ihnen gingen für ihre Glaubenstreue kompromißlos in den Tod. Als Neomartyres (Neu-Märtyrer) genossen (und genießen) sie beim einfachen griechischen Kirchenvolk bald die gleich hohe Verehrung wie die frühchristlichen Glaubenszeugen.

Das Osmanische Griechenland

Der Anteil der Muslime an der Gesamtbevölkerung Griechenlands war im Laufe der Jahrhunderte osmanischer Herrschaft Schwankungen unterworfen. Die »echten Türken« dürften von diesen in den Steuerlisten gezählten Muslimen etwa ein Drittel betragen haben, der größere Teil umfaßte die griechischen »Neutürken« und Konvertiten, davon, wie gesagt, ein guter Teil »Kryptochristen«. Für die Peloponnes ergab ein Zensus von 1530 etwa 250000 Einwohner, davon 5200 Muslime (ca. 2%). Bis um 1680 stieg der Anteil der Muslime dann auf bis zu 50000 (bis 16%) an. Die Venezianer erfaßten kurz nach 1684 auf der von ihnen okkupierten Peloponnes 90000, 1701 bereits wieder 200000 Einwohner, – ausschließlich griechische Christen. Im – wieder türkischen – 18. Jahrhundert stieg die Gesamtbevölkerung der Halbinsel auf 360000 an, davon 40000 (11%) Muslime. Einen nicht unbeträchtlichen Anteil unter den Muslimen des 18. Jahrhunderts machten neueingedrungene arnautische (albanisch-islamische) Stämme aus.

Für Athen rechnet man für das Ende des 17. Jahrhunderts mit 17000 Köpfen, davon mehr als die Hälfte orthodoxe Christen (Griechen, auch Albaner), etwa ein Viertel Muslime, und der Rest Arnauten, Zigeuner, Negersklaven und – seit der Errichtung eines französischen Konsulats und eines Kapuzinerklosters im Jahr 1658 – noch eine Handvoll Lateiner.

In Thessalien und in Nordgriechenland war der muslimische Bevölkerungsanteil höher. Hier war es auch zu regelrechten Kolonisationen mit Bauern aus Anatolien gekommen (nach dem Ort Ikonion/Konya Konyariden genannt). Ein weiteres Bevölkerungselement waren die Yürüken, turkvölkische Nomaden, welche das makedonische Tiefland durchzogen. Im Eyalet (Provinz) Saloniki stellten im 19. Jahrhundert die Muslime, unter ihnen die Mehrzahl islamisierte Bulgaren (Pomaken), 42%.

Zur nach Stambul größten und bedeutendsten Stadt der »Europäischen Türkei« stieg wieder Thessalonike auf. Als 1470 die Juden in Süddeutschland verfolgt wurden, fanden sie im osmanischen Selanik eine neue Heimstatt. Nach 1492 stießen in weitaus höherer Zahl (ca. 20 000) aus Spanien vertriebene »*Sepharden*« (spanische Juden, auch »Spaniolen« genannt) hinzu. Das Sultansreich war sich der Wirtschaftskraft und der internationalen Verbindungen, aber auch der Loyalität dieser Religionsgruppe bewußt und gewährte ihnen gegen Zahlung der Kopfsteuer Schutz und verschiedene Privilegien. Selanik war vom 16. bis ins 19. Jahrhundert eine jüdische Stadt. Bei ihrem Übergang an Neu-Griechenland 1913 bestand noch die Mehrheit der Einwohner aus Anhängern des mosaischen Glaubens, die ihre Stadt »Mutter von Israel« (Malkah Israel) nannten. Umgangssprache war das »Ladino«, ein mit hebräischen Buchstaben geschriebener kastilischer Dialekt. Durch das hochentwickelte jüdische Handwerk und den von jüdischen Kaufleuten beherrschten Handel erfuhr die Stadt einen gewaltigen Aufschwung. Einzigartig in der jüdischen Geschichte ist wohl, daß hier im 17. Jahrhundert ein Teil der Sepharden zum Islam übertrat. Als »Dönme« (türkisch für »Umgedrehte«) spielten sie in beiden Glaubensgemeinschaften noch eine bedeutende Rolle. Auch in Larissa und Trikkala bestanden größere jüdische Gemeinden.

Das Bild der Städte Griechenlands ändert sich unter osmanischer Herrschaft. In den Städten konzentriert sich die türkische Bevölkerung. Der Stadtkern mit Bazarviertel (Bedesten) und Zitadelle ist ihr vorbehalten. Ein Wald von runden, nach oben spitzzulaufenden Minaretts kündet von vielen größeren oder kleineren Moscheen. (In Larissa zählten Reisende des 19. Jahrhunderts noch 27 Minaretts.) Jede größere Stadt in Griechenland hat ihre Fethye (Sieges-)Moschee, die an die Eroberung erinnert. Die größeren Moscheen werden Cami (griechisch Tzamia) genannt; manchmal bilden sie zusammen mit einer Gemeindeküche (Imaret), Bädern (Hamam) und einer Koranschule (Medrese) einen zusammengehörenden Baukomplex, eine so-

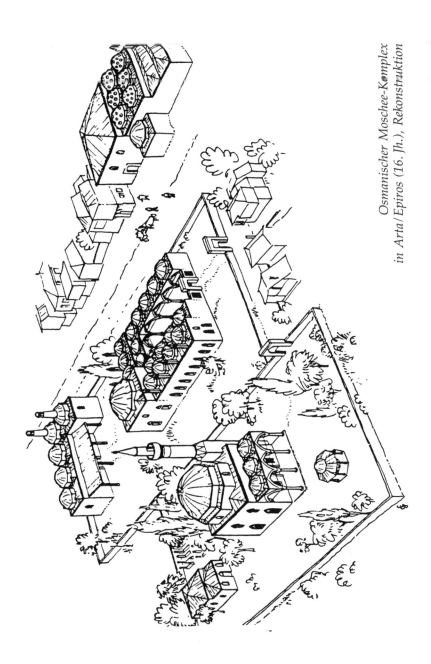

Osmanischer Moschee-Komplex in Arta/Epiros (16. Jh.), Rekonstruktion

genannte Küllye. Eine solche ist noch in Rhodos und in Kavala vorhanden, und in Resten in Arta (türkisch Narda).

In sehr vielen Fällen wurden die christlich-orthodoxen Hauptkirchen zu islamischen Gotteshäusern umgeweiht, so – zum Beispiel – die größte Kirche Griechenlands, die Demetrioskathedrale in Thessalonike zur Kesimiye-Cami (1491–1907). Zerstört wurde dabei nicht viel, denn lediglich das Interieur mußte dem islamischen Ritus angepaßt werden. Die farbenprächtigen byzantinischen Fresken und Mosaike wurden – des rigorosen islamischen Bilderverbots wegen – mit Kalk übertüncht. Kunsthistoriker des 20. Jahrhunderts finden so Malereien des 15. oder 16. Jahrhunderts unverändert vor! Die nachträglich angefügten Minaretts haben freilich bis heute nur als Stümpfe überlebt.

Thessalonike (volkssprachlich Saloniki) war bis zum Anfang unseres Jahrhunderts seiner Erscheinungsform nach eine rein orientalische Stadt. Noch sichtbar sind heute im Zentrum die bei den Türken so beliebten öffentlichen Sauna- und Badeanlagen, die vielkuppeligen Hamams, sowie Teile des alten Bedestens, der Markthallen. Auch das heutige Wahrzeichen der Stadt, der runde »Weiße Turm«, war das Werk eines osmanischen Baumeisters des 16. Jahrhunderts (s. Abb. S. 149).

Baudenkmäler aus der Osmanenzeit haben sich in Griechenland nicht viele erhalten, – die meisten sind während und nach den griechisch-türkischen Kriegen des 19. und 20. Jahrhunderts aus national-ideologischen Gründen bewußt vernichtet worden.

Lokale Aufstände und lokale Revolten hatten Tradition in Griechenland. Sie richteten sich nicht nur gegen die Institution der Fremdherrschaft, sondern gegen jede überörtliche Regierungsgewalt. Die westlich-katholischen Großmächte, die der osmanischen Expansion Einhalt gebieten wollten – der Kirchenstaat, Venedig, das spanisch-österreichische Habsburgerreich –, nutzten die Aufruhrbereitschaft der Griechen für ihre eigenen Ziele aus. 1585 und 1611 bis 1618 breiteten sich in Akarnanien, Ätolien und im Epiros große Volkserhebungen aus, die von Spanien angefacht und anfänglich unterstützt wurden. 1647 revoltierten die Albaner auf der Peloponnes, und 1659 und besonders 1670 eskalierte der Kleinkrieg der Manioten gegen die Osmanen. Als in allen Fällen sich die Niederschlagung der Aufstände abzeichnete, zogen sich Spanier, bzw. Venezianer zurück und überließen die Griechen skrupellos ihrem Schicksal. An westlichen Fürstenhöfen theatralisch angekündigte »Kreuzzüge«, die den Griechen Freiheit versprachen, entpuppten sich als das Werk von Spekulanten und adeligen Desperados. Die blitzartigen Raubüberfälle christlicher

»Kreuzritter« auf griechische Küstenorte (so geschehen in Athen, Korinth, Patras, Methone, selbst in Mistra) schädigten die ungeschützten griechischen Untertanen erheblich mehr als die in den festen Plätzen verschanzten Türken.

Für Rom und das allerkatholischste spanisch-habsburgische Weltreich war nach wie vor die *bedingungslose Kirchenunion* die grundlegende Voraussetzung einer ernsthaften Hilfe. Diese wurde freilich von der Orthodoxie erbittert abgelehnt, – auch gegen den Preis der islamischen Fremdherrschaft.

Für eine längere Zeit war Griechenland überhaupt aus dem Gesichtskreis Europas verschwunden. Nur so jedenfalls läßt sich die briefliche Frage interpretieren, die der Tübinger Humanist Martin Kraus (Crusius) 1573 an das Patriarchat von Konstantinopel gesandt hat, ob Athen, »die Mutter aller Wissenschaften«, überhaupt noch auf dem Erdkreis existiere.

Aus anderen Quellen wissen wir, daß im großen und ganzen im 16. und bis in das zweite Drittel des 17. Jahrhunderts hinein Ruhe und ein geregeltes Auskommen der Bewohner Griechenlands mit den Osmanen geherrscht hat. Durch die französischen Kapuziner in Athen, die ab 1658 ihr Quartier gegenüber dem »Turm der Winde« bezogen haben, sind wir über die nicht ungünstigen Verhältnisse in Athen unterrichtet. Der türkische Reiseschriftsteller Evliya Celebi, der Thrakien und 1667/68 und wieder 1670 die Peloponnes besucht hat, schildert uns ein (die Mani ausgenommen) pazifiziertes und wirtschaftlich ertragreiches Land am etwas vernachlässigten Rande des Osmanischen Reiches. Auch westliche Reisende, wie der französische Diplomat Pierre Belon, der 1547 durch Makedonien kam, und das 1675/76 im Auftrag des englischen Königs reisende Schriftstellerpaar Jacob Spon und George Wheler, und auch der nüchterne calvinistische englische Kaufmann Bertrand Randolph (1671/79) zeichnen ein durchaus günstiges Bild der osmanischen Provinzen Griechenlands.

Im 17. Jahrhundert werden im Osmanischen Reich Tendenzen spürbar, die seinen langsamen Verfall einleiten. Das europäisch-asiatisch-afrikanische Riesenreich wird allmählich unregierbar. Unter ausgesprochen schwachen Herrscherfiguren und einer nicht enden wollenden Abfolge von Serail-Intrigen löst sich der straffe Zentralismus auf. Provinzen fallen ab, Gouverneure machen sich selbständig, Ämterschacher und Bakschischwesen breiten sich aus. Die Janitscharen zetteln nach Belieben Palastrevolutionen an und bilden an all ihren Einsatzorten gefährliche Krisenherde. Die einst vom Sultan verliehenen Lehensgüter (Timare) entwickeln sich zum Privateigentum, das

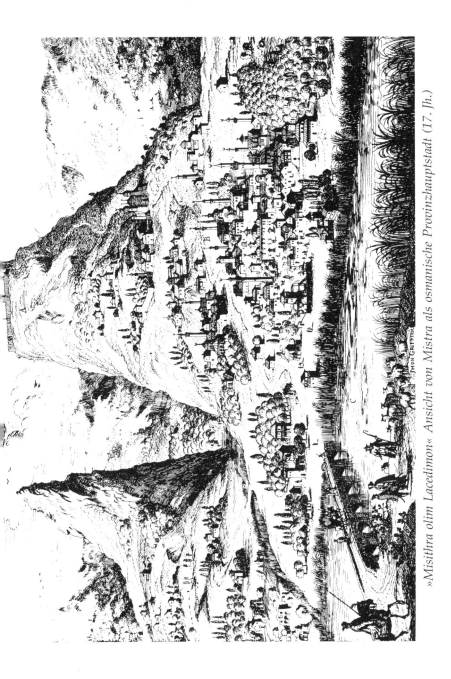

»Misithra olim Lacedimon« Ansicht von Mistra als osmanische Provinzhauptstadt (17. Jh.)

119

unter mächtigen Agas und Deys zu Großgrundbesitztümern zusammengerafft wird. Auf diesen Gutshöfen (Ciftlik) schalten und walten die Agas ohne Eingriffsmöglichkeit der Behörden, wie sie wollen. Willkürakte (z. B. Sonderlasten) und militante Übergriffe auf die christliche Rayah nehmen nun signifikant zu und machen die Untertanen aufnahmebereit für Freiheitsversprechungen aus dem Ausland. Ähnlich wie das morgenländische Christentum verharrt auch der Islam auf seiner ein für allemal gegebenen »gottgewollten Ordnung« und läßt keine Neuerungen zu. Gegenüber dem Abendland, das gerade vom 17. zum 19. Jahrhundert einen gewaltigen Modernisierungsschub erfährt, gerät der Orient ins Hintertreffen. Auch militärisch stößt der osmanische Triumph an seine Grenzen: Im österreichischen Habsburgerreich muß er bald einen mächtigen Gegner erkennen.

Südosteuropäisches »Kriegstheatrum«

Nur noch die Großinsel Kreta (Candia) war vom venezianischen Levantereich verblieben. Die Seerepublik hatte es hier – im Gegensatz zu ihren Inselherrschaften auf Korfu und in der Ägäis – nicht geschafft, einen politischen Ausgleich zwischen den griechischen Archonten und der venezianischen Feudalklasse zu erreichen. Die Unzufriedenheit der Kreter mit dem venezianischen Regime war in mehreren Aufständen, etwa 1570 in der weitgefächerten Erhebung des Georgios Kantanoleon, zum Ausbruch gekommen. Trotz des offenen und latenten Widerstandes der griechischen Untertanen gegen die venezianischen Herren war hier eine venezianisch-spätbyzantinische Mischkultur von hoher Güte entstanden. Aus der berühmten »*Kretischen Malerschule*« gingen Michael Damaskinos und → Domenikos Theotokopoulos, besser bekannt als »El Greco« (1541–1617), hervor. Einer gräzisierten venezianischen Familie aus Sitia entstammte Vintsensos Kornaros (Vincenzo Cornaro), der 1650 einen Liebesroman in Versen, den »*Erotokritos*« verfaßt hatte. Kornaros schrieb nicht mehr in der künstlich erhaltenen altgriechischen Hochsprache, sondern in der Volkssprache und steht damit am Anfang der neugriechischen Literatur.
Die Markusrepublik hatte durch die Ausbreitung der Türken zur See, mehr aber noch infolge der Verlagerung der großen Handelsrouten nach Amerika und um Afrika herum, und wegen des Aufstiegs der neuen Seemächte Spanien, Portugal, England und die Niederlande, ihre mittelalterliche Weltgeltung verloren. In der Ägäis vermochte sie

ihrer alten Aufgabe als Ordnungsmacht nicht mehr gerecht zu werden. Piraterie war hier schon immer heimisch gewesen, im 16. Jahrhundert waren es die nordafrikanischen Barbaresken, welche das Meer unsicher machten, im 17. Jahrhundert aber wurde die Inselwelt zu einem Tummelplatz sogenannter christlicher Korsaren aus Italien, der Normandie und aus England, die alles, was ihnen vor den Bug kam, christlich oder muslimisch, plünderten oder in die Sklaverei verkauften. Allen voran der Johanniter-Ritterorden zur See, der seit dem Verlust von Rhodos 1522 seinen Sitz in Malta hatte. Der venezianischen Seepolitik, die darauf gerichtet war, den Osmanen keinen Anlaß zum Krieg zu liefern, standen diese anarchischen Verhältnisse völlig konträr gegenüber. Die Aufforderungen der Hohen Pforte, die christliche Seeräuberei einzudämmen, mehrten sich. Die venezianische Seemacht erwies sich jedoch als zu schwach dazu.

Der Großangriff der Türken auf die letzte venezianische Außenbastion Kreta erfolgte 1645. Willkommener Anlaß waren vorausgegangene Attacken der mit Venedig verbündeten Malteser auf Mekka-Pilger. Nach 11 Jahren war die Großinsel in türkischer Hand und wurde in drei Paschalyks umgewandelt. Osmanische Hauptorte wurden zunächst Chanea und Rethymnon. Moscheen erinnern heute noch daran. Faktisch blieb jedoch ein beträchtlicher Teil der gebirgigen Insel von direkter osmanischer Herrschaft, die sich auf die Hafenorte konzentrierte, frei, so die Sphakia um die »Weißen Berge«, die schon unter den Venezianern eine Sonderstellung eingenommen hatte. Nicht so sehr freiwilliger Übertritt, sondern harte Zwangsmaßnahmen führten in den Städten zur Konversion vieler Kreter zum Islam. Der muslimische Anteil der Bevölkerung wuchs bis zum 19. Jahrhundert auf ein Viertel an.

Die hervorragend befestigte venezianische Hauptfestung Candia (heute Heraklion) war von 1648 bis 1669 der Schauplatz der wohl längsten Belagerung der Geschichte. Denn den Venezianern gelang es immer wieder, den Blockadering zur See zu durchbrechen und ihre Truppen auszutauschen. Aufsehenerregende Hilfe erhielten die Verteidiger von vielen europäischen Fürstenhöfen und adligen Offizieren des »Grand Siècle«, denen sich hier Gelegenheit bot, chevalereske Bravourstücke zu inszenieren. Pompös-theatralische Operationen zur See führten den venezianischen Großadmiral Alvise Mocenigo bis vor die Dardanellen. Sein osmanischer Gegenspieler war ein Kapudan-Pascha algerischer Herkunft, dem nach dem zeitgenössischen Opera-buffa-Humor der Beiname »Mezzomorto« (Wasserleiche) verliehen wurde. Für die adelige europäische Öffentlichkeit war der 21jährige

»Guerra di Candia« eine Art barocken »Kriegs-Theatrums«. 1669 gewährte Großvezier Achmed Köprülü den letzten Ausharrenden unter ihrem Kommandanten → Francesco Morosini freien Abzug. Hauptleidtragende des ganzen Spektakulums waren die Einheimischen, die sich den Drohungen beider Seiten ausgesetzt sahen. Auf unzugänglichen Felseneilanden vor Kreta hielten sich die Venezianer noch länger, auf den Forts von Gravusa im äußersten Westen bis 1692 und auf Spinalonga (heute Kalydonia) in der Mirabellobucht noch bis 1715.

Der schwererrungene Sieg auf Kreta belastete den angegriffenen Staatshaushalt in Istanbul beträchtlich und enthüllte darüber hinaus bedenkliche Defizite in der Militärorganisation. Zwar war es unter der energischen Führung zweier Großveziere aus dem arnautischen Hause der Köprülü gelungen, das bröckelnde Gesamtreich wieder zusammenzukitten, – um aber die Stabilität im Innern zu garantieren, bedurfte es jetzt eines spektakulären außenpolitischen Erfolges!

Ein Kontinuum der europäischen Geschichte des 16. bis 18. Jahrhunderts war der bourbonisch-französisch – habsburgisch-deutsche Gegensatz. In dieser Mächtekonstellation war die Hohe Pforte immer ein Allianzpartner Frankreichs. Als nun aus Paris Signale kamen, daß ein Angriff auf das Habsburgerreich erfolgversprechend sei, da dessen Heere im Westen engagiert seien, ergriff die Kriegspartei im Serail die scheinbar günstige Gelegenheit. Turbulenzen in Ungarn lieferten den Vorwand zum Krieg. Ein Riesenheer wälzt sich der Donau entlang nach Norden und schließt 1683 Wien, die Kaiserstadt des habsburgischen Erzfeindes, ein. Das Ergebnis ist bekannt. Um den Sieg der katholisch-habsburgischen Waffen noch zu erhöhen, hat man bald die Legende in die Welt gesetzt, Wien, ja das ganze Abendland sei kurz davor gewesen, von der islamischen Flut überrollt zu werden. In Realität waren die Osmanen zu dieser Zeit den westlichen Armeen in Taktik und Technik weitaus unterlegen.

Venezianisches Zwischenspiel auf der Peloponnes (1684–1708)

1684 schloß das triumphierende Österreich mit dem Königreich Polen, mit Venedig und dem Papst das Kriegsbündnis der »Heiligen Liga«. Die Markusrepublik erblickte darin eine Chance, im Schatten der österreichischen Siege in Ungarn ihr altes Levantereich wiederherzustellen. Lädt nicht die katastrophale Niederlage der Türken und die Demoralisierung in ihrem Reich gerade dazu ein? Und doch: Ein von vorneherein unrealistisches Vorhaben, fehlt doch nun – im Gegensatz zum 13. bis 15. Jahrhundert – die wirtschaftliche Basis für den Ägäisbesitz!

Die Konfusion in Istanbul (und das päpstliche Geld!) machte es den euphorischen Venezianern leicht. Ein Geschwader unter dem uns schon bekannten Generalkapitän Francesco Morosini erscheint 1684 vor Korone. Das Gros der gelandeten Truppen sind kriegserfahrene Söldner aus Norddeutschland unter dem Kommando des schwedischen Generals Königsmarck. Über ihren dreijährigen Feldzug (1685–1687) sind wir durch eine Fülle bombastisch-barocker Victoria-Schriften gut unterrichtet. Im Heer befindet sich auch der bekannte venezianische Kartograph Vincenzo Coronelli, dem wir exakte bildliche Aufnahmen aller betroffenen griechischen Orte verdanken. In rascher Folge fielen alle Festungen auf der Peloponnes in venezianische Hand, die osmanische Verwaltung brach völlig zusammen. Die türkische Bevölkerung floh über den Isthmos von Korinth ins türkisch verbliebene Zentralgriechenland. Knapp 4000 »Neutürken« wechselten wieder einmal ihre Religion. 1687 unternahm Morosini, dem die Serenissima mittlerweile den Ehrennamen »Peloponnesiacus« verliehen hatte, einen Vorstoß nach Athen.

Der osmanische Dizdar (Kommandant) der Akropolis hatte umfangreiche Pulvervorräte in den Parthenon schaffen lassen. Im Glauben, daß die Venezianer doch nicht das ehemalige (auch christliche) Heiligtum beschießen würden, suchten dort noch die etwa 400 Frauen und Kinder der Garnison Schutz. Dies war dem *Peloponnesiacus* durchaus bekannt, als er das Bombardement gerade auf diesen Punkt richten ließ.

Das antike Bauwunder des Athene-Tempels war bis dahin in seiner architektonischen Substanz völlig erhalten geblieben. Ein Volltreffer verwandelte ihn 1687 in eine zerborstene Ruine (s. Abb. S. 150). Athen ließ sich jedoch von den Venezianern militärisch nicht halten. Vor Negroponte (Chalkis / Euböa) stieß ihre Armada auf erbitterten Widerstand. Dem Rückzug der Venezianer in die Peloponnes schon im nächsten Jahr folgten zahlreiche Athener, welche die Vergeltung der Türken fürchteten. Nach anfänglichen Gewalttaten offerierte der Sultan 1691 aber Amnestie und dreijährige Steuerbefreiung, worauf der Großteil der Einwohnerschaft wieder in die zerstörte Stadt zurückkehrte.

1699 bestätigte der zwischen der Heiligen Liga und dem Sultansreich geschlossene *Friede von Karlovitz* (Karlovci bei Belgrad) die venezianischen Eroberungen im fernen Südosten. Die Peloponnes, Ägina,

Salamis und Leukas (Santa Maura) gingen in den Besitz des Löwen von San Marco über. Wie wir dem regen Behördenverkehr zwischen Venedig und dem neugeschaffenen »Regno di Morea« entnehmen können, gingen die Venezianer mit Tatkraft daran, eine funktionstüchtige, neuzeitliche Administration aufzubauen. Die wichtigste Aufgabe war zunächst, das Land militärisch abzusichern. Eine Inspektion der Festungen ergab, daß sich lediglich die Instandsetzung von Rhion (Castel Morea), Methone (Modon) und Santa Maura lohnen würde. Diese Waffenplätze wurden mit modernen Fortifikationen umgeben und mit Artillerie ausgestattet. Zur Capitale des Regno di Morea wurde Nauplion, das alte Napoli di Romania, erkoren. Zu ihrem Schutz erbauten die venezianischen Ingenieure von 1711 bis 1714 eine gewaltige Festungsanlage, den Palamidi, über der Stadt. In Nauplion erinnert noch der Palast des Generalprovveditore am Syntagmaplatz (heute Museum) an die kurze zweite Periode der »Venetokratia«. Das Land wurde in vier Verwaltungseinheiten geteilt: Romania (Nauplion), Laconia (Monemvasia/Malvasia), Messenia (Navarino) und Achaia (Patras). Die durch Krieg und Pest stark dezimierte Bevölkerung wurde durch mehr oder weniger gewaltsam mitgeführte Kontingente aus Kreta, Chios und anderen Inseln, die die Venezianer angegriffen hatten, aber nicht besetzen konnten, verstärkt. Auch aus der Stereia, wo die Türken Rache übten, begaben sich zahlreiche griechische Flüchtlinge in venezianische Obhut. Bei ihren akribischen Volkszählungen vergaßen die Venezianer nie, auf den beträchtlichen Anteil von »Albanesi« (meist Hirten) hinzuweisen.

Die Verwaltung der Signoria zeigte sich großzügig mit Konzessionen und Landverteilungen, um das Wirtschaftsleben in Schwung zu bringen, bestand aber unerbittlich auf ihrem »Zehnten«, den sie – ähnlich wie die Türken – durch einheimische Steuerpächter eintreiben ließ. Der anfängliche Elan der venezianischen Instrukteure erlahmte bald. Umfangreiche Ländereien blieben unbebaut. Die Relazioni (Berichte) an den Senat von Venedig sind voll von Klagen über die passive und undurchsichtige Haltung der griechischen Untertanen. Auch Leopold von Ranke, der 1843 ein kurzes Traktat über die »Venezianer in Morea« geschrieben hat, vermittelt uns den Eindruck, daß hier in gutem Glauben versucht worden war, ein auf Mitverantwortung fußendes neuzeitliches Regierungssystem einer patriarchalischen, in orientalischem Schlendrian versunkenen Gesellschaft aufzupfropfen.

Ein unsicherer Faktor waren die Manioten. 1684 kämpften sie auf seiten Morosinis, 1695 aber näherte sich ihr Bey, Liberakis, wieder den Türken. Venedig mußte ihnen die Steuern erlassen und stand ihren Streifzügen zur See und zu Lande machtlos gegenüber.

Unüberwindlich blieb die Barriere zwischen den katholischen Herren und den orthodoxen Untertanen. Der Patriarch von Konstantinopel setzte weiterhin Bischöfe, Priester und Äbte ein und bezog auch aus der nun venezianischen Morea weiter das Kirchensalär. Seine Kirchenpolitik war eindeutig und klar antikatholisch und damit antivenezianisch. Der tiefe konfessionelle Gegensatz hat die Identifikation der Griechen mit der auch noch so wohlwollenden venezianischen Herrschaft von vorneherein verhindert. Den rational denkenden Ratsherren zu Venedig war zwar absolut nichts an einer »Katholisierung« ihrer griechischen Untertanen gelegen, jedoch standen sie der großen päpstlichen Hilfsgelder halber (die die Eroberung erst möglich gemacht hatten) in der Pflicht der römischen Kurie. Die Errichtung eines katholischen Erzbistums in Patras, das Auftreten arroganter römischer Prälaten, ganz besonders aber die Tatsache, daß alle vorgefundenen Moscheen, darunter auch die ehemaligen orthodoxen Kirchen, ausschließlich in katholische Gotteshäuser umgewandelt wurden, ließ das Verhältnis der Griechen zu den Venezianern über kurz oder lang auf den Gefrierpunkt sinken. Bald kam der orthodoxen Priesterschaft und der ihr hörigen einfachen Bevölkerung wieder in den Sinn, daß die Türken trotz aller Willkür und Gewaltbereitschaft doch immer die orthodoxen Kirchen und ihre Pappades (Popen) geschont hatten und ihren Ritus in Ruhe gelassen hatten.

Die internationale Lage wandelte sich nach dem epochalen *Friedensschluß von Karlovitz* 1699, der in erster Linie den Österreichern zugute gekommen war (Erwerbung ganz Ungarns). In Europa zeichnete sich bereits die Auseinandersetzung um die Nachfolge der spanischen Habsburger ab. Für die Strategen in Wien waren die ägäischen Händel schon immer ein reichlich exotischer Nebenkriegsschauplatz gewesen, eher die Inszenierung einer barocken Opera bellicosa als ein reales Unternehmen. Unter den neuen Bedingungen eines drohenden Waffenganges mit Frankreich verlor man jetzt die anachronistischen venezianischen Angelegenheiten vollends aus den Augen.

Mit Ahmed III. (1703–1730) saß in Istanbul wieder ein fähiger Herrscher auf dem Thron. Nachdem es ihm gelungen war, im Norden den russischen Zaren Peter den Großen in die Schranken zu weisen, schickte er 1714 ein Heer gegen die venezianische Morea. Über die kurze Offensive unter dem Vezier Damiat Ali Kümürci sind wir durch Benjamin Brue, einen französischen Berater im türkischen Heer, un-

Die von den Venetianern dem Türcken wieder abgenommene Vestung Napoli

terrichtet. Die griechische Landbevölkerung rührte keinen Finger, die Landstädte wurden durch den griechischen Klerus widerstandslos übergeben. Selbst die Manioten streckten die Waffen und akzeptierten einen »wohlwollenden Tribut«.

Es scheint so, daß es bereits lange vor dem Erscheinen Ali Kümürcis zu vielfältigen Beziehungen zwischen den Primaten und den alten Kotzabassides-Clans mit den Türken gekommen war, die den schnellen türkischen Vormarsch begünstigt haben. Die Venezianer waren in ihren halbfertiggestellten Festungen hoffnungslos unterlegen. Ihre fremdländischen Miettruppen rebellierten und erzwangen von den Kommandanten die Kapitulation. Dagegen verteidigte 1716 der im Dienste der Signoria stehende sächsische Graf Schulenburg die Inselhauptstadt Korfu standhaft, bis sich die Angreifer nach 48 Tagen zurückzogen. Die Ionischen Inseln blieben somit weiterhin venezianisch.

Der habsburgisch-osmanische *Friedensschluß zu Passarovitz* (Posarevac bei Belgrad) im Jahre 1718, bei dem die venezianisch-griechischen Affären nur eine Nebenrolle spielten, stellte die osmanische Herrschaft auf der Peloponnes wieder her. Damit war das zweite Kapitel der Venetokratia in Griechenland abgeschlossen.

Man darf nun die Frage aufwerfen, wie sich die immerhin fast 30jährige, also eine Generation umfassende venezianische »neuzeitliche« Okkupation auf die einheimische Bevölkerung ausgewirkt hat. Hat sie wirklich eine Hebung der Landeskultur nach sich gezogen und damit den Boden für die Revolution von 1821 vorbereitet? Sowohl das Desinteresse der Griechen an den venezianischen Maßnahmen wie auch die auffallend rasche Machtübernahme der Türken spricht eigentlich dagegen. Mit Terrormaßnahmen, die es sicher gegeben hat, läßt sich die fast problemlose Rückkehr der Osmanen und die willfährige Haltung der Griechen allein nicht erklären. Hier muß es eine grundlegende Interessengleichheit und eine gemeinsame Gegnerschaft gegeben haben.

Handelsvormacht auf dem Balkan

Rumeli, Morea, Makedonien und die Diaspora

Die Bevölkerungszahlen steigen im 18. Jahrhundert auf Morea (wie auch in der Stereia) deutlich an. Dies kann als Zeichen ökonomischer Prosperität gewertet werden. Im praktischen Landbau scheinen die

Venezianer doch etwas Abbruch zu haben. Neue Anbaumethoden
kommen zum Tragen, der Weinbau wird wieder kultiviert und zum
Teil zu »Korinthen« und »Sultaninen« verarbeitet, Produkte, die in
Europa sehr gefragt waren. Attika produziert soviel Olivenöl, daß ein
beträchtlicher Teil exportiert werden kann. In den griechischen Sancaks macht sich ein Anstieg des Anteils der Muslime bemerkbar. Im
18. Jahrhundert stellen diese einen erheblich höheren Prozentsatz als
in den vorausgegangenen Jahrhunderten türkischer Herrschaft. Der
überwiegende Teil davon sind einheimische Konvertiten. Ausländische Reisende dieser Zeit haben große Schwierigkeiten, Griechen und
Türken aufgrund äußerer Merkmale auseinanderzuhalten. Sitten und
Gebräuche sind weitgehend turkisiert. Auch Griechen tragen Turban
und Fez und Griechinnen den Schleier.
Neue Hauptstadt des Sancaks Morea wird Tripolitza (Tripolis) auf der
arkadischen Hochebene. Dort entwickelt sich eine osmanisch-balkani-
sche Bazarstadt mit zahlreichen Moscheen, einer Medrese (Koranschule), einem Uhrturm und dem Serail des Vali, des Zivilgouver-
neurs. Tripolis zählt im Jahr 1805 1500 steinerne türkische und 1000
steinerne griechische Häuser, was einer Gesamtbevölkerung von ca.
20 000 Einwohnern entspricht. Ein weiterer Serail entsteht zu Korinth
(türkisch »Kordos«). Dort gebietet die griechische Renegatenfamilie
der Abdibayanni, die den europäischen Reisenden immer freundliche
Aufnahme gewährt. Der Serasker, der militärische Oberbefehlshaber
der Morea, verteilt seine nicht sehr zahlreichen Truppen auf die
Festungen Akrokorinth, Rhion, Navarino und Methone.
Athen behält seine bevorzugte Stellung. Unter das geborstene Dach
des Parthenon erbauen die Türken eine kleine Moschee, die in ihrer
Ausrichtung nach Mekka seltsam verdreht innerhalb der klassischen
Baulinien steht. Das Erechtheion dient dem Dizdar wieder als Harem,
die leichtgeschürzten Mädchenfiguren (Koren) an der Fassade laden
zu dieser Funktion ja geradezu ein. Der in den Kämpfen auseinander-
gefallene Nike-Tempel wird zu einer Rundbastion umgebaut, von
der aus der Athener Muezzin durch Kanonenschüsse Anfang und
Ende des Ramadans (der Fastenzeit) bekanntgibt. Gefahren von außen
und von innen drohen nicht. Eine Garde von lediglich 60 bis 100 Janitscharen und Arnauten auf der Akropolis erscheint ausreichend, um
ganz Attika zu sichern. Die Akropolis wird zum militärischen Sperrge-
biet, das für Griechen und einfache Türken unzugänglich bleibt.
Ausländische Besucher werden nur nach hohen Bestechungsgeldern
hereingelassen.
In Mittelgriechenland behalten Levadia, Lamia (umgangssprachlich

Zeituni, daher türkisch Isedin) und Theben (Istivi) ihre überregionale administrative Bedeutung, stellen aber nur einfache Marktflecken mit geringer Einwohnerzahl dar. In den thessalischen Ebenen drückt das Ciftlik-(Latifundien-)System schwer auf der christlichen wie muslimischen Rayah. Auch in Mittelgriechenland, in Attika und auf der Morea verstärkt sich der Großgrundbesitz, was die Pauperisierung der kleinbäuerlichen Rayah zur Folge hat. Nutznießer dieser Entwicklung sind nicht nur osmanische Landeigner, sondern auch griechische Primaten und die orthodoxe Kirche.

Ein ganz anderes Bild bietet sich uns dagegen in Nordgriechenland: Denn im Epiros um Ioannina und in Makedonien mit der alten Hauptstadt Thessalonike/Selanik geht es im 18. Jahrhundert wirtschaftlich steil aufwärts. Mit ein Grund dafür war, daß hier die Landbesitzverhältnisse für die Griechen nicht ganz so ungünstig waren wie in Mittel- und Südgriechenland. Die Griechen besaßen hier prozentual gesehen mehr Grundeigentum als die städtischen Türken. Zahlreiche kleinere griechische Ortschaften blühen auf: Zitsa, Kastoria, Serrä, Naoussa, Siatista, Ambelakia, Kozane, Berrhoia (Veroia). Träger dieses Booms waren aromunisch-walachische Händlerfamilien, die sich nichtsdestotrotz eindeutig zum Griechentum bekannten. Schon immer waren ihre Rohstoffe begehrt gewesen, Pelze, Garn, Schafwolle, Baumwolle, Silber. Jetzt verarbeiten sie diese zum Teil selbst und bieten Fertig- und Halbfertigprodukte an: Gefärbte Stoffe (»Türkisch-Rot«), Teppiche und Kelims (Flokati), Schmuck und Lederwaren aller Art, die in Europa sehr beliebt sind. Moderne Formen des Genossenschaftswesens hielten Einzug. In Ambelakia wurde 1778 eine vereinigte Produktions- und Vertriebsgenossenschaft aus 21 Dörfern mit 24 Färbereien gegründet, die ihre Produkte erfolgreich in ganz Europa anbot. Handelskarawanen aus Nordgriechenland zogen bis nach Amsterdam, Wien, Lyon und Marseille, wo sie Kontore unterhielten. In Leipzig kündet noch heute das »Griechenhaus« von diesen weitreichenden Handelsaktivitäten. In Venedig, Triest, Fiume (Rijeka), Semlin (Zemum bei Belgrad), Temesvar, Buda, Kecskemet und Hermannstadt (Sibiu) belebten sie die älteren griechischen Handelsniederlassungen neu. Zum Teil entwickeln sich hier griechische Kulturzentren mit Schulen, Bibliotheken und Buchdruckereien, die auch westliches Bildungsgut und neue politische Ideen bis nach Griechenland verbreiten. Hauptzentren dafür sind Venedig und Wien mit einflußreichen griechischen Gemeinden durchaus großbürgerlichen Zuschnitts.

In Wien erschien 1784 die erste griechische Zeitung. Das griechische

Bildungswesen erfuhr in der Diaspura einen gewaltigen Fortschritt, etwa 2500 Buchtitel in griechischer Sprache erschienen in den letzten Jahrzehnten des 18. Jahrhunderts. Auch die in Griechenland (vorwie gend Makedonien) verbliebenen und die nach dort zurückgekehrten Kaufleute gelangten zu Wohlstand. Sie zeigten ihn in prächtigen Herrenhäusern (Archontika spitia), in denen bewußt die (neu-)grie-chische Volkskunst gepflegt wurde. Der Kontakt zwischen den wohl-habenden Auslandsgriechen und ihren Sippen und Clans im türkisch beherrschten Griechenland riß dabei mitnichten ab, – im Gegenteil, er wird im Verlaufe des 18. Jahrhunderts enger und enger. Nicht wie früher nur Klöster und Kirchen stiften nun die reichen Auslandsvet-tern in ihrer Heimat, sondern Schulen, Büchereien, Krankenhäuser und Stipendien zum Studium an den aufgeklärten Universitäten in Paris, Wien, Leipzig und Sankt Peterburg. In allen größeren Städten, besonders der Stereia, entstanden Schulen, in Ioannina, Trikala, Met-sovo, Livadia, Tyrnavos, auf Chios und Patmos, im peloponnesischen Dimitsana, und natürlich im Fanar zu Istanbul.

Man wird sich nun fragen, wie war das alles möglich unter dem »Türkenjoch«? Die Antwort wurde schon oben gegeben: Die Osma-nen haben die wirtschaftlichen Aktivitäten keineswegs gehemmt, da sie durch Zölle und Besteuerung unmittelbaren Nutzen aus den griechischen Profiten zogen und ja auch selbst auf die Einfuhr qualifi-zierter (z. B. technischer) Produkte aus Europa angewiesen waren. Daß die neuentstandene griechische Handelsschicht dadurch auch politisches Selbstbewußtsein erlangte, glaubte man in Istanbul in Kauf nehmen zu können, wußte man doch die Kotzabassides und den Großteil des konservativen lateinerfeindlichen Klerus immer noch auf seiner Seite. Der britische Reisende William Gell bestätigt uns noch für das Jahr 1810 den in Griechenland gängigen Spruch: »*Drei Flüche knechten das Land: Die Priester, die Kotzabassides, und die Türken, genau in dieser Reihenfolge!*«

Entscheidend für den Aufstieg Nordgriechenlands war aber eine neue handelspolitische Konstellation im Südosteuropa des 18. Jahrhun-derts:

Im Frieden von Passarovitz von 1718 hatte die türkische Seite bereit-willig und auch in eigener Sache dem freien Handelsverkehr zwischen dem Osmanen- und dem Habsburgerreich zugestimmt. Dies kam ganz eindeutig den schon lange auf beiden Seiten vertretenen griechi-schen Händlern zugute. Schon 1719 bildete sich in Wien eine »Orien-talische Compagnie«, welche die beiderseitigen Wirtschaftsbeziehun-gen regelte. Stillschweigend duldeten beide Vertragspartner, daß sich griechische Großhändler im Habsburgerreich niederließen, ja sogar die österreichische Reichsangehörigkeit erwarben, um eine günstigere Ausgangsposition zu erreichen. Eine dieser geschäftstüchtigen »austriakisierten« Familien waren übrigens die Karajannis aus Makedonien (heute Karajan).

Der politische Niedergang des Osmanischen Reiches im 18. Jahrhundert, seine Niederlagen erst gegen Österreich, dann gegen Rußland, und das anmaßende Auftreten europäischer Konsuln und Agenten blieben der christlichen Rayah nicht verborgen. Nun zeigten sich erste Anzeichen eines organisierten Widerstandes. Die unberechenbaren griechischen Armatolengruppen, die in türkischem Dienst Polizeifunktionen ausüben sollten (meist aber das Gegenteil taten), wurden aufgelöst. An ihrer Stelle setzten die Osmanen arnautische Garnisonen ein. Die Arnauten (muslimische Albaner) waren ab dem 17. Jahrhundert zur führenden Militärkaste im ganzen Reich aufgestiegen. Ihre Agas aber handelten in den fernen Provinzen vielfach auf eigene Faust, plünderten das Land und preßten die Rayah aus. Ein Gutteil der in der griechischen Volksüberlieferung lebendig gebliebenen Untaten der Türkenherrschaft geht auf ihr Konto. Interessant ist dabei, daß die im 18. Jahrhundert in Griechenland eingesetzten Arnauten keinerlei Verwandtschaft gegenüber den seit drei Jahrhunderten ansässigen christlich-orthodoxen Albanern zeigten.

Die Armatolen zogen sich in die Berge zurück, vereinigten sich dort mit den Klephtenbanden und bildeten von da an eine bewaffnete griechische Macht, mit der der türkische Vali (Gouverneur) und seine Kotzabassides rechnen mußten. Große Bezirke im Landesinneren der Morea und des Festlands standen nur noch nominell unter osmanischer Herrschaft. In Arkadien, z. B. in Andritsäna, Dimitsana, Karytäna und Kalavrita, bildete sich eine auch von osmanischen Günstlingen und patriachalischen Häuptlingen weitgehend freie griechische Gemeindeorganisation heraus, die sich selbst regelte und den osmanischen Behörden nur noch mehr oder weniger symbolische Zinsen zukommen ließ.

Europäische Bildungsreisende

Griechenland, besonders Attika und die Peloponnes, geraten im 18. Jahrhundert zunehmend in den Gesichtskreis europäischer Bildungsreisender, die auf der Suche nach antiken Altertümern das Land durchstreifen. Ausgestattet mit Empfehlungsschreiben ihrer Regierungen und mit sultanischen Fermanen (Passaports) konnten sie sich relativ frei bewegen. Obgleich ihr Hauptinteresse auf die antiken Überreste gerichtet war, verdanken wir ihnen auch allgemeine Beschreibungen über Land und Leute. Die Griechen, die von ihnen freilich meist ungerechterweise mit Leonidas und Perikles verglichen wurden, kommen dabei nicht immer gut weg. Man wirft ihnen mangelndes Arbeitsethos, Krämertum und levantinische Intransingenz vor und hält ihr Banditen- und Brigantentum keineswegs für so romantisch wie das in Italien. Besonders aber die Unbildung des orthodoxen Klerus ist ein häufiger Gegenstand abendländisch-aufklärerischer Häme. Auch den Türken wirft man Unwissenheit und Indolenz vor und betrachtet ihre Zeit als abgelaufen. Ihre Gastfreundschaft und Vertragstreue wird hingegen oft gerühmt.

In London bildete sich 1732 die »Society of Dilettanti«, eine Vereinigung reicher reiselustiger Lords und ernsthafter Wissenschaftler und Künstler, die sich zum Ziele setzte, alle noch erhaltenen klassisch-griechischen Monumente vor Ort zu dokumentieren. In ihrem Auftrag bereisten 1751 bis 1754 Nicholas Revett und James Stuart das Land und zeichneten gewissenhaft und maßstabsgetreu die Altertümer Athens ab. Die Illustrationen enthalten daneben aber auch viele Details mit Hinweisen auf das gegenwärtige Griechenland. Stuarts und Revetts großartiges Bildwerk »The Antiquities of Athens and Other Places in Greece« erreichte eine weite Verbreitung und war mit dafür verantwortlich, daß man sich in Europa nicht nur des klassischen, sondern bald auch des realen zeitgenössischen Hellas erinnern sollte. Sehr aufschlußreich ist in diesem Zusammenhang auch der Reisebericht des Engländers Richard Chandler, der 1764 Olympia richtig lokalisiert hatte und im nächsten Jahr in Athen eingetroffen war.

Ab 1792 war Italien als Kriegsschauplatz der napoleonischen Feldzüge für die obligatorischen »Grand Tours« der englischen Lordschaften verschlossen. So wurde nun Hellas zu ihrem »klassischen Reiseland«. Als Beispiel für die vielen kuriosen Reiseerzählungen, die uns die »Milordi« (My Lords) und einige Miladis (My Ladies) nach ihrer »Grand Tour« durch Griechenland hinterlassen haben, sei Lady Hester Stanhope's spitze Reportage über ihren Besuch im Harem des Bey von Korinth erwähnt. Überaus detail- und kenntnisreich sind dagegen die Werke des britischen Gentleman-Reisenden William Gell, der 1801/2, und seines Kollegen Edward Dodwell, der 1805/6 Griechenland bereist hatte. Von Dodwell stammen auch Graphiken, die ein lebendiges Bild von »Turkish Athens« geben (s. Abb. S.151). Unschätzbare Quellen über Griechenland am Ende der Türkenherrschaft sind die genau protokollierten Reisebeschreibungen des britischen Colonel

William Leake (1802/5) und des französischen Diplomaten François Pouqueville (1798, 1805). Lord Byrons Schilderung über seinen Besuch in Athen 1810 gibt uns ein lebendiges Bild nicht nur der mittlerweile recht zahlreichen internationalen Kolonie, sondern auch der besseren griechischen Gesellschaft. Von deutschen Griechenlandreisenden dieser Zeit seien erwähnt Otto Magnus von Stackelberg (1810–1814 in Griechenland), Karl Haller von Hallerstein (1810–1817) und Jakob Linckh (1810–1815), denen wir auch unschätzbare bildliche Darstellungen des vorrevolutionären Griechenland verdanken.

Eine besondere Spezies der Griechenlandfahrer waren die Antiquitätensammler, die sich nicht mehr mit dem Konterfei der antiken Relikte begnügten, sondern diese gleich in ihr Heimatland mitzunehmen trachteten. Schon die Könige Louis XIV. von Frankreich und Charles II. von England hatten ihre Diplomaten angewiesen, möglichst viele antike Statuen und Inschriften zu erwerben. Im 18. Jahrhundert aber wurde das Sammeln von antiken Relikten zur Manie auch der Milordi und führte schließlich Ende des Jahrhunderts zu rivalisierenden Aktionen der verfeindeten Mächte Frankreich und England. Daß der Erwerb dieser Kunstwerke nicht mit lauteren Methoden vor sich ging, versteht sich von selbst. Angesichts der völligen Indifferenz, mit der die türkischen Behörden die Überreste der Antike betrachteten und besonders angesichts der latenten Feindseligkeit, mit denen auch die rechtgläubigen Griechen die heidnischen Relikte behandelten und sie, wenn es möglich war, zu Kalk verarbeiteten oder sie fragmentiert en détail an die Milordi verkauften, darf man von unserer heutigen Warte aus gesehen die Antikenjagd nicht unbedingt verurteilen. Infolge der rücksichtslosen Suche nach den Bleihalterungen der Skulpturen durch die türkischen Soldaten genauso wie durch den Vandalismus europäischer Athenbesucher waren allein zwischen 1750 und 1800 vierzig Figuren am westlichen Pediment des Parthenon unwiederbringlich verschwunden. Die spektakulärste Aktion war der sogenannte *Kunstraub Lord Elgins.* Thomas Bruce Earl of Elgin war britischer Botschafter an der Hohen Pforte und erwarb 1801 unter dubiosen Umständen, aber immer im Wettlauf mit dem französischen Konsul Louis Fauvel, die 92 Metopen der Parthenonfriese. Da die Zeit drängte und die osmanische Regierung immer wieder Anstalten machte, die Skulpturen den französischen Konkurrenten zu übergeben oder die Aktion überhaupt zu stoppen, ging der Abbruch im Jahr 1802 in allerhöchster Hast und Schonungslosigkeit vor sich. Auch eine Karyatide des Erechtheions wurde mitabtransportiert und nach London verschifft. Seit 1816 befinden sich die »Elgin Marbles« im Britischen Museum. Der schottische Lord selbst hat schon zu Lebzeiten harsche Kritik wegen seines »Vandalismus« einstecken müssen, darunter auch von Lord Byron, der 1810 fassungslos vor dem geplünderten Parthenon stand. Eines aber sollten wir bedenken: Es ist wirklich sehr fraglich, ob die Skulpturen den griechischen Unabhängigkeitskrieg mit seinen Belagerungen, Beschießungen und wechselnden Besatzungen der Akropolis überhaupt überlebt hätten!

1812 erwarb Kronprinz Ludwig von Bayern, ein begeisterter Philhellene, eine Figurengruppe vom Aphaiatempel in Ägina, die sogenannten Ägineten. Zwei Jahre vorher waren die fast gänzlich versunkenen Giebelskulpturen von Baron Haller von Hallerstein und dem Engländer Charles Cockerell auf der Insel entdeckt und wegen der immer drohenden Gefahr der Kalkbrennerei sofort den örtlichen Machthabern abgekauft worden. Ludwigs versiertem Kunstagenten Johann Martin Wagner gelang nach längeren Fährnissen die Ersteigerung der Kunstwerke, die seit 1830 den Mittelpunkt der Glyptothek zu München bilden. 1820 kam auf der Kykladeninsel Melos eine Venusfigur ans Tageslicht, die sogleich zum Gegenstand heftiger Kaufintrigen wurde. Den Zuschlag erhielt der französische Admiral Olivier Vautier, als sein Geschwader in die melische Bucht eingefahren war. Seitdem bildet die »Venus von Milo« eine der Hauptattraktivitäten des Louvre in Paris.

Die »*Elgin Marbles*«, die *Ägineten* und die *Venus von Milo* sind nur die Hauptbeispiele für zahlreiche Kunstwerke der Antike, die aus dem osmanischen Griechenland in die Museen und Sammlungen Europas gelangt waren. Ihr Einfluß auf die zeitgenössische Kunst war enorm. Groß war aber auch ihr Beitrag zur Verbreitung des Philhellenismus, warfen sie doch im Bildungsbürgertum zwangsläufig auch die Frage nach dem zeitgenössischen Hellas auf.

Befreiung aus dem Norden?

Zur großen Hoffnung für die Griechen stieg Rußland auf.
Das riesige, weiträumig-kontinentale Zarenreich, das im 16. Jahrhundert aus dem Großfürstentum Moskau hervorgegangen war, dehnte sich im 18. Jahrhundert, beginnend mit der Europäisierung unter Peter dem Großen (1689–1725) und Katharina der Großen (1762–1796), kontinuierlich nach Süden über die Ukraine und die Krim bis zum Schwarzen Meer aus. Das Osmanische Reich mit seinem Zentrum Istanbul sah sich in wachsendem Maße von der neuen, unerwartet

rasch entstandenen osteuropäisch-orthodoxen Großmacht in seinem Bestand selbst bedroht.

Das slawische Rußland war im 10. Jahrhundert vom griechischen Konstantinopel aus christianisiert und zivilisiert worden. Byzantinisch beeinflußt waren seine Eliten, seine Kultur und seine Kunst, seine ganze Tradition. Im späten Mittelalter entwickelte sich auch der Staatsaufbau des Moskauer Reiches zu einem Abbild des byzantinischen Kaiserhofes. Das Großfürstentum stieg zum Zaren-(Kaiser-)-Reich empor, in dem der »Selbstherrscher« (Autokrator) den gleichen cäsaropapistischen Rang einnahm wie der byzantinische Basileus in Konstantinopel. Griechen spielten eine tragende Rolle im russischen Klerus. Die Moskauer Herrscherdynastie verband sich mit dem spätbyzantinischen paläologischen Kaiserhaus. Die russische Orthodoxie war (und ist) streng antilateinisch und antirömisch eingestellt und verwarf den kläglichen Unionsversuch von 1439 in Florenz als ein schweres Vergehen gegen die »griechisch-slawisch-orthodoxe Rechtgläubigkeit«. Nach dem Fall von Konstantinopel 1453 übernahm Moskau den byzantinischen doppelköpfigen Reichsadler und erhob als »*Drittes Rom*« Anspruch auf die Nachfolge des byzantinischen Kaiserreiches.

Auch nachdem das Reich sich unter Peter dem Großen dem Westen geöffnet hatte und seine Hauptstadt vom »byzantinischen Moskau« ins »europäische Sankt Peterburg« verlagert worden war, blieb das byzantinische Erbe die russische Reichsideologie, wandelte sich aber zu einem militaristischen Imperialismus, der auf Konstantinopel, die Meerengen (Bosporus und Dardanellen) und schließlich auf das Mittelmeer zielte. Die traditionelle Hinneigung der orthodoxen Balkanvölker zum immer mächtiger werdenden glaubensverwandten »Großen Bruder« und ihre wachsende Unzufriedenheit mit der türkischen Fremdherrschaft paßte gut in dieses außenpolitische Konzept. Nicht nur im sprachverwandten und auch gefühlsmäßig eng verbundenen slawischen Serbien und Bulgarien, sondern auch in Griechenland fiel die Idee einer »russischen Schutzherrschaft« auf Sympathie und auf fruchtbaren Boden. Galten doch die orthodoxen Russen – ganz im Gegensatz zu den katholischen Österreichern – als die wahren christlichen Brüder! Mit Hilfe der Russen, so spekulierte man allen Ernstes, ließe sich das griechisch(!)-byzantinische Kaiserreich wiederherstellen. Daß die Russen jedoch immer von einem russisch-byzantinischen Kaiserreich sprachen, wurde in den russophilen griechischen Kreisen für lange Zeit verdrängt.

Unter Peter dem Großen wurden die Sirenenklänge einer »Befreiung der Balkanchristen« durch das russische Zarenreich zu einem festen Programm. In einem Manifest versprach der Zar 1711, »*daß, falls sich die unterjochten orthodoxen Völker gegen die Sultansherrschaft erhöben, er eingreifen würde, und alsbald das orthodoxe Doppelkreuz wieder auf der Hagia Sophia in Konstantinopel leuchten würde*«. Doch erlitt die russische Südarmee noch im selben Jahr eine empfindliche Niederlage gegen die Osmanen. Die Prophezeiungen und Träume einer »Befreiung durch die Russen« blieben hingegen weiter bestehen, eifrig genährt durch russische Diplomaten und Insurgenten in russischem Sold, die als Wandermönche und Pilger den Balkan durchzogen. Sie vergaßen auch nie darauf hinzuweisen, daß sie ihre Glaubensbrüder nicht nur von den Muslims befreien, sondern sie auch vor dem verderblichen Einfluß des Westens bewahren würden.

Aber auch ein weiterer russischer Feldzug im Verein mit den Österreichern von 1735 bis 1739 endete in einem Debakel. Die Schuld daran schob man in Sankt Peterburg dem lustlosen Bundesgenossen zu. In der Tat hatten sich die Österreicher höchst widerwillig in diesen Türkenkrieg hineinziehen lassen. Denn in Wien war man bereits zu der Erkenntnis gelangt, daß nicht mehr das schwer angeschlagene Osmanenreich, sondern der übermächtig auftrumpfende neo-byzantinische russische Imperialismus der eigentliche, und weitaus bedrohlichere, Gegner war. Dies hatte auch zur Folge, daß im Bewußtsein der Balkanvölker das Habsburgerreich seine potentielle Befreierrolle endgültig zugunsten des Zarenreiches verloren hat.

Die große Befreiungsstunde für Griechenland, ja für den ganzen Balkan, schien unter der Zarin Katharina der Großen anzubrechen.

Im Schwarzmeergebiet rücken die Russen ab 1768 von Sieg zu Sieg vor. In verschiedenen Teilen des Balkans, darunter auch auf der Halbinsel Mani, brechen die intensiv von der russischen Propaganda vorbereiteten Aufstände los. Die neue russische Ostseeflotte umrundet auf ihrem Weg ins Mittelmeer ganz Europa. 1770 erscheint jedoch nur ein kleines Detachement unter Admiral Fedor Orlov in der Bucht von Oitylon (Vitylo/Mani). Die enttäuschten Manioten, die ein reguläres Invasionsheer erwartet hatten, können nur nach Bestechung des gerade herrschenden Mavromichalis-Clans zur Weiterführung des Aufstands bewegt werden. Von einer Nationalbewegung kann überhaupt keine Rede sein. Manioten und Irreguläre plündern – wie gewohnt – Muslime wie Christen aus. Von Anfang an erweist sich die russische Intervention auf Morea (das später so genannte »*Orlovsche Abenteuer*«) als ein eklatanter Mißerfolg. Es kam zu keiner Koordination zwischen der schlecht ausgerüsteten russischen Landungstruppe und den sogenannten griechischen Legionen. Als Stützpunkt konnte nur Navarino eingenommen werden.

Der Vali von Morea, Mehmed Emin, rief daraufhin zwei Arnauten-Armeen ins Land, die den Russen und den Aufständischen bei Tripolis und vor Methone vernichtende Niederlagen beibrachten. Die überstürzte Flucht des Orlov'schen Korps auf die Schiffe und die unverhohlene Preisgabe der Griechen, die sich der rücksichtslosen Vergeltung der Arnauten ausgesetzt sahen, ließen im ganzen griechischen Raum bittere Gefühle der gescheiterten Hoffnung und der Desillusionierung über den »Großen Bruder aus dem Norden« zurück. Der für die russische Hauptflotte siegreiche Ausgang der Seeschlacht von Cesme (vor Chios) 1770 änderte nichts mehr am Schicksal der Griechen auf der Peloponnes. Als in Istanbul bekannt wurde, daß auf russischer Seite zahlreiche griechische Mannschaften und Offiziere kämpften, kam es in Smyrna (Izmir) und anderen Städten des Reiches zu ersten antigriechischen Pogromen.

Die schwer in Mitleidenschaft gezogene russische Flotte segelte erst nach Lemnos, wurde von dort zum Rückzug gezwungen, und bezog bis 1774 Stellung in den Häfen von Paros und Psara. Mykonos wurde für eine kurze Periode russisches Flottenhauptquartier.

Im 1774 geschlossenen Frieden erwirkte die russische Seite eine Amnestie für alle Griechen, die an der Erhebung teilgenommen hatten. Auf den Inseln hielten sich die Türken an diese Abmachung. Auf der Peloponnes jedoch standen auch sie dem Wüten der Arnauten hilflos gegenüber. Die ungefähr 10 000 Albaner hatten sich um Lala (westlich Olympia) und in der lakonischen Vardounia festgesetzt und terrorisierten die gesamte Halbinsel, Griechen wie Türken. Damals wurde Mistra in die Ruinenlandschaft verwandelt, die wir heute als malerisch empfinden. Ein Teil der moreotischen Bevölkerung floh nach Kleinasien und auf die Inseln. Auch Athen wurde von den außer Rand und Band geratenen Arnauten bedroht. Auf Weisung des Statthalters Haci Ali Haseki wurde Athen mit einer weitläufigen Verteidigungsmauer umgeben, in die zahlreiche antike Reste verbaut wurden. Erst 1779 gelang es dem Kapudan-Pascha Hassan Ghazi, die Ordnung wiederherzustellen und die Flüchtlinge zur Rückkehr zu bewegen. Auch mit dem maniotischen Anführer Zanet-Bey kam es 1780 zu einem Ausgleich. Gegen Tribut und Geiselstellung erhielt die Mani ihre traditionelle Sonderstellung wieder zurück. Das Wirken Hassan Ghazis und allgemein das milde Regime Sultan Abd ul Hamids I. (1774–1789) brachten der Peloponnes Ruhe. In Nauplion erinnern noch heute einige osmanisch-barocke Brunnen mit verschnörkelten Inschriften an dieser Friedensperiode. Auch die kleine Gülsenl-Tekke in Korinth stammt aus dieser Zeit.

Die große Katharina verlor, nachdem sich ihrer Ansicht nach die Griechen wegen mangelnder Hilfsbereitschaft »der Freiheit unwürdig« gezeigt hatten, für einige Zeit ihr Interesse an Hellas. Der britische Historiker George Finlay, der 1856 eine erste Zusammenfassung über die Geschichte Griechenlands unter osmanischer Herrschaft verfaßt hat, zitiert darin süffisant, daß Voltaire in seinem Briefwechsel mit der Zarin alle deren Sprünge und Ungereimtheiten hinsichtlich Hellas liebedienerisch mitgemacht hat: Äußerte sie sich – mit ihm zusammen – *vor* 1770 enthusiastisch über das freiheitsdurstige Volk der Griechen, so spricht er, der Philosoph, *nach* dem Morea-Desaster in vorauseilendem Gehorsam plötzlich davon, aus diesem Grunde keinen Sophokles, Homer und Demosthenes mehr lesen zu wollen! Und Finlay stellt die rhetorische Frage, ob Voltaire wirklich erwartet hat, die Griechen würden wie antike Heroen kämpfen, allein um von der Knechtschaft der Türken in die Knechtschaft der Russen überzuwechseln?

Ins andere Extrem verfiel der philhellenische deutsche Dichter Friedrich Hölderlin. Den Schauplatz seines 1799 erschienenen Briefromans »Hyperion« bildet das nach 1770 am Boden liegende, seiner »Freiheit« beraubte Hellas. Hehre nationale Freiheitsideale spielten in Wirklichkeit beim Aufstand 1770 eine untergeordnete Rolle.

Griechenland und die »Orientalische Frage«

Der russisch-türkische *Friedensschluß von Kücük Kainarci* (bei Silistria/ Donau) 1774 stellt ein Meisterstück der Petersburger Diplomatie dar. Er sicherte den Russen die Errichtung von Konsulaten in Griechenland und das Protektorat des russischen Herrschers über alle orthodoxen Untertanen des Sultans zu. Damit war der russischen Außenpolitik praktisch ein Interventionsrecht in die inneren Angelegenheiten des Osmanischen Reiches garantiert worden! Kein Wunder, daß die Pläne imperialistischer Kreise in Sankt Peterburg noch viel weiter gingen: Ein »*Griechisches Projekt*« wurde entworfen, das die Errichtung einer russischen (!) Sekundogenitur in »Zargrad«, d. i. Konstantinopel, vorsah.

Die »*Orientalische Frage*«, welche die Außenpolitik der europäischen Großmächte bis 1923 beschäftigen wird, nahm nun konkrete Form an: Wer beerbt das niedergehende Osmanenreich? Wer erreicht die Hege-

monie über Südosteuropa, über die Levante, den Nahen Osten? Der
Verfall der osmanischen Souveränität drohte das Gleichgewicht der
europäischen Mächte aus dem Lot zu bringen. Beteiligte auf dem
Balkan sind, eher defensiv, Österreich-Ungarn, und eher offensiv,
Rußland. Im Hintergrund, aber nicht weniger intensiv, agieren Großbritannien und Frankreich. Im späteren 19. Jahrhundert werden noch
das Deutsche Reich und Italien dazutreten.

Im russisch-türkischen *Handelsvertrag von Ainali Kavagi* (am Bosporus)
von 1783 wurden die Bestimmungen von 1774 noch wesentlich erweitert. Die Griechen des Archipels erhielten das Recht, unter russischer
Flagge zu fahren und Handel über die Grenzen hinweg zu treiben. Die
gesamte – da ausschließlich griechische – Handelsmarine des Osmanischen Reiches war damit politisch in russischer Hand und wurde
laufend vergrößert. Ökonomisch profitierten aber die Griechen, und
zwar enorm, da ihnen der gesamte Getreideexport aus der Ukraine als
Monopol zufiel. In ihren Auslandskolonien und auch auf den Ägäischen Inseln häuften griechische Kaufleute und Reeder gewaltige
Reichtümer an. Eine neue Klasse von reichen Primaten entstand. Die
»Schifferinseln« Hydra, Spetsä und Psara waren weitgehend autonom. Zahlreiche Griechen wechselten zur russischen Staatsange-
hörigkeit über und nahmen angebotene Aufstiegschancen wahr.
In »Taurien«, dem neuerworbenen russischen Schwarzmeergebiet,
entstanden griechische Kolonien, darunter das 1794 gegründete
Odessa. Eine von Katharina der Großen ins Leben gerufene griechische Militärakademie in der russischen Hauptstadt bildete griechische Offiziere und Beamte für den russischen Staatsdienst aus. Führende griechische Familien, wie die Ypsilanti, schickten ihre Söhne
dorthin. Griechische Konsuln in russischem Sold vertraten die Interessen Petersburgs unmittelbar in allen größeren Städten Griechenlands.

1787–1792 erfolgte der nächste russisch-türkische Waffengang. Doch
die anderen Großmächte waren mittlerweile auf der Hut. Ihre außenpolitische Maxime, gleich in Wien, Paris und London, die für das
ganze 19. Jahrhundert gelten wird, lautet: Es darf kein russisch-neoby-
zantinisches Großreich entstehen, Konstantinopel darf nicht in russische Hände geraten, Rußland darf nicht bis zu den Meerengen vordringen. Und das bedeutet nichts anderes, als daß das marode Osmanenreich vom Westen unter allen Umständen als Gegengewicht zum
russischen Koloß unterstützt werden muß, und in zweiter Konsequenz, daß Aufstände und Nationalbewegungen innerhalb des Osmanischen Reiches, die zu seiner Schwächung, ja zu seiner Auflösung

führen könnten, keinerlei offizielle Hilfe aus dem Westen erfahren dürfen!

Unter diesen Voraussetzungen (und auch in Erinnerung an die Schrecken von 1770) blieb es auf der Peloponnes ruhig. Die von Lampros Katsonis geführte griechische Kaperflotte unter russischer Flagge wurde vor Porto Kajo von Franzosen und Türken gemeinsam versenkt. In der epirotischen Gebirgslandschaft Suli (oberhalb von Paramythia) dagegen brach ein Aufstand los, der unser Augenmerk auf ein merkwürdiges staatliches Gebilde lenkt, das in Nordgriechenland entstanden war, als der Schatten Napoleons schon über Südosteuropa erschien.

Die Rede ist von → Ali Pascha, dem »Löwen von Ioannina«. Ali entstammte einer Arnautenfamilie aus Tepeleni im südlichen Albanien. 1788 ernannte ihn der Sultan zum Statthalter von Trikala. Der energische Arnauten-Binbasi (Oberst) war sich jedoch im klaren darüber, daß mit dem Osmanischen Reich im wahrsten Sinne des Wortes »kein Staat mehr zu machen« war. Also schuf er sich seinen eigenen Staat, nahm Ioannina ein und erhob die von ihm stark befestigte Stadt zur Residenz seines unabhängigen griechisch-albanischen Herrschaftsbezirks, der sich um 1800 über ganz Epiros, Südalbanien und Teile Thessaliens und Westmakedoniens erstreckte. Die Hafenstädte Parga und Preveza waren zeitweise in seiner Hand. 1803 bekämpfte er die genannten Sulioten.

Inzwischen waren die napoleonischen Kriege in vollem Gange, englische und französische Flotten kreuzten im Ionischen Meer. Ali Pascha wußte beide Großmachtinteressen geschickt jeweils zu seinen Gunsten auszuspielen. Über seinen despotischen Regierungsstil sind wir durch den französischen Konsul François Pouqueville und den britischen Residenten William Leake sehr gut unterrichtet. Auch Lord Byron erhielt 1809 eine Audienz. Mit drastischen Gewaltmitteln versuchte der Pascha, die reaktionären Stammeshäuptlinge und Primaten zu entmachten und ein neuzeitliches Staatswesen aus dem Boden zu stampfen. Die Religionszugehörigkeit war ihm gleichgültig. Er selbst bezeichnete sich oft als Griechen. Geschickt appellierte er an den Freiheitswillen der Griechen und rief zum gemeinsamen Kampf gegen die Pforte auf. Zahlreiche Griechen, die im Unabhängigkeitskrieg eine bedeutendere Rolle spielen werden, sammelten an seinem Hof entscheidende Erfahrungen in Organisation und Taktik, wie Karaiskakis und Kolettis, oder im Kampf mit ihm, Kolokotronis. 1820 rückten türkische Regierungstruppen vor und eroberten Ioannina. Ali Pascha, der noch an eine Verbindung zum 1821 in Südgriechenland ausgebrochenen Unabhängigkeitskrieg gedacht hatte, fiel 1822 einem Mordanschlag zum Opfer.

Das 18. Jahrhundert war das Goldene Zeitalter der Griechen. Der Griechen wohlgemerkt, nicht unbedingt Griechenlands! Griechen siedelten damals noch weit über die Ägäis hinaus, im Balkan, in Konstantinopel, in Kleinasien, im Libanon, in Ägypten, in der Ukraine, in der Walachei und der Moldau und in der weitgestreuten europäischen Diaspora. Insgesamt dürften sie etwa 3 Millionen Köpfe gezählt haben. Die Bevölkerungszunahme auf den Inseln der Ägäis führte zur Abwanderung vieler Griechen in die kleinasiatischen Küstenstädte, die somit ihr griechisches Element noch weiter verstärken konnten.

Die neuentstandene, dynamische, international orientierte griechische Bourgeoisie war ein starkes ökonomisches Element im Osmanischen Reich und stand über der gedrückten balkanslawischen Rayah. Zwischen Osmanen, Russen und Österreichern stehend, wurde sie von allen dreien umworben und privilegiert. Und nicht erst seit der russischen Protektion handelte sie völlig unabhängig von türkischen Direktiven. Nur die alten Sondersteuern, die bei dem wachsenden Wohlstand immer weniger ins Gewicht fielen, erinnerten die wirtschaftlich erfolgreiche griechische Oberklasse weiter an die osmanische Herrschaft.

Das politische Griechentum an sich, bestehend aus der noch immer mächtigen spätbyzantinischen feudalen Kaste, den Fanarioten und dem Patriarchat, sowie der neuen bürgerlichen Elite, erreichte eine derartige Schlüsselstellung im Entscheidungsapparat des Osmanischen Reiches, daß manche Historiker gar von einem »Türkisch-Griechischen Kondominium« sprechen. Bot sich da nicht die Möglichkeit, die im Sultansreich hoch etablierten Griechen könnten auch die politische Macht übernehmen, von innen her, von Institution zu Institution? Unter Beibehaltung des Gesamtreichs, eventuell auch des Sultanats als äußerer Form, aber de facto unter griechischer Führung? Wir werden sehen, daß die sich Ende des 18. Jahrhunderts in den Köpfen festsetzenden Ideen des *Nationalismus,* die immer »rein völkische« Lösungen propagieren, diese übernationale Option sprengen werden. Aber auch die Großmächte haben kein Interesse an einem griechisch bestimmten Großreich im Südosten.

Da kommen ihnen die europäischen Philhellenen mit ihrer seltsamen Forderung, Griechenland nur in den kleinräumigen Grenzen des antiken Hellas wiederherzustellen, gerade recht.

Die Französische Revolution (1789) und im Anschluß daran die napoleonische Neuordnung, Europas von 1792 bis 1814 warf ihre Turbulenzen auch auf Griechenland. Der Revolution selbst, wie der Emanzipation des Bürgertums, der Säkularisation, der Republik und dem Imperatorentum Napoleons stand die Orthodoxie insgesamt verständnislos gegenüber. Der Naturrechtsgedanke und das Prinzip der Volkssouveränität hatten sich hier nicht entwickelt. In den aufgeklärten griechischen Auslandskreisen, z. B. um Korais, jedoch wurden die neuen politischen Ideen beifällig und als Vorbild für die eigene Sache aufgenommen.

Die napoleonischen Kriege führten im wesentlichen den alten Hegemonialkampf zwischen Paris und London unter wechselnden Koalitionen mit Rußland, Österreich-Ungarn und Preußen weiter. Auch das Osmanische Reich war an verschiedenen Koalitionen beteiligt und war ab 1798 durch die Invasion Napoleons in Ägypten (das nominell der Pforte unterstand) direkt in die Kampfhandlungen miteinbezogen.

Im französisch-österreichischen *Friedensschluß von Campo Formio* 1797 war das venezianische Kolonialreich aufgelöst worden. Die Ionischen Inseln wurden damit zum Gegenstand des Großmachtinteresses. Auf eine erste kurze Besetzung durch die Truppen Napoleons folgte eine sonderbare russisch-türkische Verwaltung, die im Jahre 1800 eine eigene »*Septinsulare Republik*« (Heptanison Politieia) unter der gemeinsamen Schutzherrschaft des Zaren und des Sultans ins Leben rief, bestehend aus den sechs Ionischen Inseln und Kythera. Auf den Inseln selbst herrschte Anarchie, die erst von der zweiten französischen Besetzung und endgültig ab 1809 unter britischem Protektorat eingedämmt werden konnte. Unter britischer Krone hieß das Staatsgebilde »*Vereinigte Staaten der Ionischen Inseln*«. Die Regierungsgewalt übte der Lord-Hochkommissar mit diktatorischen Vollmachten aus. Die britische Herrschaft (1814–1864) brachte den Ionischen Inseln für 50 Jahre Frieden und Aufwärtsentwicklung – einen Zustand, der im krassen Gegensatz zum gegenüberliegenden Festland stand.

Die antifranzösische russisch-türkische Koalition war jedoch nur von kurzer Dauer. 1806 bis 1812 stießen die Russen wieder gegen die unter türkischer Souveränität stehenden rumänischen Donaufürstentümer vor. In Nordgriechenland kam es dabei zu bewaffneten Aufständen. Gut organisierte und gut bewaffnete Klephtenbanden hielten diesmal sowohl den Regimentern des Sultans wie den Truppen Ali Paschas stand. Eine Verbindung mit dem gleichzeitig (ab 1804) in Serbien ausgebrochenen Aufstand mißlang aber.

Der *Wiener Kongreß* 1814/1815 beendete die revolutionäre napoleoni-

CORPHV

Caſtell Neue.

Caſtell Vechio.

Korfu/Kerkyra, Ansicht von Matthäus Merian, 17. Jh.

sche Ära. Die konservativen Siegermächte gründeten unter Federführung Zar Alexanders I. die »Heilige Allianz«, bestehend aus den Monarchien Rußland, Österreich-Ungarn und Preußen. Ihr innen- und außenpolitisches Credo war es, alle »demagogischen« Bewegungen, seien sie demokratisch, national, liberal oder republikanisch, an jedem Ort Europas zu unterdrücken. Ein besonderer Verfechter der Interventionspolitik zur Herstellung der alten Ordnung (Restauration) war der österreichische Kanzler Fürst Metternich, nach dem die ganze Zeitepoche von 1815 bis 1848 »Metternich'sches System« genannt wird. Jegliche Volksaufstände bedeuten für dieses System eine Gefahr für die monarchische europäische Ordnung. Und was bedeutet dieses restaurative System für Griechenland? Nichts mehr und nichts weniger, als daß die alte Sultansherrschaft im Sinne der Heiligen Allianz als legitime Autorität gilt! Ein anti-osmanischer Aufstand wird also bei den europäischen Regierungen auf allerhöchste Mißbilligung stoßen.

Monemvasia (Lakonien) an der Ostküste der Peloponnes; Grün-dung als griechische Fluchtsiedlung während der Völkerwande-rungszeit Ende des 6. Jahrhunderts. Der Name »Einziger Ein-gang« weist auf die hervorragende strategische Lage hin. Im frän-kischen und venezianischen Mittelalter hieß die Festungsstadt Malvasia.

Kloster Hosios Lukas (Phokis) an den Hängen des Helikon-Gebirges; benannt nach dem Seligen Lukas aus Stiri (gest. 951). Neben der älteren Theotokos-Kirche aus der zweiten Hälfte des 10. Jahrhunderts erhebt sich das Katholikon, die Hauptkirche, aus dem Zeitraum 1020/1040. Das reich ausgestattete Kloster weist auf eine gewisse Prosperität des Landes in mittelbyzantinischer Zeit hin.

Die Mönchsrepublik Athos, der Tradition nach 963 gegründet, umfaßte im ▷ 12. Jahrhundert 40 Klostergemeinschaften mit angeblich je 1000 Mönchen. Sie vermochte ihre Bedeutung als geistiges Zentrum der Ostkirche auch in der Zeit der Fremdherrschaft zu wahren. Nach einem Erlaß von 1060 ist »jeder Frau, jedem weiblichen Tier, jedem Eunuchen, jedem bartlosen Gesicht« der Zugang verwehrt. Im Bild das Kloster Dionysiou (14. Jahrhundert) am Fuß des unmittelbar vom Meer auf 2033 m aufsteigenden Hagion Oros.

Kloster Daphni bei Athen (Aufnahme vor 1945). Die byzantinische Kirche vom Ende des 11. Jahrhunderts wurde im 13. Jahrhundert mit gotisch-zisterziensischen Bauten umgeben. Das spannungsvolle Verhältnis von Ost- und Westkirche kommt in den unterschiedlichen Baustilen architektonisch deutlich zur Geltung.

Mistra (Lakonien), ursprünglich eine fränkische Gründung von 1248/49, ab 1262 Keimzelle des byzantinischen Despotats von Morea. Der Despotenpalast (Bild) ist ein seltenes Beispiel eines spätbyzantinischen Profanbaues. (s. auch S. 84).

148

Der »Weiße Turm«, das Wahrzei-chen von Thessalonike, erbaut unter Sultan Süleiman dem Prächtigen im Jahr 1535.

Thessalonike, Hauptstadt von Ma-kedonien; Blick von der Stadt-festung der »Sieben Türme« (Hep-tapyrgon, türk. Yedi Kule) auf den Thermäischen Golf. (Aufnahme von 1905)

بر د قذ

La Forteres-e de Yedi-Koulé.

149

Bay von Navarino (Messenien), Blick von der osmanischen Festung Neokastro (1573) auf den Eingang der Bucht; Schauplatz der Seeschlacht von Navarino am 20. Oktober 1827.

Dem Bombardement der Akropolis durch den venezianischen Generalkapitän Francesco Morosini am 26. September 1687 fiel das bis dahin unversehrte Dach des 2125 Jahre alten Parthenon zum Opfer.

150

Edward Dodwell: *Der Bazar von Athen* (1801/1806). Dodwells Werk »A classical and topographical Tour through Greece« lenkte in Europa das Interesse nicht nur auf das antike, sondern auch auf das zeitgenössische Hellas. Die Abbildung zeigt – an den Trachten unterscheidbar – Griechen, Türken und Albaner im bunten Neben- und Miteinander.

Maurokordatos verteidigt siegreich Missolunghi 1823 gegen die Türken, nach einer Stichvorlage von Peter von Heß. Das Bild symbolisiert den griechischen Freiheitskampf, wie er in weiten Kreisen Europas verstanden wurde: Ein Philhellene in europäischer Uniform (links) dirigiert vier, mühsam ein Geschütz ziehende orientalisch gewandete Klephten. Der Richtschütze ist durch einen westlichen Militärmantel als »europäisierter Grieche« gekennzeichnet; alles überragend steht die Gestalt Alexander Maurokordatos', der in Habitus und Zivilkleidung als völlig dem europäischen Kulturkreis angehörend dargestellt wird.

Landung König Ottos in Nauplion am 6. Februar 1833, Gemälde von Peter von Heß. Im rechten Zentrum der König, gefolgt vom Regentschaftsrat. Im linken Zentrum griechische Generäle (darun-

ter Kolokotronis mit Paradehelm) und Politiker (Maurokordatos mit Zylinder). Im Hintergrund (v.l.): Palamidi-Festung, die proviso-rische Hauptstadt Nauplion und die Salut feuernde britische Flotte.

Einzug König Ottos in die neue Hauptstadt Athen am 12. Januar 1835, Gemälde von Peter von Heß. Im Mittelpunkt König Otto und sein Bruder Maximilian (der spätere bayerische König Max II.), rechts (zu Pferd) das diplomatische Corps und die bayerische Infan-

terie, links orthodoxe Würdenträger. Den Blickfang – als Symbol der antiken Vergangenheit – bildet der sogenannte »Theseustempel« (das Hephaiston, zur damaligen Zeit Georgskirche). Im Hintergrund die Akropolis mit dem »Erechtheum«

Ludwig Köllnberger: Griechische Frauen- und Männertrachten. Köllnberger gehörte dem Offizierskorps der bayerischen Brigade König Ottos an. Zwischen 1834 und 1837 fertigte er über 100 Aquarelle an, auf welchen er seine griechische Umgebung alltagsgetreu wiedergegeben hat.

155

Ein Herrenhaus (Archontikon) in Metsovo (Epiros) im Pindosgebirge. Kunstvoll ausgestattete Herrenhäuser aus dem 18. und 19. Jahrhundert zeugen im Epiros, in Thessalien und in Makedonien vom erfolgreichen Transbalkan-Handel griechischer und aromunischer Kaufmannsfamilien.

Der Kanal von Korinth kurz vor der Eröffnung 1893. Der 1881 begonnene Durchstich verbindet auf 6,3 km Länge den Golf von Korinth mit dem Saronischen Golf.

Griechische Frau aus Kleinasien. Bis zum griechisch-türkischen Krieg von 1919–1922 lebte ein Viertel aller Griechen in Anatolien.

Der griechische Makedonien-Kämpfer Hauptmann Apostolos versöhnt sich mit den Jungtürken (1908 oder 1909). Sinnbild einer griechisch-türkischen Verständigung über Makedonien gegen bulgarische Ansprüche.

Das Ende des »Kleinasiatischen Abenteuers«: Griechische Flüchtlingsschiffe verlassen das am 9. November 1922 von den Türken eingenommene Smyrna/Izmir.

Der Zweite Weltkrieg: Parade der Luftwaffe über der Akropolis. Die deutsche Okkupation lastete vom 27. April 1941 bis zum 12. Oktober 1944 auf der griechischen Hauptstadt.

Der Lyriker Odysseas Elytis (geb. 1911), Nobelpreis-träger für Literatur 1979.

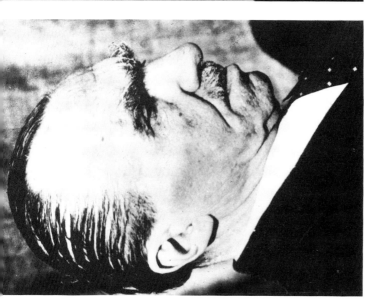

Nikos Kazantzakis (1883–1957), berühmtester griechi-scher Schriftsteller des 20. Jahrhunderts. Auf seinem Grabstein in Heraklion/Kreta stehen die Sätze: »Ich hoffe nichts, ich fürchte nichts, ich bin frei«.

Blick über das moderne Athen. Jeder dritte Grieche lebt in der Region Athen/ Piräus, der Großteil der Industrie und drei Viertel aller Kraftfahrzeuge konzentrieren sich in diesem Agglomerationsraum. Ernste Umweltprobleme sind die Folge.

DER GRIECHISCHE FREIHEITSKRIEG (1821–1830)

Europäischer Philhellenismus

Der Philhellenismus (die *Freundschaft zum Griechentum*) hatte eine lange Tradition in Europa.
Während die von Italien ausgegangene Renaissance sich auf römische Vorbilder bezog, ging der Humanismus, wie ihn etwa Philipp Melanchthon (»Schwarzert«) und der genannte Kraus/Crusius vertreten hatte, zurück zum alten Hellas. Dort erblickte man die »Wiege der abendländischen Kultur«. Die Griechische Antike wurde zum Bildungsideal. Das 18. Jahrhundert war das Zeitalter des Klassizismus, in dem die griechische Klassik als das Maß aller künstlerischen Äußerungen galt. J. J. Winckelmann formulierte 1764 seine Theorie der »*Stillen Einfalt und hehren Größe*« der klassischen griechischen Kunst. Die Werke Goethes, Schillers und Hölderlins sind tief von der antiken Poetik und Mythologie durchdrungen. Das klassische Hellas mit seinen Heroen, seiner Literatur, seiner Kunst und seiner Landschaft wird zum Sehnsuchtsland, das man »*mit der Seele sucht*«. Und nicht nur das. Auch seine freiheitliche Ordnung, die Demokratie, wird zum Ideal des aufstrebenden neuhumanistischen Bildungsbürgertums. Der sonst so idealistische Winckelmann hat dies klar formuliert: Nur auf der Grundlage bürgerlicher Freiheit konnten (und können wieder) solche Kunstwerke, wie die der alten Griechen, entstehen.
Neben die abgehobene idealistische »Schau« des *alten* Hellas aber tritt nun auch die Frage, wie es eigentlich mit dem *neuen* Hellas beschaffen sei. Der wißbegierige Goethe interessierte sich auch dafür und übersetzte z. B. »Neu-Griechische Epeirotische Heldenlieder« und »Neu-Griechische Liebes-Skolien«. Der Roman »Voyage du jeune Anarchasis en Grèce« des Abbé Barthelemy (1788) und François Chateaubriands »Itineraire de Paris á Jerusalemme« (1811) führten einer breiten europäischen Öffentlichkeit sowohl die Vergangenheit wie auch die Gegenwart Griechenlands eindrucksvoll vor Augen. All das verbindet sich mit den neuen revolutionären Ideen des Nationalismus zum nationalen Selbstbestimmungs- und Freiheitsgedanken. Der Philhellenismus wird damit zu einem politischen Programm: Als leuchtendes Beispiel für das erst von Napoleon und dann von der »Heiligen Allianz« unterdrückte Europa soll im »*Mutterland der Demokratie*« ein

Freiheitskampf nach außen und eine freiheitliche Revolution nach innen vorgeführt werden. Kritische Stimmen, die darauf hinwiesen, daß Hellas seit dem Untergang der Attischen Demokratie über 2000 Jahre hinweg ein durch und durch orientalisches Land mit ganz anderer Tradition geworden war, wurden in den Hintergrund gedrängt und der politischen Reaktion zugeordnet. Wir müssen in diesem Kontext aufmerksam beachten, daß im europäischen Philhellenismus immer vom »antiken Hellas« die Rede war, nie von Byzanz und Konstantinopel! Denn seit Edward Gibbons epochalem Werk über den »Verfall des Römischen (er meint damit des Ost-Römischen) Reiches« (1788), galt die Geschichte von Byzanz als eine epigonale Abfolge von religiösen Absurditäten, manieriertem Größenwahn und pathologischen Palastverschwörungen.

Mit dem Ausbruch des griechischen Unabhängigkeitskrieges 1821 schwoll der romantische Philhellenismus zu einer gewaltigen gesamteuropäischen politischen Freiheitsbewegung an. Jetzt, nachdem die restaurativen Kräfte der Heiligen Allianz in Europa wieder die Oberhand gewonnen hatten, sollte wenigstens im fernen Griechenland der Freiheitskampf gelingen. Der Philhellenismus erfaßte bedächtige Gelehrte, christliche Kreise und das liberale Bildungsbürgertum genauso wie die radikale nationalrevolutionäre Studentenschaft. In ganz Europa – und auch in den USA – bildeten sich »Philhellenische Gemeinschaften« und Fördervereine mit eigenen Mitteilungsblättern und Zeitschriften. Dabei ist zu beachten, daß dies alles gegen den ausdrücklichen Willen der Regierungen der Heiligen Allianz geschah! Der Philhellenismus war Teil des Bekenntnisses zu den großen fortschrittlichen Ideen der Zeit geworden, zu Nationalstaat, Republik, Gewaltenteilung und Verfassung mit Bürgerrechten und Pressefreiheit. Trotz der Unterdrückung durch die offizielle Politik wurde die philhellenische Bewegung zu einer einflußreichen »Pressure Group«, die bald die öffentliche Meinung beherrschte und die Regierungspolitik schließlich in ihrem Sinne beeinflussen sollte.

In Genf übernahm der Bankier Jean-Gabriel Eynard die Sammlung und Überweisung der philhellenischen Hilfsgelder. In Paris bildete sich 1824 ein philhellenisches Komitee. In Deutschland waren München und Stuttgart die Zentren. Besonders einflußreich war das »Greek Committee« in London. Großbritannien war kein offizielles Mitglied der Heiligen Allianz und unterstützte deren Politik nur soweit, als es der eigenen Machtpolitik (der »Balance of Powers«) diente. In London durften die Philhellenen demnach am ehesten mit staatlicher Hilfe rechnen. Viele Philhellenen begnügten sich nicht mit Denkschriften und Spendensammlungen, sondern eilten selbst nach Griechenland: Arbeitslose Offiziere, verfolgte Revolutionäre, Abenteurer und Dichter, darunter eine hohe Zahl idealistischer Schwärmer. Der exzentrische Gordon Lord Byron, der in seinen Versepen »The Siege of Corinth« (1816) und »Child Harold's Pilgrimage« (1819) auf das Schicksal der Griechen aufmerksam gemacht hatte, bezahlte – wie viele Griechenfreunde – seinen Einsatz in Hellas mit dem Leben (1824).

Die neu-griechischen Nationalgedanken

Zahlreich waren die Querverbindungen zwischen dem Philhellenismus und dem europäisch gebildeten griechischen Auslandsbürgertum.

Von Paris aus wirkte der aus Chios stammende Philologe → Adamantios Korais (1748–1833). Von der französischen Aufklärung und der Französischen Revolution, die er in Paris miterlebt hatte, tief beeinflußt, begann er, die altgriechischen Klassiker in einer für die Neugriechen verständlichen, aber »gereinigten« Sprachform (»*Katharevousa*«, gereinigt) herauszugeben. Die griechische Schriftsprache des Patriarchats und der Fanarioten war immer noch das sogenannte attische »Alt-Griechische«, so wie es aus Byzanz tradiert worden war. Diese hochgestochene und künstliche Hochsprache war dem Volk freilich mittlerweile völlig unverständlich. Die Umgangssprache (*Demotiki*, »Volkssprache«) bedient(e) sich einer sehr vereinfachten Grammatik und hatte einen relativ hohen Anteil an slawischen, albanischen, italienischen und türkischen Lehnworten und Redeweisen. Korais konstruierte aus beiden Sprachvarianten (aber mit deutlicher Bevorzugung der alten Sprache) die »Katharevousa« als neugriechische Literatursprache. Die organisch gewachsene »Demotiki« ließ sich allerdings, trotz aller späteren pädagogischen Maßnahmen, nie ausschalten. Heute ist sie – von Fremd- und Lehnworten purifiziert – die alleinige einheitliche neugriechische Nationalsprache. (Hier sei noch angemerkt, daß die an den europäischen Gymnasien gelehrte Aussprache des »Alt-Griechischen« auf eine Kunstform des Humanisten Erasmus von Rotterdam aus dem 16. Jahrhundert zurückgeht, und mit der realen Aussprache sowohl der antiken, wie der mittelgriechischen (byzantinischen) Sprache nicht übereinstimmt.)

Korais war Anhänger einer schrittweisen griechischen Unabhängigkeit. Erst sollte der Bildungsstand seines Volkes durch das Studium der antiken Schriften gehoben werden, um das Niveau eines Staatsvolks zu erreichen. Auf Korais geht die »Neu Hullonische Bewegung« zurück. Sie stellt, im Einklang mit den europäischen Philhellenen, die Tradition des klassischen antiken Hellenentums, und nicht etwa das christlich-byzantinische Rhomäertum, in den Vordergrund des neugriechischen Nationalgedankens.

Dagegen war der Dichter → Rigas Pheräos aus Velestino (1757–1798) ein Verfechter der auf die Wiederentstehung von Byzanz gerichteten »Großen Reichsidee«. Diese »Megale Idea« (Große Idee, im Gegensatz zur kleinen, nur auf das antike Hellas bezogenen Idee) wird uns im folgenden noch öfters beschäftigen. Rigas schwärmte sogar von einer unter griechischer Führung stehenden orthodoxen Balkanföderation. In seinen volkstümlichen Kampfliedern rief er zum Sturm auf die »Stadt der sieben Hügel« (Konstantinopel) auf. Der Marseillaise angeglichen ist das populäre Kriegslied »Deute, paidia ton Hellenon« (auf, Kinder der Hellenen). Er wirkte in Bukarest, in Frankreich und zuletzt in Wien. Sein revolutionäres Treiben innerhalb der Wiener Griechenkolonie machte ihn der österreichischen Geheimpolizei verdächtig. Von einem eigenen Landsmann in Triest verraten, lieferte sie ihn 1798 an die Türken aus, die ihn wegen Hochverrats in Belgrad hinrichten ließen.

Der Aufstand (»Epanastasis«)

Der Gedanke der politischen Freiheit und der nationalen Selbstbestimmung schlug sich bei den Griechen im In- und Ausland in zahlreichen »Hetärien« (Freundschaftsbünden) und politischen Clubs nieder.

In Griechenland selbst entstanden mehrere Geheimbünde. 1813 wurde in Athen ganz legal die »Hetaira Philomuson«, die Gesellschaft der Musenfreunde, gegründet, die nach außen kulturelle Ziele verfolgte, nach innen aber politisch ausgerichtet war. Die bei weitem einflußreichste Hetärie bildete sich 1814 im russischen Odessa. Um den Geheimdiensten nicht aufzufallen, nannte sie sich schlicht »Hetaira Philikon«, Gesellschaft der Freunde. Ihr innerer Aufbau war ähnlich den Freimaurern in mehrere hierarchische Stufen des Eingeweihtseins unterteilt. Ihre tonangebenden Mitglieder waren Griechen in hohen russischen Staatsstellen. Als Führer kristallisierte sich der aus einer Fanariotenfamilie stammende Alexander Ypsilantis (1792–1828) heraus, einer der Adjutanten des Zaren Alexanders I. Obwohl der Zar keineswegs in den konspirativen Kreis eingeweiht war, erweckte doch für viele Griechen die Nähe Ypsilantis' zum Zarenhof den Eindruck, die russische Politik stünde offiziell hinter ihm. Der damalige Außenminister des Zarenreiches, der aus Korfu gebürtige Grieche Ioannes Kapodistrias, lehnte hingegen eine direkte Beteiligung an den seit 1820 in vollem Gange laufenden Aufstandsvorbereitungen mit Rücksicht auf die Heilige Allianz ab.

Der Plan der Hetärie sah vor, im Frühjahr 1821 an mehreren Stellen des Osmanischen Reiches zugleich zuzuschlagen. Man erhoffte sich auch die anderen Balkanvölker mitreißen zu können, um im Schatten eines allgemeinen Balkanaufstands die Macht in Konstantinopel übernehmen zu können. Den Russen würde bei derartig vollendeten Tatsachen, so die Logik der Aufständischen, gar nichts anderes übrigbleiben, als zugunsten der Griechen zu intervenieren. Ypsilantis schwebte also die »Große Idee« vor, nicht etwa nur die Wiedererrichtung des kleinen antiken Hellas. Diese Option galt in den Kreisen der Hetärie als westliches Hirngespinst.

Auf der Peloponnes, in der Ägäis – und im Fürstentum Moldau sollten die Aufstände losbrechen. Die rumänischen Donaufürstentümer Moldau und Walachei unterstanden nominell der Hohen Pforte, die eigentliche Macht aber übten seit einem Jahrhundert die griechischen Fanarioten aus, die von den Türken als Statthalter (Hospodare) eingesetzt worden waren. Die herrschende griechische Minderheit und konspirative Verbindungen über die russische Grenze hinweg bewogen den Fanariotensproß Alexander Ypsilantis dazu, gerade hier – in der Moldau – mit dem Aufstand zu beginnen. Ein merkwürdig weltfremdes Unterfangen! Denn schon lange brodelte in der von den Fanarioten geknechteten und buchstäblich bis aufs Hemd ausgebeuteten Masse der von den Griechen verachteten rumänischen Bauern ein sozialer Aufruhr, der just zu dem Zeitpunkt explodierte, als Ypsilantis mit seiner pathetischen »Heiligen Schar« auf der Bühne auftrat. Für die Rumänen waren nicht die Türken, sondern in erster Linie die Fanarioten die Gegner. Ypsilantis' Abenteuer endete in einem Debakel. Ihm selbst wurden vom hintergangenen Zaren alle Ränge aberkannt. Er fiel in die Hände der Österreicher und durfte froh sein, nicht an die Türken ausgeliefert zu werden.

Dagegen war der Aufstand in der Peloponnes von den »Apostoloi« (Abgesandten) der Hetärie logistisch gut vorbereitet worden. Günstig für die Griechen, die im März 1821 über nicht mehr als 5000 bewaffnete Klephten verfügten, wirkte sich die Abwesenheit regulärer türkischer Truppen aus. Der Statthalter Kurschid Pascha war zu diesem Zeitpunkt weit weg in Epiros in heftige Kämpfe mit Ali Pascha von

Ioannina verwickelt. Der nationalen Legende zufolge soll Erzbischof Germanos von Patras am 15./25. März 1821 im Kloster Hagia Lawra bei Kalavrita die allgemeine Volkserhebung ausgerufen haben. Die ersten Aktionen gingen von den kriegserprobten Manioten unter ihrem Bey Petros Mauromichalis, genannt Petrobey, aus, als sie Kalamata eroberten. Die von der Hetärie formulierte Unabhängigkeitserklärung, verbunden mit einem Hilferuf an die »zivilisierten Nationen Europas«, wurde Ende des Monats den ausländischen Konsuln in Patras zugestellt. Militärischer Oberbefehlshaber des peloponnesischen Aufstands war → Theodoros Kolokotronis (1770–1843), genannt der »Alte von Morea«, der bei Ali Pascha und im britischen Dienst auf Korfu strategische Erfahrungen gesammelt hatte. Nominell unterstanden ihm die anderen Klephtenführer (Kapitanei), wie Georgios Karaiskakis, Markos Botsaris, Odysseus Androutsos und Georgios Dikaios, genannt Papaphlessas. Aber nur je nach Lage schlossen sich die Klephtenbanden zusammen, meist kämpften sie auf eigene Faust. Versuche Kurschid Paschas, den Aufstand zu ersticken, schlugen fehl. Bei Doliana und Valtetsi in Arkadien errangen die Griechen aufsehenerregende Siege, was den Zulauf zu den irregulären Scharen schlagartig erhöhte. Mit der Eroberung der Pascha-Stadt Tripolitsa (Tripolis) im Oktober 1821 war die gesamte Morea mit Ausnahme von Patras, Rhion, Korone und Methone, in der Hand der Aufständischen. Die Niedermetzelung der gesamten türkischen Einwohnerschaft von Tripolitsa und der Griechen in Patras eröffnete den blutigen Reigen gegenseitiger Vergeltungen und Grausamkeiten.

Weniger erfolgreich verlief der Aufstand auf dem Festland. In Thessalien, besonders aber in Makedonien, war der türkische Einfluß erheblich stärker als im Süden. Auch hatte die Hetärie hier unter den griechischen Primaten keine bedeutenden Mitverschwörer gefunden. Aufstandsversuche auf der Chalkidike, auf der Insel Thasos und im südmakedonischen Naoussa endeten in traumatischen Niederlagen. Kotzabassides und Armatolenführer hielten sich vom peloponnesischen Krieg fern, um ihre Privilegien nicht zu gefährden, oder – noch schlimmer – arbeiteten mit den Osmanen zusammen, die ihnen Anteil an der moreotischen Beute versprachen. Nur in Athen zeigte der Aufstand Wirkung. Nach mehrmonatiger Belagerung ergaben sich die auf die Akropolis geflohenen Türken und Arnauten. Von dem schottischen Augenzeugen George Finlay wissen wir, daß kaum ein Muslim, entgegen der Abmachung, überlebt hat. Athen blieb jedoch ein extrem gefährdeter Außenposten, der 1827 wieder in die Hände der Türken fiel.

Die spektakulären Anfangserfolge auf Morea waren in erster Linie auf die Seehegemonie der Griechen in der Ägäis zurückzuführen. Die Schifferinseln Hydra, Spetsä und Psara, sowie die Großinseln Samos und Chios schlossen sich dem Aufstand an. Ihre Flotten bestanden 1821 aus 556 zu Kriegsschiffen umgerüsteten Kauffahrteischiffen mit etwa 16 000 Mann Besatzung. Admirale waren die Hydrioten Konstantinos Kanaris und Andreas Miaulis. Den ersten Seesieg über die schwerfällige türkische Flotte errangen sie 1822 vor Spetsä. Die Legende schreibt diesen Sieg der legendären Heldin Laskarina Bobolina zu.

Das Fanal von Chios (1822)

Allem Anschein nach wurde die osmanische Regierung von der »*Epanastasis*«, dem Aufstand, und seinem umfassenden nationalen Anliegen völlig überrascht. Lokale Erhebungen oder gewaltsame Autonomiebestrebungen einzelner Regionen waren nichts Neues im Osmanischen Reich, – das Konzept der »*nationalen und staatlichen Unabhängigkeit*« fiel jedoch auf Unverständnis in Istanbul. Ali Paschas Sezession wurde zuerst viel ernster genommen als der Klephtenkrieg in Südgriechenland. Ein standesübergreifender gemeinsamer Aufstand der griechischen Untertanen war überhaupt nicht in Betracht gezogen worden. Die griechische Oberschicht war der Günstling der Pforte und in der Herrschaftsausübung auf dem Balkan eng mit den Osmanen verbunden. In den Augen des Sultans bewährte gerade sie sich in Vertrauensstellungen. Wie anders ist es zu erklären, daß der gesamte Munitionshandel und -transport im Reich noch kurz vorher als ausschließlich griechisches Privileg bestätigt worden war? Große Verbitterung rief hervor, daß sich der von Istanbul kaum behelligte Archipelagos und die unter den Sultanen reichgewordenen Inseln Chios und Samos dem Aufstand anschlossen.

Das erste Racheopfer war der ökumenische Patriarch Gregorios von Konstantinopel, der, ungeachtet der Tatsache, daß er den Aufstand verurteilt und die Aufständischen exkommuniziert hatte, als Verantwortlicher des griechischen Millet hingerichtet wurde. In allen größeren Städten kam es zu schweren antigriechischen Ausschreitungen, an denen sich auch Juden und Lateiner beteiligten. Besonderes Unheil braute sich über der küstennahen Insel Chios zusammen. Im April 1822 landeten anatolische Truppen unter dem Kapudan-Pascha Kara Ali. Den Massakern fielen – laut François Pouqueville – 25 000 Chioten zum Opfer, 47 000 wurden verschleppt oder in die Sklaverei verkauft.

Nur die reichsten Familien, wie die Rhallio, konnten sich freikaufen. Im Gegenstoß sprengte Admiral Miaulis das osmanische Flaggschiff mit Kara Ali und 2000 Mann Besatzung in die Luft. Samos, dem ein ähnliches Schicksal zugedacht war, konnte türkische Landungsmanöver abwehren.

Das Massaker an der Zivilbevölkerung von Chios rief in Europa und in den USA größte Emotionen hervor und gab der philhellenischen Strömung einen mächtigen Auftrieb. Eugène Delacroix' Monumentalgemälde »Le Massacre du Scio« (1824) und Hector Berlioz' Kantate »La Révolution Grecque« (1825) erreichten eine gewaltige Breitenwirkung. Das zunehmend von unverdächtigen Persönlichkeiten des öffentlichen Lebens, wie den deutschen Professoren Josef Görres und Friedrich Wilhelm Thiersch, verstärkte progriechische Engagement brachte langsam die bisher bewußt untätigen europäischen Regierungen in Zugzwang. Die Zeitungen waren voll von Aufrufen zur Hilfe für »die um Leben und Freiheit ringenden Hellenen«. In Deutschland wirkte hier besonders der Dichter Wilhelm Müller, genannt »Griechenmüller«.

Mit dem Fall Ali Paschas 1822 wurden türkische Kräfte frei. Die Aufständischen gerieten nun mehr und mehr in die Defensive. Eine gewagte Expedition unter → Alexander Maurokordatos nach Arta/ Epiros hatte den Verlust der einzigen professionell ausgebildeten Kompanie zur Folge. Auch der fähige deutsche philhellenische General von Normann-Ehrenfels ließ dort sein Leben. Die Sulioten wanderten vor türkischen Repressalien nach Korfu aus. In der Morea blieb dagegen Kolokotronis gegen den von der Pforte in Marsch gesetzten Pascha Machmud von Drama beim Engpaß von Dervenakia zwischen Korinth und Argos siegreich. Die bewaffneten Griechen bezifferten sich nun auf 60 000.

Testfall für die »Heilige Allianz«

Wie gestaltete sich die Reaktion der europäischen Kabinette? Noch war der österreichische Staatskanzler Metternich die führende Figur auf dem europäischen diplomatischen Parkett. Er erblickte in dem Aufstand keinen Freiheitskampf, sondern eine politische und soziale Revolte. Für ihn galt diese »Insubordination« als interne Angelegenheit des Osmanischen Reiches, für welche jegliche Unterstützung unterbunden werden müßte. Auf dem Kongreß der Heiligen Allianz zu Verona 1822 setzte Metternich seine Prinzipien durch. Eine Delegation, die im Namen der »Griechischen Nation« vorsprechen wollte, wurde von den beteiligten Monarchen brüsk abgewiesen. Zwiespältig aber war die Haltung Zar Alexanders von Rußland, und besonders die seines designierten Nachfolgers Nikolaus. Einerseits war der Zar der Garant der »Heiligen Allianz«, andererseits aber eröffneten sich in der »Griechischen Frage« ungeahnte Expansionsmöglichkeiten für die russische Außenpolitik. Die Türken hielten zudem nach dem gescheiterten Ypsilanti'schen Abenteuer die Donaufürstentümer militärisch besetzt und zogen sich auch nach einem russischen Ultimatum nicht zurück. Petersburg brach darauf die Beziehungen zur Hohen Pforte ab.

Die vom Wiener Kongreß wiedereingesetzte Monarchie in Paris war bestrebt, ihr traditionelles Protektorat über die katholischen Untertanen des Sultans nicht zu gefährden und hielt sich daher aus der griechischen Sache heraus. Die unter französischem Schutz stehende katholische Inselbevölkerung auf Syros, Naxos und Tinos zeigte keine Sympathie für den Aufstand und erklärte ihre strikte Neutralität.

Eine Schwächung des Osmanenreiches lag generell nicht im Sinne von Paris und London. Die englische Regierung unter Außenminister Castlereagh verhielt sich dem Aufstand gegenüber zunächst streng abweisend. Die britischen Ionischen Inseln wurden abgeschottet, vom Festland geflohene griechische Widerstandskämpfer wurden als Rebellen verfolgt und interniert. Doch erkannte man in London bald, daß es unter den Augen der empörten und für Hellas sensibilisierten Öffentlichkeit kein Zurück zur alten Ordnung mehr geben könne. Um auch dem wachsenden Einfluß Rußlands zu begegnen und der englischen Industrie einen neuen Markt zu sichern, verfolgte der neue liberale Außenminister George Canning ab 1822 einen wachsenden progriechischen Kurs.

Innergriechische Interessengegensätze

In den befreiten Gebieten Griechenlands stieß die staatliche Organisation auf allergrößte Schwierigkeiten. Die Allianz zwischen so widerstrebenden Interessengruppen wie Fanarioten, Primaten, Reedern, Handelsbürgern, dem Klerus, den Klephten, und den dörflichen Habenichtsen, die sich alle nur zur Vertreibung der Türken zusammengeschlossen hatten, fiel nach Erreichung dieses Ziels augenblicklich auseinander und bekämpfte sich bis zum offenen Bürgerkrieg. Jetzt treten gesellschaftliche und politische Strukturen zu Tage, welche das Gesicht Neu-Griechenlands bis heute bestimmen werden. Wir müssen uns vor Augen halten, daß die Aktivität der Hetärie zwar von den Auslandsgriechen, keineswegs aber in allen Kreisen der politischen Klasse des einheimischen Griechentums gutgeheißen wurde. Kotzabassides und Primaten bangten um ihre Vorrechte und befürchteten nach dem politischen Umsturz auch eine soziale Revolution. Nicht umsonst wurden sie vom gemeinen Volk als »die wahren Türken« bezeichnet. Viele Großgrundbesitzer sahen in der aufstandsbereiten und bewaffneten Rayah eine revolutionäre Masse, die sich letzten Endes gegen sie selbst wenden würde.

In der Peloponnes hatten die militärischen Volksführer 1821 aber eine solche Machtstellung erreicht, daß sie die reichen Primaten wie die widerstrebenden hydriotischen Schiffseigner mit Waffengewalt zur Teilnahme am Aufstand zwingen konnten. Auf der Stereia indesssen boykottierte die griechische Oberschicht erfolgreich die Aufstandsvorbereitungen und brachte die Erhebung damit zum blutigen Scheitern. Im Gang der Ereignisse blieb den Primaten auf Morea aber bald nichts anderes übrig, als sich äußerlich der Epanastasis anzuschließen. Im Geheimen hielten viele von ihnen die Verbindungen zu den Paschas aufrecht und bereiteten ihrerseits die Machtübernahme in der neuen griechischen Regierung vor.

Auch viele Fanarioten spielten mit doppelten Karten. Es ist nicht auszuschließen, daß sie ursprünglich für Griechenland eine ähnliche staatsrechtliche Stellung, wie sie die Donaufürstentümer besaßen, im Auge hatten. Das hätte ihnen mit Unterstützung der Pforte die absolute Herrschaft gesichert. Den Fanarioten in Istanbul war das Los der griechischen Rayah gleichgültig. Infolge der antigriechischen Repressalien in Istanbul 1821/22, die auch sie betrafen, flohen viele auf die Peloponnes und machten dort gemeinsame Sache mit den konterrevolutionären Kotzabassides.

Daß der höhere orthodoxe Klerus sich empört gegen jegliche Infragestellung der Sultansautorität wandte, überrascht uns bei der vielseitigen Privilegierung und Korrumpierung dieser Kaste nicht. Seit Ende des 18. Jahrhunderts zirkulierten jährliche »Väterliche Mahnschreiben« der Patriarchen, in welchen die orthodoxen Untertanen aufgefordert wurden, »unserem gemeinsamen Wohltäter und Ernährer«, d. h. dem Sultan, die Treue zu halten. Für das ökumenische Patriarchat fand 1821 keine »*Epanastasis*« statt, sondern eine »*Apostasia*«, ein Abfall oder eine Abtrünnigkeit von der legitimen Obrigkeit. Folgerichtig exkommunizierte der Ökumenische Patriarch Gregorios die Führer der Aufständischen und forderte sie zur Niederlegung der Waffen auf (was ihn nicht vor der Hinrichtung rettete). Bis 1828 war die Kirchenleitung strikt gegen den Unabhängigkeitskrieg eingestellt. Dies hinderte freilich zahlreiche Popen, Mönche und kleinere Bischöfe nicht, an der Seite der Aufständischen zu kämpfen.

Die gemeinsame Linie der vermögenden Stände – ihre Vertreter werden im Volksmund fortan »Politiker« genannt – ist die Erhaltung ihrer Vorrechte und Einkünfte, gleichgültig ob in einem »freien Griechenland« oder unter der Souveränität des Sultans. In sich sind die »Politiker« dreigespalten in die traditionellen Kräfte des Fanars und des Patriarchats, in die in Habitus und Denkweise völlig orientalisierten Kotzabassides, und in die weltoffenen, plutokratischen ägäischen Reeder- und Handelsfamilien.

Den Politikern steht als diffuse Masse das »Volk« gegenüber. Als dessen Führer schwingen sich die »Warlords« auf. Die charismatischen Klephten-Kapitäne ersetzten zwar vielfach die alten Häuptlinge und erzwangen durch diktatorische Maßnahmen gewisse sozialpolitische Verbesserungen, waren aber an einer grundlegenden Umwälzung der von Byzanz und den Türken übernommenen orientalisch-despotischen Gesellschaftsordnung nicht interessiert.

Eine eigene Fraktion bildet das westlich orientierte Auslandsgriechentum. Es stellt die Intelligenz und propagiert die nationale und die demokratische Idee. Ihm kam bei der Organisation des Aufstands die größte Bedeutung zu, es büßt aber schon während des Krieges erheblich an Einfluß ein und nimmt auch später an politischer Bedeutung ab.

In diesen fast völlig unvereinbarlichen sozialen Interessengegensätzen zwischen »Politikern«, Militärs und dem noch unorganisierten »Volk« erkennen wir bereits die Umrisse der Parteien und zahlreichen politischen Fraktionen, die Griechenland innenpolitisch bis heute in Unruhe halten werden.

Bürgerkrieg im Schatten der Katastrophe (1822–1830)

Die tiefen gesellschaftlichen Widersprüche innerhalb der Aufständischen und ihrer Mitläufer traten nach dem (noch vorläufigen) Wegfall der türkischen Oppression abrupt zu Tage. Uneinigkeit herrschte bereits über das Ziel der Erhebung: Völlige Unabhängigkeit oder nur Autonomie? In den Grenzen des antiken Hellas oder des Reiches von Byzanz? Monarchie oder Republik? Schutzmacht England oder Rußland? Und, weitgehender: Nur politischer Umsturz oder auch soziale Umwälzung, Landreform, korruptionsfreie Verwaltung etc.?

Die ersten Entwürfe zu einer Verfassung wurden, wie selbstverständlich, von den Archonten der Peloponnes formuliert. Ihnen gegenüber forderte Demetrios Ypsilantis als Bevollmächtigter der Hetärie und mit Zustimmung der »Warlords« einen gewählten Senat als verfassunggebende Versammlung. Den Kompromiß verkörperte der Fanariot Alexandros Maurokordatos, der sowohl den Einfluß der Kotzabassides, wie den der Kapitanei zurückzudrängen bestrebt war. Zu all diesen politischen und sozialen Differenzen kamen noch die traditionellen regionalen Gegensätze zwischen Rumelioten, Moreoten, Manioten und Nesioten (Inselbewohner), die es schwermachten, alle unter *einen* nationalen Hut zu bringen.

In der *ersten Nationalversammlung in Piada bei Epidauros* traten in der Jahreswende 1821/1822 die Vertreter aller befreiten Regionen, die dort bestimmt (nicht gewählt!) worden waren, zusammen. Den Machtverhältnissen gemäß waren dies in der Mehrzahl Vertreter der Primaten. Aber auch viele Auslandsgriechen waren zugegen. Diese gaben wohl den Ausschlag für ein »Organisches Statut« (Verfassung), das in seinen Grundzügen der revolutionären französischen Republikverfassung von 1793 nachgebildet war. Es handelte sich also um eine moderne, im Westen konzipierte Konstitution mit Gewaltenteilung auf demokratischer Grundlage. Im Griechenland des Jahres 1822 fehlte dafür auch im entferntesten die gesellschaftliche Grundlage! Die *Verfassung von Epidauros* blieb – wie alle ihre Nachfolger – auf das Papier beschränkt. In Wirklichkeit schufen sich die Primaten eine Oligarchie und schränkten die Exekutivgewalt der Regierung bis zur Handlungsunfähigkeit ein. Erster Präsident wurde Alexander Maurokordatos, dem Parlament stand Demetrios Ypsilantis vor. Als Staatsflagge wurde das byzantinische Phokas-Kreuz bestimmt: Neun blaue und weiße Längsstreifen mit dem weißen Kreuz auf blauem Grund.

Die auch in Epidauros kraß aufeinanderstoßenden Widersprüche mündeten bald in den offenen Bürgerkrieg. Vordergründig ging es um Ämterschacher, Rangordnungen und – ganz speziell – um die Aufteilung eines größeren englischen Kredits. Dahinter stand aber der ungelöste Gegensatz zwischen den alten besitzenden Eliten, der neuen Handelsklasse, und den Militärführern, die das »Volk« auf ihre Seite zogen. Auch die *zweite Nationalversammlung in Astros* in der Kynuria im März 1822 vermochte die verhängnisvolle Entwicklung zum Bruderkrieg nicht mehr aufzuhalten. Vergeblich trat auch 1823 der »*Erste Kongreß des hellenischen Volkes*« in der Sultan-Achmed-Moschee zu Nauplion zusammen. Nach blutigen Auseinandersetzungen bis 1826 gewann die Partei der Primaten, und damit die Oligarchie, unter Georgios Kountouriotes endgültig die Oberhand.

Ibrahim Pascha: Versuchung und Gewalt (1825–1827)

Im Ausland riefen die leidenschaftlichen innergriechischen Kämpfe eine merkliche Abkühlung des progriechischen Enthusiasmus hervor und machten einer realistischeren Sicht der Ereignisse Platz. Ebenso war zu diesem Zeitpunkt bei den meisten philhellenischen Kämpfern in Griechenland der anfängliche Idealismus einer schmerzhaften Ernüchterung gewichen. Bei den Griechen stießen die seltsamen Fremdlinge aus dem Westen auf wenig Gegenliebe, ja auf höchstes Mißtrauen. Hellenen und Türken waren andererseits in ihrer Lebensweise für die von antiken Heroen schwärmenden Griechenfreunde kaum zu unterscheiden. Enttäuscht mußten besonders die deutschen Romantiker feststellen, daß von einem »hellenischen Nationalgefühl« keine Rede sein konnte. Der Blutzoll unter den Philhellenen in Griechenland war außerordentlich hoch, Malaria und Seuchen forderten viele Menschenleben. In der Frangoklissa-Kirche in Nauplion befindet sich eine (sehr unvollständige) Aufzählung der in Griechenland von 1821 bis 1828 ums Leben gekommenen Hellasfahrer.

Man muß sich vorstellen, daß der Bürgerkrieg im Schatten der absoluten nationalen Katastrophe vor sich ging. Die militärische Lage hatte sich nämlich ab 1824 dramatisch verschlechtert. Zwar war das Kalkül der Griechen, daß Sultan Mahmud II. wegen schwerer innenpolitischer Turbulenzen (Janitscharenaufstand, Widerstand gegen die Europäisierung) keine Gegenmaßnahmen mehr treffen könne, aufgegangen, – doch trat nun ein weit furchtbarerer Gegner auf den Plan: Mehmed Ali von Ägypten. Das Land am Nil war nur mehr locker mit dem Osmanischen Reich verbunden. Als Khedive (Vizekönig) herrschte Mehmed Ali, der Sohn eines kleinen arnautischen Soldaten aus der makedonischen Küstenstadt Kavala. Er ging bereitwillig auf das Angebot des Sultans ein, den griechischen Aufstand niederzuschlagen und dafür Kreta und Morea als Paschaliks zu erhalten. Den Oberbefehl für diese erfolgversprechende Operation erhielt Ibrahim Pascha, dessen Landungstruppen von französischen Instrukteuren ausgerüstet und gedrillt worden waren. Auf Kreta, das keinerlei Hilfe von den im Bürgerkrieg verstrickten Parteien erhalten hatte, war der griechische Widerstand bald gebrochen. Kreta blieb bis 1840 im ägyptischen Herrschaftsbereich. Im Februar 1825 landeten 70 000 Ägypter in Methone auf der Peloponnes und eroberten Tripolitsa. Der innergriechischen Kämpfe wegen stieß Ibrahim nur auf vereinzelte Gegenwehr. Erst Kolokotronis, der just zum Zeitpunkt der Invasion von seinen innenpolitischen Gegnern inhaftiert worden war, sammelte nach seiner Freilassung die zersprengten Kräfte und verlegte sich auf die Guerilla-Taktik. Die Ägypter hielten bald fast die gesamte Morea in ihrer Gewalt und Ibrahim begann mit einigem Erfolg, die Bevölkerung durch Versprechungen und Bestechungen auf seine Seite zu ziehen. Währenddessen verwüstete die türkische Flotte die Insel Psara, zog sich aber nach erfolgreichen Seemanövern der Griechen wieder zurück. 1825 konzentrierten sich alle Kampfhandlungen auf die von den Aufständischen noch gehaltene ätolische Hafenstadt Missolunghi, in der ein Jahr vorher Lord Byron an Malaria gestorben war. Im April 1826 fiel die Stadt, die in Europa zum Symbol des griechischen Widerstandes geworden war, in die Hände des osmanischen Befehlshabers Reschid Pascha. Dieser war übrigens, wie auch der genannte Kurschid Pascha, ein geborener Grieche, der zum Islam übergetreten war. Einen Monat darauf folgte die nächste Katastrophe vor Athen. Nach einem Sieg bei Arachowa erlitt Karaiskakis beim attischen Hafen von Faleron eine tödliche Niederlage. Den Oberbefehl hatten dabei die beiden britischen Philhellenen George Cochrane und Richard Church. Athen mit der Akropolis ergab sich wieder den Türken.

Nur die Mani, die Korinthia und die Argolis mit der provisorischen Hauptstadt Nauplion und die Inseln Hydra und Spetsä verblieben den Aufständischen. Von Staatsgewalt konnte hier keine Rede sein. Primaten, Klephten und die sogenannte Regierung handelten in totalem Durcheinander. Der Regierungssitz wechselte je nach augenblicklicher Lage zwischen Nauplion, Korinth, Megara und Ägina.

Der Fall von Missolunghi und Athen im Jahre 1826 – in beiden Fällen kam auch eine bedeutende Anzahl europäischer Philhellenen ums Leben – markiert das militärische Ende des griechischen Unabhängigkeitskrieges. (Vgl. das symbolische Gemälde *Hellas auf den Ruinen von Missolunghi* von Eugène Delacroix)

Europäische »Humanitäts-Intervention« (1827–1830)

Die europäische Diplomatie war indessen in Bewegung geraten. Die »Griechische Frage« ließ sich nicht mehr länger ignorieren. Metternichs Einfluß ging nach dem Regierungsantritt Cannings in London und nach dem Wechsel der Zarenherrschaft zu Nikolaus I. stetig zurück. Die »Heilige Allianz« der Monarchien bröckelte auseinander. Zar Nikolaus machte aus seinen imperialistischen Absichten wenig Hehl: Griechenland sollte als orthodoxe Nation unter russisches Protektorat gestellt werden, eine griechische »*Unabhängigkeit*« käme keinesfalls in Frage. Zwar entsprach dies keineswegs den griechischen

Vorstellungen, doch hatte damit, völkerrechtlich gesehen, zum ersten Mal eine Großmacht den Freiheitskampf als solchen überhaupt legitimiert! Jedoch hatte Rußland, das noch bis 1821 als der große potentielle Befreier gefeiert worden war, mit dieser Zielsetzung bei der Mehrheit der Wortführer in Griechenland selbst ausgespielt. Nur die Fanarioten und das Patriarchat sympathisierten mit dem russischen Plan, alle anderen Interessengruppen, besonders das Auslandsgriechentum und das Handelsbürgertum der Inseln, orientierten sich mehr und mehr nach Großbritannien. Londons Interesse war sowohl strategischer Art (Sicherung des Seewegs nach Ägypten und Indien), wie auch – stärker – ökonomischer Art. England war ja die erste Industriemacht des Kontinents und sah in Griechenland einen Stützpunkt seiner Marktexpansion nach Südosten. Nach einer ersten Anleihe aus London (die im Bürgerkrieg verbraucht wurde) stellte sich die griechische Regierung im Jahre 1825 in einem »Act of Submission« (Unterwerfungsakte) einseitig unter den Schutz Großbritanniens. Um Konflikte mit Paris und Petersburg zu vermeiden, erreichte Canning eine Kompromißlösung. Der *Londoner Vertrag vom Juli 1827* (der »Juli-Traktat«) zwischen den drei Mächten sah Griechenland als innenpolitisch autonomes, nach außen jedoch weiter der Pforte unterstehendes und tributpflichtiges Fürstentum vor. Ein geheimes Zusatzprotokoll regelte konkrete Maßnahmen zur »Pazifikation«. Der endgültige Waffenstillstand sollte, falls nötig, gegenüber beiden Konfliktparteien mit Waffengewalt durchgesetzt werden. Zu diesem Zweck zogen die drei Signatarmächte eine große Interventionsflotte zusammen. Sie erschien im Oktober 1827 vor der Bucht von Navarino, in welcher die gesamte türkisch-ägyptische Kriegsflotte vor Anker lag. Der Auftrag an die alliierten Admirale lautete Militär-Demonstration, nicht Provokation. Die Griechen, welche die völlige *Souveränität* in ihre Verfassungen aufgenommen hatten, lehnten den Londoner Vertrag rundweg ab, erkannten aber, diplomatisch geschickt, das Waffenstillstandsangebot sofort an.

Auf ein Ultimatum der Signatarmächte, den Vertrag überhaupt zur Kenntnis zu nehmen, reagierten aber weder die Hohe Pforte noch der Khedive. In dieser verfahrenen Situation löste ein – vermutlich unbeabsichtigter – Kanonenschuß vor Navarino die »Griechische Frage« nach Art des Gordischen Knotens. Aus unvorhergesehenem Anlaß entspann sich die Seeschlacht von Navarino, bei der die in der Bucht eingeschlossenen türkischen und ägyptischen Kriegsschiffe keine Chance hatten. (Es war übrigens die letzte mit Segelschiffen durchgeführte Seeschlacht.)

Die ohne Kriegserklärung erfolgte Vernichtung der osmanischen Flotte stieß bei den Regierungen in Europa keineswegs auf Zustimmung. Wenig verwunderlich ist, daß Metternich von einem »Unglück« sprach, das den »Gnadenstoß für die Heilige Allianz« bedeutete. Aber auch Lord Wellington, der Nachfolger Cannings in London, sprach von einem »untoward event«, einem ungelegenen Ereignis. Zupaß kam sie jedoch der russischen Außenpolitik, die schon lange auf einen Krieg mit den Osmanen hingearbeitet hatte. Der siegreiche russische Vorstoß über die Donau 1828/29 hatte nicht die »Befreiung« Griechenlands zum Ziel, sondern russische Interessen am Schwarzen Meer. Die Hohe Pforte aber sah sich gezwungen, alle verfügbaren Kräfte an die Nordfront zu werfen und Griechenland damit praktisch militärisch wieder aufzugeben. Der erfolgreiche russische Alleingang bewirkte in London und Paris eine rasche Hinwendung zum bedrängten Sultansreich. Beide Mächte sprachen sich demonstrativ für die *Integrität des Osmanischen Reiches* aus. Hätte die Hohe Pforte jetzt etwas Bewegung in der Griechischen Frage gezeigt, hätten London und Paris Griechenland ohne zu zögern wieder dem Osmanischen Reich restituiert, wenn auch als autonomes Gebiet. In Istanbul zog man es jedoch vor, auf dem Status quo ante zu bestehen, der für die Westmächte unannehmbar war. 1828 landete ein französisches Expeditionskorps auf der Peloponnes, um den Abzug der Truppen Ibrahims zu überwachen, – aber auch um einen eventuellen russischen Vorstoß nach Griechenland zu vereiteln.

Das *I. Londoner Protokoll vom März 1829* unter der Federführung des neuen britischen Premiers Wellington erfüllte die griechischen Vorstellungen nur zu einem geringen Teil. Die Oberhoheit des Osmanischen Reiches über Griechenland sollte bewahrt bleiben, der halbsouveräne Staat sollte nur Morea, Attika und die Kykladen umfassen. Die für die neue griechische Regierung Kapodistrias höchst unbefriedigende Situation verbesserte sich jedoch im September 1828 infolge des russisch-türkischen Friedensschlusses von Adrianopel (Edirne). Die russischerseits diktierten Friedensbestimmungen erstreckten sich auch auf Griechenland, das vom Zaren also als russisches Einflußgebiet betrachtet wurde. Als Nordgrenze wurde die Linie Arta-Volos festgelegt.

Das *II. Londoner Protokoll vom Februar 1830* stellte, was die Grenzziehung betrifft, einen Kompromiß zwischen Petersburg und London dar. Sie sollte im Norden beginnend vom Unterlauf des Acheloos der Oita-Kette bis zur Spercheios-Mündung folgen. Griechenland würde damit seinen antiken Raum südlich der Thermopylen umfassen. Dies entsprach auch in den Kategorien des frühen 19. Jahrhunderts einem wirtschaftlich kaum lebensfähigen Gebilde. Entscheidend aber war, daß im Londoner Protokoll von 1830 dem neuen Staat in Umkehrung der bisherigen Vereinbarungen die volle *Unabhängigkeit* zugesichert wurde! Dahinter stand die Furcht Englands, ein weiterhin von der Pforte abhängiges Griechenland würde über kurz oder lang unter die Vorherrschaft Rußlands fallen. Die sogenannte Souveränität war also nur ein Schachzug der einen Großmacht gegen die andere. In Petersburg, besonders aber in London wußte man nur zu gut, daß das Überleben des neuen Staates nur mit Krediten und Subsidien von außen möglich war. Die scheinbar großmütig zugestandene Souveränität war eine Farce.

Anfänge des Parteienwesens: Der »Ausländische Faktor«

In Griechenland hatten sich schon vor dem Aufstand politische Gruppen gebildet, die sich von einer der drei in Griechenland involvierten europäischen Großmächte, Großbritannien, Rußland, Frankreich, besondere Unterstützung erhofften. Mit der Zeit entstanden daraus parteiähnliche Vereinigungen, die eine spezielle, auch soziale, Interessengruppe repräsentierten. Die *»Französische Partei«* galt als die »demokratische« und die »republikanische« (beide Begriffe sind im Griechischen synonym), sie hatte ihre Basis in den breiten Volksschichten und bei einigen Militärführern. Neben innenpolitischen Wunschvorstellungen wie Volkssouveränität und direkte Demokratie frönte sie außenpolitischen Idealen wie der Megale Idea, der Restauration des Byzantinischen Reiches in säkularisierter Form. Ihr Führer war → Ioannes Kolettis. Die *»Russische Partei«* war konservativ und religiösorthodox bestimmt. Ihre Anhänger rekrutierten sich aus dem Klerus und den mächtigen grundbesitzenden Primaten Moreas und Rumeliens. Als ihr Wortführer kristallisierte sich immer mehr der alte Kolokotronis heraus. Den stärksten Einfluß während des Unabhängigkeitskrieges erreichte aber die *»Englische Partei«* unter dem gebildeten und weltgewandten Alexander Maurokordatos. Sie repräsentierte einen großen Teil des Auslandsgriechentums und die seefahrenden Reeder und Handelsleute der Ägäis.

Allen drei Parteien war gemeinsam, daß sie nicht so sehr auf ihre allesamt eher unklaren Programme fixiert waren, sondern auf ihre charismatischen Führungspersönlichkeiten. Das daraus erwachsene Klientelsystem innerhalb der Parteien, das nicht so sehr das Wohl des

Staaten zum Ziel hat, sondern vielmehr die Begünstigung der eigenen Lobby, ja mitunter nur eines Clans, wird zum konstituierenden Merkmal des griechischen Parteiwesens bis zum heutigen Tag.

Den ausländischen Mächten boten diese drei sogenannten Parteien eine willfährige Plattform zur Einflußnahme auf innenpolitische Entscheidungen.

Die Regierung Kapodistria (1827–1831)

Im April 1827 einigten sich die immer noch im Bürgerkrieg verstrickten griechischen Parteien auf den ehemaligen russischen Außenminister → Ioannes Kapodistrias als griechischen Kybernetes (Präsidenten). Da er als russenfreundlich galt, war London nur bereit ihn anzuerkennen, wenn der militärische Oberbefehl den beiden britischen Kommandeuren Church und Cochrane übergeben werden würde. Die neue *Verfassung von Troizen* (Damala/Argolis) schuf ein starkes Präsidentenamt für 7 Jahre. Kapodistrias erweiterte in der herrschenden Notlage seine Kompetenzen noch erheblich, suspendierte zum Teil die Verfassung und näherte sich der Diktatur.

Graf Kapodistrias (1776–1831) entstammte einer Adelsfamilie auf Korfu (genannt nach dem Ort Capo d'Istria, heute Koper an der slowenischen Küste), die vermutlich aus einem orthodoxen Zweig der Orsini hervorgegangen war. Sein Bildungshintergrund war venezianisch/italienisch, das Griechische beherrschte er nur schlecht. Sein Metier war das geschliffene internationale Parkett, auf dem er bis 1821 im russischen Dienst brilliert hatte. In Griechenland, das er nur bedingt als seine Heimat ansehen konnte, stand der gebildete Mann von Welt bald einsam und verlassen zwischen paschahaften Kotzabassides, räuberischen Klephten und gewinnsüchtigen Geschäftemachern. Im Grunde war er autokratischer Monarchist, was ihm den ungerechtfertigten Vorwurf einbrachte, er sei nichts anderes als der »Proconsul (Statthalter) des Zaren«. Seine Tragik bestand darin, daß er von den drei Großmächten nur unter der Voraussetzung geduldet wurde, daß er, zumindest offiziell, das »Juli-Traktat« von 1827 und damit die künftige Souveränität des Sultans anerkennen mußte. Das war in den Augen der Anhänger der Verfassung von Troizen, die fernab jeglicher Realität die völlige Unabhängigkeit Griechenlands einschließlich Thessaliens, Albaniens (Epiros), Kretas, Chios' und Samos' proklamiert hatten, Verrat. Aus Argwohn gegen den herrschenden Nepotismus und die undurchsichtigen Intrigen innerhalb der Regierung umgab sich der Präsident vorwiegend mit ausländischen Mitarbeitern, entfremdete sich dadurch aber alle griechischen Parteien. Da er (ähnlich wie Korais) der Meinung war, nur eine aufgeklärte Nation sei staatsfähig, förderte er besonders das Unterrichtswesen und den Aufbau von Schulen. Gerade diese Maßnahmen fanden in Europa große Zustimmung und nahmen die gebildete europäische Öffentlichkeit für den Präsidenten ein.

Die Lage, die er 1827 bei seiner von Bürgerkriegskämpfen überschatteten Ankunft in Nauplion vorfand, war in allen Bereichen katastrophal und eines Sisyphos würdig. Durch Einschränkung der unrealistischen Verfassung und eine straffe Zentralisierung und administrative Neueinteilung versuchte er, den Einfluß der Primaten zurückzudrängen. Im Steuersystem änderte sich wenig, die Hauptlast lag nach wie vor auf der breiten Bevölkerung, und der Steuereinzug erfolgte weiterhin über die Primaten. Der von den Türken verlassene Grundbesitz ging entweder in Staatseigentum über oder wurde von den Primaten aufgekauft. Mit einem nicht geringen Teil wurden die Kriegsführer abgefunden und damit sozusagen zu Primaten gemacht und dem Volk entzogen. Die land- und besitzlose Bevölkerung ging leer aus. In sozialer und ökonomischer Hinsicht änderte sich für sie nichts. Der Begriff griechische »Revolution« ist deshalb nicht angebracht. Zwar wurde die Fremdherrschaft abgeschüttelt, die gesellschaftlichen Verhältnisse aber blieben wie sie waren.

Als es 1830 frühestens klar wird, daß die Osmanen nicht mehr zurückkehren werden, laufen dem zunehmend selbstherrlicheren Präsidenten die Herrschaftsinstrumente aus dem Ruder. Um ihre traditionelle Machtstellung ins neue Griechenland hinüberzuretten, schüren die Archonten, allen voran die Hydrioten und die Mavromichalis aus der Maina, Rebellionen an, wiegeln das Volk auf und bestechen die Heerführer. Ihr hehrer Schlachtruf »Syntagma!« (Verfassung!) klingt angesichts ihres eigentlichen Ziels, nämlich das der Bewahrung ihrer hegemonialen (herrschaftlichen) Vorrechte und Pfründe, reichlich hohl. Aber sie ziehen damit die englische und französische Partei auf ihre Seite. Um die Flotte nicht der Regierung überlassen zu müssen, scheuen sich die Inselprimaten nicht, das Flaggschiff »Hellas« und andere Schiffe in die Luft zu jagen. Kapodistrias Experiment einer Art Entwicklungsdiktatur war dramatisch gescheitert.

Im Oktober 1831 fiel der Kybernetes in Nauplion auf dem Kirchgang einem Attentat zum Opfer. Dahinter standen keine großen Interessen, keine internationale Verschwörung und es war kein Tyrannenmord idealistischer Überzeugungstäter, sondern nichts anderes als die hin-

terwäldleriеche jahrhundertealte balkanische Blutrache. Die Inhaftie-
rung des maniotischen Häuptlings Petrobey Mauromichalis auf Befehl
Kapodistrias konnte eben nach den archaischen Gesetzen der Mani
nur durch Blut gerächt werden. Kapodistrias Ermordung treibt das
Land zurück in Anarchie und Chaos und in den offenen Bürgerkrieg.

DIE BAVAROKRATIA (1832–1867)

Schon in den verschiedenen Londoner Protokollen hatten sich die drei Schutzmächte darauf geeinigt, eine Erbmonarchie westlichen Musters in Griechenland einzuführen. Dies sollte nach außen hin den Anschein geben, daß die äußerst gewaltsam verlaufene Erhebung nachträglich zu einem »legitimistischen« Ende geführt worden sei. Monarch solle ein Nicht-Grieche aus einem souverän regierenden Hause, und zudem ein Nicht-Angehöriger der drei Protektionsmächte sein. Die Auswahl war damit schon relativ beschränkt. Der erste Thronprätendent, Prinz Leopold von Sachsen-Coburg, zog sich 1830 bald wieder zurück. Er wollte sich offenbar nicht in das Intrigenspiel Kapodistrias hineinziehen lassen. (Leopold wird dafür später der erste belgische König.) Nach Kapodistrias Fall wurde die Königsfrage wieder höchst akut, und die Emissäre der Schutzmächte reagierten nun auf die seit langem ausgesandten Signale aus dem Königreich Bayern. Der bayerische König Ludwig I. war in seiner Kronprinzenzeit zu einem exzentrischen Philhellenen geworden. Mit Energie wandelte er seine biedere Hauptstadt München zu einem klassizistischen Gesamtkunstwerk (»Isar-Athen«) um, sammelte Antiken (darunter die berühmten Ägineten) und beteiligte sich mit Unsummen aus der Privatschatulle, argwöhnisch beobachtet von der eigenen Regierung, an der *Wiedergeburt Griechenlands«*. Vom Metternichschen System verfolgte Philhellenen fanden in Bayern willkommene Aufnahme, die philhellenischen Akademiker Friedrich Thiersch und Leo von Klenze erfreuten sich jeglicher Unterstützung. Gegenüber seinem noch regierenden Vater Max I. Joseph, der von den »gräkischen Canaillen« wenig hielt, setzte Ludwig 1825 die Entsendung eines kleinen bayerischen Corps von Militärberatern unter dem fähigen Oberst Karl Friedrich von Heideck durch. Thiersch leistete erfolgreich die diplomatische Vorarbeit für Otto, den zweiten Sohn Ludwigs, als künftigen Herrscher der Hellenen.

Nach einigem Zögern einigten sich die drei Schutzmächte auf das bayerisch-wittelsbachische Königshaus. König Ludwig nahm in Vertretung seines noch minderjährigen Sohnes Otto die Wahl an. Von bayerischer Seite wurden dabei mehrere Bedingungen erhoben: So sollte Otto ausdrücklich den Königstitel erhalten (bisher war nur immer von »Hegemon«, Fürst, die Rede gewesen), dies bedeutete in den Augen Ludwigs das absolute Königtum, nicht ein konstitutionelles, und die Tripelallianz sollte zudem die Bürgschaft für eine internationale Anleihe von 60 Millionen Francs übernehmen.

Warum gerade Bayern? Sicher spielte die »Hellenomanie« am bayerischen Königshof eine gewisse Rolle bei der Auswahl, wichtiger aber waren politisch handfeste Gründe: Bayern war eine deutsche Mittelmacht, ohne eigenes Interesse im Orient, mit gleich guten Beziehungen zu allen drei Signatarmächten. Der kleine Staat hatte eine erfolgreiche Verwaltungsreform hinter sich, die durchaus als beispielhaft gelten konnte, sein Königtum saß fest im Sattel, die Staatsfinanzen waren gediegen, eine Bedrohung von außen und von innen bestand nicht. Und: Der künftige König war noch jung, und damit »formbar«!

Im *Abkommen von London im Mai 1832* einigten sich die drei Mächte auf Otto von Wittelsbach als künftigen König von Griechenland. Da er – 17jährig – noch minderjährig war, sollte bis zu seiner offiziellen Thronbesteigung im Jahr 1835 eine dreiköpfige bayerische Regentschaft die Regierung übernehmen. Die leidige Grenzfrage wurde im Juli 1832 gelöst. Die Nordgrenze wurde wieder, wie im Frieden von Adrianopel vorgesehen, zur Linie Arta-Volos vorgerückt. Ätolien, Akarnanien, Phokis, Böotien und Euböa wurden damit dem neuen Staatswesen zugeschlagen. Kreta, Chios, Rhodos und der Dodekanes verblieben dem Osmanischen Reich, die Großinsel Samos erhielt unter einem christlichen Gouverneur einen autonomen Sonderstatus. Die Pforte, die sich gerade in ärgsten Schwierigkeiten mit dem eigenwilligen Mehmed Ali befand, stimmte den Gebietsabtretungen gegen eine größere Entschädigungssumme zu. Wichtiger für sie war jedoch, daß Paris und London in einem Geheimvertrag die ab nun geltende Unantastbarkeit des osmanischen Reichsterritoriums garantierten.

Bayerische Regentschaft (1832–1835)

All die Abmachungen über eine Monarchie und ein fremdes Herrscherhaus waren über die Köpfe der Griechen hinweg beschlossen worden. Nach zehn Jahren Krieg aber hatte sich auch dort der Gedanke einer überparteilichen Herrschaft als kleineres Übel festgesetzt. Auf dem *Nationalkongreß von Pronoia/Nauplion*, den Ioannes Kolettis leitete, wurde im August 1832 die Bestimmung Ottos von Wittelsbach allgemein begrüßt. Auch ein Militärputsch Kolokotronis' konnte nichts mehr an der von oben und außen beschlossenen Einsetzung des neu-hellenischen Königtums ändern.

Am 25. Januar erreichte der 17jährige bayerische Thronanwärter an Bord der britischen Fregatte Madagascar von Triest aus kommend die Hafenstadt Nauplion. Volk und Primaten bereiteten ihm einen herzlichen Empfang. Für die Zeit der Unmündigkeit Ottos, die bis 1835 veranschlagt wurde, übernahm ein vierköpfiger bayerischer Regentschaftsrat unter dem Vorsitz des Grafen Armansperg die Geschäfte. Durch ihn versuchte König Ludwig die Fäden in der Hand zu halten, was ihm jedoch nur teilweise gelingen sollte. Jeder der Regentschaftsmitglieder war ein anerkannter Fachmann auf seinem Gebiet, Graf Armansperg auf dem der Finanzen, Georg Ludwig Maurer auf dem des Staatsrechts; Karl von Abel war ein Verwaltungsexperte und General von Heydeck kannte als Militärberater Kapodistrias Griechenland schon mehrere Jahre aus eigener Anschauung. Nach allen Regeln menschlichen Zusammenlebens mußte eine derartige Ansammlung von Hochqualifikation in Intrigenwirtschaft und gegenseitiger Blockade enden, – wie es dann auch geschah. Mit Ausnahme Heydecks standen alle Regentschaftsmitglieder den anarchischen Verhältnissen Griechenlands nach Krieg und Bürgerkrieg verständnis- und fassungslos gegenüber. Humanistische Ideale waren schnell ad absurdum geführt. Wie vor den Kopf geschlagen mußte man feststellen, daß man nicht in der perikleischen Antike, sondern auf dem Balkan gelandet war. Kulturgeschichtliche Traditionen und Rechtsnormen völlig unterschiedlicher Herkunft prallten aufeinander!

Aber nicht nur die Bayern waren enttäuscht, auch die Griechen mußten zur Kenntnis nehmen, daß sie trotz 10jährigen Existenzkampfs wieder unter eine *Xenokratia*, eine Fremdherrschaft – diesmal der »Bavaresi« – geraten waren!

Kein Angehöriger des Staatsrates, wieder Heydeck ausgenommen, hatte je mit einer Berufung in die orientalische Fremde gerechnet. Für Armansperg kam der Einsatz in Hellas einer »Weglobung« oder eher Verbannung wegen seiner liberalen politischen Meinung gleich. Er revanchierte sich gegenüber dem Bayernkönig durch eine bedingungslose Anlehnung an den britischen Botschafter (Residenten) und eine betont probritische Politik.

Die vordringlichste Aufgabe war »Law and Order«, die Durchsetzung der inneren Sicherheit und die Aufrichtung des alleinigen staatlichen Gewaltmonopols. Zu diesem Behuf war dem Regentschaftsrat eine bayerische Truppe von 3500 Mann (erst Reguläre, ab 1834 Freiwillige) beigogobon worden, die sich sofort an die Entwaffnung der zahlreichen Banden, Leibgarden und Freischärler machte. Aus der aufständischen Mani mußte sie sich jedoch fluchtartig zurückziehen. Fast die Hälfte der bayerischen Kompanie fiel einer Typhusepidemie zum Opfer. (Zu ihrem Gedenken ließ König Ludwig in Pronoia/Nauplion ein Löwendenkmal errichten.) Doch wohin mit den Irregulären und den zahlreichen sich sträubenden Pallikarenhäuptlingen? Ein größeres griechisches Heer, das ihnen Aufnahme geboten hätte, war nicht vorgesehen, auch war es schwer, sie von der westlichen Militärdisziplin zu überzeugen. Viele der alten Kämpfer kehrten daher wieder zu ihrem gewohnten Klephtenhandwerk ins Gebirge zurück. Das Brigantenunwesen, das bald auch die wieder zahlreicheren europäischen Reisenden beunruhigte, wird zu einem ungelösten inneren Problem des neuen Staates bis zum Ende des 19. Jahrhunderts.

Auch Kolokotronis rebellierte. Er wurde wegen Verschwörung spektakulär zum Tode verurteilt, nur um 1835 wieder ebenso spektakulär begnadigt zu werden.

Eine weitere Maßnahme, die in der traditionell-orthodoxen Gesellschaft böses Blut machen mußte, war die handstreichartig durchgeführte Maurer'sche Kirchenverordnung. Nicht die Tatsache, daß die griechische Kirche nun autokephal (selbständig) und unabhängig vom Patriarchat in Konstantinopel wurde und daß ihr höchstes Gremium, die Bischofssynode, der weltlichen Macht unterstand, stieß auf Widerstand, sondern daß diese weltliche Macht durch einen katholischen König vertreten wurde, der es ausdrücklich ablehnte, zur Orthodoxie überzutreten. Zudem ordnete Maurer die Schließung von 300 Klöstern an und vereinfachte die jahrhundertelang kompliziert ge- und verwachsene Kirchenadministration. Das war eine Säkularisation nach französischem und bayerischem Vorbild, mit dem fundamentalen Unterschied allerdings, daß dort 200 Jahre Aufklärung vorangegangen waren. Die Folge war ein Wiederanstieg der alten antilateinischen Ressentiments und ein Anwachsen der Russischen Partei, die sich der Sache der »Rechtgläubigkeit« annahm.

Der Staatsaufbau erfolgte im Stile starrer europäischer bürokratischer Normen. Ein im Abendland durchaus gängiges, modernes Staats- und Verwaltungskonstrukt wurde einer orientalischen Gesellschaft übergestülpt, die so gut wie keine historische, kulturelle oder soziale Voraussetzung dafür bereithielt. Gesetze, Verordnungen, Dekrete überfluteten eine illiterate Gesellschaft. Mißverständnisse waren an der Tagesordnung.

Freilich, in der Rückschau läßt sich all das leicht kritisieren. Die

»Europäisierung« Griechenlands war schließlich das erste derartige Experiment. So schwierig der Anfang war, bildete doch die 1833 bis 1835 in die Wege geleitete Organisation der Ministerien, des hierarchisch geordneten Behördenaufbaus, der Gerichte, die Departement-Einteilung des Staates in Nomoi (Provinzen), das Kommunalrecht etc. etc. die Grundlage des sich langsam nach europäischem Muster konstituierenden Staates *Neu-Griechenland.*

Drei Problemkreise blieben ungelöst und überschatteten die Zukunft des jungen Staatswesens. An erster Stelle wären die Staatsfinanzen zu nennen. Von dem 60-Millionen-Kredit wurden in zwei Stufen zunächst nur zwei Drittel freigegeben. Die Geldsumme schrumpfte durch eine hohe Entschädigungssumme an Istanbul, durch Rückzahlungen früherer Darlehen an London, durch Tilgung und Zins und ähnliches an die Bankhäuser Rothschild (Paris) und Eichthal (München) und für den Unterhalt der bayerischen Regimenter zu einem kläglichen Häufchen zusammen. Die spärlichen eigenen Einnahmen deckten die Ausgaben bei weitem nicht. Der Steuereinzug erfolgte wie die Jahrhunderte zuvor über Verpachtung an Private. Nach einer nicht unberechtigten Klage der Griechen kam das gesamte Aufbaudarlehen nur »Juden, Türken und Bavaresen« zugute.

Die 1832 in London übernommene Bürgschaft der drei Signatarmächte Großbritannien, Rußland und Frankreich garantierte deren Botschaftern direkte Eingriffe in den griechischen Staatshaushalt und damit ins Regierungsgeschäft. Armansperg verließ sich auf die potenteste Macht, auf London.

Auf der Strecke blieb größtenteils die Landreform, die Aufteilung der ehemals osmanischen Ländereien auf die Masse der Besitzlosen, die damals etwa zwei Drittel der Landbevölkerung umfaßte. Hier häufte sich viel sozialer Sprengstoff für die Zukunft an. Es fehlte nicht am guten Willen der Regierung zur Landverteilung, doch man ging wieder schematisch den bürokratischen Weg: Endloses Vermessen, Katastrieren, Prüfen ... Als Ergebnis traf genau das ein, was man hatte verhindern wollen, nämlich daß sich die alten Primaten und Kriegsgewinnler wieder auf dem Lande breitmachten und die abhängige Bevölkerung ihrem Klientel- und Parteienwesen unterwarfen. Viele der landlosen Bauern und Hirten, die auch mitansehen mußten, wie sich clevere europäisierte Auslandsgriechen große Teile des Bodens unter den Nagel rissen, wanderten in den osmanisch verbliebenen nordgriechischen Raum aus, der wirtschaftlich erheblich günstigere Möglichkeiten bot.

Wenig Förderung erfreute sich der Seehandel und die Reederei, die im

18. Jahrhundert die Stützpfeiler der griechischen Wirtschaft gebildet hatten. Die Flotte und damit das Kapital der »Schifferinseln« war vernichtet. Auch London verhinderte wegen der möglichen Konkurrenz den Wiederaufbau der griechischen Handelsmarine. Zahlreiche ägäische Matrosen traten enttäuscht in die lukrativen Dienste des ägyptischen Khedive oder des osmanischen Sultans.

Hypotheken der Vergangenheit

Werfen wir – kurz vor dem offiziellen Amtsantritt König Ottos – einen Blick über das befreite Griechenland.
In seinen beengten Grenzen des Londoner Protokolls umfaßte es mit knapp 800 000 Einwohnern nur einen Teil des griechisch besiedelten Bodens. Die wirtschaftlich ertragreichen Gebiete Thessalien und Makedonien und die Inseln Chios, Samos und Kreta blieben außerhalb wie die großen wirtschaftlich dynamischen griechischen Bevölkerungszentren Thessalonike, Konstantinopel, Smyrna und Alexandria. Das Königreich umfaßte die bei weitem ödesten, zurückgebliebensten und menschenärmsten griechischen Gebiete. An Städten im urbanen Sinne existierte eigentlich nur Nauplion. Die osmanischen Bazarstädte Tripolitsa, Theben und Lamia (Zeitun) waren verlassen. Für die Hafenstädte Syros, Patras und Piräus bestanden reale Aufbaupläne, ebenso für Sparta und natürlich für das ab 1834 als Hauptstadt vorgesehene Athen. Die Infrastruktur war zerfallen. Während des Unabhängigkeitskrieges fühlte sich niemand mehr für Brücken und die Kalderimi (befestigte osmanische Wege) verantwortlich. Mit Ausnahme der Strecke Piräus-Athen gab es 1835 keine Straße, die für Wägen befahrbar war. Hier leisteten die bayerischen Pionierregimenter ganze Arbeit, indem sie die Grundlage für ein modernes Straßennetz schufen. Über 90 Prozent der Bevölkerung war in der Landwirtschaft, und zwar in der geschlossenen archaischen Subsistenzwirtschaft, tätig. Infolge der ungeklärten Landverteilung (und auch wegen der Abneigung, das alte Hörigenleben unter »freien« Voraussetzungen weiterzuführen) blieben viele ehemals türkische Ciftlik-Güter (Großgüter) unbearbeitet. Trotzdem existierten bereits Pläne, die vielen versumpften Niederungen trocken zu legen. Industrie war unbekannt, sämtliche »gehobenen« Produkte, wie etwa Baumwolle, mußten meist über britischen Zwischenhandel von außen eingeführt werden. Der internationale Überlandhandel, wie er vom (noch osmanischen) Epiros und Makedonien ausgehend weiter blühte, sowie der

ostägäische Seehandel, der sich nach 1830 wieder erholte, ließen das neue Griechenland links liegen.

Generell gilt: Das im nationalstaatlichen Rahmen zusammengefaßte Griechentum verliert seine ökonomische und geistige Führungsrolle, die es im osmanischen Vielvölkerreich innegehabt hatte. Griechenland erringt zwar seine nationale Freiheit, sinkt aber im Gegenzug zu einem peripheren Balkanstaat herab.

Otto, König von Griechenland (1835–1862)

Nach zweijährigem Ränkespiel bleibt von der Regentschaft nur Graf Armansperg, der sich britischer Unterstützung sicher sein kann, übrig. Otto (in griechischer Diktion »Othon«) besteigt im Mai 1835 als König (Basileus) der Hellenen den Thron. Als schwacher Sohn eines starken Vaters bringt er zwar guten Willen, aber sonst nicht die besten Voraussetzungen für diese schwere Bürde mit. Von der königlichen Familie und vom Hof erziehungsmäßig vernachlässigt, war er als Zweitgeborener, wie im Hause Wittelsbach üblich, für die geistliche Laufbahn bestimmt worden. Das griechische Abenteuer seines Vaters traf ihn völlig unvorbereitet.

Aber Otto wuchs mit seinem Amt, besonders seit ihm ab 1836 die aus dem Oldenburgischen stammende willensstärkere Amalia zur Seite stand. Im Laufe seiner 27jährigen Regierungszeit hat das Königspaar durch die baldige Beherrschung der griechischen Volkssprache (wobei Otto zugute kam, daß er von antiken Phantastereien unbehelligt

Wappen des Königsreichs Griechenland

war), durch lange Reisen im Lande und durch unmittelbaren Kontakt zur Bevölkerung eine große Popularität erreicht. Zurecht bildete sich im Volk die Meinung, daß für all die politischen Ungereimtheiten nicht der König persönlich, sondern die bayerische Hofkamarilla, der Übervater Ludwig zu München und die ausländischen Botschafter verantwortlich seien.

Unüberwindlich blieb jedoch die Schranke der Konfession zwischen König und Volk. Weder der katholische Otto noch die protestantische Amalia traten zur Orthodoxie ihrer Untertanen über. Griechentum und Orthodoxie sind aber quasi Synonyme. (Bis heute ist die Orthodoxie gesetzmäßig die Staatsreligion.) Trotz aller Verkleidungen in griechische Tracht konnte so das Königspaar nie das Odium des Fremden, des »Fränkischen«, ablegen. Erschwerend kam hinzu, daß das Herrscherpaar kinderlos blieb. Der Thronfolger, den man orthodox zu taufen versprach, blieb aus. Die ungeklärte Nachfolgefrage wird entscheidend mit zum Sturz der Wittelsbacher 1862 beitragen.

Der sich in München immer autokratischer gebärdende Ludwig setzte durch, daß in Ottos Thronrede weder von »Verfassung« noch von »Nationalversammlung« die Rede war. Wenn es schon nicht in Bayern gelänge, so wollte Ludwig wenigstens für seinen Sohn in Griechenland eine neo-absolutistische, von Parlament und Konstitution unbehelligte Alleinherrschaft durchsetzen. Gefährlich war, daß man dabei mit russisch-zaristischer Unterstützung spekulierte. Das »Wir, Othon, König von Gottes Gnaden« war freilich im 19. Jahrhundert ein ans Lächerliche grenzender Anachronismus. Otto hatte damit von Anfang an alle tonangebenden gesellschaftlichen Gruppen Griechenlands, sowie die britische und die französische Politik strikt gegen sich. Trotz aller Zerrissenheit einte der Ruf nach »Syntagma« (Verfassung) sämtliche griechischen Parteien.

1837 stürzte Armansperg, der unter Otto zum »Erzkanzler« avanciert war, über eine seiner Intrigen und wurde abberufen. Sein Nachfolger Ignaz Rudhardt gab angesichts der leeren Staatskasse schon im nächsten Jahr entnervt auf. Armansperg hatte unter der Hand eng mit der britischen Botschaft zusammengearbeitet. Sein erzwungener Rücktritt wurde in London als anti-britischer Akt gewertet und rief sofort scharfe Gegenreaktionen hervor. Großbritannien, vertreten durch den energischen Außenminister (und späteren Premier) Lord Palmerstone, betrachtete das neue Griechenland als seiner maritimen Einflußzone zugehörig und ließ eine Schwächung seiner Position nicht zu. Von diesem Zeitpunkt ab bis zu seiner Abdankung stand Otto unter massivem britischem Druck. Palmerstone machte sich den oppositionellen Ruf nach Syntagma zu eigen, nicht aus Griechen-freundlichkeit, sondern um über die »Englische Partei« unter Alexander Maurokordatos im Parlament mitherrschen zu können.

1843 sah sich der König nach einem unblutigen Coup d'État gezwungen, eine Nationalversammlung nach Athen einzuberufen und eine Verfassung ausarbeiten zu lassen. Zum Vorbild für die neue *konstitutionelle Monarchie* wurde die belgische Zwei-Kammer-Verfassung genommen, die dem König relativ viel exekutive Macht beließ. Mit der Verordnung, alle Bayern (viel waren es nicht mehr) aus dem griechischen Staatsdienst zu entlassen, war die eigentliche Bavarokratie bereits nach 10 Jahren beendet.

Parlamentarische Monarchie (1843)

Auf der politischen Bühne erscheinen nun wieder die Veteranen des Unabhängigkeitskrieges und des Bürgerkrieges, allen voran Alexander Maurokordatos, Ioannes Kolettis und Georgios Koundouriotes. Die sogenannten Parteien, die sie um sich scharen, sind Wahlvereine, die der Sicherung des Führers und seiner Bereicherung dienen. Nur gegen Rusfeti (Schmiergeld, der bis heute gängige Begriff stammt vom gleichbedeutenden türkischen »rüsvet«) ist man bereit, politische Aktivitäten zu unternehmen. Der konstitutionelle und parlamentarische Mechanismus funktioniert von Anfang an nicht. Kurzzeitige Kabinette wechseln sich ab. Die Regierungswechsel sind verbunden mit einem Karussell von Entlassungen und Neueinstellungen von Beamten je nach ihrer Parteizugehörigkeit (Der Staat ist bis heute der größte Arbeitgeber Griechenlands). Stimmen werden manipuliert, Ämter verschachert, das Parlament wird zum Schauplatz britischer, französischer und russischer Interessenpolitik. Die Staatsfinanzen waren so zerrüttet, daß von 1857 bis 1859 eine britisch-französisch-russische Kommission den Haushalt überwachen mußte, ohne ihn konsolidieren zu können. Eine zielgerichtete, auf die Gesamtheit bezogene Innen- und Wirtschaftspolitik fand nicht mehr statt. Also verlegte man sich nach bewährtem Muster auf die Außen- und Kriegspolitik.

Enosis! Anschlußpolitik

Außenpolitisch hatte sich in der Bayernzeit wenig bewegt. Das Land befand sich im eisernen Griff der »Balance of Power« (Gleichgewichtspolitik) der drei Großmächte. In der *Orientalischen Frage* stand für

London (und auch für Paris und Wien) die Erhaltung des Osmanischen Reiches als Gegengewicht zum imperialistischen Rußland ganz oben auf der Prioritätenliste. Eine weitere Schwächung des Sultansreiches kam nach dem Abfall Serbiens 1815, Griechenlands 1830 und der Donaufürstentümer (Rumänien) 1859 für die Westmächte nicht mehr in Frage. Die Ionischen Inseln befanden sich weiterhin unter britischem Protektorat und wurden streng vom neugriechischen Staat abgeschirmt. Jeglicher Anschlußversuch wurde unterdrückt. Das Wagnis, eine griechisch-türkische Normalisierung über einen Handelsvertrag zu erreichen, schlug 1839 fehl. 1841 war Kreta von Mehmed Ali an die Türken zurückgegeben worden. Nach dem relativ milden ägyptischen Regime erfolgte ein vergeblicher Aufstand der Kreter gegen die alt-neuen Herren. London unterband jegliche Unterstützung aus Griechenland. Die wechselnden Regierungen nach 1844 spielten offen mit außenpolitischen Abenteuern, um von dem inneren Desaster abzulenken. Zum großen Schlagwort wird nun *Enosis*, die »Vereinigung« der noch unerlösten griechischen Gebiete mit dem Mutterland. Damit war das osmanische Nordgriechenland und die noch osmanische Ägäis gemeint. Die griechisch-türkische Nordgrenze war eigentlich nie zur Ruhe gekommen. Der Bandenkrieg führte 1847 fast zum Ausbruch eines griechisch-türkischen Krieges. Griechische Zeitungen veröffentlichten Aufrufe zum Aufstand in Thessalien und Makedonien, im Athener Parlament erschienen Abgeordnete aus den noch osmanischen Gebieten. Von Kolettis angestiftet geriet auch König Otto in das Fahrwasser des Irredentismus. Hier konnte er sich des Beifalls seiner Untertanen gewiß sein.

England, in dessen Vision bereits der Suezkanal entstand, brauchte jedoch Ruhe im Ostmittelmeerraum. Als Drohungen und wirtschaftliche Pressionen gegen Athen nichts mehr nützten, ging Palmerstone zur Kanonenboot-Politik über. Dazu konstruierte man in London Anlässe, die sich allesamt für die damalige britische Weltmacht höchst kurios ausnehmen. So forderte man ultimativ den Anschluß der winzigen Eilande Sapienza (vor Methone) und Elafonesos (nördlich Kythera) an die Ionische Republik und übernahm urplötzlich die Reklamation obskurer Geldforderungen einiger britischer Privat(!)-Personen an den griechischen Staat. (Unter diesen Personen befand sich übrigens auch der schon genannte schottische ehemalige Philhellene George Finlay.) Als die Athener Regierung, der König und das Volk in seltener Einmütigkeit dieses Ansinnen 1850 zurückwiesen, verhängte eine große britische Kriegsflotte die Seeblockade über die Häfen Piräus, Patras und Syros und beschlagnahmte griechische

Handelsschiffe. In Athen brach eine Hungersnot aus, der wirtschaftliche Schaden war enorm. Schließlich mußte man nach drei Monaten auf die britischen Forderungen eingehen. In der Weltöffentlichkeit wurde das rücksichtslose britische Vorgehen allgemein als Skandal gewertet. Als moralischer Sieger stand das kleine Hellas da, in gewisser Hinsicht sogar personifiziert in seinem König Otto.

Paris und Petersburg hatten lautstark protestiert, hielten sich aber zurück, da sich im Orient bereits ein weitaus größerer Konflikt abzeichnete. Palmerstones Brachialdiplomatie hatte die Umorientierung der griechischen Öffentlichkeit auf Rußland bewirkt. Die Russische Partei war ab 1844 etwas in den Hintergrund getreten, hatte aber ihrer orthodoxen Richtung wegen immer eine solide Basis in der Bevölkerung. Jetzt, nach der furchtbaren Enttäuschung über England (und auch über Frankreich) schwoll ihr Einfluß mächtig an. Und für Petersburg kam der neue kleine Freund im Mittelmeer wie gerufen. Zar Nikolaus bereitete 1853 mit gewaltigem Rüstungs- und Propagandaaufwand den definitiven Schlag gegen das Osmanische Reich vor. Wie zu Zeiten Katharinas der Großen ergingen Aufrufe an die orthodoxen Balkanvölker, sich am letzten Gefecht zu beteiligen und sich den Beuteanteil an der türkischen Konkursmasse zu sichern. Eruptiv trat in Athen die »*Megale Idea*«, die große Idee von der Wiedereroberung Konstantinopels zum Vorschein. Heer und Flotte wurden mobilisiert. Auch der Königshof gab sich enthusiastisch dem neo-byzantinischen Traumbild hin.

Es war von vorneherein klar, daß die Westmächte London, Paris, auch Wien, das russische Vorgehen niemals akzeptieren würden. Der Große Orientkrieg, der später nach dem Hauptkriegsschauplatz »*Krim-Krieg*« genannt wurde, endete 1855 für Rußland in einer traumatischen Niederlage gegen ein den Türken zu Hilfe geschicktes britisch-französisches Expeditionsheer.

Ein kleiner Nebenschauplatz des großen Ringens war auch Griechenland. Um die Neutralität Athens zu erzwingen und die Griechen vor unbedachten Übergriffen auf osmanisches Gebiet abzuhalten, okkupierte 1854 eine britisch-französische Kriegsflotte den Hafen von Piräus. Die Besetzung, die wieder enorme wirtschaftliche Einbußen bedeutete und mit einer Cholera-Epidemie verbunden war, überdauerte den Frieden von Paris 1856 um ein ganzes Jahr. Für das Ansehen des Königshauses hatte das russische Desaster und das abrupte Ende des Traums von Konstantinopel schlimme Folgen. Otto wurde immer mehr als Sündenbock nicht nur für die völlig erfolglose Innenpolitik ab 1844 (für die er nichts konnte), sondern auch für die ausweglose

Außenpolitik (für die er Mitschuld trug) verantwortlich gemacht. Wieder drehte sich die politische Fahne zu England hin. Nur mit London ließ sich vielleicht ein kleiner Teil der Enosis bewerkstelligen. Als Palmerstone andeutete, daß die Ionischen Inseln an Griechenland angeschlossen werden könnten, falls sich eine englandfreundliche Herrscherdynastie in Athen etablieren ließe, war der Sturz Ottos besiegelt. Im Oktober 1862 rebellierten alle großen Militärgarnisonen. Otto verließ auf dem britischen Kriegsschiff Scylla das griechische Königreich, um einen Bürgerkrieg zu vermeiden. Eine förmliche Abdankung fand nicht statt. 1867 starb der König im Exil im bayerischen Bamberg.

Bilanz der Bayernherrschaft

Trotz vieler Unzulänglichkeiten kann sich die Bilanz der Bavarokratia in vielen Bereichen durchaus sehen lassen. Ohne Zweifel bewirkte sie den ersten Schritt in Richtung Modernisierung. Zu nennen wäre der landwirtschaftliche Bereich (Maschinisierung, Veterinärüberwachung, biologische Viehzucht und Pflanzenveredlung), die Forstwirtschaft, der Landesausbau (Trockenlegung, Straßenbau), der Erstaufbau industrieller Werkstätten, das Medizinalwesen etc.etc. Einige *Bavaresi* akklimatisierten sich und beteiligten sich am wirtschaftlichen Aufbau des Landes, so die Familien Clauss (Weingüter Achaia Clauss, Patras) und Fuchs (griechisch Phix, größte Brauerei des Landes im ehemaligen Bayernviertel Iraklion zwischen Athen und Kephisia). Heute noch in bester Erinnerung ist sicher der von den Bayern ins Leben gerufene Bildungssektor. Auf Otto geht die Gründung der Universität Athen, der Nationalbibliothek und des Polytechnikums zurück. Die Hochschulen verwalten sich nach deutschem Muster selbst. Unter den Gründungsprofessoren befanden sich viele Deutsche (z.B. der Archäologe Ludwig Ross und der Nationalökonom Gottfried Feder). Sie verpflanzten das idealistische Bild der griechischen Antike in die junge Bildungsschicht der Neugriechen.
Eine bewunderungswürdige Leistung war der Wiederaufbau Athens im klassizistischen Stil. 1834 wurde Athen zum Königssitz und zur Hauptstadt erklärt. Die Stadt war in den vorhergehenden Kämpfen weitgehend zerstört worden und beherbergte in ihren Ruinen kaum mehr als 2000 Einwohner. Dem neuen Stadtplan wurde ein Entwurf des bayerischen Hofbaumeisters Leo von Klenze zugrundegelegt. Der geniale Klenze machte sich zuerst daran, die Akropolis zu restaurie-

ren, die – als letzte osmanische Festung – erst 1833 den Bayern übergeben worden war. Mit Hilfe des Archäologen Ludwig Ross und des Konservators Kyriakos Pittakes wurde der gesamte Burgberg von mittelalterlichen und türkischen Zubauten »purgiert« (der pittoreske »Frankenturm« fiel 1876) und präsentiert sich erst seitdem in der klassisch-antiken Form. Der kleine Nike-Tempel konnte aus den Trümmern rekonstruiert werden. Diese Art der Denkmalpflege war keineswegs selbstverständlich. Noch Kapodistria war die Akropolis herzlich gleichgültig gewesen und die größtenteils byzantinisch-orthodox orientierten zeitgenössischen Griechen betrachteten die antiken Monumente immer noch eher als »Marotte der Franken« denn als Zeugen ihrer eigenen Vergangenheit. Die Rettung des Parthenons, des Erechtheions und der Propyläen vor Abriß, Umbau und verfälschendem Wiederaufbau ist eine bleibende Leistung der Bayern in Griechenland.

Zum königlichen Schloß legte Ludwig I. 1835 selbst den Grundstein. Erbaut wurde es bis 1842 von Friedrich Gärtner. Seit 1935 tagt hier das griechische Parlament. Das Schloß und der davor liegende Aufmarschplatz, der seit 1844 den Namen Syntagma (Verfassungs-)Platz trägt, bilden den Mittelpunkt der modernen Neustadt. Die Einwohnerzahl der Residenzstadt stieg bis 1850 auf mehr als 30 000 an. Ähnlich lebhaft wuchs die Hafenstadt Piräus.

Die den Bayern 1833 übergebene Akropolis über Athen

Mitte des 19. Jahrhunderts lebte die Mehrzahl der Griechen nach wie vor innerhalb des Osmanischen Reiches. Das Sultansreich war im 19. Jahrhundert einem rapiden Wandel unterworfen. Außenpolitisch sank es zum sprichwörtlichen »Kranken Mann am Bosporus« herab. Innenpolitisch aber setzte ein Reform- und Europäisierungsprozeß ein, der das Reich, zumindest dessen Westteil, langsam auf Europa zubewegte. Nutznießer der sogenannten Tanzimat (Reform-)Periode ab 1839 waren in erster Linie wieder die griechischen Untertanen, die ihre starke wirtschaftliche Stellung weiter ausbauten. Viele von der Unabhängigkeit enttäuschte Griechen wanderten nach 1830 in die osmanisch verbliebenen Gebiete aus, die sich z. B. durch Tabakanbau wirtschaftlich viel rascher entwickelten als der Kleinstaat im Süden. 1856 sicherte das osmanische Reichsgesetz Hatti i Humayun den christlichen Untertanen endgültig die volle Gleichberechtigung zu. Im Frieden von Paris (1856) wurde daher das Osmanische Reich als europäisches Völkerrechtssubjekt anerkannt. Auch davon profitierten wieder die handeltreibenden und international tätigen griechischen Untertanen. Es ist somit nicht verwunderlich, daß gerade die begüterten Familien in Makedonien und in Thessalonike der osmanischen Herrschaft gegenüber loyal waren und den Enosis-Forderungen aus Athen ablehnend gegenüberstanden.

Es bildeten sich zahlreiche griechische Schulen, patriotische Kreise und Turnvereine über das ganze Osmanische Reich verteilt. Hier wurde allerdings nicht so sehr die anti-osmanische Irredenta propagiert, als vielmehr die nationale Abgrenzung gegenüber den anderen, nun ebenso gleichberechtigten Mit-Untertanen, wie den Bulgaren, Armeniern und Juden. Die Griechen des Mutterlandes galten in den Kreisen der »Ottomanischen Griechen« als die pauperisierten Vettern, die den Franken auf den Leim gegangen waren. Aufstandsaufrufe aus Athen hatten erstaunlich wenig Resonanz. Als zu Beginn des Krimkriegs irreguläre griechische Banden von Süden nach Thessalien und Epiros vordrangen, erhielten sie von der dortigen griechischen Landbevölkerung keine Unterstützung.

ZWISCHEN OST UND WEST

Ein neues Königshaus (1863)

Aufgrund der hektischen diplomatischen Tätigkeit Großbritanniens lief der Dynastiewechsel bereits in einem Jahr über die Bühne. Da sich die ersten Kandidaten Londons und Petersburgs gegenseitig blockierten, einigten sich die Schutzmächte auf den Prinzen Georg Willem von Schleswig-Holstein-Sonderborg-Glücksburg aus dem regierenden dänischen Königshaus. Für ihn sprach, daß seine Familie im europäischen monarchischen Konzert so unbedeutend war, daß sie sich eng an das mit ihr dynastisch verbundene englische Königshaus anschließen mußte. Diese eindeutige Favorisierung der britischen Interessen sollte nur dadurch etwas gemildert werden, daß die zukünftige Gemahlin des protestantischen Königs aus der orthodoxen russischen Zarenfamilie gewählt werden sollte, – was dann auch 1867 durch seine Heirat mit der Großfürstin Olga geschah. Der 17jährige Georgios I., der Ende Oktober 1863 den griechischen Thron bestieg, war ein noch unbeschriebeneres Blatt als sein damals gleichaltriger Vorgänger Otto. Aber auch er wuchs in seiner fast 50jährigen Regierungszeit in sein schwieriges Amt hinein. Die Dänen brachten kein Heer und keine Experten mit – welche die Griechen vielleicht hätten aufbringen können –, sondern begnügten sich mit einer operettenhaften Hofkamarilla.

Die griechische Nationalversammlung verabschiedete ein Jahr nach seiner Thronbesteigung eine neue Verfassung, welche die Königsrechte signifikant einschränkte. Die *Verfassung von 1864* beruhte auf dem Prinzip der Volkssouveränität und auf dem direkten, geheimen und allgemeinen Wahlrecht (für Männer! Frauenwahlrecht erst ab 1952) und blieb im wesentlichen bis 1967 unverändert. Das Parlament, die Boule (Vouli), bildet von da an die einzige legislative Kammer. Damit hatte sich in Griechenland eine Art *»demokratische Monarchie«* oder *»gekrönte Demokratie«* etabliert, eine für damalige europäische Verhältnisse außerordentlich moderne und liberale Konstitution.

Doch blieb die Verfassungsrealität weit hinter der Theorie zurück. Ein derart modernes parlamentarisches System konnte nur funktionieren, wenn sich Parteien bildeten, die – im Grundkonsens verbunden – sich dem Wohl des Staates und der Allgemeinheit verbunden fühlten.

Diese existierten in Griechenland nicht. Zwar waren allmählich die alten an den Schutzmächten orientierten »Parteien« samt ihren Führern verschwunden, doch hatten sich an ihrer Stelle nur wieder grundsatzlose, rein an prominente Persönlichkeiten und Clans gebundene Interessengruppen gebildet. Ämterpatronage, Klientelwesen und das allgegenwärtige Rusfeti bestimmten weiterhin das politische Klima. In Ermangelung anderer Beschäftigungs- und Verdienstmöglichkeiten blieb der Öffentliche Dienst der große Topf, aus dem sich alle Staatsbürger laben wollten. (Eine Konstante bis heute!) War schon die Zahl der Deputierten überproportional, so blähte sich die Bürokratie immer weiter auf. Jeder neue Regierungsschef mußte neue Stellen und Pfründe für seine Anhänger schaffen, um sie bei der Stange zu halten. Diese Staatsstellen und die damit verbundenen Einkünfte wurden von ihren zeitweiligen Inhabern nicht als wirkliche »Arbeitsstellen« verstanden, sondern als Gunstbeweise. Sie dienten nicht der Pflichterfüllung, sondern der Repräsentation. An dieser Anschauung hat sich übrigens bis heute nicht viel geändert. Die Folge dieser populistischen Politik waren schillernde Koalitionen im Parlament, deren einziges Ziel nur immer die Ablösung der augenblicklichen Regierung war, ohne eigene Alternativen zu bieten.

Zwischen 1864 und 1910 fanden 21 Parlamentswahlen statt, 78mal wechselte die Regierungsmannschaft. Und nicht nur sie wurde jeweils ausgewechselt, sondern der gesamte Beamtenapparat, je nach Parteien- und Klientelzugehörigkeit. Im Athener Parlament führte eine neue Klasse aus Advokaten, höheren Beamten, Militärs und Parteifunktionären das große Wort. Auf dem Lande änderte sich hingegen so gut wie nichts. Die Nachfolger der Archonten und Primaten herrschten weiter wie in der Türkenzeit über landlose Pächter, Hirten, Zwergbauern und Saisonkräfte, nur eben jetzt mit parlamentarischer Legitimation. Unter diesen Umständen waren stabile politische und wirtschaftliche Verhältnisse völlig unmöglich. Manche Kabinettsumbildungen verliefen gewaltsam und mit Blutvergießen.

Erst unter der überragenden Persönlichkeit von → Charilaos Trikoupis begann sich das Parteienchaos etwas zu lichten. 1875 hatte er als Premierminister durchgesetzt, daß die Regierung der Zustimmung der Majorität des Parlaments bedürfe. In der Folgezeit bildeten sich zwei größere politische Richtungen heraus: Die sogenannte liberale Partei Trikoupis' und die sogenannte konservative Partei seines Gegenspielers Theodoros Delijannis. Die Wertungen »liberal« und »konservativ« entsprechen dabei nicht unbedingt westlichen Vorstellungen.

Erste außenpolitische Erfolge

Die Verfassung von 1864 gestand Georgios I. anstelle des alten Titels »*König von Hellas*« den neuen Titel »*König der Hellenen*« zu. Das bedeutete »König aller Hellenen«, also auch der außerhalb der Staatsgrenzen. Der Anspruch auf »*Groß-Griechenland*« blieb somit auf der Tagesordnung. König Georg kam dem entgegen, indem er dem 1868 geborenen und orthodox getauften Thronfolger den byzantinischen Herrschernamen Konstantin verlieh. Um der neuen pro-britischen Dynastie einen günstigen Anfang zu ermöglichen, die aufgeputschten griechischen Enosis-Forderungen etwas zu besänftigen und um sich selbst möglichst günstig darzustellen, hatte London 1863 das Protektorat über die »Republik der Sieben Ionischen Inseln« beendet. Es konnte dies umso mehr tun, als die Inseln keinen strategischen Vorteil mehr boten und eher zu einer Belastung des britischen Etats wurden.

1864 bestätigten die Großmächte die Vereinigung der Ionischen Inseln mit dem Königreich Griechenland. Damit wuchs seine Bevölkerung um 200 000 Einwohner an. Die Briten hinterließen geordnete Verhältnisse, besonders in Infrastruktur, Wirtschaft und Verwaltung. In der historischen Tradition unterschieden sich die neuen Untertanen deutlich von den Bewohnern des Festlands, waren sie doch niemals der osmanischen Herrschaft unterworfen gewesen, und fühlten sich daher kulturell eigenständig und mehr nach Italien ausgerichtet.

Eine höchst gefährliche Situation hatte sich seit 1858 über Kreta zusammengezogen. Hier war der Reformprozeß (Tanzimat), der sonst im Westteil des Osmanischen Reiches Fortschritte machte, ins Stocken geraten. Die türkische Oberschicht, die zu einem bedeutenden Teil aus islamisierten Griechen bestand, verweigerte unter ihrem Statthalter Kürtil Pascha den Rayah diejenigen Rechte, die ihnen im Reichsgesetz Hatti-i-Humayun von 1856 zugestanden worden waren. 1866 erschütterte ein griechischer Volksaufstand die gesamte Insel, der bald von der Athener Regierung durch die Entsendung von Freiwilligen und von Kriegsmaterial offen unterstützt wurde. Die Niederschlagung des kretischen Freiheitskampfes durch türkische und ägyptische Truppen nahm die europäische Öffentlichkeit erneut für die griechische Sache ein und bewirkte eine Wiederaufwärmung des längst ernüchterten Philhellenismus. Zum Symbol des kretischen Kampfes um »Freiheit oder Tod« wurde das Wehrkloster Arkadi bei Rhetymnon, das der Abt, als die Türken eingedrungen waren, mit 829 Menschen in die Luft sprengte. 1868 mußten die Türken der Provinz Kreta ein »Organisches Statut« zugestehen, in dem u. a. das Griechische als offizielle Sprache anerkannt wurde und die Griechen im Gerichtswesen und in der Kommunalverwaltung proportional beteiligt wurden. Die Kampfhandlungen schwollen jedoch erst ab, als London 1869 ultimativ die Einstellung der griechischen Waffenhilfe für die Kreter durchsetzte.

Die strikte pro-osmanische Doktrin Englands geriet jedoch durch den kretischen Aufstand und die sich abzeichnenden anti-osmanischen Bewegungen in Makedonien, Bulgarien und Zypern ins Wanken. Der britische Premier William Gladstone erkannte ab 1880, daß die Zukunft nicht mehr in dem maroden osmanischen Vielvölkerreich, sondern in den »jungen« Nationen des Balkans und des Nahen Ostens läge. Durch die Gründung des Deutschen Reiches 1870/71, die damit verbundene Niederlage Frankreichs 1871 und durch das außenpolitische Wiedererstarken Rußlands unter Zar Alexander II. war zudem eine neue Situation in Europa entstanden, die eine grundlegende Neuorientierung der Großmachtinteressen in Südosteuropa erforderlich machte.

Gefahr vom Norden: Der Panslawismus

Rußland hatte den Schock des Krimkriegs längst überwunden. Sein Wiedereinstieg in die offensive Balkanpolitik war verbunden mit der mächtigen nationalen Bewegung des *Panslawismus*. Damit war der Anspruch der Vereinigung aller slawischen Völker unter Rußlands Führung gemeint. Nicht mehr die gemeinsame Religion, sondern die neue nationale Idee der gemeinsamen slawischen Herkunft wird nun zur bestimmenden zusammenfassenden politischen Kraft. Empfänglich für diese nationalen Ideen zeigten sich vor allem die slawisch-orthodoxen Balkanvölker, in erster Linie die noch unter osmanischer Herrschaft stehenden Bulgaren, sowie die Serben, die den Anschluß aller umliegenden historisch slawischen Gebiete anstrebten. Eine gewaltige panslawistische Propagandawelle überflutete den Balkan und bereitete den neuen russischen Kriegskurs gegen Istanbul vor. Zum Favoriten Rußlands werden die sprachverwandten Bulgaren, die sich nach Meinung der Panslawisten viel eher an Rußland binden lassen würden, als die zwar orthodoxen, aber nicht-slawischen Griechen.

Was bedeutet der Panslawismus für das Verhältnis Griechenlands zu Rußland, seinem bisherigen Protektor? Griechenland ist erklärtermaßen nicht-slawisch, die slawische Vereinigungsideologie fällt hier auf keinen fruchtbaren Boden. Sowohl der griechische wie der bulgarische Nationalismus ist von starker gegenseitiger Abneigung geprägt. Für die Griechen gelten die Bulgaren als primitive Unterschicht (der Begriff »boulgaros« war bis in unser Jahrhundert hinein gleichbedeutend mit »bäuerlich«, »beschränkt«), die Bulgaren erkannten im Gegenzug die Griechen als ihre jahrhundertelangen geistigen Bevormunder und kulturellen Unterdrücker. Und auch die Bulgaren beanspruchten Makedonien, die nördliche Ägäisküste, ja selbst Konstantinopel für sich. Ein neuer Brandherd kündigt sich an. Makedonien mit Thessalonike (bulgarisch: Solun) wird zum Zankapfel zwischen Slawen und Griechen.

Ein erbitterter griechisch-bulgarischer Partisanenkrieg um die Vorherrschaft in dem noch nominell türkischen Land stürzt Makedonien für die nächsten Dekaden in bodenlose Anarchie. 1870 hatte der russische Zar vom Sultan die Loslösung der bulgarisch-orthodoxen Kirche vom griechisch-ökumenischen Patriarchat, und damit die Schaffung einer unabhängigen bulgarischen Nationalkirche, erzwungen. Im gesamten griechischen Bereich wurde dies als Affront empfunden. Die Beziehungen Athens zu Petersburg erkalteten von da ab merklich.

1876 wurde Thessalonike durch wilde griechisch-bulgarisch-türkische Kämpfe erschüttert. Um die zahlreichen Europäer in der Stadt zu schützen, lief eine britische Flotte in die Ägäis ein. Im selben Jahr aber brach der große bulgarische Volksaufstand gegen die Türken aus, der 1877 die schon lange vorbereitete großangelegte russische Intervention zur Folge hatte. 1878 stand die russische Armee in Sichtweite Konstantinopels.

Der siegreiche Zar Alexander II. erlegte den Osmanen diejenigen Waffenstillstandsbedingungen auf, die als »Diktat von San Stefano« in die Geschichtsschreibung eingehen sollten. Sie sahen die Gründung eines »Groß-Bulgarischen Reiches« vom Schwarzen Meer bis zur Adria und von der Donau bis zur Ägäis vor. Natürlich sollte das neue slawische Balkanreich ein russischer Vasallenstaat sein. Die Griechen mußten zu Kenntnis nehmen, daß Rußland ohne zu zögern das auch zum Teil griechisch besiedelte Thrakien, Makedonien und Epiros vorbehaltlos den Bulgaren zu übergeben bereit war.

Der Berliner Kongreß 1878

Mit diesem unverhüllt panslawistischen Expansionsprojekt hatte die Petersburger Diplomatie ihre Karten gegenüber den anderen europäischen Mächten jedoch bei weitem überreizt. Unter dem Vorsitz des deutschen Reichskanzlers Otto von Bismarck trat daher schon im Sommer 1878 der »Berliner Kongreß« zusammen, auf dem die russischen Balkan-Vorstellungen durch den Einspruch Großbritanniens, Frankreichs und Österreich-Ungarns erheblich revidiert worden sind. Bezeichnend für diesen Kongreß der Großmächte war, daß die Balkanvölker, um die es ja hauptsächlich ging, nicht beteiligt waren, und sogar offen als Schachfiguren lächerlich gemacht wurden.

Die Orientalische Frage (19. Jh.)

Der Berliner Kongreß beschränkte das neue Fürstentum Bulgarien auf den Raum zwischen Donau und Rhodopen (endgültig vereinigt erst 1885) und unterstellte es der Souveränität des Sultans. Makedonien und Thrakien sollten weiterhin osmanische Provinzen bleiben. Griechenland war nur insofern betroffen, als die Pforte aufgefordert wurde, auf Kreta einen Griechen, der aber osmanischer Untertan sein sollte, als Gouverneur einzusetzen. Eine Folgebestimmung des Berliner Vertrages war die britische Schutzherrschaft über Zypern, dessen Einwohnerschaft zu 80 Prozent aus Griechen und zu knapp 20 Prozent aus Türken bestand.

Griechenland hatte 1878 noch schnell seine Truppen in Thessalien einmarschieren lassen und Aufstände in Epiros und Makedonien entfacht, um einer eventuellen bulgarischen Machtübernahme zuvorzukommen. Diesmal, als es gegen die drohende Herrschaft der Bulgaren ging, schlossen sich Thessalien und Epiros vorbehaltlos den Athener Enosis-Wünschen an. Das Problem der griechischen Nordgrenze blieb auf dem Berliner Kongreß aber ausgeklammert, da keine Großmacht gewillt war, der unbotmäßigen Athener Regierung weitere Zugeständnisse zu machen. Erst 1881 wurde Griechenland offiziell Thessalien und der südliche Teil des Epiros um Arta zugesprochen. Mit dieser Ausweitung der Grenzen bis zum Olymp wurde großenteils fruchtbares Gebiet mit 300 000 neuen Untertanen gewonnen. Die Türken, die nicht nur Großgrundbesitzer und Soldaten, sondern auch Handwerker und produktive Gewerbetreibende waren, verließen das Land.

Trikoupis' Reformwerk

Durch die Konzentration der nationalen Energien auf unfruchtbare innenpolitische Querelen und auf den außenpolitischen Expansionskurs blieb der nationalökonomische Sektor Griechenlands auch in der zweiten Hälfte des 19. Jahrhunderts unterentwickelt. Trikoupis, der die Modernisierng des Landes zum Programm seiner »Neuen Partei« erhoben hatte, wurde in seinen Bemühungen immer wieder von seinem demagogischen Gegenspieler Delijannis boykottiert. Ein gewisser Aufschwung läßt sich im Seehandel feststellen. Syros und Piräus zählten gegen Ende des 19. Jahrhunderts zu den größten Umschlagplätzen des Mittelmeeres. Die Industrie, die in erster Linie land- und seewirtschaftliche Überschußprodukte verarbeiten sollte, kam dagegen nur langsam in Gang. Die traditionellen Textil-, Leder- und

Färbereimanufakturen hatten gegen die Massenprodukte des Welt
markts keine Chancen. Die Baumwollfelder Thessaliens lagen schon
kurz nach dem Übergang dieses Landes an Griechenland 1881 brach.
Die Regierungen Koumounduros und Trikoupis versuchten durch
große öffentliche Unternehmungen die Wirtschaft anzukurbeln. So
wurde der *Kanal von Korinth* initiiert (erbaut 1882–1893, s. Abb. S. 156),
die Drainage des Kopaisbeckens in Angriff genommen (ab 1880) und
die Eisenbahnstrecken auf immerhin 1000 Kilometer ausgebaut.
Trikoupis erreichte auch Reformen im Behördenwesen (Befähigungs-
nachweise anstatt Protektion), im Wahlverfahren und in der Militärorganisation. Er konsolidierte die innere Sicherheit und brachte die
Gesetze auch in den Provinzen fern von Athen zur Geltung. Trikoupis
war der erste einheimische Politiker, der systematisch die »Europäisierung« des Landes betrieb. Ihm ist es zuzuschreiben, daß Griechenland
trotz der wirtschaftlichen Katastrophen gesellschaftlich nicht »balka-
nisiert« wurde und im Ausland an Ansehen und Sympathie gewann.
Dies sollte sich z. B. in der Eröffnung der ersten modernen Olympischen Spiele in Athen 1896 zeigen.
Um die Jahrhundertwende umfaßte das Königreich knapp 2,7 Millionen Einwohner. Im Gegensatz zu den anderen Balkanstaaten war die
Bevölkerung ethnisch nahezu homogen, den überwiegenden Teil
bildeten orthodoxe Griechen. Die katholischen Griechen bildeten auf
den Kykladen und auf den Ionischen Inseln eine Minderheit von
27 000 Menschen. Auf Korfu und in den thessalischen Städten lebten
etwa 6000 Juden. Die Türken hatten das Land bis auf eine kleine
3000köpfige Minderheit in Thessalien vollständig verlassen. Die größten Minderheiten waren die über das ganze Land verstreuten Albaner,
die auf etwa 250 000 geschätzt werden können, und die etwa 100 000
nomadisierenden Aromunen.
Für Trikoupis' ehrgeizige Maßnahmen reichten die (durch Korruption
weitgehend geschmälerten) Staatseinnahmen bei weitem nicht aus.
Dazu kamen die unproduktiven Mobilisierungen und kostspielige
Rüstungskäufe im Ausland. Sechs große Auslandsanleihen zwischen
1879 und 1890 erhöhten die Staatsverschuldung dramatisch. Trikoupis, der deswegen eine Steuerreform in Gang setzen wollte, scheiterte
an der Obstruktionspolitik seiner Gegner. 1893 kam es zum Offenba-
rungseid. Der Staat war endgültig bankrott.
Die Rezession trieb eine erste Welle von Emigranten in die USA. Bis
1914 werden fast 400 000 Griechen ihre Heimat verlassen. Zu weiterem
Kredit waren die Bankhäuser in London, Berlin und Paris nur bereit,
falls eine »Internationale Finanzkommission« mit Sitz in Athen die

Schuldentilgung überwachen würde. Die finanzielle Abhängigkeit des Landes von außen wurde wieder einmal bestätigt. Bis heute hat sich daran wenig geändert.

Ottomanisch-Griechische Spätblüte

Dagegen bot das alternde Osmanische Reich immer noch einen günstigen Nährboden für seine griechischen Einwohner. Ein Großteil des Handels auf der Donau, im Schwarzen Meer und im östlichen Mittelmeer wurde von Griechen »ottomanischer« Reichszugehörigkeit kontrolliert. Sie profitierten als verläßliche Subunternehmer auch von der kapitalistischen Durchdringung der Levante durch englische, deutsche und französische Großfirmen. Die griechische Bourgeoisie bildete eine wohlhabende Schicht im Osmanischen Reich des 19. Jahrhunderts. Der immense Reichtum der Bankiersfamilien Zafiri, Zografos und Benakis wurde geradezu sprichwörtlich. Die Treue dieser einflußreichen Klasse zum Sultan stand außer Frage. Wir können sogar behaupten, daß durch die osmanischen Reichsreformen 1856 und 1876 die griechische Oberschicht nicht nur wirtschaftlich, sondern auch politisch in die Führungsmacht des Reiches aufgestiegen ist.
Besonders in der Repräsentation des Sultansreiches nach außen spielten Griechen eine entscheidende Rolle, wie etwa der Diplomat Konstantin Mousouros Pascha und der Außenminister Alexander Karatheodoris Pascha, der die Pforte in Berlin 1878 vertreten hatte.

Die »Große Idee« Teil 1 (1897)

Da die russische Diplomatie auf dem Berliner Kongreß kein übergroßes Interesse mehr gezeigt hatte, ihre Vision von Groß-Bulgarien auch in die Tat umzusetzen und der Verkleinerung und Teilung Bulgariens zugestimmt hatte, stürzte dort die prorussische erste Regierung. Der neue Staat (ab 1908 souveränes Zarenreich) wandte sich in der Folgezeit Wien und dem dahinterstehenden Berlin zu. Für Rußland wurde ab da das Königreich Serbien zum Stützpunkt seiner Balkanpolitik. 1885 gliederte sich Bulgarien seinen südöstlichen Landesteil bis zu den Rhodopen (das sogenannte Ost-Rumelien) ein. Um einem befürchteten Vorstoß der Bulgaren auf die thrakische und makedonische Ägäisküste zu begegnen, ordnete Athen wieder einmal die Generalmobil-

machtung an. Erst eine große Flottendemonstration der Westmächte
ernüchterte 1886 die durch Delijannis aufgeputschte Stimmung und
brachte wieder den realistischeren Trikoupis ans Ruder.
Nach der finanzpolitischen Katastrophe von 1893 folgte die außenpolitische Katastrophe. Erneut war die unruhige Insel Kreta der Anlaß, wo
auch nach der versprochenen Bestallung eines Griechen als Statthalter
die Massaker und Vergeltungsmaßnahmen der gleichermaßen fanati-
sierten Muslime und Griechen weitergingen. Den Aufstand von 1889
und seine eigenen kindlichen Erfahrungen im Strudel der Gewalt hat
Nikos Kazantzakis in seinem Roman »Kapetan Michalis« beschrieben.
1896 erfaßte wieder ein Aufstand von Chania ausgehend die gesamte
Insel. Der Führer der kretischen Freiheitsbewegung, der junge Rechtsanwalt → Eleftherios Venizelos, rief die Vereinigung mit dem Königreich Hellas aus. Vom Piräus setzte sich die neue griechische Kriegsflotte in Bewegung und landete Truppen auf der Insel. Das war das
Fanal zum türkisch-griechischen Krieg. Die zu spät alarmierten Großmächte setzten zwar ein Blockade-Geschwader in Marsch, konnten
(oder wollten!) aber den Kriegsausbruch 1897 nicht mehr verhindern.
Die Kriegshysterie in Athen verebbte jedoch schlagartig, als die von
preußischen Instrukteuren reorganisierte türkische Armee den griechischen Truppen in Epiros und Thessalien eine Niederlage nach der
anderen beibrachte. Kronprinz Konstantin, der Oberbefehlshaber,
entkam in Larissa nur um Haaresbreite der Gefangennahme. Lediglich
die Intervention der Großmächte hielt die Türken vom Vorstoß auf
Athen ab. Der *Friedensschluß von Konstantinopel 1897* sah eine Reihe von
Grenzkorrekturen zugunsten des Osmanischen Reiches vor und erlegte den Griechen eine gewaltige Summe von Reparationszahlungen
auf. Die Staatsfinanzen stürzten darauf völlig in den Abgrund. Griechenlands Haushalt mußte unter demütigenden Umständen einer
internationalen Kommission unterworfen werden.
Im Hinblick auf Kreta hatten die Griechen, auch dank des Verhand-
lungsgeschicks Venizelos', mehr Glück. Die Großmächte erzwangen
1898 den Abzug der griechischen wie der türkischen Streitkräfte.
Britische, französische, russische und italienische Regimenter besetzten die wichtigsten Städte. Ein deutliches Zugeständnis an die Kreter
war die Berufung von Prinz Georg, einem Neffen König Georgs I.,
zum Hochkommissar der Großmächte auf der Insel. Sie wurde nun zu
einer autonomen Provinz. Staatsrechtlich blieb sie noch unter osmanischer Souveränität. Die Zeit der Turkokratia war aber nach fast 250
Jahren zu Ende. Unter den Türken, die die Insel nun verließen,

bestand ein beträchtlicher Teil aus islamisierten Griechen, die kein Türkisch sprachen. Sie wurden von den osmanischen Behörden an der türkischen Südküste, z. B. in Side, angesiedelt. Eine Volkszählung von 1908 erfaßte 303 500 Kreter, davon immer noch über ein Zehntel Muslime.

Mit dem Auftrumpfen des Deutschen Reiches war in Südosteuropa Ende des 19. Jahrhunderts eine neue Mächtekonstellation entstanden. Rußland zog sich für einige Jahrzehnte aus dem Balkan zurück, um sein imperialistisches Glück im Fernen Osten zu suchen. Das Osmanische Reich wurde dadurch entlastet und begann sich etwas zu konsolidieren. Frankreich war beschäftigt, seine Niederlage gegen Deutschland 1870/71 zu überwinden und engagierte sich mehr in Nordafrika. Das Vielvölker-Doppel-Reich Österreich-Ungarn hatte sich mit der Okkupation Bosniens 1878 tief in die Balkanhändel verstrickt, die auf sein inneres Nationalitätengefüge übergriffen. Italien, die letzte imperialistische Macht, schickte sich zum Sprung über die Adria an. Großbritannien hielt nach wie vor die Fäden in der Hand. Zu seinem großen Konkurrenten wuchs aber nun Deutschland heran. Berlin gewann in Rumänien, Bulgarien und in Istanbul immer mehr an Einfluß. Die alte *anglo-russische Rivalität* um Südosteuropa und Nahost wich nun der viel entschiedeneren *anglo-deutschen Rivalität.*

Was bedeutete dies für Griechenland? Hauptziel beider Großmächte war das immer noch riesengroße Osmanenreich, London wie Berlin waren an seiner Erhaltung, ja Stärkung interessiert, um in Nahost und an den Meerengen einen verläßlichen Bündnispartner zu haben. Griechenland als potentieller Feind der Türken galt in diesem System als Störfaktor. Seine »Große Idee« stieß auf schärfste Ablehnung. Die politischen Beziehungen Berlins zu Athen blieben kühl, besonders als das Deutsche Reich mit dem Sultansreich ein regelrechtes Bündnis schloß. Also blieb für Griechenland nur wieder Großbritannien als Schutzmacht übrig, dem es seit der Staatsgründung 1832 in einer Art Haßliebe verbunden war. London fuhr fort, Hellas als unmündiges »Enfant terrible« zu behandeln, das durch finanzielle Pressionen, Sanktionen und Küstenblockaden immer wieder von unbedachten Abenteuern abgehalten werden mußte.

Pulverfaß Makedonien

Stürzte das aus Europa stammende Nationalitätenprinzip die Vielvölkerwelt des Balkan in schier unentwirrbare Nationalitätenkonflikte, so wurde es in Makedonien völlig ad absurdum geführt. In diesem Raum

lebten Bulgaren, Pomaken (muslimische Bulgaren), Griechen, Türken, muslimische wie orthodoxe Albaner, Aromunen, Sarakatsanen (griechischsprachige Nomaden), Juden, Serben und Zigeuner in bunter Gemengelage miteinander. Der osmanische Zensus von 1907 zählte nicht nach Volks-(oder Sprach-)zugehörigkeit, sondern noch nach der Religion. Er kam für das Gebiet der thrakischen und makedonischen »Europäischen Türkei« zu einer Gesamtzahl von knapp 2,5 Millionen Einwohnern, davon 35% Muslime. In Saloniki zählte er 45,5%, in Drama 75,5% Muslime. Solange unter den Osmanen das religiöse Millet-Prinzip gegolten hatte, ging das Zusammenleben einigermaßen gut. Als sich jedoch die umliegenden Nationalstaaten Serbien, Griechenland und Bulgarien gebildet hatten, orientierten sich die Bevölkerungsteile national jeweils an den entsprechenden Nachbarstaaten. Nach dem Berliner Kongreß, der das Land noch der Pforte gelassen hatte, entspann sich ein wilder Propagandakrieg zwischen Sofia, Athen und Belgrad über die zukünftige Zugehörigkeit des Landes. Bulgarien forderte ganz Makedonien einschließlich Salonikis (Solun) und verwies auf die überwiegend slawische Landbevölkerung in Binnen-(Vardar-)Makedonien und auf starke bulgarische Bevölkerungsteile in Küsten-Makedonien. Auch Athen verstieg sich dazu, ganz Makedonien für sich zu reklamieren, obwohl die Griechen nur an der Küste und in einigen Städten überwogen. Der Streit zwischen Serbien und Bulgarien entfachte sich um die nationale Zugehörigkeit der slawischen Makedonier, ob es nun Bulgaren oder Serben seien. Dazu erschien eine Unmenge von Schrifttum mit größtenteils kuriosen geschichtlichen, kirchlichen oder sprachlichen Argumenten.
Der Krieg der Worte eskalierte zum Untergrundkrieg und machte Makedonien zu dem, was es im Grunde bis heute geblieben ist: Zum Pulverfaß des Balkans.
In Sofia bildeten sich ab 1893 halboffizielle »Befreiungskomitees«, die irreguläre Truppen (»Komitadschi«) über die Grenze nach Makedonien schickten, um das Land in Anarchie zu stürzen und für eine bulgarische Eroberung vorzubereiten. Vordergründig bekämpften die Komitadschi die türkischen Autoritäten, um angeblich die Christen zu schützen, in Wirklichkeit zielten ihre Aktionen aber auf die »Bulgarisierung« des Landes, d. h. auf die Vertreibung oder die gewaltsame »Umerziehung« aller sich nicht zu den Bulgaren zählenden Bevölkerungsgruppen. Besonders die Griechen in den Städten waren davon betroffen.
In Athen gründeten darauf einflußreiche Militärs und nationalistische Intellektuelle 1895 den »Nationalen Bund« (Ethnike Hetaira), der

freiwillige »Makedonomachoi« (Makedonien-Krieger) in den Partisa-
nenkampf gegen die Bulgaren führte. Völlig unübersichtlich wurde
die Lage, als noch aus Serbien Freischärler (Tschetniki) eindrangen,
um sich den Norden des Landes gewaltsam zu sichern. Die türkischen
Garnisonen konnten sich nur in befestigten Plätzen und in den
Städten halten und führten einen permanenten Kleinkrieg gegen
sämtliche Aufrührer und Insurgenten. Gefürchtet bei allen waren die
muslimischen Freischärler, die den bezeichnenden Namen Baschibo-
zuks (Wirrköpfe) trugen.

Am rücksichtslosesten agitierte die aus bulgarischen Offizieren beste-
hende nationalrevolutionäre Geheimgesellschaft »*Innere Makedonische
Revolutionäre Organisation*« (IMRO). Sie spannte ein konspiratives Netz
über ganz Makedonien und verübte 1903 spektakuläre Bombenatten-
tate auf ein französisches Schiff und auf die »Banque Ottomane« in
Thessalonike. Die Folge war ein allgemeiner bulgarisch-makedoni-
scher Aufstand und die Ausrufung einer »Makedonischen Republik«.
Ein Teil der IMRO hatte sich nämlich die Schaffung eines eigenständigen slawischen Makedonien aufs Panier geschrieben. Der Aufstand
von 1903 schlug auch deshalb fehl, weil in der IMRO Richtungskämpfe
über der Frage ausbrachen, ob Makedonien nun eine Provinz Bulgariens werden sollte oder ein selbständiges Gebilde.

Für den griechischen Nationalismus waren beide Optionen unannehmbar. Der griechisch-bulgarische Gegensatz führte, besonders auf
griechischer Seite, zu einer noch tiefgreifenderen Emotionalisierung
der nationalistischen Ideologie. »Der Türke« trat nun als Erbfeind
hinter »den Bulgaren«, ja »den Slawen« gemeinhin, zurück. In Bulgarien selbst kam es zu schweren Ausschreitungen gegen die griechische Stadtbevölkerung von Plovdiv (Philippopolis), Burgas (Pyrgos)
und Pomore (Anchialos). Zahlreiche Flüchtlinge wurden in Thessalien
angesiedelt.

Der Guerillakrieg in Makedonien ging unvermindert weiter. Da die
griechischen *Andarten* (Partisanen) sich gegen die IMRO als zu
schwach erwiesen, konzentrierten sie ihre Terroraktionen gegen die
nur schlecht organisierten Aromunen und Albaner im nördlichen
Pindos um Kastoria und im gebirgigen Hinterland von Saloniki, deren
Dörfer ihnen zum größten Teil zum Opfer fielen.

Auch die Stationierung ausländischer Gendarmerietruppen in Skopje
(Österreicher), Drama (Briten), Serrä (Franzosen), Monastir / Bitolj (Italiener) und in Thessalonike (Russen) von 1904 bis 1908 änderte nichts
an den chaotischen Verhältnissen in Makedonien.

Die vergebliche Einmischung der europäischen Mächte bewirkte aber letztlich einen spektakulären Vorgang im Osmanischen Reich: Die *Revolution der Jungtürken* von 1908. Diese nationale Erhebung ging von Thessaloniki aus und erlangte bald die Kontrolle über das ganze Reich. Im türkischen Offizierkorps hatte sich eine Reformpartei westlichen Zuschnitts gebildet, die einen türkischen Reichsnationalismus propagierte. Die Armee setzte den Sultan Abdul Hamid II. ab, rief zu Parlamentswahlen auf und erließ eine Verfassung, die dem Sultanat nur mehr die reine Repräsentation überließ und den Einfluß des Islam auf den Staat praktisch ausschaltete. Das *Osmanische Reich* wandelte sich damit zum *Türkischen Reich*. Im 228-köpfigen ersten Parlament saßen die Griechen mit 27 Mitgliedern nach Türken (107), Arabern (45) und vor den Albanern (22) an dritter Stelle.

Die »ottomanischen Griechen« begrüßten das Ende des alten Osmanischen Sultanstaates keineswegs, denn der sich nun bahnbrechende türkische Nationalismus nahm keine Rücksicht mehr auf ihre überkommenen Privilegien und stellte ihre bevorrechtigte soziale und ökonomische Stellung vehement in Frage. Viele der über das Türkische Reich verstreuten Griechen wandten erst jetzt ihren Blick auf das kleine Königreich Hellas.

Dagegen erfreuten sich die Jungtürken großer Zustimmung im Westen, besonders im Deutschen Reich. Einer ihrer führenden Vertreter war ein geborener Türke aus Thessalonike, General Mustafa Kemal.

DIE »ÄRA VENIZELOS« (1913–1930)

Eleftherios Venizelos

Die mit dem Staatsstreich der Jungtürken verbundenen Turbulenzen nutzte der mittlerweile zur unumstrittenen Hauptperson Kretas aufgestiegene Eleftherios Venizelos, um 1908 die endgültige Enosis der Insel mit dem Königreich Hellas zu proklamieren. Er rief damit eine tiefe Staatskrise in Athen hervor, die ihn auf der Woge einer breiten Volksbewegung an die Spitze des Staates tragen sollte.

Die drohenden Proteste der jungtürkischen Regierung und die Erinnerung an das Kriegs-Debakel von 1897 ließen nämlich die Athener Regierung und den König mit der offiziellen Anerkennung der Enosis allzu lange zögern. Die nationalistisch aufgeputschten Massen, die zudem über die miserablen sozialen und wirtschaftlichen Zustände empört waren, riefen nach dem Militär als Retter. 1909 übernahm der reformorientierte »Militärische Bund« die Macht. Nach dem Ausgangspunkt des Staatsstreichs, der Kaserne Goudi bei Athen, wurde der Militärputsch »*Revolution von Goudi*« genannt. Die durchaus ähnlich gearteten feindlichen Kollegen der Putschoffiziere, die Jungtürken, die wegen der Kretafrage mit dem Säbel rasselten, wurden von den Großmächten zurückgehalten. Denn die Bosnische Annexionskrise hatte 1908 eine extrem gefährliche internationale Situation geschaffen, so daß dieser zusätzliche griechisch/türkische Brandherd sofort unterdrückt wurde.

Innenpolitisch hinterließen die alten Parteien in Griechenland einen Scherbenhaufen aus Machtmißbrauch, Inkompetenz und Klüngelwirtschaft. Im Jahr 1910 berief daher der Militärische Bund den Kreter Venizelos, der sich durch Energie und Taktik genügend profiliert hatte, zum Regierungschef. Mit Eleftherios Venizelos betrat eine Persönlichkeit die politische Bühne von Griechenland, die bis 1935 eine eigene, von ihm repräsentierte Ära bilden sollte. Das Königshaus und die alten Eliten verfolgten den Emporkömmling mit äußerstem Mißtrauen. Sie waren aber im Volk durch ihre Mißwirtschaft und die nicht eingehaltenen nationalen Versprechungen kompromittiert und zum Widerstand unfähig. Venizelos verbarg seine republikanische Gesinnung nicht. Wo es ging, beschränkte er den Einfluß der Hofkreise. Die Parlamentswahlen von 1910 und 1912 führten zu überzeugenden

Siegen von Venizelos' neuer »Liberaler Partei«. Diese hatte ihre Hauptstütze in der aufkommenden bürgerlichen Mittelschicht der Städte, in der Intelligenz, im Offizierskorps, aber auch in der wachsen den Industriearbeiterschaft.

Der neue Premierminister machte sich sofort mit Tatkraft daran, sein Reformprogramm auf allen Gebieten zu verwirklichen. Verfassung und Wahlverfahren wurden revidiert, die Justiz wurde vom Einfluß der Politik befreit. Mit einer Steuerreform machte er sich viele Feinde in den vermögenden Schichten, erreichte aber zum ersten Mal in der neugriechischen Geschichte eine gewisse Konsolidierung des Haushalts. Unter Venizelos, der aufgrund der Mehrheitsverhältnisse im Parlament durchaus autokratisch regierte, wurde auch zum ersten Mal ernsthaft die Landreform in Angriff genommen und der Großgrundbesitz in Thessalien enteignet und verteilt. Die nun durch die stärker einsetzende Industrialisierung entstandenen sozialen Probleme suchte die Regierung durch eine moderne Arbeits- und Sozialgesetzgebung in den Griff zu bekommen. Kurz gesagt: Innerhalb nur weniger Jahre machte das Land einen großen Schritt nach vorne.

Der gesellschaftliche Wandel machte sich im Anwachsen der städtischen Siedlungen bemerkbar. Athen war von 1870 bis 1907 von 44 000 auf über 120 000 Einwohner angewachsen. Piräus erreichte 60 000 Einwohner. Zur drittgrößten Stadt entwickelte sich Patras mit 39 000 Einwohnern. Faktisch eine Neugründung war die thessalische Hafenstadt Volos (23 000). Über 20 000 Einwohner zählte auch die Stadt Korfu/Kerkyra. Es folgten die Hafenstädte Kalamata, Hermoupolis auf Syros und die Landstädte Larissa, Trikala, Pirgos, Tripolis, Argos und Agrinion mit Bevölkerungszahlen zwischen 10 000 und 15 000.

Auch die Parteienlandschaft veränderte sich. Neben der fortschrittsorientierten »Liberalen Partei« gewannen nun auch bürgerlich-republikanische und sozialistische Gruppen an Gewicht. Die alten königstreuen, konservativen und klerikalen Parteien waren freilich auf dem Lande weiterhin unverändert stark.

Die Balkankriege (1912–1913)

Außenpolitisch verfolgte Venizelos einen extrem nationalistischen pan-hellenischen Kurs. Daß er dabei bis zum Äußersten zu gehen bereit war, hatte er mit der einseitig erklärten Enosis Kretas bewiesen, die international freilich noch auf ihre Anerkennung wartete. Im Gegensatz zu seinen großsprecherischen Vorgängern, für welche die

»*Megale Idea*« eher ein Mittel der Demagogie und der Wahltaktik gewesen war, bereitete der neue Staatschef durch die Konsolidierung von Staat und Gesellschaft systematisch und kühl kalkuliert die reale Expansion nach Norden und Osten vor.

Die veränderte Lage auf dem Balkan kam Venizelos' Absichten entgegen. Italienische Truppen waren 1911 im türkischen Libyen gelandet und hatten im nächsten Jahr den Türken die dodekanesischen Inseln mit Rhodos entrissen. Von den Großmächten reagierte angesichts dieses Piratenakts nur Berlin mit einer verhaltenen Protestnote an Rom. London rührte sich nicht: Für Großbritannien war angesichts der engen Anlehnung der Türken an Deutschland die Erhaltung des Türkischen Reiches nicht mehr relevant. Seit 1907 waren zudem die ehemaligen Rivalen Petersburg und London vertraglich alliiert. Mit Frankreich zusammen bildeten sie die Tripel-Allianz. Ihnen gegenüber standen die in »Nibelungentreue« verbundenen Mittelmächte Deutschland und Österreich-Ungarn. Sie konnten im Südosten nur auf die im Grunde gegensätzlichen Verbündeten Bulgarien und Türkisches Reich bauen.

Das innerlich von sozialen Katastrophen größten Ausmaßes erschütterte russische Zarenreich war nach seiner verheerenden Niederlage gegen Japan 1905 mit gesteigerter Aggressivität auf den Balkan zurückgekehrt. Unter seiner Federführung schlossen sich im Mai 1912 Serbien, Montenegro, Bulgarien und Griechenland trotz ihrer zwischenstaatlichen Streitigkeiten zur *Balkanliga* gegen das Türkische Reich zusammen. In der bilateralen Abmachung zwischen Athen und Sofia wurde die zukünftige Grenzfrage bewußt ausgespart, um keine Zeit zu verlieren. Ziel des übergeordneten Kriegsbündnisses war die Vertreibung der Türken aus Europa und die Aufteilung Makedoniens, Thrakiens, Albaniens und des Kosovo unter die Siegerstaaten. Petersburg versuchte dabei, nach diesem klassischen Stellvertreterkrieg als Schiedsrichter den Balkan endlich seinem Machtbereich einzuverleiben. In Berlin war man unschlüssig, denn einerseits waren die Türken die traditionellen Verbündeten, andererseits unterhielt man aber beste Beziehungen zu Bulgarien und wollte diesen Staat zur Balkanvormacht aufbauen.

Der *I. Balkankrieg* endete 1913 mit der Zurückdrängung der türkischen Balkanarmee bis kurz vor Istanbul. Das griechische Heer, das unter Venizelos durch britische und französische Instrukteure erfolgreich reorganisiert worden war, gewann gegen die bulgarischen Truppen den »*Wettlauf nach Thessalonike*«. Der türkische Kommandant Hussein Tahsin Pascha übergab die Stadt am Demetriostag 1912 wenige Stun-

den vor dem Eintreffen der Bulgaren dem Kronprinzen Konstantin. Im
März 1913 fiel Ioannina in die Hände der Griechen. Als die Bulgaren,
die über die größte Streitmacht verfügten, das thrakische Adrianopel
erobert hatten und auf die Dardanellen, ja selbst auf Konstantinopel
vorstießen, trat Rußland auf den Plan und vermittelte einen Waffenstillstand. Auch Wien, das über die serbischen Erfolge beunruhigt war
und Belgrad um jeden Preis von der Adria fernhalten wollte, reagierte
jetzt. Unter Wiens (und Roms) Schutz riefen die Albaner einen eigenständigen Staat aus. Er umfaßte auch die von Griechenland als *Nord-
Epiros* beanspruchten Gebiete der Kameria mit den Städten Gjirokaster
(Argyrokastron), Korca (Koritsa) und das historische Voskopoj (Mo-
schopolis).

Nach Beendigung des Krieges gegen die Türken zerbrach die Balkanliga augenblicklich über der Frage der Aufteilung Makedoniens und
der Zugehörigkeit Thessalonikes. Auf den *I. Balkankrieg* der Balkanstaaten gegen die Türken folgt unmittelbar der *II. Balkankrieg* der
Balkanstaaten untereinander. Belgrad und Athen waren dabei in
einem Geheimvertrag verbunden. Bulgarien eröffnete 1913 die
Kampfhandlungen gegen die Serben und gegen die in Thessalonike
stehenden Griechen. Als jedoch auch wieder die Türken vorrückten
und von Norden die Rumänen gegen Sofia marschierten, endete der
bulgarische Großmachtversuch in bitteren Niederlagen.

Der *Frieden von Bukarest*, der von den Großmächten im *Londoner
Protokoll* vorbestimmt worden war, ordnete 1913 die Verhältnisse auf
dem Balkan vollkommen neu.

Das Ergebnis der Balkankriege 1912/13 war eine Neugestaltung der
balkanischen Kleinstaatenwelt. Die damals von den Großmächten
diktierten Grenzziehungen sind im wesentlichen bis heute gültig
geblieben. Ohne Rücksicht auf Nationen, Nationalitäten und Kultur-
räume verlaufend, stellen sie einen immer wiederkehrenden Alp-
traum für die europäische Diplomatie dar.

Serbien verdoppelte mit der Eroberung des Kosovo und Binnen-(Var-
dar-)Makedoniens mit Skopje sein Staatsgebiet.

Bulgarien wurde mit einem kleinen Teil Ostmakedoniens, dem Pirin-
Gebiet, abgefunden, behielt aber den Zugang zur Ägäis, nämlich den
thrakischen Küstenabschnitt zwischen dem Nestos/Mesta und dem
Hebros/Marica. Dieser auch von Griechenland vehement bean-
spruchte Küstenstrich war das klassische »Tabaksgebiet« mit den
Orten Xanthi (bulgarisch Eskacia), Komotine (Gumulcina) und dem
Hafen Dedeagac (ab 1919 »Alexandroupolis«). In Bulgarischer Diktion
hieß das Gebiet »Belomore« (Weißmeer-Region).

Dem *Türkischen Reich*, dem Hauptverlierer, wurde immerhin noch ganz Ost-Thrakien mit der Hauptstadt Edirne/Adrianopel zugesprochen. Die Dardanellen und die dieser Meeresstraße vorgelagerten Ägäisinseln Imbros (türkisch Gökceada) und Tenedos (Bocaada) blieben in türkischer Hand.

Mit ein Ergebnis der Balkankriege war ein neuer an Griechenland angrenzender Staat – *Albanien.*

Griechenland profitierte in hohem Maße von der balkanisch-ägäischen Neuordnung: Die Großmächte erkannten nun die Enosis mit Kreta diplomatisch an, damit war die kretische Frage endlich im Athener Sinne gelöst. Die dem türkischen Festland unmittelbar vorgelagerten Inseln Chios, Lemnos, Lesbos und Samos, sowie die nordägäischen Inseln Thasos und Samothrake wurden griechisches Staatsgebiet. Auf dem Festland gewann Athen den Epiros mit Ioannina hinzu. Die wichtigste Erwerbung aber war das gesamte südliche (Küsten-)Makedonien mit der Großstadt Saloniki und den verhältnismäßig gut entwickelten Wirtschaftszentren Kastoria, Edessa, Serrä und Kavala. Alles in allem bedeutete dies einen territorialen Zuwachs um knapp 80 %, und eine Bevölkerungsvermehrung um 70 Prozent. Die Einwohnerzahl stieg von 2,8 Millionen auf fast 4,6 Millionen an!

Das Königreich, das bis dahin ein relativ homogener Nationalstaat gewesen war, wandelte sich nun zu einem Nationalitätenstaat und wurde dadurch mit neuartigen innenpolitischen Spannungen konfrontiert. In den neu hinzugekommenen Gebieten lebten, wie oben bereits angemerkt, keineswegs nur Griechen. In vielen Regionen Makedoniens waren sie gegenüber Bulgaren und Pomaken, mancherorts auch noch gegenüber Türken, eindeutig in der Minderzahl. Etwa die Hälfte der neuen Bevölkerung in Makedonien war nicht-griechisch. Im kosmopolitischen Saloniki waren von den 157 000 Einwohnern, wenn es hoch kommt, 30 000 Griechen, die sich mit den Türken in etwa die Waage hielten. Die Bulgaren stellten in der Stadt nur eine kleine Minorität. Den überwiegenden Teil der Bevölkerung – ca. 80 000 – bildeten nach wie vor die sephardischen Juden, die der neuen Herrschaft mit gemischten Gefühlen entgegen sahen. 1917 brannten die jüdische Innenstadt und das Moslemviertel vollständig ab. Saloniki wurde dann im »griechischen Stil« wiederaufgebaut.

In geostrategischer Hinsicht veränderte sich Griechenlands Situation dramatisch. Zum alten türkischen Gegner, der nun freilich schwer geschwächt war, trat jetzt eine Vielzahl unberechenbarer balkanischer Widersacher hinzu. Bulgarien gab seine Ansprüche auf ganz Makedonien keineswegs auf. Mit den Serben war man zwar verbündet, mußte aber zur Kenntnis nehmen, daß einflußreiche Kreise in Belgrad ihrerseits »Solun« für sich forderten. Ein besonderer Krisenherd kristallisierte sich im nördlichen Epiros heraus. Dort war die Kamería/Chamería, ein albanisch-griechisches ethnisches Mischgebiet, dem neuen Staat Albanien zugeschlagen worden. 1914 riefen die griechischen Bewohner im Hauptort Argyrokastron (albanisch Gjirokaster) mit Ermächtigung Athens einseitig ihre Autonomie aus. Auch dieser Streit um »Nord-Epiros« zwischen Griechenland und Albanien ist im Grunde bis heute ungelöst.

Neben der gefährlichen Teilhabe am balkanischen Pulverfaß existierten noch andere Krisenherde: Auf den Dodekanes-Inseln mit Rhodos begannen sich die Italiener auf Dauer einzurichten und legten ihr Augenmerk auf das zum Teil griechisch besiedelte kleinasiatische Küstengebiet. Und ganz im Osten flackerte das Zypernproblem auf, als die Insel mit Beginn des I. Weltkrieges von Großbritannien annektiert wurde.

Die eigentlich erstaunliche Bereicherung Griechenlands in den Friedensschlüssen von 1913 ist auf seine noch schwankende Lage im Spannungsfeld der Großmächte zurückzuführen. Es war zu dieser Zeit noch nicht ganz klar, ob Athen im britischen oder im deutschen Bündnissystem landen würde. So waren Berlin wie London gleichermaßen bestrebt, den potentiellen zukünftigen Bündnispartner groß herauszustellen.

Der I. Weltkrieg: Die gescheiterte Neutralität

Trotz des enormen Machtzuwachses gab sich die Athener Regierung nach außen hin keineswegs »saturiert«. Es scheint, daß selbst Venizelos, der seine Fähigkeit zu einer rationalen, modernen Innenpolitik ja schon bewiesen hatte, nun vor den immens gewachsenen inneren Schwierigkeiten zurücksteckte und sein Heil in der weiteren Propaganda der großgriechischen Idee suchte.

König Georg I. war 1913 in Saloniki dem Attentat eines angeblichen Psychopathen zum Opfer gefallen (die Hintergründe sind auch heute noch nicht recht klar). Nachfolger wurde Konstantin I., der in Griechenland selbst auch als der XII. – nach dem letzten byzantinischen Kaiser Konstantin XI. – gezählt wurde. Der neue König, verheiratet mit der Schwester Kaiser Wilhelms II., der preußischen Prinzeß Sophie, war konservativ bis reaktionär gesinnt. Durch seine Siege in den Balkankriegen genoß er hohes Ansehen im Volk. Er war bestrebt, zunächst das Gewonnene zu konsolidieren, und erst dann wieder über die Grenzen zu blicken. Sein einflußreichster Ratgeber war der Chef des Generalstabs, → Ioannes Metaxas. Gegenüber dem dynamischen, sich innenpolitisch bürgerlich-radikal und außenpolitisch expansiv gebärdenden Ministerpräsidenten Venizelos geriet der königliche Hof bald in einen tiefen Gegensatz.

Nach der Kriegserklärung Österreich-Ungarns an Serbien im Juli 1914 kam unaufhaltsam, und von der europäischen Diplomatie nicht mehr eingrenzbar, das Räderwerk der gegenseitigen militärischen Bündnisverpflichtungen der Großmächte in Gang. Die französisch-britische *Entente*, alliiert (verbündet) mit Rußland, ab 1915 mit Italien und ab 1917 mit den USA, stand den Mitteleuropäischen Mächten (kurz: *Mittelmächten*) Deutschland und Österreich-Ungarn gegenüber, denen sich 1914 das Türkische Reich und 1915 Bulgarien anschlossen.

Die Ursachen für den I. Weltkrieg sind so zahlreich, vielschichtig und verwoben, gleich ob machtpolitischer und wirtschaftlicher Natur, daß sie den Rahmen unserer Darstellung sprengen würden. Die ungelöste Balkanfrage, an der auch Griechenland teilhatte, bildet aber auf jeden Fall *einen* sehr wichtigen Aspekt des Kriegsausbruchs. Griechenland war daher schon ab 1914 indirekt, und dann ab 1917 direkt, in das Kriegsgeschehen verstrickt.

Die Kluft zwischen Regierung und Hof wurde in der Kriegsfrage unüberbrückbar. Venizelos propagierte offen den Kriegseintritt auf seiten der Entente, nicht nur um Kleinasien und Thrakien zu gewinnen, sondern auch um sein sich abzeichnendes innenpolitisches Versagen zu kaschieren. Wie irreal im Grunde Venizelos' Kriegspläne waren, zeigt die Tatsache, daß Konstantinopel, sein großes Ziel, natürlich längst im Visier der Russen stand, gegen deren Anspruch Griechenland bei Gelingen des Unternehmens nichts hätte setzen können. Der König dagegen pochte auf Neutralität, besser gesagt auf deutschfreundliche Neutralität. Er selbst, wie auch Metaxas und führende Teile des Heeres, waren preußisch ausgebildet und setzten militärisch auf die Mittelmächte. Indessen kam ein Kriegseintritt auch auf deutscher Seite für sie nicht in Frage. Das Land war ausgepowert und ökonomisch und militärisch dazu keineswegs in der Lage. Trotzdem gewann Venizelos' Kriegspolitik in der öffentlichen Meinung die Oberhand. Zwar war der König beliebt, nicht jedoch seine Umgebung. 1915 gewann der kriegswillige Ministerpräsident wieder souverän die Parlamentswahlen.

Ein besonderes Merkmal des I. Weltkrieges war die rege Geheimdiplomatie, mit der die gegnerischen Bündnisse versuchten, die noch ungebundenen kleineren Mächte an sich zu ziehen. Zu Anfang des Krieges war es noch keineswegs sicher, wie sich Italien oder Bulgarien verhalten würden. Selbst um das Türkische Reich entspann sich ein britisch-deutscher Konkurrenzkampf, bis Istanbul im November 1914 endgültig mit den Mittelmächten in seinen nun allerdings wirklich letzten Kampf zog. Berlin sicherte ihm dafür die großen Inseln der Ägäis zu. Bulgarien erhielt von London ein Geheimangebot über die seit 1913 griechische Hafenstadt Kavala. Der britische Außenminister Edward Grey offerierte Athen als Kompensation dafür das kleinasiatische Smyrna – ein Angebot, auf das Venizelos allen Ernstes einging, das aber beim König auf schärfsten Widerspruch stieß.

Bulgarien schloß sich jedoch 1915 den Mittelmächten an, die ihm das bisherige Serbisch-Makedonien versprachen. Mit dem Kriegseintritt des türkischen wie des bulgarischen Erzrivalen an der Seite Berlins wurde in Athen das Dilemma akut: Neutralität, die in den Augen der Entente einer Unterstützung ihrer Gegner gleichkam, oder offener Beitritt zu den französisch-britischen Alliierten?

Nach dem spektakulär fehlgeschlagenen, von den Alliierten großangelegten Durchbruchs- und Invasionsversuch an den Dardanellen, die im Februar 1915 von den Türken gehalten wurden, wuchs der alliierte Druck auf Griechenland und kulminierte schließlich Ende 1915 in der Landung französischer und britischer Truppen in Saloniki. Dies geschah mit wohlwollender Duldung, ja auf Betreiben der Regierung Venizelos. Völkerrechtlich war es ein eindeutiger Rechtsbruch, da Griechenland nach außen immer noch offiziell neutral war und der König diesen Zustand in schärfster Opposition zu Venizelos auch aufrecht erhalten wollte. Die Alliierten handelten unter französischem Oberbefehl praktisch wie in einem militärisch besetzten Land, ließen wieder einmal eine Kriegsflotte vor dem Piräus auffahren und verhängten das Kriegsrecht über Nordgriechenland. Die Front rückte unterdessen gefährlich nahe an Saloniki heran. Die Bulgaren stießen in das östliche Küstenmakedonien vor. Ohne Absprache mit Athen wiesen die Alliierten der geschlagenen serbischen Armee Korfu als Exil zu.

Im Oktober 1915 reichte Venizelos demonstrativ seine Demission ein. Der König löste das Parlament auf. Die Neuwahlen wurden wegen dieses Verfassungsbruches von Venizelos' Partei boykottiert. Beide Lager trieben nun auf die endgültige »Nationale Spaltung« (*Ethnikos Dichasmos*) zu. Es ging nicht mehr nur um den Kriegseintritt, sondern grundsätzlich um die Frage Republik oder Königreich. Mit der Ausrufung einer provisorischen Gegenregierung durch Venizelos im Oktober 1916 in Saloniki war die Spaltung der Nation vollzogen. Nicht nur die Gesellschaft war geteilt, auch das Land selbst. Die neuerworbenen Provinzen im Norden, die Inseln und besonders Kreta waren glühende »Venizelisten«, die »Royalisten« hatten ihre Basis in Athen und in Mittel- und Südgriechenland, also im Gebiet des »alten Königreichs«. Der bewaffnete Bürgerkrieg, der in Athen bereits begonnen hatte (dabei wurde Venizelos von der orthodoxen Kirche exkommuniziert), konnte von den Franzosen nur durch die militärische Besetzung Athens und eine mehrmonatige Hungerblockade unterdrückt werden.

Unter alliierten Drohungen verließ Konstantin im Juni 1917 das Land und übergab die Krone seinem 24jährigen zweiten Sohn Alexander. Mit Konstantin ging Kronprinz Georg ins Exil, dem von den Alliierten ebenso wie seinem Vater heimliche Verbindungen nach Berlin vorgeworfen wurden. Bis dahin hatten in Griechenland also zwei Regierungen geherrscht, die des Königs in Athen, und die Venizelos' in Saloniki.

Im Juni 1917 übernahm Venizelos mit massiver alliierter Hilfe wieder die alleinige Macht in Athen. Im selben Monat noch erklärte er den Mittelmächten den Krieg. Das griechische Militär wurde aber alliiertem Kommando unterstellt und in das alliierte Expeditionsheer eingereiht. 1918 stieß die alliierte Saloniki-Armee kontinuierlich nach Norden vor und durchbrach schließlich die makedonische Front. Bulgarien kapitulierte Ende September 1918, einen Monat später folgte das Türkische Reich. Die offene Südostflanke hatte sodann mitentscheidenden Anteil an der Kapitulation Wiens und Berlins im November 1918.

Trotz der sich abzeichnenden Überlegenheit der Entente in Südosteuropa konnte Venizelos den Kriegseintritt nur mit diktatorischen Mitteln erreichen. Seine neue Regierung säuberte die Armee, die Justiz, den Beamtenapparat und das gesamte Öffentliche Leben von Monarchisten und anderen politischen Gegnern. Viele Reformen, die Venizelos noch vor den Balkankriegen durchgeführt hatte, wurden nun wieder über den Haufen geworfen. Seine »Liberale Partei« wandelte sich zurück zu einer »Partei griechischen Typs«, d. h. zu einem kritiklosen paternalistischen Akklamationsverein.

Die »Große Idee« Teil 2 (1919–1922)

Venizelos' gewagtes außenpolitisches Hazardspiel war aufgegangen. Auf den Friedenskonferenzen in Paris 1918/1919 durfte er sich im Siegerkranz sonnen. Sein besonderer Mentor war der britische Chefunterhändler Lloyd George. Außer dem Sieg der Entente, dem Zusammenbruch Bulgariens und der endgültigen Zertrümmerung des Türkischen Reiches kam auch das gewaltsame Ende des Zarenreichs in der Oktoberrevolution 1917/18 seinen Interessen entgegen. Rußland versank im Bürgerkrieg. Für die nächsten Jahre war es kein übermächtiger Konkurrent um Konstantinopel mehr.

In den »Pariser Vorortverträgen« der Siegermächte mit den Bündnispartnern der Mittelmächte wurde der Siegerstaat Griechenland wieder großmütig mit umfangreichen Landgewinnen honoriert. Im Vertrag von Neuilly (27. November 1919) erhielt es das bisher bulgarische westthrakische Küstenland mit 200 000 Einwohnern zugesprochen. Der Vertrag beinhaltete auch einen Bevölkerungsaustausch von Griechen aus Bulgarien (etwa 50 000) und Bulgaren aus dem griechischen Teil Makedoniens. Mit dem Verlust des thrakischen »Weißmeergebiets« (Belomore) war Bulgarien von der Ägäis abgeschnitten. Nur im Hafen Alexandroupolis sollte ihm eine Freizone eingeräumt werden.

Griechische Truppen durften sich, wenn auch in geringer Anzahl, an der alliierten Besetzung Istanbuls beteiligen. Die alte Megale Idea gewann an Kontur! Ja, selbst darüber hinausgehend schmiedete man Pläne zur Errichtung eines griechischen Pontus-(Schwarzmeer-)Staates und eines armenisch-griechischen Staates in Kilikien. Die Euphorie kannte keine Grenzen mehr, als auf Ermunterung Lloyd Georges 1919 ein griechisches Expeditionskorps unter dem Geleit britischer Kanonenboote in Smyrna landete. Smyrna (türkisch Izmir), der Haupthandelsplatz Kleinasiens, war eine multikulturelle Metropole mit über 100 000 Einwohnern, von welchen der überwiegende Teil Griechen waren. Im westlichen Kleinasien wohnten insgesamt etwa 2 Millionen Griechen, die unter den dortigen 7 Millionen Türken aber nur in Smyrna und einigen Küstenstädten die relative Mehrheit bildeten.

Das Abkommen von Sèvres, das die Entente am 10. August 1920 mit der in völliger Konfusion befindlichen Regierung in Istanbul schloß, bedeutete den größten Triumph Venizelos': Das gesamte Ost-Thrakien mit Edirne/Adrianopel fiel an Griechenland. Über die Region Smyrna erhielt Athen das Okkupationsrecht und das Mandat zugesprochen, d. h. nach 5 Jahren sollte eine Volksabstimmung über die Staatszugehörigkeit stattfinden, über deren Ergebnis kein Zweifel bestand. Ganz nebenbei wurde in Sèvres auch die Nord-Epiros-Frage im griechischen Sinne entschieden. Die Italiener, die Südalbanien und Teile des Epiros ab 1917 besetzt hielten, räumten widerwillig die Region.

Die großgriechische Vision vom »Reich der zwei Kontinente und der drei Meere (Adria, Ägäis, Schwarzes Meer) war Wirklichkeit geworden! Nur Konstantinopel und und das westliche Anatolien fehlten noch zur Krönung der »Großen Idee«.

Doch enthielt der sogenannte Friedensvertrag von Sèvres bereits die Keime für den jähen Fall der griechischen Großmachtphantasien in sich. Denn auch Italiener und Franzosen hatten ihre Interessen in Kleinasien und waren keinesfalls bereit, darin Rücksicht auf den griechischen Parvenü zu nehmen. Auch Rom erhob Anspruch auf Smyrna und zudem auf die türkische Südküste um Attalia (Antalya) und beharrte weiter auf der Annexion des Dodekanes. Paris nahm den Osten Anatoliens unter sein Protektorat. Das Entscheidenste aber war die türkische Entwicklung selbst. Das 700jährige türkische Imperium war endgültig untergegangen, Istanbul stand unter alliierter Kontrolle, eine geschlagene Regierung und ein kaum zurechnungsfähiger Sultan (der letzte seines Standes, 1922 abgesetzt) hatte sich den Siegermächten ergeben. Das war die eine Seite. Die andere Seite war eine mächtige türkische Nationalbewegung und die Entstehung eines türkischen Nationalstaates mit damals 10–12 Millionen Einwohnern. Der Führer dieser Bewegung war General Mustafa Kemal (1880–1938), der »Jungtürke« aus Saloniki (1908) und der Sieger in der Dardanellenschlacht von 1915. Kemal Pascha sammelte die türkischen Kräfte im inneranatolischen Ankara und berief 1920 eine Nationalversammlung ein. Die darin neuproklamierte »Türkische Republik« mit der Hauptstadt Ankara sollte sich auf Anatolien beschränken und gesellschaftlich wie politisch europäisch ausgerichtet sein. (Erst von da ab dürfen wir übrigens historisch korrekt von »der Türkei« sprechen.) Mustafa Kemal, besser bekannt unter dem Ehrennamen »Atatürk«, verweigerte die Ratifizierung des Diktats von Sèvres.

Das venizelistische Griechenland hatte in den vorausgegangenen Kampfhandlungen vergleichsweise geringe Verluste erlitten – und nichtsdestoweniger einen gewaltigen Gewinn erzielt. War man sich jetzt nicht der britischen Rückendeckung sicher? Auch einflußreiche griechische Auslandskreise, wie der griechischstämmige Waffengroßhändler Basil Zaharofff, drängten zur Tat. Venizelos entschloß sich zur Offensive. Ernest Hemingway, damals Kriegsberichterstatter des »Toronto Star« in Adrianopel, hat uns den Dilettantismus des griechischen Offizierskorps, das seine Stellung nur als Prestige betrachtet hatte, eingehend geschildert. Der Hauptkriegsschauplatz war Kleinasien, wo die griechische Armee in Richtung Ankara vorzustoßen begann.

Die Zäsur von 1922: Die Kleinasiatische Katastrophe

Aller Repression zum Trotz war es dem autoritär regierenden Ministerpräsidenten nicht gelungen, die royalistische Opposition im Inneren auszuschalten. Ein Attentatsversuch auf ihn hatte bürgerkriegsähnliche Tumulte mit zahlreichen Opfern zur Folge. Der plötzliche Tod König Alexanders 1920 (absurderweise durch den Biß eines Schoßäffchens) ließ im Volk wieder verstärkt den Ruf nach dem »wirklichen König« Konstantin aufkommen. Im November 1920 erlitt Venizelos entgegen allen Prognosen eine bittere Wahlniederlage. Er verließ das Land, als König Konstantin aus dem Schweizer Exil zurückkehrte. Dieser völlig unerwarteten Wahlschlappe haftet etwas Seltsames an: Hat Venizelos geahnt, daß seine kleinasiatische Kriegspolitik ins Verderben führt, wollte er sich der Verantwortung entziehen?

Der Gang der Dinge war nicht mehr aufzuhalten. Auch der König, der eigentlich dem Kriegsabenteuer abhold war, sah sich durch die emotionalisierte öffentliche Stimmung und die neu eingesetzte monarchistische Militärführung gezwungen, den immer aussichtloser werdenden überseeischen Feldzug weiterzuführen.

Außenpolitisch geriet Athen zunehmend in die Isolation. Paris und Rom unterstützten offen den neuen starken Mann in der Türkei, in welchem sie – zurecht – einen Garanten für die Stabilität der Region sahen. Rußland, d. h. jetzt die Sowjetunion, schloß unter ausdrücklichem Verzicht auf alle früheren Ambitionen einen Freundschaftspakt mit der neuen, zwar nicht kommunistischen, aber ebenso revolutionären Türkei. In Großbritannien und den USA reifte der alte Gedanke, gegen das nun wieder feindliche, bolschewistische Rußland die Türkei als Gegengewicht aufzubauen und zu stärken. Griechenland geriet in westlichen Augen geostrategisch wieder einmal ins Hintertreffen. Die Folgen waren fatal. Als König Konstantin, dessen Entente-feindliche Haltung man im Westen nicht vergessen hatte, wieder den Thron bestieg, kündigten Paris und London de facto den ihnen mittlerweile höchst ungelegenen Vertrag von Sèvres auf und stellten jegliche Hilfe für Athen ein. So stand Griechenland 1921 in seinem gefährlichen Kriegsabenteuer ohne jegliche Deckung einer Großmacht allein da.

Der türkische Gegenschlag im August 1922 trieb die griechische Invasionsarmee buchstäblich ins Meer zurück. Ihre Niederlage hätte furchtbarer nicht enden können. Tausende Griechen in Kleinasien fallen Pogromen zum Opfer. Allein 30000 kommen in Smyrna ums Leben, dessen griechischer Stadtteil dem Erdboden gleichgemacht wurde. Selbst an den Gestaden des Meeres werden die griechischen Flüchtlinge noch von der Rache der Sieger eingeholt (s. Abb. S.158). Die dreitausendjährige Geschichte der Griechen in Kleinasien war unwiederbringlich zu Ende. Alliierte Kriegsschiffe, die »zur Beobachtung« in Sichtweite der Massaker vor der Küste ankerten, griffen nicht ein. »Strikte Neutralität« war angesagt!

Im Roman »*Griechische Passion*« hat → Nikos Kazantzakis den Leidensweg der Griechen aus ihrer uralten Heimat eindrucksvoll beschrieben. Aus eigenem Erlebnis schöpfte → Ilias Venezis, der dem verlorenen Kleinasien im Roman »*Äolische Erde*« ein Denkmal setzte. Venezis' harte Novelle »*Numero 31328*« über seine Deportation 1922 besticht dadurch, daß sie trotz allem ein überzeugendes Anti-Kriegsbuch ist.

Auch Ost-Thrakien wurde – als Kemals Truppen an den paralysierten britischen Verbänden vorbei die Dardanellen überquerten – fluchtartig geräumt. Die »Megale Idea« versank in einer Apokalypse von Blut und Rauch. War Konstantinopel, die »Polis«, die »Stadt an sich«, ungeachtet der Eroberung von 1453 auch in den nachfolgenden Jahrhunderten weiter der spirituelle und kulturelle Bezugspunkt des Griechentums, *ihre heimliche Hauptstadt,* geblieben, so gehörte ab da auch diese geistige Perspektive der Vergangenheit an.

In den *Friedensverhandlungen zu Lausanne*, die dem türkisch-griechischen Vertrag vom 24. Juli 1923 vorausgingen, führte wieder Venizelos das große Wort. Kleinasien blieb türkisch, ebenso Ost-Thrakien mit Edirne. Das war der territoriale Status quo ante von 1913. Eigentlich ein für Griechenland, gemessen an der Schwere der Niederlage, auf den ersten Blick glimpfliches Ergebnis. Doch die wirkliche Katastrophe für Griechenland war die Vertragsklausel über den gegenseitigen Bevölkerungsaustausch der jeweiligen Minderheit. Ausgenommen von diesem sogenannten »Transfer« blieben das Ökumenische Patriarchat und die Griechen in Istanbul, und als Gegengewicht dazu die Türken in Westthrakien. Etwa 360000 Türken, aber auch viele andere Muslime, verließen daraufhin Saloniki und das übrige Makedonien. Im großen Raum der Türkei wurden sie verhältnismäßig rasch integriert.

Auf das kleine Griechenland aber wälzten sich nun in endlosen Trecks 1,1 (nach anderen Schätzungen bis zu 1,5) Millionen mittelloser Flüchtlinge zu. Sie trafen auf ein wirtschaftlich erschöpftes Land, in dem es sozial gärte und das gesellschaftlich und national tief gespalten war.

Vier Jahre, von 1914 bis 1918, hatte der I. Weltkrieg in Mittel- und Westeuropa gedauert. Für Griechenland jedoch hatte er bereits mit dem Balkankrieg 1912 begonnen und war erst mit dem türkisch-griechischen Krieg von 1922 zu Ende. 10 Jahre stand das Land also im Bann der Waffen. Teil- und Generalmobilisierungen, fremde Interventionen und bürgerkriegsähnliche Wirren bestimmten das Bild. Die Triumphe von 1913 und 1918 wichen 1922 einem traumatischen Mißerfolg.

Der Krieg bewirkte, wie in den anderen kriegführenden Staaten auch, eine durch die forcierte Kriegswirtschaft ausgelöste Beschleunigung der Industrialisierung. In Piräus, Faleron und Patras entstanden große Nahrungsmittelindustrien, in Makedonien neue Textilfabriken. Ein Teil dieser Produkte war für die alliierten Truppen in Saloniki bestimmt. In Eleusis wuchs ein petrochemisches Kombinat aus der heiligen Erde, der steigende Energiebedarf wurde durch Kohleabbau in Makedonien gedeckt. Auch die Gesellschaft veränderte sich, wurde »moderner«.

Unter Venizelos steigt eine traditionsabgewandte »liberale«, sprich »kapitalistische«, Schicht empor. Zeichen einer neuen Zeit war die zunehmende Zurückdrängung der Hochsprache (Katharevousa) und die offizielle Einführung des gregorianischen Kalenders 1923. Die wachsende Industriearbeiterschaft organisierte sich in verschiedenen sozialistischen Gruppen, aus denen sich 1920 die von der Sowjetunion sekundierte Kommunistische Partei herauskristallisierte.

NATIONALE SPALTUNG
(ETHNIKOS DICHASMOS)

Zwischen Republik und Monarchie

Das verheerende außenpolitische Fiasko verlangte nach Schuldigen. Sechs Sündenböcke, eher zufällige Minister und Generäle, wurden exekutiert. Ein Militärputsch erzwang Ende 1922 die Abdankung des glücklosen Königs Konstantin zugunsten des Kronprinzen Georg. Der exilierte König starb im nächsten Jahr in Palermo. Georg II. durfte sich indessen nicht lange seines Thrones erfreuen. Die Wahlen von Ende 1923 zeigten wieder einmal die ganze Wankelmütigkeit und Manipulierbarkeit der griechischen politischen Nation. Venizelos, der eigentliche Betreiber des kleinasiatischen Abenteuers, errang den Sieg, diesmal aber dicht gefolgt von einer neuen republikanischen Formation. Die Monarchisten dagegen gerieten völlig ins Hintertreffen, vermutlich, weil eine royalistische Gegenrevolte unter General Metaxas vorher fehlgeschlagen war.

Wieder einmal war die innenpolitische Kräfteverteilung total umgestellt worden! Die neugebildete »Republikanische Union« – wegen der Namensgleichheit im Griechischen auch »Demokratische Union« – unter Alexander Papanastasiou war eine Art sozialdemokratische Abspaltung von der Venizelos-Partei. Sie schickte, zusammen mit königsfeindlichen Venizelisten, 1923 auch Georg II. ins Exil nach England. Im März 1924 wurde die *Republik* ausgerufen und in einem Plebiszit mit Mehrheit bestätigt. Das Zeitalter des konstitutionellen Königtums schien vorbei zu sein, jedoch, wie sich erweisen sollte, nur für zunächst 10 Jahre.

In der Republik ging das demagogische Gerangel der Parteien, der politischen Klüngel und der sich abwechselnden Koalitionen weiter, wobei immer kräftiger die Offiziere mitmischten. Ein militärischer Staatsstreich 1925 machte das Land für ein Jahr zum ersten Mal mit einem vom Volk nicht beauftragten Militärregime bekannt. Das Partei(un-)wesen hatte sich nicht grundsätzlich geändert, nach wie vor bestimmten Persönlichkeiten, nicht Programme, ihr Bild. Da es sich bei den zivilen Berufspolitikern zumeist um gewiefte Juristen handelte, kam im Ausland der Begriff »Advokaten-Republik« auf. Die einzige ideologisch feste Kraft war die Kommunistische Partei, die dadurch auch große Anziehungskraft auf die Intelligenz ausübte. Die soziale Frage konnte nach dem außenpolitischen Rückschlag nicht länger mehr durch großgriechische Propaganda überdeckt werden. Streiks erschütterten das Land. Die Kommunisten faßten im Parlament Fuß. Die Verwaltungsreform, die der junge Venizelos 1912 eingeleitet hatte, war längst wieder Makulatur. Bei jedem der durchschnittlich jährlichen Regierungswechsel wechselten die Staatsbediensteten mit.

1928 erzielte Venizelos, der während der kurzen Militärherrschaft ins Exil gegangen war, ein geradezu überwältigendes Wahlergebnis. Abspaltungen von seiner Partei beeinträchtigten jedoch seine Regierung. Der verstärkten kommunistischen Agitation glaubte er durch Verbot und Zensur entgegentreten zu können. Eine Sozialgesetzgebung, die den Forderungen der immer selbstbewußter auftretenden Industrie- und Facharbeiterschaft gerecht geworden wäre, ließ sich aber gegen die »liberalen« Interessen der venizelistischen Klientel nicht durchsetzen. Mit Hilfe riesiger, bereits 1924 und 1927 bewilligter Auslandskredite gelang es dem Präsidenten, eine innere Stabilisierung herbeizuführen. Unter seiner Ägide wurde die größte Not der Flüchtlinge beseitigt und der Landesausbau durch umfangreiche Kultivierungsmaßnahmen und die Bekämpfung der Malaria vorangetrieben. Die Landwirtschaft, immer noch die ökonomische Basis des Landes, wurde intensiviert und, soweit möglich, mechanisiert. Staatliche Bauprogramme verdichteten die Infrastruktur durch Schienen, Straßen und Kanäle. Erziehungsminister → Georgios Papandreou reformierte das Bildungswesen, führte die Volkssprache (Demotiki) im Unterricht ein und baute die 1926 gegründete zweite Landesuniversität in Saloniki aus. Auch der Tourismus, der lange Zeit brachgelegen war, wurde nun wieder als Einnahmequelle entdeckt und hatte die demonstrative Pflege und Erschließung der bekannteren klassischen Stätten zur Folge.

Die Integration der Flüchtlinge

Trotz der desolaten Lage nach der kleinasiatischen Katastrophe war es dem Land gelungen, den Hauptteil der Vertriebenen in die Gesellschaft zu integrieren. Stellen wir uns die gewaltige Aufgabe vor: Die Bevölkerung von knapp 5 Millionen stieg nach 1923 schockartig auf 6,2 Millionen an, zumeist um Menschen, die nicht mehr besaßen, als sie tragen konnten, mit einem überproportionalen Anteil an Witwen und Waisen. Der Flüchtlingsanteil belief sich auf ein Drittel der Gesamtbevölkerung (zum Vergleich: Westdeutschland nach 1945: 17%).

Dazu kamen diverse Probleme. Die »Umsiedler« waren keine Einheit, sondern kamen aus verschiedenen innergriechischen Kulturkreisen: Etwa 627000 aus Kleinasien, 256000 aus Ost-Thrakien, 182000 aus dem Schwarzmeergebiet (Pontos), 47000 aus dem Kaukasus, dazu noch 11000 aus der Ukraine und der Krim und 40000 aus Istanbul/Konstantinopel. Sprachlich und kulturell differierten besonders die »Pontier«, deren Idiom den anderen Griechen kaum verständlich war. Auch in sozialer Hinsicht unterschieden sich die Neuankömmlinge beträchtlich. Die Flüchtlinge aus dem westlichen Kleinasien (Ionien, Äolien) waren meist Städter mit qualifizierten Berufen und einem hohen Anteil an »Gebildeten«. Sie konnten aber vom armen Mutterland nur zum Teil in ihren alten Stellungen beschäftigt werden. Sie bildeten daher in den urbanen Suburbsiedlungen um Athen (»Nea Smyrni«), Volos und Saloniki noch lange ein unruhiges, aufstandsbereites Potential. Besser hatten es die kleinasiatischen Handwerker und Bauern, die bald feststellen konnten, daß ihr Ausbildungs- und Produktionsniveau erheblich höher war als das des zurückgebliebenen Mutterlandes.

Zu diesen seit langem europäisierten »Ioniern« kam aber noch die Masse von etwa 400000 im Lebensstil völlig orientalisierter Griechen aus dem Inneren Anatoliens und dem Pontus-Gebiet, meist Bauern, Hirten und Kleinhändler. Viele von ihnen waren sogenannte »Karamanlides«, d.h. türkisch sprechende orthodoxe Christen. Ihre Integration erwies sich als weitaus schwieriger, zumal sie sowohl von den vertriebenen Schicksalsgenossen wie von der Altbevölkerung diskriminiert wurden (z.B. als »Joghurt-Getaufte«). Durch sie erfuhr das bis dahin mühsam europäisierte öffentliche Leben in Griechenland wieder eine gewisse »Rück-Orientalisierung«: Bouzouki- und Rebetiko-Musik, türkische Küche, Tavla, Haschisch, Wasserpfeife und die an den Männerhänden wieder auftauchenden »Koboli« (Perlenschnüre). Aus der Masse der notleidenden Zwangsverschickten stachen die kosmopolitischen Emigranten aus Konstantinopel heraus, die freiwillig ihre Heimatstadt verließen. Sie durften ihren Grund- und Hausbesitz verkaufen und ihre Habe mitnehmen.

Es sei hier noch angemerkt, daß viele der ihrer Heimat Beraubten weiter in die USA auswanderten, wie z.B. der damals 16jährige Aristoteles Onassis aus Smyrna.

Die Unterbringung und wirtschaftliche Einbindung der Flüchtlinge gelang in erster Linie durch eine radikale Aufteilung des Großgrundbesitzes, die 1926 im Bodenreformgesetz verankert wurde. Der Völkerbund (der Vorläufer der UNO) leistete von 1923 bis 1930 finanzielle, technische und ökonomische Hilfe. Ihre Effektivität wurde dadurch garantiert, daß bei der Verteilung des Kapitals griechischen Stellen möglichst wenig Einflußmöglichkeiten geboten wurde. Umfangreiche Hilfsgüter kamen dazu aus den USA. Mit Hilfe der neuen Arbeitskräfte wurden die bisher ungenutzten Schwemmlandebenen in Thrakien und Makedonien kultiviert und unter den Pflug genommen. Zahlreiche neue, regelmäßig angelegte Siedlungen wurden gegründet. Die agrarische Nutzfläche stieg insgesamt um 50%, in Makedonien sogar um das Dreifache. Auch die Industrie erhielt neue Impulse. Besonders die exportfähige Tabak- und Teppicherzeugung wurde beträchtlich ausgeweitet. Die Zahl der in der Industrie Beschäftigten verdoppelte sich bis 1928 auf 100000 und bis 1933 nochmal auf fast 200000. War Griechenland zu Beginn des I. Weltkriegs noch vorwiegend ein Agrarstaat, so hielten sich zu Beginn des II. Weltkrigs Industrie und Landwirtschaft bereits die Waage.

Politisch waren die Flüchtlingsgriechen »venizelistisch« und republikanisch ausgerichtet. In den neuen Industrievierteln der Großstädte Athen, Piräus, Patras, Volos und Saloniki gewannen die Kommunisten an Boden. Besonders die Slumgürtel mit ihren Wellblechsiedlungen, in denen sich nach 1930 die zu kurz gekommenen Flüchtlinge zusammenballten (darunter viele ehemalige Intellektuelle und Künstler) boten dazu einen idealen Nährboden.

Das Datum 1923 ist eine wichtige Zäsur in der neugriechischen Geschichte. Auch wenn wir alles individuelle Leid und tausendfaches Elend berücksichtigen, so wirkte sich doch der erzwungene Bevölkerungsaustausch letztlich positiv für Griechenland aus. Denn Griechenland wurde dadurch zu einem geschlossenen Nationalstaat. Von seinen 1928 gezählten 6,2 Millionen Einwohnern waren nur mehr 5 Prozent Nichtgriechen – Türken, Pomaken, Bulgaren, die sich hauptsächlich in Westthrakien konzentrierten, dazu Albaner im Epiros und ein paar aromunische Splittergruppen. Die Flüchtlingsgriechen wurden vorwiegend in den nördlichen Landesteilen angesiedelt. Infolge des Exodus der Bulgaren und Türken und der massenhaften Neuansiedlung von Griechen wandelte sich das ethnische Bild Griechisch-Makedoniens von Grund auf. Der dortige griechischsprachige Bevölkerungsanteil, im Jahre 1913 noch deutlich unterrepräsentiert, stieg auf 90%. Fast die Hälfte der griechischen Einwohner Makedoniens waren Neusiedler aus dem Osten. Erst ab 1923 ist damit Küsten-

Makedonien ein »griechisches Land«. Die slavophonen Minderheiten (Bulgaren, Pomaken, Makedonische Slawen) geraten von da ab immer mehr unter griechischen Assimilierungsdruck.

Freilich gab es innergriechische Ressentiments gegen die Ostgriechen und Spannungen zwischen den Eingesessenen und Neusiedlern. Allmählich aber, und besonders unter äußerem Druck, wichen die inneren Differenzen einem gemeingriechischen Schicksals- und Nationalgefühl. Heute, nach zwei Generationen, sind auch die letzten Trennungslinien verwischt.

Die ethnische und religiöse Homogenität ab 1923 hat dem griechischen Staat und seiner Gesellschaft diejenigen traumatischen Nationalitäten- und Minderheitenkonflikte erspart, welche die übrigen Balkanstaaten bis heute erschüttern.

Die Restauration des Königtums 1935

Venizelos' staatliche Aufbaupolitik von 1928 bis 1932 war mit teuren britischen, französischen und italienischen Krediten erkauft, die das Land wieder einmal in ein Riesendefizit, und 1932 schließlich in den Staatsbankrott führten. Dafür war nicht nur die gigantische Verschuldung (nichts Neues in Griechenland, bis heute) verantwortlich, sondern auch die internationale Weltwirtschaftskrise von 1929 bis 1933, die den griechischen Hauptexport von Tabak, Textilien und von Agrar- und Meeresprodukten zum völligen Erliegen brachte.

Dem Rücktritt Venizelos' folgte eine Epoche zunehmender Anarchie. In drei Jahren wechselte das Kabinett 10mal. Die Republikaner gerieten dabei gegenüber der von Panagiotis Tsaldaris geführten konservativ-royalistischen »Volkspartei« in die Minderheit. 1933 wurde auf Venizelos ein Attentat verübt, zwei venizelistische Militärrebellionen schlugen fehl. Der letzte von Venizelos initiierte Staatsstreich, 1935, endete mit einer Niederlage und mit nachfolgenden schweren Verfolgungen republikanischer und pro-venizelistischer Politiker und Militärs. Selbst Venizelos wurde (allerdings in Abwesenheit) zum Tode verurteilt. Die neuen Machthaber, die Generäle Georgios Kondyles und Ioannes Metaxas, steuerten immer offener auf eine Diktatur hin. Um ihr ein legales Mäntelchen zu verleihen, proklamierten sie im Oktober wieder die *Monarchie*. Im Anschluß an eine grotesk gefälschte Volksbefragung (98% Pro-Stimmen) betrat König Georg II. nach 12 Jahren erneut griechischen Boden. Der 71jährige Venizelos ging nun endgültig ins Exil. Ein Jahr später starb er in Paris. Mit ihm ging eine entscheidende Epoche Neu-Griechenlands zu Ende.

Griechenland im »System von Versailles« (1919–1939)

Die neue Weltordnung von Versailles und das System der *Pariser Vorortverträge* hatte Südosteuropa keineswegs Frieden beschert. Im Gegenteil haben die teils willkürlichen, aber immer im Interesse der Siegerstaaten ausgerichteten neubestimmten Grenzlinien die Spannungen zwischen den Staaten, aber auch die Konflikte innerhalb der neugeschaffenen Nationalitätenstaaten, weiter erhöht. Nach 1919/20 standen sich auf dem Balkan die Favoriten der Entente – Jugoslawien, Rumänien – und die Verliererstaaten – Ungarn, Bulgarien – unversöhnlich gegenüber. Letztere galten als die »Revisionisten«, weil sie bestrebt waren, die in Versailles diktierten Grenzen zu »revidieren«. Die ersteren waren deshalb »anti-revisionistisch« und schlossen sich zur Sicherung ihrer neuerworbenen Gebiete in einem von Frankreich dominierten Bündnissystem, der »Kleinen Entente«, zusammen.

Griechenland nahm in dieser Konstellation eine Zwischenstellung ein, denn es war sowohl ein Siegerstaat (gegen Bulgarien) als auch ein Verliererstaat (gegen die Türkei). Durch ein Bündnis mit Jugoslawien (1925, erweitert 1929), dem Rechtsnachfolger Serbiens, versuchte Athen sich in das französische Entente-System einzubinden. Die Allianz mit Belgrad war innenpolitisch nicht unumstritten, da man dem nördlichen Nachbarn eine Freizone im Hafen Saloniki einräumen mußte.

Der französische Schutzschirm erwies sich aber als wichtig, denn Griechenland sah sich von einem neuen Gegner im Westen bedroht. Italiens umfassende Gebietsansprüche – u. a. auch auf Korfu und Albanien – waren auf den Friedenskonferenzen in Paris nicht berücksichtigt worden. Die Absprache über eine Teilung Albaniens zwischen Athen und Rom war von den Westmächten zurückgewiesen worden. Italien hielt diese Forderungen jedoch weiter aufrecht. Nach der faschistischen Machtergreifung 1922 verstärkte sich der italienische Imperialismus und wurde festes Regierungsprogramm (Schlagwort »*Mare Nostro*«, Unser Meer, bezogen erst auf die Adria, dann auch auf die Ägäis). Benito Mussolinis Ziel war die Hegemonie im östlichen Mittelmeerraum (Levante) und die Schaffung abhängiger Vasallenstaaten auf der Balkanhalbinsel. Die Ionischen Inseln, Albanien und den Epiros beanspruchte er als direktes Einflußgebiet. Die Beziehungen zu Athen waren wegen des von Rom bekräftigten Anspruchs auf den Dodekanes sehr gespannt. Ein albanisch-griechischer Grenzzwischenfall bot sich 1923 als ein willkommener Anlaß für den Duce, vorübergehend Korfu zu besetzen. Griechenland lag wegen der Katastrophe in Kleinasien zu diesem Zeitpunkt völlig am Boden. Der Völkerbund rührte sich nicht.

Durch ein Bündnis mit Bulgarien und einen 1924 mit Pression erreichten »Adria-Pakt« mit Belgrad versuchte Rom, Griechenland diplomatisch zu isolieren und einzukreisen. Besonders Bulgarien war hierbei ein willkommener Bündnispartner, stand es doch wegen seiner Gebietsabtretungen Griechenland unversöhnlich gegenüber. In Sofia herrschte faktisch die extrem revisionistische IMRO, die ihren Terror (von Mussolini unterstützt) wiederholt nach Griechisch-Makedonien hineintrug. Eine 1925 ins bulgarische Piringebiet vordringende griechische Strafexpedition konnte größere Aktionen verhindern. Die Lage an der bulgarisch-griechischen Grenze blieb in höchstem Maße alarmierend.

Dagegen gelang es Venizelos, mit der Türkei zu einer Übereinkunft zu kommen und 1930 mit Atatürk ein Friedens- und Freundschaftsabkommen zu schließen. Der Bevölkerungsaustausch hatte, so zynisch das klingen mag, für »reinen Tisch« gesorgt und die zwischenstaatlichen Reibungsflächen sehr vermindert. Beide Staatsmänner erkannten, daß ihre Völker von der Geschichte dazu verurteilt seien, neben- und miteinander zu leben.

1928 war Athen mehr oder weniger gezwungen in das *italienische Allianzsystem* einbezogen worden. Albanien, der unruhige nordwestliche Nachbar, stand seit 1927 unter italienischem Protektorat. Die Beziehungen Athens zu Paris und London blieben eher kühl. Im Verhältnis zu London begann sich die Zypernfrage ungünstig auszuwirken. Aufgeschreckt durch die Erfolge der aggressiven italienischen Diplomatie initiierte Frankreich zu Anfang der 30er Jahre eine Reihe von bilateralen Verträgen der südosteuropäischen Staaten untereinander, die sich 1934 dann zum *Balkan-Bund* (auch *Balkan-Entente*) zusammenschlossen. Teilnehmer waren neben den »Anti-Revisionisten« Jugoslawien und Rumänien auch Griechenland und die Türkei. Bulgarien und der italienische Vasall Albanien boykottierten das Vertragswerk. Der Bund sollte den Status quo sicherstellen. Er war nicht nur gegen den Imperialismus Mussolinis, sondern auch gegen den sich nun abzeichnenden Expansionsdrang des nach 1933 nationalsozialistischen Deutschland gerichtet. Paris war es damit gelungen, die imperialistische Bündnispolitik Roms aufzusprengen. Das faschistische Italien sah deswegen sein zukünftiges Heil an der Seite des nationalsozialistischen »Dritten Reiches«. 1936 vereinbarten die beiden revisionistischen Großmächte in der »*Achse Berlin-Rom*« enge außenpolitische Zusammenarbeit.

GRIECHENLAND IM ZWEITEN WELTKRIEG

Das Metaxas-Regime (1936–1941)

Das Ergebnis der Neuwahlen nach der Rückkehr des Königs 1936 endete in einem Patt der tief verfeindeten politischen Kräfte und ließ keine Regierungsbildung zu. Weder die royalistische konservative Volkspartei noch die Republikaner und Liberalen konnten eine stabile Mehrheit hinter sich versammeln. Obstruktion bestimmte das politische Klima. Die Kommunisten, die unter ihrem Parteichef Nikos Zachariades einen Achtungserfolg von knapp 6% errangen, spielten als mögliche Mehrheitsbeschaffer die beiden großen Parteien gegenseitig aus. Nach den vorausgegangenen innenpolitischen Kämpfen wurde eine »Große Koalition« von den selbstsüchtigen Parteibossen immer wieder verworfen. Als sich endlich nach langwährenden Intrigen Anzeichen einer Zusammenarbeit gegen eine drohende Diktatur erkennen ließen, war es zu spät. Der König berief ein provisorisches Kabinett unter dem früheren Kriegsminister Metaxas ein. Stück für Stück erweiterte dieser seine Machtposition.

→ Ioannes Metaxas (1871–1941) war seit den Balkankriegen in führenden Stellungen präsent gewesen. Seine Ausbildung hatte er in Deutschland erhalten. Im I. Weltkrieg plädierte er für Neutralität, ging ins Exil und sprach sich vehement gegen die venizelistische Kriegspolitik aus. Auch innenpolitisch war er ein scharfer Gegner von Venizelos. Er zeigte Sympathien mit dem konservativen Flügel des Faschismus. Seine schwärmerische »Freidenker-Partei« kam jedoch nie über 4% und stellte kein politisches Gewicht dar. Deshalb erschien er den opportunistischen Führern der Großparteien offenbar als geeigneter, weil von ihnen steuerbarer Regierungschef. Welche Täuschung! Metaxas handelte nicht als Parteisekretär, sondern als militärischer Machtmensch. Am 4. August 1936 übernahm er – mit voller Duldung des Königs – die Regierungsgewalt und löste das Parlament auf.

Als willkommener Anlaß für die Ausrufung des Kriegsrechts dienten anhaltende Streiks und Arbeiterunruhen in Piräus und in Saloniki, die blutig niedergeschlagen wurden. Der Dichter des griechischen Widerstands, Ioannes Ritsos, hat diese Ereignisse im Klagelied »*Epitaphios*« besungen. Die Arbeiterschaft war durch die Weltwirtschaftskrise am schlimmsten betroffen worden und forderte die ihr zustehenden

Rechte. Von allen anderen Parteien im Stich gelassen schwang sich die Kommunistische Partei zu ihrem Sprachrohr auf und rief einen Generalstreik aus. Dies wiederum war der Vorwand für Metaxas, den Staatsstreich mit dem angeblich kurz bevorstehenden kommunistischen Umsturz zu rechtfertigen.

Das Vorgehen des Generals (der jedoch seinen Status als ziviler Minister betonte) stieß bei den alten parlamentarischen Eliten auf keinen aktiven Widerstand. Eine rühmliche Ausnahme bildete → Georgios Papandreou, der seine Opposition mit der Verbannung nach Chios büßte. Im Großen und Ganzen aber blieb es den Kommunisten überlassen, sich als Verfechter von Parlament und Bürgerrechten zu profilieren. London, Rom und Berlin reagierten mit Zustimmung auf die neue Situation. In allen anderen Balkanstaaten herrschten seit längerem ähnliche Regimes.

Metaxas' autoritäres Regime stützte sich auf den Hof, auf das von Republikanern und anderen Gegnern rigoros gesäuberte Militär und auf Kreise des von der Wirtschaftskrise verunsicherten Bürgertums. Auch die orthodoxe Landeskirche, die unter Venizelos schwere Beeinträchtigungen hinnehmen mußte (u. a. durch umfangreiche Enteignungen), durfte wieder am politischen Leben teilnehmen. Repression wurde in erster Linie auf die sofort verbotene Kommunistische Partei und auf den linken Flügel der Venizelisten ausgeübt. Zensur, Geheimpolizei, Streikverbot, Verbannung von Gegnern auf abgelegene Inseln wie Paros, Iaros und auf das berüchtigte Kykladeneiland Makronisos brachte eventuellen Widerstand zum Verstummen. In der Hauptsache aber war es doch die Zerstrittenheit und Uneinigkeit des sogenannten demokratischen Lagers, die Metaxas seine Führerschaft als »Erster Bauer« oder »Erster Arbeiter« ermöglichte. Mit Anleihen an den spanischen und italienischen Faschismus propagierte er den »Neuen Staat« (*Neon Kratos*) und entwickelte eine eigentümliche nationalistische Ideologie, eine Verschmelzung aus antikem (aber nur spartanischem!) und byzantinischem Hellenismus. Arbeitsdienst und ein Arbeitsbeschaffungsprogramm nach deutschem nationalsozialistischem Vorbild reduzierte die Arbeitslosigkeit. Ein wichtiges Vorhaben dabei war die Befestigung der griechisch-bulgarischen Gebirgsgrenze, die sogenannte »Metaxas-Linie«. Durch verschiedene sozialpolitische Maßnahmen (z. B. Entschuldung der Kleinbauern) versuchte er, der im Untergrund immer stärker werdenden Kommunistischen Partei den Wind aus den Segeln zu nehmen.

Außenpolitisch blieb die Lage Athens »neutral«, d. h. höchst unklar. Man war sowohl mit Rom (und damit durch die Achse mit Berlin) als über den Balkanpakt auch mit Paris und damit London verbunden. Sondierungen der Metaxas-Regierung über eine engere Anlehnung an Großbritannien wurden 1938 vom britischen Außenminister Anthony Eden abgewiesen. London setzte auf Appeasement gegenüber Hitler und Mussolini und wollte keine Provokation im Mittelmeerraum. Nach der Weltwirtschaftskrise waren die Agrarstaaten Südosteuropas immer mehr in die wirtschaftliche Abhängigkeit vom Deutschen Reich geraten. Das »Dritte Reich« rüstete gewaltig auf und schränkte seine eigene Landwirtschaft zugunsten einer modernen Industrie ein. Berlin, mit dem riesigen deutschen Markt im Hintergrund, garantierte den armen Agrarstaaten die Abnahme ihrer Produkte und band sie im Außenhandel fest an sich. 1938 nahm Deutschland fast 40% des griechischen Exports auf. London und Paris waren auf die Erzeugnisse ihrer Kolonien angewiesen und konnten hier nicht konkurrieren. Wegen der für die betreffenden Staaten fatalen ökonomischen Hörigkeit glaubte man in Berlin, auf direkte machtpolitische Einflußnahme in Südosteuropa verzichten zu können und überließ die Vormacht, die »*Preponderanza*«, über den südlichen Balkan seinem italienischen Achsenpartner. In der zukünftigen von Berlin ausgehenden Neuordnung Europas war der Balkan nur als »wehrwirtschaftlicher Ergänzungsraum« vorgesehen.

»Ochi« – »Nein!«
Mussolinis Griechenland – Disastro (1940/41)

Im Frühjahr 1939, noch vor dem Beginn des II. Weltkriegs im September (Hitlers Angriff auf Polen), zog sich das Unheil über Griechenland zusammen. Mussolinis Truppen landeten in Albanien und massierten sich an der Grenze zum Epiros. Infolge deutscher Drohungen löste sich der Balkanpakt auf. Von Berlin ermuntert, kam es zu einer Annäherung der bulgarischen und jugoslawischen Ansichten über Makedonien auf Kosten Griechenlands, das von Norden her wieder Aufteilungspläne zu hören bekam. Auch die britische Diplomatie wurde erneut aktiv, nicht unbedingt griechenfreundlich: Um Bulgarien vom deutschen Einfluß abzuhalten, offerierte sie Sofia den Zugang zur Ägäis, also das griechische Westthrakien. Bulgarien wird aber im März 1941 der Achse beitreten, die ihm nicht nur Westthrakien, sondern auch das jugoslawische Vardar-Makedonien verspricht. Ein unsicherer Faktor war zudem die Frage, ob die traditionell deutschfreundliche Türkei auch nach dem Tode Atatürks (1930) ihre Neutralität würde bewahren können.

Griechenland war wieder eingekreist. Hilfe konnte nur die britische Seemacht bieten, die starke Kräfte in Ägypten und auf Zypern stationiert hatte und seit dem I. Weltkrieg mit einer Flottenbasis in Griechenland vertreten war. Für Großbritannien war die Kontrolle über das Ostmittelmeer einschließlich der griechischen Gewässer zur Sicherung des Suezkanals und der Ölfelder im Nahen Osten von überragender strategischer Bedeutung. Im April 1939 sprach daher London nachdrücklich eine *Garantieerklärung für Griechenland* aus. Die Deklaration erfolgte einseitig, ohne Aufforderung – aber durchaus mit Zustimmung – der griechischen Regierung. London drohte mit militärischem Eingreifen nicht nur bei Verletzung der griechischen Neutralität, sondern auch bei einem achsenfreundlichen innenpolitischen Umschwung.

Entgegen der von Hitler Italien zugestandenen Preponderanza kündigte sich 1940 in Südosteuropa durch die deutsche Truppenstationierung im von Italien beanspruchten Rumänien deutlich ein deutsches Übergewicht an. Um im Achsenbündnis nicht völlig verdrängt zu werden, sah sich Rom immer mehr im Zugzwang zu einem spektakulären Erfolg, zu einem Blitzkrieg Hitler'scher Prägung.

Der deutsche Vormarsch an allen Fronten, besonders aber die unerwartet rasche Kapitulation Frankreichs im Juni 1940, bewogen Mussolini Ende Oktober dieses Jahres, den rhetorisch längst vorbereiteten pompösen Siegeszug in die Ägäis in Marsch zu setzen. Seit Mitte 1940 zweifelte niemand mehr in Griechenland an dieser Absicht des Duce. Die italienischen Provokationen häuften sich (z.B die Versenkung des in Tinos auf Reede liegenden Kreuzers Elli durch ein italienisches U-Boot). Rom offerierte angebliche geheime britisch-griechische Koordinationspläne und beschuldigte Athen des Neutralitätsbruchs. Albaner im römischen Sold baten den Duce, ihren unterdrückten Landsleuten jenseits der Grenze zu Hilfe zu eilen.

Innenpolitisch gewann der bis dahin unpopuläre Metaxas an Statur. Angesichts des parteiübergreifend als Gefahr empfundenen italienischen Imperialismus einte sich die bis dahin tief zerrissene griechische Gesellschaft. In die unter dem Militärregime reorganisierte und disziplinierte Armee wurden nun wieder die degradierten oder verbannten republikanischen Kader aufgenommen.

Am 28. Oktober 1940 stellte Mussolini Griechenland ein auswegloses Ultimatum von drei Stunden und forderte die Überlassung wichtiger militärischer Stützpunkte. Die legendäre Antwort Metaxas' war »*Ochi*« (*Nein!*).

Der italienische Angriff auf Griechenland war mit Berlin nicht abgesprochen gewesen. Zwar wurde die Hegemonie Italiens über diesen Raum von Hitler nicht in Frage gestellt, doch kam der Kriegsausbruch auf dem Balkan der deutschen Heeresleitung zu diesem Zeitpunkt außerordentlich ungelegen. Das deutsche Kriegsziel lag im Osten, nicht auf der kargen Balkanhalbinsel. Die auf vollen Touren laufenden deutschen Kriegsvorbereitungen gegen die Sowjetunion erforderten absolute »Ruhe in Südost«, die Hitler, solange Rußland nicht gefallen war, auch von Mussolini eindrücklich gefordert hatte. Nur wenn die Offensive wirklich der einwöchige »Spaziergang nach Athen« wäre, den der Duce und sein Außenminister Ciano mit gewaltigem Propagandaaufwand angekündigt hatten, ließ sich die deutsche Kriegsplanung ohne Brüche weiterführen.

Doch die hochgerüstete, in einem bombastischen Medienspektakel bereits als Sieger gefeierte italienische Invasionsarmee, die von Albanien aus im Epiros einmarschierte, geriet im winterlichen Pindosgebirge ins Stocken. Eine griechische Gegenoffensive unter General Alexander Papagos warf die Angreifer bis auf albanisches Gebiet zurück. Nur Bedenken, daß eine totale Niederlage des italienischen Achsenverbündeten Hitler zur Intervention veranlassen könnte, hielt die Griechen davon ab, die sich zurückziehenden Italiener bis zur Küste zu drängen. Die britische Mittelmeerflotte, die unverzüglich eingegriffen hatte, blockierte die italienischen Kriegshäfen und verhinderte den Nachschub.

Im Januar 1941 starb der 70jährige Metaxas und hinterließ ein ungelöstes Machtvakuum in Athen. Ein zweiter italienischer Vorstoß im März 1941 endete nochmals in einer demoralisierenden Niederlage. Mussolinis triumphalistischer Traum von einem neuen Impero war dahin! Dahin war aber auch die für Berlin so wichtige »Ruhe in Südost«. Englische Truppen besetzten Kreta und einige ägäische Häfen und schickten sich an, im Piräus Stellung zu beziehen.

Erst jetzt gerieten der Balkan und besonders Griechenland in das Visier der voll mit dem bevorstehenden Ostfeldzug beschäftigten deutschen Militärführung. Denn nun bestand die Gefahr, daß, ähnlich wie im I. Weltkrieg, eine alliierte Südostfront am »weichen Unterleib der Festung Europa« entstehen könnte. Der rasch improvisierte Plan »Marita« sah daher die schnelle Niederwerfung und Besetzung Griechenlands und die Ausschaltung der britischen Basen vor.

Der deutsche Balkanfeldzug (1941)

Zur Absicherung des in dieser unvorhergesehenen Lage von Hitler als unumgänglich gesehenen Griechenlandfeldzugs wurde im März 1941 Jugoslawien unter schweren Druck gesetzt und mit Drohungen in das Achsenbündnis gepreßt. Im verbündeten Bulgarien wurden derweil deutsche Kampftruppen stationiert. Nach einem von der britischen Geheimdiplomatie inszenierten achsenfeindlichen Offiziersputsch in Belgrad brach am 6. April ohne Kriegserklärung die deutsche Wehrmacht über beide Länder herein.

In seinem berühmten an Hitler gerichteten Offenen Brief in der Athener Zeitung Kathimeri, der die patriotische Stimmung im Lande gut wiedergab, hatte Georgios Vlachos keinen Zweifel am Widerstandswillen der Griechen gelassen. Das innerlich zerrissene Jugoslawien kapitulierte am 17. April. Durch die Verteidigungsanstrengungen gegen Mussolini geschwächt, ergab sich das griechische Heer nach energischer Gegenwehr am 21. April in Saloniki. Die Unterschrift unter die Kapitulationsurkunde leistete General Georgios Tsolakoglu. Er legte jedoch Wert darauf, nur gegenüber Berlin zu kapitulieren. Die Zeremonie mußte bizarrerweise auf Wunsch des Duce am 23. April nochmals im Beisein italienischer Generäle wiederholt werden.

Das britische Engagement, das die deutsche Propaganda als die Ursache des deutschen Vorgehens nannte, fand nicht die ungeteilte Zustimmung in der griechischen Bevölkerung. Nach mehreren, durch schwere taktische Fehler bedingten vergeblichen Versuchen der Briten, den deutschen Vormarsch auf Athen am Haliakmon und an den Thermopylen zu stoppen, forderte General Papagos ihren Abzug, um weitere Verwüstungen des Landes zu vermeiden. Der britische Premier Churchill, dem die Evakuierung der Truppen (meist Commonwealth-Einheiten) nach Ägypten sicher nicht ungelegen kam, rechtfertigte den Rückzug allen Ernstes mit der »antibritischen Haltung der Griechen«.

Am 27. April fiel Athen kampflos. König Georg war nach Kairo geflüchtet. Seine Exilregierung pendelte zwischen London, Südafrika und Ägypten hin und her. Sie war für die Alliierten zwar die legitime Vertretung, erfreute sich aber wenig Wertschätzung, – wie auch im besetzten Griechenland selbst. Ein Pluspunkt war lediglich die persönliche Freundschaft Churchills zum Exilkönig.

Die Schlacht um Kreta (Luftlandeoperation »*Merkur*«) endete mit einem verlustreichen Pyrrhussieg der Deutschen. Am 2. Juni 1941 war ganz Griechenland in deutscher Hand. Der Preis war hoch. Churchill wird später in seinen Memoiren schreiben, daß der von der deutschen Heeresleitung nicht geplante Griechenlandfeldzug den Angriff auf die Sowjetunion um 6 Wochen verzögert habe, was letztlich die Kriegswende 1942 zur Folge gehabt hätte.

Der Krieg auf dem Balkan, und insbesonders das Ausgreifen auf Griechenland und bis in die Ägäis hinein, war in der deutschen Kriegsplanung (zumindest für 1940/41) nicht vorgesehen gewesen. Die nachfolgende Okkupation des Landes zeigt daher von Anfang an alle Züge eines unvorbereiteten und provisorischen Zustandes. Die von der deutschen Besatzungsmacht eingesetzten Regierungen führten die Repression des vorangegangenen Regimes nahtlos weiter. Die erste Regierung (1941/1942) stellte General Tsolakoglu. Ihn als reinen Kollaborateur und »Quisling« zu diffamieren ist sicher nicht gerecht und nimmt keine Rücksicht auf die damalige desperate Lage. Tsolakoglu selbst rechtfertigte die Amtsübernahme mit der Notwendigkeit, wenigstens die staatliche Integrität des besiegten Landes zu sichern, wenn schon seine Aufteilung in drei Besatzungszonen nicht zu verhindern war. Auch die nachfolgenden Kriegskabinette unter Konstantin Logothopoulos und Ioannes Rhallis (bis 1944) bezeichneten sich als *Regierungen der nationalen Notwendigkeit*«.

Die endgültige Grenzziehung wurde immer wieder auf die »Neuordnung Südost« verschoben. Auf einer deutsch-italienischen Außenministerkonferenz in Wien war 1941 von der Übergabe der Ionischen Inseln an Italien und von der Miteinbeziehung Ioanninas, Kastorias und Florinas an die italienische Protektoratszone Makedonien die Rede. Vage wurde auch von einem aromunischen autonomen Gebiet im Pindos gesprochen. Dem vehementen Anspruch des Achsenpartners Bulgarien nicht nur auf Westthrakien, sondern auch auf Saloniki begegnete man in Berlin wie Rom sehr reserviert. Zunächst wurden die Demarkationslinien der Besatzung festgelegt.

Die *Deutschen* begnügten sich mit den strategisch wichtigen Zonen: West-Kreta, Attika (Athen und Piräus nur zum Teil), Chios und Lesbos. Das deutsch besetzte Saloniki mit der Chalkidike (Athos blieb unbehelligt) und dem makedonischen Hinterland sollte eine Art Puffer zwischen Bulgarien und Griechenland bilden. Deutsche Truppen standen auch noch im Demotika-(Didymoteichon-)Streifen im äußersten Ostthrakien entlang der türkischen Grenze. Sie sollten bulgarische Provokationen gegenüber der neutralen Türkei unterbinden. Um den Prestigeverlust des noch gebrauchten italienischen Verbündeten etwas zu mildern, wurde ihm das gesamte übrige Gebiet als Besatzungszone überlassen. Die Italiener waren damit freilich – von deutschen Stellen nicht unbeabsichtigt – hoffnungslos überlastet. An der eigentlichen deutschen »Primatmacht« bestand weder im besetzten Lande selbst noch bei den alliierten Gegnern irgendein Zweifel.

Die Besatzungsregimes (1941–1944)

Schwere Beeinträchtigungen für die zum Teil erst vor ein, zwei Generationen eingesiedelte griechische Bevölkerung brachte die *bulgarische Okkupation* Westthrakiens (ca. 600 000 Einwohner) mit sich. Dieser von Sofia seit jeher als Belomore beanspruchte ägäische Küstenstrich zählte nach den umfangreichen Umsiedlungen 1919 und 1923 nur mehr etwa 85 000 »Slavophone«, die sich jedoch nicht unbedingt alle als »Bulgaren« betrachteten und zum Teil auch muslimisch waren (Pomaken). Die Folge waren nun Zwangs-Bulgarisierung, Repressalien und Vertreibung der Griechen. Einem 1941 von der bulgarischen Geheimpolizei provozierten Aufstand fielen etwa 5000 führende Griechen zum Opfer. Ein Flüchtlingsstrom ergoß sich nach Saloniki. Solange die deutsche Besatzungsmacht noch hoffen konnte, die Griechen auf ihre Seite zu ziehen, schränkte sie die bulgarischen Terrormaßnahmen ein und vermied gegenüber der Athener Regierung klare Aussagen über die zukünftige Staatszugehörigkeit Thrakiens und Makedoniens. Im Fall Saloniki favorisierte sie den griechischen Standpunkt. Erst mit dem Erstarken des griechischen Widerstands und dem Ausfall des italienischen Verbündeten gewann Bulgarien soviel an Einfluß, daß seine Truppen Mitte 1943 auch in das Gebiet zwischen Axios/Vardar und Strymon, nicht aber in Saloniki, einrücken durften.

Die italienische Administration war durch Bestechung, Schwarzhandel (auch mit eigenen Waffen und Munition) und Schiebereien ihrer höheren Ränge höchst ineffektiv. Ihre Autorität endete buchstäblich vor den Kasernentoren und beschränkte sich auf einige befestigte Ortschaften, Forts und Häfen. Im Jargon wurden die Italiener als »Gloriosi« und »Fratelli« (Brüderchen, d. h. der Deutschen) verspottet. Die permanenten Demütigungen durch den deutschen »Bundesgenossen«, der auf die »italienische Schlamperei« immer weniger belustigt reagierte, dürfte bei dieser Indolenz eine auslösende Rolle gespielt haben.

Gegenüber dem bewaffneten griechischen Widerstand erwiesen sich die undisziplinierten italienischen Bataillone als bis zur Passivität unfähig. Dieses – auch in griechischen Augen – absolute Versagen

Roms zeitigte immerhin den Effekt, daß die Italiener nicht in dem Maße in Terror und Greuel verstrickt wurden wie die deutsche Besatzungsmacht. Nach der Landung der Alliierten in Italien zerbrach die Achse Mitte 1943. Nahezu widerstandslos begab sich die italienische *Forza armata* in deutsche Kriegsgefangenschaft, nachdem der Großteil ihrer Ausrüstung in griechische Hände gefallen war.

Das Verhältnis der griechischen Bevölkerung zur deutschen Besatzung war keineswegs von Anfang an zerrüttet. Die tapfere militärische Gegenwehr wurde sowohl vom deutschen Generalstab wie von Hitler selbst ausdrücklich gewürdigt. Das Gros der Kriegsgefangenen wurde nach dem Waffenstillstand sofort entlassen, die Offiziere dabei mit allen Ehrenbezeugungen (ganz im Gegensatz etwa zu den serbischen Gefangenen) verabschiedet. In Berliner Diktion hatte es sich ja nicht um einen Krieg gegen die Griechen, sondern um einen *Krieg gegen England auf griechischem Boden* gehandelt. Als gemeinsames, Griechen wie Deutsche verbindendes Spottziel boten sich die Italiener an, die sich vergeblich abmühten, als die Herren des Landes zu posieren. Die deutsche Propaganda tönte von der arischen Wesensverwandtschaft der Hellenen und Germanen und von der tragenden Rolle, die das heroische antike Griechentum in der nationalsozialistischen Weltanschauung einnehme. Traditionell existierte eine germanophile Strömung im griechischen Groß- und Bildungsbürgertum, aber auch im naturwissenschaftlichen Bereich. Viele Professoren und Angehörige der Kulturelite, dazu viele Ingenieure, Mediziner und Techniker hatten in Deutschland studiert und pflegten ihr in Heidelberg, Leipzig oder Königsberg vermitteltes idealistisches Deutschlandbild. Eine ganze Generation von Militärangehörigen war in Berlin ausgebildet worden. Auch unter den Monarchisten fanden sich viele Sympathisanten mit der deutschen, d. h. anti-britischen Sache. Und trotzdem stellte sich keine ernstzunehmende 5. Kolonne zur Verfügung. Einige faschistische Zirkel, die sich anboten, erschienen selbst den deutschen Stellen als zu obskur.

Die Gründe für das Fehlen einer breiten Kollaboration (in krassem Gegensatz zu allen anderen besetzten Staaten) sind vielschichtig. Natürlich spielten auch die sich verschärfenden Schikanen des Alltags eine Rolle, und im großen Stil die Ausbeutung der griechischen Ressourcen zugunsten der deutschen Rüstungsindustrie sowie die enormen Besatzungskosten, die den Griechen auferlegt wurden und die eine astronomische Inflation auslösten. Ein Hauptgrund aber war die vom griechischen Sieger als Affront empfundene Auslieferung des Landes an Mussolini und die noch weitaus bitterer empfundene

Überlassung der Nordprovinzen an die »bulgarischen Barbaren«. Vollends verloren jedoch die deutschen Besatzer ihr Gesicht, als sie in der vorauszusehen gewesenen Lebensmittelknappheit im *Schwarzen Winter*« 1941/42 die Griechen im Stich ließen, ja sie sogar noch weiter auspreßten!

Der *Große Hunger* war absehbar gewesen. Der Kampf gegen Mussolini hatte Griechenlands geringe Wirtschaftskraft bei weitem überstiegen und alle Reserven aufgebraucht. Dazu kam die kriegsbedingte Mißernte 1941, die Zwangsausfuhr des thrakischen Getreides nach Bulgarien und die Ankunft der Flüchtlingsmassen aus den von den Bulgaren terrorisierten Regionen. Die Konfiszierung der kriegswichtigen Güter und Energiestoffe – auch des lebenswichtigen Trinkwassers – durch die Deutschen ging jedoch unvermindert weiter. Und der erfolgversprechende Schwarzmarkt veranlaßte griechische Kleinbauern genauso wie Groß-Spekulanten zum Horten gewaltiger Mengen von Lebensmitteln. Allein in Athen forderte die Hungersnot etwa 50 000 Opfer, die an Unterernährung zugrunde gingen. Die Deutschen, wie die Italiener, verwiesen ungerührt auf die britische Seeblockade, die auch wirklich die Einfuhr von lebenswichtigen Gütern strikt unterband. Auch die Briten mit ihrer rigorosen Blockadepolitik trifft also ein gerüttelt Maß Mitschuld an dieser Katastrophe. Die Churchill-Administration war überzeugt davon, daß ein verhungerndes Volk vom Schlage der Griechen bald rebellieren würde. Erst als die anti-britische Stimmung deshalb im Lande deutlich stieg, erlaubte London begrenzte Hilfslieferungen aus der Türkei, aus Kanada und den USA. Diese hielten zwar nicht mehr den Hungerwinter auf, vermochten aber – durchaus in Einklang mit den deutschen Besatzungsbehörden – wenigstens das Existenzminimum für die nächsten Jahre sicherzustellen.

Das deutsche Versagen angesichts des Hungerwinters 1941/42 bringt uns zu einem Grundproblem des deutschen Besatzungsregimes. Den Deutschen war, weil der Balkanfeldzug zu diesem Zeitpunkt nicht in ihr Konzept paßte, keine Zeit geblieben, sich auf ihre Rolle in Griechenland vorzubereiten. Die Folge war Konfusion und ein unglaublicher Kompetenzwirrwarr zwischen zivilen, polizeilichen und militärischen Stellen. Die groteske Desorganisation führte jegliche Vorstellung von »deutscher Effektivität« ad absurdum. Der deutschen Botschaft in Athen war die Aufsicht über die griechische Regierung übertragen worden. Der Botschafter und zugleich »Generalbevollmächtigte des Auswärtigen Amts«, Hermann Neubacher, sollte dazu noch versuchen, die desolate Wirtschaftslage in den Griff zu bekommen. Mit den Militärstaben war die Absprache aber nur über die Oberste Heeresleitung in Berlin möglich. Völlig unabhängig (und meist im Widerspruch zu Botschaft und Wehrmacht) operierten der Geheimdienst SD (Sicherheitsdienst) und die SS-Terroreinheiten. Dazu kam das generelle Mißtrauen zu den Italienern und die nur schwache Sympathie zu den Bulgaren. Aus all diesen Gründen war Griechenland nie so totalitär besetzt wie andere Staaten in dieser Zeit.

Andartiko – Widerstand (1941–1945)

Das deutsche Konzept der reibungslosen Ausbeutung ohne Stationierung größerer Kontingente kam in Griechenland wegen des inneren Widerstandes nicht zum Tragen. Anfänglich waren die Widerstandsaktionen sporadisch, wie das Abreißen der Hakenkreuz-Fahne auf der Akropolis Ende Mai 1941, sie richteten sich hauptsächlich gegen die Italiener und Bulgaren und ließen die Deutschen zunächst eher aus dem Spiel.

In Makedonien führten die »*Andarten*« (Freischärler, Partisanen) den traditionellen Kleinkrieg gegen die Bulgaren fort. Bei vielen der sich nun überall im Bergland bildenden Guerillatrupps war der Übergang von der Räuberbande zum hehren politischen Freiheitsanspruch fließend. Vor dem sich ausbreitenden Bandenkrieg (*Andartiko*) räumten aber bald die Italiener das offene Land und zogen sich in einzelnen Militärstellungen zusammen. Das epirotische und akarnanische Gebirgsgebiet war von Anfang an in der Hand der Andarten, die freilich in rivalisierende Fraktionen gespalten waren und sich mit der Waffe zum Teil erbittert bekämpften.

Die »*Demokratische* (bzw. *Republikanische) Befreiungsliga*« EDES setzte sich aus Heeresoffizieren zusammen und schwankte lange in ihrer königsfeindlichen Haltung, bis sie sich unter ihrem schillernden Führer Napoleon Zervas ganz der monarchistischen Sache verschrieb. 1943 spaltete sie sich, ein Teil ging zur versteckten bis offenen Kollaboration über, während der andere unter Zervas ein gewagtes Spiel zwischen den Deutschen und den Briten trieb und in der Konfrontation mit den Kommunisten fast aufgerieben wurde.

Eine weitere Formation war die republikanische Offiziersgruppe EKKA mit einem sehr allgemeinen nationalen Befreiungsprogramm. Ihr Führer Dimitrios Psarros erfreute sich auch britischer Wertschätzung. Wegen angeblicher Kontakte zu den Deutschen fiel er 1944 einem kommunistischen Komplott zum Opfer. Regionale Widerstandsbewegungen bildeten sich in Makedonien (PAO, *Panhellenische Befreiungsorganisation*) und auf der Peloponnes (ES, *Griechisches Heer*). National und royalistisch ausgerichtet bekämpften sie auch die Kommunisten und wurden daher pauschal dem Vorwurf der Kollaboration ausgesetzt.

Weitgehend desavouiert war übrigens das *Kairoer Exilkabinett* unter Georg II., in dem die geflohene alte Politikergarde in der Hauptsache damit beschäftigt war, ihr Gezänk (man kann es leider nicht anders nennen) weiter zu führen und sich ihre Privilegien für die Nachkriegszeit zu sichern. Profil erhielt die Exilregierung erst unter Vizepremier Panajotis Kannelopoulos, der hartnäckig seinen in den 30er Jahren vergeblichen Versuch weiterführte, aus Venizelisten, Royalisten und Republikanern eine Einheitspartei zu schmieden. Die zusammengewürfelte Exilarmee und ein aus ägyptischen Griechen bestehendes Freiwilligen-Regiment mit dem exaltierten Namen »*Heilige Schar*« wurde von periodischen Meutereien erschüttert und gewann nur langsam das Vertrauen des britischen Nahost-Kommandos.

Die schlagkräftigste und in der Bevölkerung von 1941 bis 1944 immer mehr Rückhalt gewinnende Resistance gelang zweifelsohne den Kommunisten mit ihrer Volksfronttaktik. Jetzt zahlte sich aus, daß allein sie Metaxas die Stirn geboten hatten und vor der Bevölkerung als Verteidiger der demokratischen Freiheiten aufgetreten waren. Ihr Kaderapparat im Untergrund rettete sich unversehrt in das Besatzungschaos hinüber. Die gut geschulten Funktionäre brillierten mit einem klaren Zukunftskonzept und zeichneten sich durch absolute Kompromißlosigkeit gegenüber den Okkupanten und der Athener Satellitenregierung aus. Durch straffe Parteidisziplin und eine zentrale Organisation waren sie ihren in sich uneinigen, zum Teil von persönlichen Gefühlen geleiteten und immer den Lockungen der Besatzungsmacht ausgesetzten politischen Gegnern überlegen. Traditionell lag ihre Basis in den Arbeitervierteln von Piräus, Athen, Volos und Saloniki. Jetzt gewannen sie auch auf dem Lande immer mehr an Einfluß. Zudem sorgte der ab der deutschen Niederlage bei Stalingrad 1942/43 sich ankündigende Sieg der Sowjetunion für propagandistische Unterstützung aus dieser Richtung. Durch ein enges konspiratives Netz war die griechische Kommunistische Partei mit den kommunistischen Partisanenorganisationen in Jugoslawien (Tito), Albanien und Bulgarien verbunden. Gemeinsames, von Moskau vorgegebenes Etappenziel war die Errichtung der »*Volksdemokratie*«. In dieser Staatsform (griechisch: *Laokratia*) sollte mit Hilfe »nützlicher bürgerlicher Idioten« (Lenin) die endgültige kommunistische Machtübernahme vorbereitet werden. Die balkanischen Kommunisten dachten noch darüber hinaus an einen Zusammenschluß ihrer Länder. Der griechische Parteichef Zachariades verschwand bis 1945 in einem deutschen Lager. An seine Stelle trat Georgios Siantos, unter dessen Führung schließlich das kommunistische Monopol im gesamten Widerstand erreicht wurde. Im September 1941 wurde die *Nationale Befreiungsfront* (EAM) gegründet, ein Zusammenschluß mehrerer Linksparteien, aber auch bürgerlicher Gruppen, in der die Kommunisten die Initiative übernahmen. Gemäß der von Moskau vorgegebenen »Volksfront-Taktik«, welche die Bildung einer alle »anti-faschistischen« Bevölkerungsschichten umfassenden Koalition vorsah, war ihr Programm betont gemäßigt gehalten. In den von der EAM gehaltenen Gebieten bemühten sich die Kommunisten um stabile Verhältnisse und verzichteten weitgehend auf ihre Ideologie. Die militärische Formation der EAM war die *Griechische Befreiungsarmee* (ELAS), eine taktisch gut geführte Partisanenarmee unter dem bei Freund wie Feind gefürchteten Ares Velouchiotes. Ende 1943 kontrollierte sie von ihrem Hauptstützpunkt im epirotisch-thessalischen Bergland aus etwa ⅘ des gesamten Festlands und infiltrierte erfolgreich die Peloponnes. Die ELAS rekrutierte sich zu einem bedeutenden Teil aus der städtischen Jugend, darunter viele Frauen (Andartissas). Die deutschen Terrormaßnahmen führten ihr dann in großem Stil auch die Landbevölkerung zu. Der Kern der ELAS belief sich auf etwa 70 000 Bewaffnete. Rivalisierende Andarten-Banden, sowie die EDES und die EKKA, wurden im Rahmen der Volksfront erst »benutzt« und dann konsequent gleichgeschaltet oder liquidiert. Nach der Kapitulation der italienischen Truppen in ganz Südosteuropa am 3. September 1943 fiel der Großteil des italienischen Militärmaterials in die Hände der ELAS.

Eine undurchsichtige Rolle spielten die Briten. Kriegspremier Churchill war fest entschlossen, seinen persönlichen Freund Georg II. zurück auf den Thron zu bringen und die konstitutionelle Monarchie zu erhalten. Andererseits wollte man sich auch des starken Potentials der strikt königsfeindlichen ELAS-Verbände bedienen. Die Aufgabe von etwa 300 über Griechenland abgesprungenen Agenten (darunter der spätere Griechenland-Historiker Christopher M. Woodhouse), die von einer geheimen britischen Militärmission geleitet wurden, war es, mit Hilfe der Partisanen die deutschen Nachschublinien zu stören und das deutsche Oberkommando von der für 1943 geplanten alliierten Invasion nach Italien abzulenken. Beides gelang. Besonders spektakulär war 1942 die Sprengung des Gorgopotamos-Viadukts, das die

Eisenbahnstrecke Saloniki-Athen für sechs Wochen lahmlegte (mit allen Konsequenzen aber auch für das hungerleidende Athen!) und ein ähnlicher Anschlag auf die Asopos-Brücke auf derselben Strecke 1943. Durch die Sabotageakte sahen sich die Deutschen gezwungen, starke Kräfte zu stationieren, die dann auf dem italienischen Kriegsschauplatz fehlten.

Auf gefährliches Terrain begab sich die *British Military Mission,* als sie die diversen Widerstandsorganisationen in ihrem Sinne koordinieren wollte. Das übliche Rusfeti nützte wenig. Nur die Aktivisten der EDES und der EKKA sprachen auf britische Geldofferten an, nicht jedoch die wichtigere ELAS. Waffen wurden auf beide Seiten verteilt, wobei die ELAS die doppelte Menge abbekam als ihre Gegner. Ein von den Briten 1942 formuliertes »Agreement« zwischen ELAS, EDES und EKKA führte zu keinem Ergebnis. Der Weg der Kommunisten zur führenden militärischen Macht war nicht mehr aufzuhalten. Erst ab 1944 konzentrierte sich die britische Waffenhilfe auf die antikommunistische, aber schon stark dezimierte EDES. Auf einer Konferenz von EAM-Repräsentanten mit der Kairoer Exilregierung und den Briten forderte die EAM selbstbewußt, die Rückkehr des Königs von einem Plebiszit abhängig zu machen. Dies war eindeutig gegen die britischen Interessen gerichtet und führte schließlich zur Konfrontation der ELAS mit den Briten.

Ihre erweiterte Machtstellung und die militärischen Erfolge der ELAS bewog die EAM im März 1944 zur Bildung einer *»Provisorischen Nationalen Regierung«* (PEEA, *»Regierung der Berge«* in Viniani am Arachthos). Am 14. Mai 1944 trat in Koryschades (Eurytanien) die von der PEEA einberufene Nationalversammlung zusammen. Dem Volksfrontgedanken gemäß hielten sich die Kommunisten dabei im Hintergrund. Die gewählten Delegierten vertraten die befreiten Gebiete. Zum ersten Mal wurde das Wahlrecht auch auf Frauen ausgedehnt.

Nach Unruhen unter den Exilgriechen löste sich die Exilregierung in Kairo auf und machte einer gegenüber der EAM kompromißbereiten Ministerriege unter Kannelopoulos und Georgios Papandreou Platz. Papandreou, der sich vor den Deutschen in den Untergrund geflüchtet hatte, gelang es auf der *»Libanon-Konferenz«* im Mai 1944, die Delegierten der *»Regierung der Berge«,* der Exilregierung, und – nach langen Querelen – der Kommunisten zu einer *»Regierung der nationalen Einheit«* zusammenzuschließen. Über die entscheidende Frage der Staatsform sollte eine Volksbefragung nach der endgültigen Befreiung abgewartet werden. Das neue »Einheits-Kabinett« folgte den Alliierten auf ihrem Vormarsch durch Italien. Im *Abkommen von Caserta* bei

Neapel verpflichtete sich die EAM, ihre Partisanenverbände dem britischen Oberkommando zu unterstellen, um zusammen mit der griechischen Exilarmee und britischen Einheiten eine ordnungsgemäße Befreiung Griechenlands durchführen zu können. Dies geschah jedoch höchst widerwillig und auf starken Druck Stalins hin, der zu diesem Zeitpunkt keinen Wert auf Schwierigkeiten mit den Westalliierten legte.

Griechenland 90:10 für Churchill! (1944)

Werfen wir zu diesem Zeitpunkt überhaupt einen Blick auf die Große Politik: Ab 1944 waren die sowjetischen Armeen an allen Fronten in rapidem Vormarsch. Gegenüber den Westalliierten hatte Moskau durchgesetzt, daß die Invasion vom Mittelmeer aus nicht über den Balkan, sondern über Italien verlaufen sollte. Der kontinentale Balkan soll allein der sowjetischen Machtsphäre zufallen. Im Oktober 1944 fand bei einer Besprechung Churchills mit Stalin im Kreml das berühmte »*Prozentabkommen*« über die jeweiligen Einflußzonen statt. Die Teilung Südosteuropas buchstäblich auf einem Fetzen Papier! Während sie Rumänien mit 90:10 und Bulgarien mit 75:25 der russischen Sphäre zusprechen, verbucht Churchill Griechenland mit 90:10 für sich. Obgleich eine offizielle Bestätigung nie stattgefunden hat, werden sich die Großmächte an diese zynische Einigung halten, freilich mit jeweils 100 Prozent.

Die »Deutsche Neuordnung Südost« (1941–1944)

Dem Partisanenkrieg stand die deutsche Kriegsmaschinerie hilflos gegenüber. »Säuberungsaktionen« trafen meist die Falschen, wobei es gerade die ELAS gut verstand, die deutschen Strafexpeditionen auf ihre Rivalen umzulenken. An mehr oder weniger sicheren Kollaborateuren standen nur Gruppen zur Verfügung, die in der Bevölkerung keinen großen Rückhalt hatten: Im Norden bulgarische und aromunische Räuberbanden (»Legionäre«), in Athen und in der Peloponnes faschistische »Sicherheitsbataillone«. Die Evzonengarde der Satellitenregierung war wie diese nicht völlig gleichgeschaltet. Unsichere Kandidaten waren subversive Banden, wie die Organisation »X« (Chi) des Oberst Grivas, die je nach Lage opportunistisch handelten. Erfolgreicher war für die Besatzungsmacht die gegenseitige Aufhetzung der Andarten, etwa der ELAS gegen die EDES.

Mit dem Kollaps der Italiener verschärfte sich die Lage. Anfangs versuchten Wehrmachtskreise durch Schritte gegen den Schwarzmarkt und Freilassung von Geiseln ihre Herrschaft als »milder« als die der Italiener erscheinen zu lassen, denn auch die Italiener hatten sich zahlreiche brutale Revanche-Akte zuschulden kommen lassen. Der wachsende Widerstand der kommunistischen Partisanen einerseits und der wachsende Einfluß von SS und Geheimer Staatspolizei auf das kriegsmüder werdende Besatzungsregime andererseits machte dieses Vorhaben zunichte. Nun kamen gegen die »Banditen« schonungslose Sühnemaßnahmen zur Anwendung, wie Geiselerschießungen und das Niederbrennen ganzer Ortschaften, die »banditenverdächtig« waren. Das Konzentrationslager Chaidari gegenüber dem Kloster Daphni in Athen füllte sich mit Geiseln, die wahllosen Vergeltungsmaßnahmen ausgesetzt waren. Gefürchtet waren die »Bloccos«, die blitzschnelle Absperrung und Durchkämmung ganzer Stadtteile in Saloniki und Athen.

Traurige Berühmtheit erlangten die Orte Vianos (Kreta), Komeno (Epiros), Distomo bei Delphi, Iannitsa (Makedonien), Klisoura (bei Saloniki) und Kalavryta (Achaia), die im Zuge der deutschen »Bandenbekämpfung« nach Massakern an der Zivilbevölkerung zerstört worden sind. Griechische Stellen nennen 1700 vernichtete Dörfer und über 50 000 Menschen, die dem Terror der SS und ihrer griechischen »Hilfsfreiwilligen«, aber auch der Wehrmacht zum Opfer gefallen sind. Ein Effekt davon war, daß die keineswegs kommunistische Land- und Bergbevölkerung in hellen Scharen in die Arme der ELAS getrieben wurde.

Wenn auch viele Entscheidungen und Unternehmungen im Durcheinander der Besatzungsstellen steckenblieben, so funktionierte 1943 die Deportation der Juden aus Saloniki in die deutschen Vernichtungslager in unheimlicher Reibunglosigkeit. Etwa 50 000 Menschen, das entsprach damals einem Fünftel der Stadtbevölkerung, verschwand. Nur ein winziger Teil überlebte den Holocaust. In Griechenland war der Antisemitismus nie besonders virulent, was auch damit zusammenhängen mag, daß die sephardischen Juden weder in Politik noch in Kultur eine besondere Rolle spielten. Die Judenverfolgungen der SS stießen auf Unverständnis im Volk. Die orthodoxe Kirche und selbst die Vasallenregierung in Athen (nebenbei bemerkt, auch die deutsche Botschaft) protestierten nachdrücklich. Die ELAS schleuste viele jüdische Flüchtlinge weiter nach Palästina. Auch die italienischen Behörden stellten jüdischen Verfolgten bereitwillig Pässe aus, die sie als italienische Staatsbürger schützten. Heute erinnert übrigens

nichts mehr an Salonikis jahrhundertealte Rolle als »*Mutter Israels*«
(Malkah Israel). Die griechischen Autoritäten haben nach dem Krieg
die Enteignungen des jüdischen Eigentums nicht aufgehoben.

Athen »*Offene Stadt*« 1944

1944 standen die Deutschen auf dem Balkan auf verlorenem Posten.
Die Rote Armee drang über Rumänien auf Bulgarien vor und Briten
und Amerikaner rollten Italien von Süden auf. Der deutsche Rückzug
wurde unvermeidlich. Entgegen der SS, die nur verbrannte Erde
hinterlassen wollte, setzte sich die Botschaft und die Wehrmacht mit
dem Konzept durch, möglichst die einheimischen »*weißen*«, d. h.
antikommunistischen Kräfte für eine Machtergreifung vorzubereiten,
um »Griechenland vor dem Bolschewismus zu bewahren«. Das war
auch das Ziel der Briten. Entsprechende Kontakte wurden zu den
Briten geknüpft, die dem Projekt zustimmend gegenüberstanden. Auf
diese Weise wurden die antikommunistischen Gruppen noch kurz vor
dem deutschen Abzug fieberhaft aufgerüstet. In der Peloponnes
konnte dadurch das Machtmonopol der ELAS durchbrochen werden.
Der Abzug der deutschen Heeresgruppe Südost, ca. 150 000 Mann,
ging ohne größere Störungen seitens der Briten und auch der ELAS
vor sich. Die abwartende britische Haltung angesichts des riskanten
und leicht angreifbaren deutschen Rückzugsmanövers läßt den Gedanken an eine geheime Übereinkunft aufkommen. Für Churchill war
klar, daß die deutsche Südostarmee eine neue Stellung gegen die
Sowjets an der Donau beziehen würde. An einem raschen Vorstoß der
Roten Armee auf die Adria war aber auch ihm keineswegs gelegen.
Am 12. Oktober 1944 war Athen geräumt und »Offene Stadt«. Am
2. November verließen die letzten deutschen Einheiten – bis auf Kreta
und ein paar Inseln – das griechische Staatsgebiet. Gleichzeitig rückten die Bulgaren auf russischen Druck hin aus Thrakien ab. Dies hatte
Churchill bei Stalin zugunsten der Griechen durchgesetzt.
Damit war der II. Weltkrieg für Griechenland zu Ende, – der Krieg an
sich jedoch noch lange nicht.

Bürgerkrieg, Königtum und ein neuer »Ausländischer Faktor« (1945–1949)

Dem Einmarsch britischer Kampftruppen in Athen folgte am 18. Oktober die »*Nationale Einheitsregierung*« unter Georgios Papandreou. Sie betrat ein Land, das nach schweren zweijährigen Kämpfen gegen fremde Besatzer und einheimische Sympathisanten zu 90 Prozent von einer kommunistisch geführten Volksfront kontrolliert wurde, die nicht gewillt war, sich die Früchte ihres Sieges wieder von der alten Politikergarde nehmen zu lassen. So verweigerte die EAM die Entwaffnung ihrer Verbände, die von Papandreou und den Briten gefordert worden war. Nicht zu Unrecht wies sie auf die noch von den Deutschen bis an die Zähne bewaffneten »weißen« Gruppierungen, wie die EDES, und auf die mittlerweile eingetroffene griechische Exilarmee hin. Die Einheitsregierung brach darüber zusammen. Nach einer blutig aufgelösten Demonstration der EAM auf dem Syntagma-Platz folgten die Ereignisse, die als *Dekemvria* (Dezemberkämpfe) in die Geschichte eingingen. Im Kampf von Haus zu Haus und Straße zu Straße standen sich in der Hauptstadt die ELAS-Andarten auf der einen und die Briten und eine schnell aus allen möglichen »weißen« Gruppen zusammengestellte »Nationalgarde« auf der anderen Seite gegenüber. Roter und weißer Terror wechselten sich ab.

Nur dank der britischen Intervention, die Churchill, der selbst in Athen anwesend war, resolut durchsetzte, sah sich die ELAS gezwungen, den Rückzug nach Norden anzutreten. Dort, im Epiros, war gerade die EDES dabei, die muslimisch-albanische Minderheit zu vernichten, als die Rache der ELAS über sie kam.

In Athen ließ Churchill den wegen seines Widerstands gegen die Deutschen allseits respektierten Erzbischof Damaskinos zum Regenten, d. h. zum Vertreter des noch in London weilenden Königs bestellen. Im *Abkommen von Varkitsa* bei Athen verpflichteten sich 1945 die bewaffneten Milizen aller Seiten zur Demobilisierung. Die neue Regierung versprach die Kollaborateure in Heer und Polizei zur Verantwortung zu ziehen, was jedoch nicht geschah. Hier zeigt sich deutlich eine neue Kräfteverschiebung von Links nach Rechts. Ares Velouchiotes, der sich weigerte, die Waffen zu strecken, fiel einem ungeklärten Anschlag (möglicherweise der eigenen Leute) zum Opfer. Um den Olymp, im Epiros, besonders aber im makedonischen Hochland hielten sich größere kommunistische Formationen, die nun zunehmend Hilfe von ihren jugoslawischen Genossen erhielten. Ihre enge Zusammenarbeit mit albanischen, bulgarischen und jugo-

slawischen Kommunisten hatte indessen einen gewaltigen Prestigeverlust der griechischen Kommunisten zur Folge. Unaufhörlich wies
die Propaganda der Gegenseite darauf hin, daß die »Slawo-Kommuni-
sten« beabsichtigten, eine eigenständige slawische *Volksrepublik Makedonien* mit Einschluß Salonikis zu gründen. Tatsächlich waren entsprechende Pläne in der Komintern (Kommunistische Internationale, 1943
aufgelöst) diskutiert worden. Eine willkommene Angriffsfläche für die
»nationale« Propaganda war auch der Vorwurf, daß ein Großteil der
führenden griechischen Kommunisten »slawophoner« Herkunft sei
und einen Anschluß Griechenlands an die von dem Jugoslawen Tito
und dem Bulgaren Dimitrov vorgesehene slawische *»Balkanföderation«*
plane. Die Diffamierung der Kommunisten als »Slawen-«, besonders
»Bulgaren-Knechte« weckte tiefsitzende nationale Animositäten und
fiel in weiten Kreisen auf fruchtbaren Boden.
Von den Briten, die nun de facto den Status einer neuen Besatzungsmacht einnahmen, wurden besonders die Royalisten unterstützt. Für
den Fall eines Wahlsiegs versprachen sie dem Volk westliche Wirt-
schafts- und Wiederaufbauhilfe. Mit dieser Aussicht und dementspre-
chender britischer Rückendeckung errangen sie in der Parlamentswahl von 1946 den Sieg. Die Kommunisten hatten die Wahl boykottiert. Noch im selben Jahr entschied sich ein Plebiszit mit 68% für die
Rückkehr des Monarchen. Westliche Beobachter beharrten darauf,
daß die Volksbefragung korrekt durchgeführt worden sei. Georg II.
erfreute sich seines wieder einmal erlangten königlichen Status nicht
lange. Nach seinem Tod 1947 bestieg sein Bruder Paul den Thron der
Hellenen.
Ab 1946 trat in Athen das durch den Krieg schwer mitgenommene
Großbritannien als Schutzmacht immer mehr zurück und überließ
seinen Platz der Weltmacht USA. In der *Truman-Doktrin* von 1947
sprach Washington u. a. unmißverständlich eine Garantieerklärung
für das »*demokratische Griechenland*« und für »*Griechenland als Teil der
Freien Welt*« aus. Im Rahmen des *Marshall-Plans* wurde großzügige
Wirtschafts- und Militärhilfe geleistet, die Athen auf lange Sicht in eine
Art halb-koloniale Abhängigkeit von Washington brachte. Griechen-
land war nach 1945 als einziges nicht-kommunistisches Balkanland
von großer strategischer Bedeutung. Mit dem von den USA forcierten
Beitritt zur NATO 1952 wurde seine Westbindung sanktioniert. Ein
Netz von US-Militärbasen überzog das Land.
In dem von kommunistischen Einheiten gehaltenen nordgriechischen
Hochgebirgsland um Pindos und Grammos hatte sich Ende 1947 unter
dem neuen Militärführer Markos Vafiades (»General Markos«) eine

»*Provisorische Demokratische Regierung des Freien Hellas*« etabliert. Es war ein von vornherein zum Scheitern verurteiltes Unternehmen. Die Teilung der Welt in eine von der UdSSR und eine von den USA dominierte Hemisphäre mit entsprechender Ausrichtung der Staatsformen war längst abgeschlossen. An Griechenland zeigte Stalin erstaunlich wenig Interesse, was auch 1944 im »*Prozentabkommen*« zum Vorschein gekommen war. Und 1948 war die Sowjetunion vollauf damit beschäftigt, das Erreichte zu konsolidieren. Hinter dem kommunistischen Aufstand stand daher auch keineswegs Moskau, sondern Tito und Dimitrov, die gerade zu diesem Zeitpunkt darangingen, eine eigenständige balkankommunistische Rolle zu spielen. Markos versuchte von seinem abenteuerlich weitabgelegenen Stützpunkt den Kleinkrieg gegen die sogenannten »Monarchofaschisten« in Athen weiterzuführen, was immer weniger gelang. Durch Zwangsmaßnahmen gegen die erschöpfte, aber aufbauwillige Zivilbevölkerung und durch Zwangsrekrutierungen von Halbwüchsigen (davon handelt der Roman »*Eleni*« von Nicholas Gage, 1983) verlor die Markos-Armee, die zuletzt zum größten Teil aus makedonischen Slawen bestand, den letzten Rest an Sympathie.

Entscheidend war die Lage im kommunistischen Lager selbst: Stalin kam eine Konfrontation mit der Nuklearmacht USA zu diesem Zeitpunkt höchst ungelegen. Zudem war ihm in Tito auf dem Balkan ein mächtiger Konkurrent in der Führung des Weltkommunismus erwachsen. Und Tito war auch die treibende Kraft hinter der letzten Runde des griechischen Bürgerkriegs. In dem für Belgrad höchst gefährlichen Konflikt mit Moskau ab 1948 war Tito auf westliche Unterstützung angewiesen. Sie wurde ihm von den USA reichlich gewährt, – aber nur gegen die Einstellung der Hilfe an die griechischen Aufständischen und für die Schließung der jugoslawisch-griechischen Grenze. Damit war das Schicksal von Markos' »Volksarmee« besiegelt. Innerlich zerfiel sie in einen moskautreuen und einen titoistischen Flügel. Die entscheidende militärische Niederlage am Grammos brachte ihr der Sieger von 1941, General Papagos, bei. Am 16. Oktober 1949 erfolgte die Einstellung der Kämpfe.

In den *Pariser Friedensverträgen* (1947) wurde endlich der Dodekanes Griechenland einverleibt. Mit Italien kam es zu einem großzügigen Ausgleich. Die Lage zu den unmittelbaren Nachbarn blieb aber latent gespannt. Zwischen Griechenland und dem nun fanatisch kommunistischen Albanien existierten bis 1970 keine diplomatischen Beziehungen. Das Problem Nordepiros/Südalbanien schwelt weiter. Im Bundesstaat Jugoslawien hatte Tito eine eigene Teilrepublik Makedonija

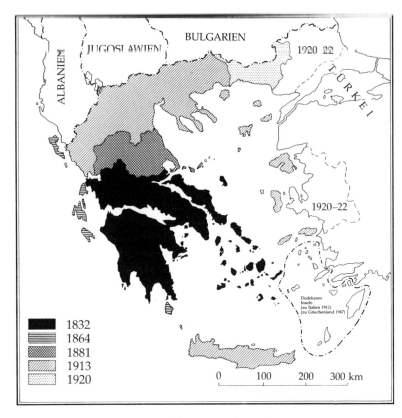

Territoriale Entwicklung Griechenlands 1832–1947

mit der Hauptstadt Skopje gegründet, was in Athen größtes Mißtrauen hervorrief. Die Beziehungen zu Belgrad normalisierten sich
aber in den 60er Jahren. Schwierig gestaltete sich das Verhältnis zu
Bulgarien, dem treuesten Satelliten Moskaus auf dem Balkan. Erst
1953 wurde die Grenzfrage vertraglich geregelt und Sofia verzichtete
offiziell auf die traditionell beanspruchten Gebiete an der thrakischen
Ägäisküste. Das Verhältnis zur Türkei, das während des Krieges fast
freundschaftliche Formen angenommen hatte, verdüsterte sich zusehends angesichts des Zypern-Problems.

NACHKRIEGSZEIT

Wirtschaftlicher Wiederaufbau

Krieg, Hungersnot, Besatzung und Bürgerkrieg von 1941 bis 1949 kostete 523 000 Griechen das Leben und hinterließ eine zerstörte Infrastruktur. Im Gegensatz zum I. Weltkrieg bewirkte der II. Weltkrieg in Griechenland selbst keine technisch-industrielle »Modernisierung«. Das Land war wieder auf die Stufe einer Agrargesellschaft zurückgefallen, wobei jedoch die Landbevölkerung aus ihren traditionellen Bindungen gerissen worden war und eine Art ländliches Proletariat bildete. Die auf dem Lande wirkenden konservativen Kräfte, die Kirche, aber auch das Königshaus, wurden dadurch in ihrem Ansehen nachhaltig erschüttert. 1952 erreichte die Wirtschaftskraft des Landes wieder das Vorkriegsniveau und erholte sich nach der radikalen Währungsreform von 1953. Die generöse (natürlich nicht uneigennützige) US-Hilfe begann in den 50er Jahren Wirkung zu zeigen. Der ehrgeizige »Markezinis-Plan« legte die Fundamente für den Aufbau einer modernen Industrie (Zement, Schiffsbau). Durch die Regulierung der großen Balkanflüsse wurde das Energieproblem angepackt und das Land Region für Region elektrifiziert. Athen (mit Piräus) entwickelte sich zu einer dynamischen, aber hemmungslos wachsenden Großstadt und überschritt 1961 die 2-Millionen-Grenze. Es stieg damit – nach Istanbul – zur größten Stadt in Südosteuropa auf. Ab den 60er Jahren verstärkte sich die Landflucht aus dem gebirgigen Landesinneren und von den kargen Inseln in die Städte. Der Anteil der urbanen Bevölkerung nahm von 1951 bis 1981 von 40% auf über 60% zu. Doch nur ein Teil der Bevölkerung konnte in der Industrie oder in der öffentlichen Verwaltung (immer noch der größte Arbeitgeber) beschäftigt werden. So war die Auswanderungsquote nach dem II. Weltkrieg sehr hoch. Besonders Australien wurde nun zu einem bevorzugten Ziel. Ab den 60er Jahren erreichte die in Griechenland schon immer üblich gewesene *Xeniteia* (Arbeit in der Fremde) eine neue Dimension. Tausende gingen als »*Gastarbeiter*« in die modernen Industriezentren Westeuropas, besonders in die Bundesrepublik Deutschland. In den meisten Fällen bedeutete die Xeniteia aber keine echte Migration (Abwanderung), da viele wieder in ihre Heimat zurückkehrten.

In den 60er und 70er Jahren wurde die griechische Gesellschaft von einem tiefgreifenden sozialen Wandel erfaßt, der sich äußerlich in der Verwestlichung des Lebensstils zeigte. Zwei unterschiedliche Indikatoren der Modernisierung, die das Land übrigens auch deutlich vom erheblich weiter zurückgebliebenen Balkan wegdriften ließen, spielen dabei eine auslösende Rolle:

1) Die griechischen Gastarbeiter in Deutschland waren in verhältnismäßig kurzer Zeit in überwiegend qualifizierte Berufe aufgestiegen. Nach ihrer Rückkehr oder bei Heimatbesuchen brachten sie nicht nur Know-how, sondern auch neue politische Ideen mit.

2) Der nur wenigen Fremden vorbehalten gewesene Bildungstourismus, von den Griechen wegen seiner Altertumsgläubigkeit seit jeher milde belächelt, machte einem gigantischen Boom des Massentourismus Platz. Er wird zum wichtigsten Wirtschaftspotential und neben dem Staat zum größten Arbeitgeber. Ein beträchtlicher Teil der griechischen Gesellschaft richtet sein alltägliches Leben auf die »Tourismusindustrie« ein – mit Konsequenzen eines radikalen kulturellen Traditionsverlustes, die wir nicht als positiv werten können: Der ab Mitte der 60er Jahre jährlich wachsende Ansturm sonnenhungriger Touristen aus dem Norden erschüttert das »traditionelle griechische Leben« von Grund auf. Die saisonale Konfrontation mit exaltiert westlichem Lebensstil zeigt tiefe Auswirkungen auf die Familien- und Sozialstruktur und bewirkt eine Mentalitätsänderung, die einer – in der griechischen Geschichte nicht neuen – aufgepfropften Verwestlichung, und damit einer unnatürlichen Modernisierung, gleichkommt.

1951 zählte Griechenland 7,6 Millionen Einwohner, mit steigender Tendenz: 1981 9,7, 1991 10,3 Millionen. Seinen Status als relativ geschlossenen Nationalstaat konnte es bei dem geringen Minderheitenanteil von 4–5% halten.

Jahre der politischen Stagnation (1949–1964)

Innenpolitisch stagnierte das wiederentstandene Königreich in der Nachkriegszeit in einer tiefen Depression. Diktatur, Krieg und Bürgerkrieg hatten den *Ethnikos Dichasmos*, die Polarisierung der Gesellschaft, noch weiter vertieft. Der Riß zwischen »Rechts« und »Links« – was auch immer damit gemeint war – ging quer durch Familien, Landschaften und selbst durch Parteien. Auch nach dem Ende des Bürgerkriegs blieb der militante Antikommunismus die beherrschende politische Triebkraft. Viele Verdächtige blieben als Verbannte auf abgelegenen Inseln zur »Umerziehung« interniert und wurden noch lange gesellschaftlich ausgegrenzt. Eine lähmende Zensur senkte sich über das Land, die von der einzig funktionierenden Institution, dem terroristischen Geheimdienst »Asphalia«, überwacht wurde. Streiks und soziale Forderungen wurden als kommunistische Umtriebe diskreditiert und unterdrückt. Die bürgerlichen Rechte wurden je nach Lage außer Kraft gesetzt und wichen dem Polizeistaat. Zur Machterhaltung des in sich zerstrittenen bürgerlichen Lagers bildeten sich in der Armee, in der Polizei und in der Justiz mächtige Geheimorganisationen, die durch offenen oder subtilen Terror die eigentliche Macht ausübten In diesen paramilitärischen Gruppen waren ehemalige Kollaborateure in hoher Zahl vertreten. Die US-Militärmission, die Griechenland im Kalten Krieg zum *antikommunistischen Frontstaat* ausrüstete, hat sich nicht gescheut, auf diese konspirativen Organisationen, die einem Geheimstaat im Staat gleichkamen, zu setzen.

Äußerlich zwar dem westlichen Lager zugehörig, fiel die politische Kultur Griechenlands sozusagen wieder auf balkanisches Niveau zurück. All die tradierten Übel, die schon Trikoupis und Venizelos bekämpft hatten, kehrten zurück. 20mal wechselte die Regierung – und damit, wie gehabt, der Staatsapparat – allein zwischen 1945 und 1952. Ämterpatronage, Rusfeti und ein anachronistisches Parteiwesen verhinderte jegliche Konsolidierung. Je nach Begünstigung der stärkeren Seite wechselte das Wahlverfahren zwischen Mehrheits- und Verhältniswahlrecht. Auffallend ist der häufige Namenswechsel der Parteien, Unionen, Ligen, Sammlungen usw. und eine inkonstante, zwischen »Liberalen« und »Konservativen« durcheinanderfließende Wählerschaft. Solange die US-Hilfe (und später das EG-Geld) sprudelte, erachtete man keine ernstzunehmenden Parteiprogramme als notwendig, wichtig war nur die Verteilung der Gelder und der davon bezahlten lukrativen Staatsstellen an die eigene Klientel. Die Hälfte des Staatshaushalts verschlangen die Staatsbetriebe und der aufgeblasene Verwaltungsapparat, davon wiederum die Hälfte das Militär. Neben der offiziellen Wirtschaft agierte zu über einem Drittel die »Schattenwirtschaft« (Sie existiert in ähnlicher Größenordnung noch heute). Reiche, Privilegierte und Protegès der gerade herrschenden Parteien wurden von Steuern verschont. Die Einsicht, für das Gemeinwesen Steuern zu zahlen (die sogenannte Steuermoral), war (und ist) in den privilegierten Händler-, Reeder- und Grundbesitzerschichten unterentwickelt.

Und dazu das wunderliche Königspaar! Paul I. und seine exzentrische

Gattin Friederike (eine Enkelin Kaiser Wilhelms II.) erwiesen sich als unfähig, die Gräben in der Nation zu überwinden.

Nach deutlichen amerikanischen »Empfehlungen« gelang es Marschall Papagos mit Hilfe einer parteienübergreifenden »Hellenischen Sammlung« eine stabile Regierung von 1952 bis 1955 zustande zu bringen. Sein Nachfolger wurde → Konstantin Karamanlis, der, wie üblich, eine eigene auf sich zugeschnittene konservative Volkspartei ins Leben rief. Karamanlis war vom König eigentlich als Verlegenheitskandidat berufen worden, der »strenge Makedonier« lenkte aber die nächsten acht Jahre die Geschicke des Landes und stieg für die nächsten 40 Jahre zur beherrschenden Gestalt der Konservativen auf. Wie schon Papagos setzte auch er sich die Überwindung der nationalen Kluft zum Ziel, kam ihr jedoch nicht näher. Immer stärker und offener wurde der Einfluß der von fanatischen Nationalisten durchsetzten halbstaatlichen Geheimorganisationen, die durch Fälschungen und Demagogie ein Klima der Hysterie vor einer kommunistischen Usurpation schaffen wollten. Die Kommunistische Partei war zwar verboten, sie hatte sich aber innerhalb der gemäßigteren *Vereinigten Demokratischen Linken* (EDA) eine neue Plattform geschaffen. Unter den EDA-Sympathisanten befanden sich international bekannte Intellektuelle, wie der Dichter Ioannes Ritsos und der Komponist Mikis Theodorakis. Die EDA pendelte um die 10%, erreichte aber 1958 fast ein Viertel der Stimmen und avancierte zur zweiten Kraft hinter Karamanlis. Vor den Neuwahlen 1961 kam es daher zu Putschdrohungen aus der Armee, und auch die US-Administration machte klar, daß sie eine Regierungsbeteiligung der »krypto-kommunistischen EDA« nicht dulden werde. In der höchst umstrittenen Wahl erhielt daher folgerichtig Karamanlis die Mehrheit, gefolgt von einer neuen »Liberalen Partei« unter Georgios Papandreou. Die EDA sank auf 15%.

Wetterleuchten um Zypern

Außenpolitisch war Karamanlis' Regierungszeit vom Zypern-Konflikt überschattet, der die Beziehungen zum NATO-Partner Türkei bis zum Zerreißen anspannte. Die Insel stand seit 1914 unter direkter britischer Herrschaft (ab 1925 Kronkolonie), die Relation Griechen zu Türken belief sich auf etwa 85 zu 15. Erzbischof Makarios, auch politischer Führer der Zyperngriechen, schwankte zwischen Enosis (Vereinigung mit Griechenland) und der Option der Unabhängigkeit. Die radikale griechische Untergrundbewegung EOKA unter Oberst Grivas machte sich ab 1955 mit Hilfe geheimer Kontakte zu militärischen Stellen in Athen daran, die Enosis, die sowohl von London wie von Ankara kategorisch abgelehnt wurde, herbeizubomben. Eine Pogromwelle vertrieb daraufhin 1955 den größten Teil der Istanbuler Griechen aus ihrer Heimat. 1960 wurde die Insel ein unabhängiger Staat, der der Enosis abschwören mußte. 1963 und 1967 führten innerzyprische griechisch-türkische Spannungen fast zum Kriegsausbruch zwischen Athen und Ankara.

Die Zypernpolitik minderte das britische und amerikanische Ansehen in Griechenland und schadete auch Karamanlis, der angeblich gegenüber Ankara zu wenig Stärke gezeigt habe. Ein Attentat rechter Untergrundkreise auf einen bekannten sozialistischen Abgeordneten erregte 1963 im In- und Ausland Aufsehen und wurde dem Ministerpräsidenten in die Schuhe geschoben (vgl. den Film »Z« von Costa Gavras nach dem Roman von Vassilis Vassilisas). Ein Streit Karamanlis' mit dem eigenwilligen Königspaar war der letzte Schritt zu seiner Demission 1963.

Andreas Papandreou betritt die Bühne (1964)

Georgios Papandreou war es gelungen, breite Bevölkerungsschichten in seine Zentrumsunion einzubinden. Sowohl die städtische Mittelschicht wie auch die Arbeiterschaft und die Intelligenz fühlten sich von seinem Reformprogramm angesprochen. Sein Wahlsieg 1964 kam dem »*Triumph neuer Kräfte*« gleich. Das politische Klima erfuhr einen deutlichen Wandel, speziell in der Sozial- und Bildungspolitik (u. a. Gründung der Universitäten Patras und Ioannina). Die Volkssprache wurde in allen Institutionen als gleichberechtigt anerkannt. Es war klar, daß diese Segnungen nur mit wachsender Inflation und Beschneidung altherkömmlicher Pfründe erkauft werden konnten. Königshaus (seit 1964 Konstantin II.) und Armee reagierten mit schroffer Ablehnung und griffen zur bewährten Kampagne des »drohenden kommunistischen Umsturzes«. Dabei bot sich → Andreas Papandreou, der Sohn des Ministerpräsidenten und ein dezidierter Vertreter des »linken Flügels«, als willkommener Buhmann an.

Andreas Papandreou (geboren 1919 auf Chios) hatte damals bereits eine ungewöhnliche Laufbahn hinter sich. Seine entscheidenden Jahre (1940–1959) hatte er als Ökonomie-Professor in Berkeley/USA verbracht. Beschreibungen aus dieser Zeit schildern ihn als liberal und total amerikanisiert. Ab 1964 arbeitete er in der Partei seines Vaters mit und erzielte durch eine offensive Anti-Haltung gegenüber dem alten Establishment und durch sozialromantische Äußerungen einen nachhaltigen Einfluß auf die studentische Jugend

Des älteren Papandreou heterogene liberal-konservativ-linksliberale Zentrumsunion ließ sich jedoch nicht in eine Partei westlichen Stils mit einem verbindlichen Programm umwandeln. Nach Erreichung des einzigen gemeinsames Ziels, des Sturzes Karamanlis', brach sie unter den Intrigen des Hofes, den Erpressungen der Armee und den »Empfehlungen« der westlichen Verbündeten wieder auseinander. 1965 trat Papandreou senior zurück. In weiten Kreisen wurde er als »demokratischer Märtyrer«, als Opfer des von Friederike abhängigen Königs und reaktionärer Dunkelmännerkreise verehrt. Die nationale Spaltung trat in voller Schärfe wieder hervor. Nach chaotischen Szenen im Parlament und sich verschärfender Demagogie auf der Straße wurden für den 28. Mai 1967 Neuwahlen ausgeschrieben.

Die Militärdiktatur (1967–1974)

Die Intervention der Streitkräfte war schon lange in der Luft gelegen. Wieder ging es gegen das billige Schreckbild einer »Slawo-kommunistischen Verschwörung«. Am 21. April 1967 putschte sich eine Clique von Obristen an die Macht, die innerhalb des subversiven »Staats im Staate« schon lange das Heft in der Hand gehalten hatte. Die Militärjunta installierte sich reibungslos, besetzte binnen kurzem die Schlüsselstellen und »säuberte« die Armee, die Verwaltung und die Medien in ihrem Sinne. Die Verbannungsinseln Leros, Iaros und Makronisos wurden wieder mit Verdächtigen bevölkert, die in großer Zahl noch vorhandenen Straflager füllten sich erneut mit politischen Gefangenen. Nicht nur Kommunisten, sondern auch Papandreou-Anhänger und bürgerliche Demokraten waren die Opfer. Ein im westlichen Europa der späten 60er Jahre unerhörter Vorgang!

Das programmgemäße Gelingen der Machtergreifung hat im In- und Ausland sofort die Frage nach mächtigen Interessen und Hintermännern aufkommen lassen. Die NATO, besonders aber der US-Geheimdienst, der in Kontakt zu extremistischen Offizierskreisen gestanden war, geriet ins Kreuzfeuer der Verdächtigungen. War denn nicht der »Ausländische Faktor« (Xenos Paragontas) seit 1821 die eigentliche Macht? Solange die entsprechenden Archive nicht geöffnet sind, läßt sich darüber aber nur spekulieren.

Die linksliberale griechische Intelligenz und international bekannte

Persönlichkeiten, wie der Komponist Mikis Theodorakis, gingen ins Ausland und brachten erfolgreich die internationale öffentliche Meinung gegen die Militärdiktatur auf. Von Paris aus forderte der Literatur-Nobelpreisträger von 1963, → Georgios Seferis, die Junta zum Rücktritt auf. Auch der künftige Nobelpreisträger → Odysseas Elytis verbrachte die Jahre der Diktatur im Pariser Exil.

Ein sehr dilettantischer Gegenputsch König Konstantins, der dadurch den letzten Halt in der Bevölkerung verlor, endete mit seiner Emigration nach Rom, seiner Absetzung und der Verkündung der Republik durch die Putschisten. Das war die einzige politische Tat, die über die 7jährige Diktatur Bestand haben sollte. Das mit 73% zustimmende Referendum im Juli 1973 mußte von der Junta nicht einmal manipuliert werden, denn das 1946 von außen wieder eingesetzte Königshaus war generell als anachronistischer Fremdkörper und als die Nation keineswegs versöhnende, sondern spaltende Institution empfunden worden. Der anfängliche wirtschaftliche Aufschwung in dem mit Niedriglohn und Streikverbot geknebelten Land brach in der Ölkrise und der weltweiten Rezession 1973 völlig zusammen. Schwere Studentenunruhen in Athen, die über 30 Todesopfer forderten, leiteten den Niedergang der Diktatur ein. Auch ein weiterer, noch rücksichtsloserer Militärcoup konnte daran nichts mehr ändern. Ideologisch versuchte sich die Junta mit dem Wahlspruch *»Hellas der christlichen Hellenen«* bei der orthodoxen Kirche abzusichern, was wohl nur mehr in Randgruppen auf Resonanz stieß.

Zum Verhängnis geriet den Obristen ihre eigene nationalistische und chauvinistische Rhetorik und der Versuch, durch Imponiergehabe nach außen die inneren Schwierigkeiten zu übertönen. Durch einen Staatsstreich gegen den juntafeindlichen zyprischen Staatschef Erzbischof Makarios brachten sie das schwelende Zypernproblem zur endgültigen Explosion und dirigierten ihr Land in die offene Konfrontation mit der Türkei. Die Konsequenz war die türkische Invasion auf Zypern und die Zerschlagung der Insel in einen türkischen und einen griechischen Teil im Juli 1974. Die darauf unvorbereitete Athener Generalität überließ ernüchtert einer »Regierung der Nationalen Einheit« unter dem aus Paris zurückgekehrten Karamanlis die Aufarbeitung des inneren und äußeren Scherbenhaufens.

Griechenland in der EG

Der »strenge Makedonier« kehrt zurück (1974)

Die Wahlen von 1974 bestätigten Karamanlis' konservativ-liberale »Nea Demokratia« eindrücklich. Die Opposition war durch die Spaltung der Zentrumsunion nach dem Tod des älteren Papandreou 1968 geschwächt. Andreas Papandreou gründete die »Panhellenische Sozialistische Bewegung« (PASOK). Insgesamt vermochte jedoch auch die traumatische Erfahrung der Diktatur das griechische Parteienwesen nicht zu ändern. Nach wie vor wurde/wird es durch Patronage, Klüngel- und Klientelwirtschaft gekennzeichnet. Anstelle eines konkreten Programms stehen charismatische Führerfiguren, die keine innerparteiliche Diskussion zulassen. Nach – für westliche Augen – nicht immer nachvollziehbaren Kriterien verschiebt sich die Wählerschaft periodisch. Auch gilt weiterhin, daß das »Rechts-/Linksschema« und die Begriffe »liberal«, »konservativ« und »sozialistisch« nicht unbedingt mit den gleichen Begriffen in den westlichen Demokratien identisch sind.

Unter Karamanlis, der sich in seiner zweiten Amtsperiode 1974–1980 eher von der konzilianten Seite zeigte, entspannte sich das politische Klima merklich. Die Volkssprache, die Demotike, wurde, seit 100 Jahren überfällig!, endlich zur *offiziellen Staatssprache* erklärt. Der die Innenpolitik demoralisierende Einfluß der Streitkräfte war gemindert und die *Abschaffung des Königtums* wurde nachträglich vom Volk unter demokratischen Auspizien mit 69% bestätigt.

Die kompromittierte alte Politikergarde verstand sich gut darauf, die Verantwortung für die Diktatur allein den Amerikanern und der NATO in die Schuhe zu schieben. Auch die Linke, die durch ihre der Diktatur vorhergegangene Obstruktion ja nicht völlig unschuldig an dem Desaster gewesen war, akzeptierte diese einfache Erklärung. Die Konsequenz war das Wiedererstarken eines *antiwestlichen Moments* in der griechischen Gesellschaft, verstärkt noch durch das Gefühl, im Zypernkonflikt und im 1982 eruptiv mit Ankara zusätzlich ausgebrochenen Streit um die Abgrenzung des Ägäis-Festlandsockels vom Westen im Stich gelassen zu werden. Im Streit um die Anerkennung Makedoniens ab 1992 wird sich die Aversion gegen »den Westen« in weiten Kreisen bestätigt finden.

Im Mai 1979 unterzeichnete Karamanlis den *Beitrittsvertrag zur Europäischen Gemeinschaft* (EG), an welche das Land schon seit 1961 assoziiert war. Termin der Vollmitgliedschaft war 1981. Brüssel kam damit einer *politischen* Entscheidung nach, keiner ökonomischen. Eine EG-Kommission hatte 1976 unmißverständlich festgestellt, daß Griechenland, das sich noch im weiten Übergangsfeld von der Agrar- zur Industriegesellschaft befand, strukturell überhaupt nicht auf die modernen Herausforderungen des EG-Marktes vorbereitet war. Der Anschluß an das westliche Europa war in der Bevölkerung demnach keineswegs unumstritten.

Ein griechischer »Dritter Weg«?

Mit eine Quittung für Karamanlis' Beitrittspolitik an die EG war der Wahlsieg der PASOK, der 1981 Andreas Papandreou ans Ruder brachte. Die PASOK, eine straff organisierte und Publicity-mächtige »Bewegung« (also keine Partei), vereinigt(e) sozialistische, aber auch extrem nationalistische Tendenzen in sich. In seiner Propaganda zielte Papandreou auf einen anti-westlichen (d.h. anti-EG und anti-NATO) Effekt, gepaart freilich mit Versprechungen typisch westlicher Errungenschaften, wie »Demokratischer Sozialismus«, Bürgerbeteiligung, Bildungsreform, Emanzipation der Frau, Zivilehe, Kampf der Umweltverschmutzung etc. Mit großem Medienaufwand wurde die *Allaghi*, der gesellschaftliche Wandel, propagiert. Der Wählerwanderung nach links trug er durch Rehabilitierung des EAM-Widerstandes im II. Weltkrieg Rechnung. Außenpolitisch entfaltete Papandreou eine rege Diplomatie, die durch Kontakte mit dem Ostblock und mit arabischen Regimes nicht gerade EG-konform war. Innerhalb der Zwölfergemeinschaft handelte er sich dafür den Ruf eines unberechenbaren Enfants terrible ein. Trotz der im Lande populistischen Euro-Skepsis Papandreous profitierte der griechische Staat indes in höchstem Maße von den nun reichlich fließenden Geldern aus Brüssel. Und die dadurch ermöglichte Hebung des Lebensstandards kam der PASOK-Regierung zugute, was sich nicht zuletzt in einem erneuten Wahlsieg Papandreous 1985 niederschlug. Verschiedene Finanzskandale und persönliche Affären brachten den PASOK-Führer gleichwohl soweit in Mißkredit, daß sich 1989 eine ungewöhnliche Koalition aus Konservativen und Linkskräften zu seinem Sturz verband.
Wer hingegen geglaubt hatte, daß der charismatische Volkstribun auch nach dem knappen Wahlsieg seines konservativen Gegenspielers Konstantin Mitsotakis und der Wahl Karamanlis' zum Staatspräsidenten im Jahr 1990 endgültig von der politischen Bühne treten

würde, sah sich getäuscht. In der Parlamentswahl 1993 feierte er ein glänzendes Comeback. Vorausgegangen war ein Wahlkampf, der vom griechischen Volksmund treffend als »Kampf der Dinosaurier« bezeichnet wurde, – vordergündig deshalb, weil alle beteiligten Protagonisten das Rentenalter bereits beträchtlich überschritten hatten, aber wohl auch mit dem einsichtigen Hintergedanken, daß das immer noch herrschende System der unverbindlichen Parteiprogramme dem Land keine Zukunftsperspektiven mehr bieten könne.

* * *

Die wirtschaftliche Lage des Landes Mitte der 90er Jahre ist schlecht. Die Staatsverschuldung ist extrem hoch, eine Abschwächung der Neuverschuldung nicht in Sicht. Athen hängt, bildlich gesprochen, am Tropf der Europäischen Gemeinschaft. Die Subventionen aus Brüssel sind nach dem Export und noch vor dem Tourismus zur wichtigsten Devisenquelle geworden. Doch wie die Geschichte des neugriechischen Staates uns lehrt, hat die ökonomische Unselbständigkeit die Politiker des Landes noch nie gehemmt, große Visionen zu entwerfen. Athen will seine internationale Rolle neu definieren und nicht mehr das »nette kleine Land« spielen, sondern das Kooperationszentrum für den Balkan und (West-)Europa werden. In der nationalen Mythologie tritt das Erbe der einstigen kulturellen und politischen Vormacht Byzanz wieder mehr in den Vordergrund.
Doch stehen die Zeichen ungünstig. Die nach dem Zusammenbruch des Ostblocks veränderte internationale Lage hat die großen Kraftfelder im Ostmittelmeerraum wieder einmal verschoben. An geostrategischer Bedeutung für den Westen verliert Griechenland – wie schon mehrfach in seiner neueren Geschichte – zugunsten seines türkischen Rivalen an Bedeutung. Und mit dem gewaltsamen Ende Jugoslawiens 1991 sieht das Land durch die Gründung des instabilen südslawischen Kleinstaates »Makedonija« seine eigene griechisch-makedonische Geschichte, ja selbst seine Nordgrenze in Frage gestellt. Athen aberkennt nicht die Existenz dieses jugoslawischen Nachfolgestaates, aber es verweigert ihm vehement den ohne Zweifel griechischen Namen »Makedonien« und nennt ihn daher nach seiner Hauptstadt »Skopje«. Die Europäische Gemeinschaft hat die Republik Makedonien Ende 1993 anerkannt. In den vorausgegangenen Unstimmigkeiten mit Athen haben die EG-Diplomaten, aber auch die westlichen Medien, nicht immer das nötige Taktgefühl mit der geschichtlich begründeten Argumentation der griechischen Seite gezeigt.

Parteiübergreifend und einig haben die Griechen den Europäern vorgeworfen, auf ihre besondere Geschichte keine Rücksicht zu nehmen. Denn ihre vermeintlichen nationalen Sentimentalitäten gründen auf einer langen Geschichte, die sich von ihren Anfängen an im komplizierten und risikobeladenen Spannungsfeld zwischen Orient und Okzident, zwischen Morgenland und Abendland, zwischen Ost und West, bewegt hat.

ANHANG

Zeittafel

148 v. Chr.	Griechische Halbinsel als Provincia Macedonia Teil des Römischen Imperiums
27 v. Chr.	Einrichtung der kaiserlichen Provinz Achaia
Um 50 n. Chr.	»Thessalonicher-Briefe« Paulus'
Um 170	Pausanias' Beschreibung Griechenlands
391	Christentum römische Staatsreligion; Verbot der Olympischen Spiele (395)
395	Teilung des Römischen Reiches, Griechenland wird Teil des Oströmischen Reiches (»Byzantinisches Reich«)
395/96	Einfall der Westgoten
527–565	Kaiser Justinian I.; Wiederaufbau von Städten
529	Schließung der »heidnischen« Akademie in Athen
541–545	Pestseuche, Reduzierung der Bevölkerung
551	Erdbebenkatastrophe
580–587	1. Phase der Slaweneinwanderung (585 1. Belagerung Thessalonikes)
602–626	2. Phase der Slaweneinwanderung; Bildung der »Slavinien« in Griechenland
732	Kirchliche Unterstellung Griechenlands unter das Patriarchat von Konstantinopel
9. Jh.	Unter Nikephoros I. (802–812) und Basileios I. (867–886) Rückeroberung, Kolonisierung, Re-Gräzisierung und Rechristianisierung Griechenlands
823–961	Kreta arabisch
Um 960	Bildung der Mönchsgemeinschaft auf dem Athos
1054	Kirchenspaltung (Schisma) zwischen griechischer Ostkirche (Orthodoxie) und lateinischer Westkirche (Katholizismus)
1082	Chrysobullon: Venedig übernimmt die handelspolitische Führung in Byzanz
1204	IV. Kreuzzug gegen Byzanz; Ende des Oströmischen Reiches
1205	Teilung des Oströmischen Reiches unter die »Lateiner«; Venedig erhält den größten Teil Griechenlands (u. a. Kreta)
1209	Gründung des fränkischen Herzogtums Athen und des Fürstentums Achaia

1210	Gründung des Despotats Epiros
1249	Gründung der fränkischen Burg Mistra
1259	Übergabe Mistras und Monemwasias an die Griechen
1261	Restauration des »Griechischen Kaiserreichs« in Konstantinopel
1304	Chios genuesisch (–1566, dann türkisch)
1342–1349	Republik der Zeloten in Thessalonike
1348	Einrichtung des Despotats Morea (Mistra)
1348–1352	Beulenpest; Reduzierung der Bevölkerung
1371–1393	Nord- und Mittelgriechenland osmanisch
1430	Thessalonike osmanisch
1439	Unionskonzil in Florenz, von der Ostkirche nicht anerkannt
1456	Athen osmanisch
1460	Mistra mit Peloponnes osmanisch; Einrichtung der osmanischen Verwaltung
1489–1570	Zypern venezianisch (dann türkisch)
1540	Venedig übergibt Monemwasia und Nauplion an die Osmanen
1571	Seeschlacht von Lepanto/Naupaktos (ohne Ergebnis)
1670	Evliya Celebi bereist Griechenland
1669	Kreta osmanisch
1699	Frieden von Karlovitz, Bestätigung der venezianischen Herrschaft auf Morea
1718	Frieden von Passarovitz; Ende der venezianischen Herrschaft auf Morea. Weitgehende Privilegien für den griechischen Balkanhandel
1770	Griechischer Aufstand in Morea, »Orlov'sches Abenteuer«
1774	Zerstörung Mistras
1774	Russisch-türkischer Frieden von Kücük Kainarci: Russisches Protektorat über die orthodoxen Christen im Osmanischen Reich
1783	Russisch-türkisches Abkommen von Ainali Kavagi: Griechische Handelsflotte unter russischer Flagge
1784	1. griechische Zeitung (erschienen in Wien)
1798	Märtyrertod Rhigas Pheräos' in Belgrad
1800–1820	Herrschaft Ali Paschas in Nordgriechenland
1800	Einrichtung der Ionischen Republik (1814–1863 britisch)
1814	Gründung der »Hetärie der Philiker« in Odessa
1821	(März) Beginn des Griechischen Aufstands
1821/22	1. Verfassung von Epidauros; Beginn des innergriechischen Bürgerkrieges
1825/26	Eroberung der Morea durch Ibrahim von Ägypten, Fall von Messolunghi

1827	Londoner Dreimächtevertrag. Griechenland autonom, Seeschlacht von Navarino
1827–1831	Regierung Kapodistria
1830	II. Londoner Protokoll: Griechenland souveräner Staat
1832	Londoner Abkommen über wittelsbachisch-bayerisches Königshaus
1833–1835	Bayerische Regentschaft unter Graf Armannsperg
1834	Athen Hauptstadt; klassizistischer Aufbau unter Leo von Klenze
1835–1862	*König Otto*
1843	»Syntagma«: konstitutionelle Verfassung; Ende der »Bavarokratia«
1856	Osmanisches Reichsgesetz Hatt-i-Humayun: Gleichberechtigung der Christen
1862	Rücktritt König Ottos
1863–1913	*König Georg I.* (Haus Gottorp-Glücksburg, dänische Linie)
1863	Anschluß der Ionischen Inseln
1864	Neue konstitutionelle Verfassung
1866	Kretischer Aufstand
1878	Russisches Diktat von San Stefano gegenüber dem Osmanischen Reich; Berliner Kongreß
1881	Thessalien und Süd-Epiros griechisch
1893	Staatsbankrott
1896	I. Olympische Spiele der Neuzeit in Athen
1897	Griechisch-türkischer Krieg
1898	Kreta autonom
1903	Aufstand in Makedonien
1908	Revolution der Jungtürken in Saloniki
1909	Coup von Goudi, E. Venizelos übernimmt die Regierung
1909–1935	Ära Venizelos
1912	Okkupation des Dodekanes durch Italien
1912–1913	Balkankriege; Gründung Albaniens
1913	Frieden von Bukarest: Kreta, Epiros, Makedonische und Thrakische Küste griechisch, Saloniki griechisch
1913–1917	*König Konstantin I.*
1915	Landung der Alliierten in Saloniki
1916/1917	Staatsstreich Venizelos' und Kriegseintritt auf seiten der Alliierten
1917–1920	*König Alexander;* Konstantin im Exil
1919	Frieden von Neuilly: West-Thrakien wieder griechisch
1920	Abkommen von Sèvres: Ost-Thrakien und Smyrna/Izmir griechisch; Rückkehr *Konstantins I. (1920–1922)*
1922	Kleinasiatische Katastrophe; *König Georg II. (1922–1924)*

1923	Frieden von Lausanne: Griechische Grenzen von 1913; türkisch/griechischer Bevölkerungsaustausch
1924	Ausrufung der Republik
1926	Bodenreform, Integration der Flüchtlinge
1932	Staatsbankrott (Weltwirtschaftskrise)
1934	Balkan-Entente
1935	Restauration der Monarchie, Rückkehr *König Georgs II.* *(1935–1941)*
1936	Arbeiterunruhen in Saloniki
1936–1941	Militärregime unter General Metaxas
1939	Okkupation Albaniens durch Italien; britische Garantieerklärung für Griechenland
1940	(28.10.) Ablehnung des italienischen Ultimatums (»Ochi«)
1940/41	Italienische Niederlagen in Epiros; britische Truppen in der Ägäis
1941	Deutscher Angriff (Plan »Marita«); Griechische Kapitulation; Gründung der Volksfront (EAM); Exilregierung unter Georg II. in Kairo;
1941/42	Hungerwinter
1941–1944	Okkupation und Aufteilung Griechenlands; Widerstand (Andartiko)
1944	(März) Provisorische Regierung PEEA unter der EAM; (Mai) »Libanon-Konferenz« Regierung der Nationalen Einheit; (Oktober) Prozentabkommen in Moskau Griechische Regierungsübernahme in Athen; (Dezember) Ausbruch des Bürgerkrieges
1946	Rückkehr *Georgs II. (1946–1947)*
1947–1964	*König Paul I.*
1947	Pariser Verträge: Status quo von 1913, Dodekanes griechisch; Truman-Doktrin und Marshall-Hilfe
1947/48	Kommunistische Gegenregierung in Nordgriechenland, Bürgerkrieg
1949	(Oktober) Ende des Bürgerkriegs
1952	Beitritt zur NATO
1955–1963	1. Regierung Karamanlis (Konservativ)
1960	Zypern unabhängig
1963	Literaturnobelpreis an Georgios Seferis
1964–1973	*König Konstantin II.*
1964–1965	2. Regierung G. Papandreou (Liberal)
1967	Militärputsch und Militärdiktatur bis 1974
1973	Absetzung Konstantins II., Republik (1974 bestätigt); Studentenunruhen in Athen
1974	Zypernkrise, Teilung der Insel

1974–1980	2. Regierung Karamanlis (Konservativ)
1979	Vertrag über Vollmitgliedschaft in der EG (ab 1981)
1981–1989	1. sozialistische Regierung A. Papandreou
1982–	Ägäis-Streit mit der Türkei
1989–1993	Konservative Regierung K. Mitsotakis
1991	Gründung des jugoslawischen Nachfolgestaates Makedonija (Skopje)
1992/93	Streit mit den EG-Partnern wegen der Anerkennung Makedoniens 1993
1993–	2. sozialistische Regierung A. Papandreou
1994	Differenzen mit EU und NATO wegen der Intervention auf dem Balkan

Biographien

Ali Pascha von Ioannina
Osmanischer Vali (Gouverneur) und Rebell, (1744 Tepelene/Südalbanien
– 1822 Ioannina), arnautischer (albanisch-muslimischer) Herkunft. 1785
Statthalter von Trikala, 1788 Einnahme von Ioannina (erst nachträglich
vom Sultan sanktioniert), bis 1820 Ausbildung eines eigenen Herrschafts-
bezirkes und Ausdehnung über Südalbanien, Epiros und Thessalien mit
dem Ziel, ein vom Sultan unabhängiges, nicht an der Religion ausgerichte-
tes Staatsgebilde für Griechen und Albaner zu schaffen. Zu diesem Zweck
knüpfte Ali enge diplomatische Beziehungen zu Rußland, England und
Frankreich und berief europäische Konsuln an seinen Hof. Die offene
Sezession vom Osmanischen Reich führte 1820 zur Intervention der
Türken und zum Versuch Ali Paschas, mit den aufständischen Griechen in
Verbindung zu treten. 1822 fiel er einem Mordanschlag in Ioannina zum
Opfer.

Elytis, Odysseas
Nobelpreisträger für Literatur 1979 (* Heraklion/Kreta 1911). To Axion esti
(1959), eine nach dem Schema der orthodoxen Liturgie großangelegte
Dichtung über das neue Griechenland. (Deutsch: Gepriesen sei, 1979).

Fallmerayer, Jakob Philipp
Deutscher Historiker, politischer Publizist und Kulturkritiker (Tschötsch/
Südtirol 1790 – München 1861). Militärische Ausbildung, Studium der
Orientalistik in Salzburg und Landshut, drei große Reisen in den Orient;
1848 Geschichtsprofessur in München, Teilnahme am deutschen Parla-
ment in der Frankfurter Paulskirche 1848 und am Stuttgarter Rumpfparla-
ment. Verlust der Professur wegen liberaler Anschauungen. In seiner
»Geschichte der Halbinsel Morea während des Mittelalters« (1830) und

266

den »Fragmenten aus dem Orient« (1845) entwickelte Fallmerayer die sogenannte »Slawen-Theorie«, die besagt, daß die Neugriechen nicht Abkömmlinge der antiken Hellenen seien, sondern oberflächlich gräzisierte Nachfahren der im frühen Mittelalter eingewanderten Slawen (»Gräkoslawen«). Er trat damit in scharfen Gegensatz zu den Philhellenen, nicht zuletzt am bayerischen Königshof. Diese Theorie darf jedoch nicht allein für sich, sondern muß im Zusammenhang mit der geistesgeschichtlichen Auseinandersetzung zwischen der westlichen, abendländischen, aufgeklärten, letztlich demokratischen »Freiheit« (deren Verfechter Fallmerayer war) und der östlichen, morgenländischen, byzantinisch-autokratischen »Despotie« gesehen werden. Für Fallmerayer war das zwischen 1815 und 1853 mächtig auftrumpfende russische Zarenreich der weltgeschichtliche Nachfolger des vernunft- und freiheitsfeindlichen Byzanz, das im Rahmen der Orientalischen Frage im Begriffe war, auch das Abendland zu unterjochen. Neu-Griechenland war für ihn nur ein konstruiertes panslawistisches Sprungbrett ans Mittelmeer, und die Philhellenen wirkten seiner Meinung nach als eine gutgläubige und sich dessen unbewußte 5. Kolonne des Zaren! Die polemisch formulierte und auch sofort von führenden Historikern und Sprachwissenschaftlern angefochtene Slawentheorie diente Fallmerayer demnach nur als rhetorischer Kunstgriff, um die russisch-slawische Gefahr für das zeitgenössische Europa zu verdeutlichen. In Griechenland wirkte diese Provokation als Anstoß zur Herausbildung eines nationalgriechischen Geschichtsbildes.

Kapodistria, Ioannes
Conte (Graf) Capodistrias. Erster Präsident Griechenlands (1776 Korfu – 1831 Nauplion), Studium in Padua, ab 1800 in russischem diplomatischem Dienst, 1816–1822 Staatssekretär im russischen Außenministerium. Kapodistrias lehnte 1817 und 1820 die Führung des Geheimbundes »Hetärie der Philiker« und die Vorbereitungen eines gewaltsamen Aufstands in Griechenland ausdrücklich als unrealistisch ab. 1828 trug er den vollendeten Tatsachen Rechnung und nahm die Wahl zum »Kybernetes« an. Außenpolitisch lehnte er sich russisch-zaristischen Vorstellungen an, innenpolitisch regierte er autoritativ und versuchte die Macht der alten Clans zu beschneiden. Der Machtkampf mit dem maniotischen Mavromichali-Clan führte zum Attentat von Nauplion 1831.

Karamanlis, Konstantin
Politiker, Premierminister, Präsident (*1907 Kupkoy/Makedonien). Konservativer Abgeordneter 1935/36, 1946 Mitführung der konservativen Volkspartei, im Kabinett Papagos 1952–1955 erfolgreicher Minister für öffentliche Arbeiten; 1955 überraschende Bestimmung Karamanlis' zum Premier durch König Paul. Gründung und Führung der »Nationalradikalen Union«. 1. Regierung Karamanlis 1955 bis 1963. 1961 umstrittener Wahlsieg gegen Georgios Papandreou (s. u.). 1963 Sturz durch Palastin-

trige und daraufhin 11jähriges Exil in Paris. Rückkehr nach der Militärdik tatur 1974, Gründung der konservativ-liberalen »Neuen Demokratie«, 2. Regierung Karamanlis 1974 bis 1980 mit Beitrittsverhandlungen zur EG. 1980–1985 und wieder ab 1990 Staatspräsident.

Kazantzakis, Nikos
Größter griechischer Schriftsteller unseres Jahrhunderts (Heraklion/Kreta 1883 – Freiburg/Breisgau 1957). Traumatische Kindheitserfahrungen während des kretischen Aufstandes 1889 (verarbeitet im Roman: Kapetan Michalis, deutsch »Freiheit oder Tod«). Habilitation über Friedrich Nietzsche 1908; 1919 Kommissar für die »Rückführung der Griechen aus Rußland«; darüber »Griechische Passion« (1923). Epische Dichtung Odyssea (1938), eine Fortsetzung der homerischen Odyssee in 33 333 Versen; ab 1946 im Ausland, meist in Frankreich lebend. Der Roman Alexis Zorbas (1946) spiegelt Kazantzakis' heroisch nietzscheanisches Weltbild wider (verfilmt als »Zorbas the Greek«, 1957); den Bürgerkrieg 1944–1949 verarbeitet Kazantzakis in »Aderphephades« (»Brudermörder«); ab 1955 christliche Themen: Die letzte Versuchung Christi.

Kolettis, Ioannes
Freiheitskämpfer und Politiker (1774 Ioannina – 1847 Athen); einer gräzisierten aromunischen Sippe entstammend. Studium in Pisa, Leibarzt und Berater am Hof Ali Paschas (s. o.); ab 1819 Mitglied der Hetärie der Philiker und aktive Teilnahme am Befreiungskrieg und am Bürgerkrieg. Unter König Otto als führender »Syntagmatiker« (Verfassungsanhänger) 1835 als Botschafter nach Paris beordert. Hauptperson während des konstitutionellen Staatsstreichs 1843 und 1. verfassungsmäßiger Premierminister 1843–1847. Kolettis stand der »Französischen Partei« vor, außenpolitisch propagierte er die »Megale Idea«, die Große Idee von der »Enosis« (Vereinigung) aller Griechen in einem Staat mit der alten Hauptstadt Konstantinopel.

Kolokotronis, Theodoros
Militärischer Führer des Unabhängigkeitskrieges (1770–1843). Beginn der Laufbahn als Klephtenkapitän (unabhängiger Räuberhauptmann), als in türkischem Dienst stehender Armatole und als Söldner griechischer Großgrundbesitzer. 1805–1810 reguläre Offiziersausbildung in britischem Dienst auf Zante/Zakynthos. Ab 1821 zentrale Führungsgestalt des Kleinkrieges gegen die Osmanen; Kolokotronis geriet in scharfe Opposition zu den herrschenden Clans und den alten »großen Familien« und unterstützte Präsident Kapodistrias. Unter König Otto zettelte er 1835 die Klephtenverschwörung an, wurde aber begnadigt und zum General befördert. Politisch neigte er der konservativen »Russischen Partei« zu.

Korais, Adamantios

Klassischer Philologe, intellektueller Vorbereiter der Unabhängigkeit, Sprachreformer (Smyrna/Izmir 1748 – Paris 1833), einer Kaufmannsfamilie aus Chios entstammend. Korais wurde schon früh durch westlich »lateinisches« Gedankengut geprägt, Aufenthalte 1771–1778 in Amsterdam, Studium 1782–1786 in Montpellier. Sein gesamtes schöpferisches Leben von 1788 bis 1833 verbrachte er in Paris, wo er die Französische Revolution und die napoleonische Ära unmittelbar miterlebte. Korais war der Überzeugung, daß die Griechen erst durch das Studium ihrer großen Vergangenheit die Reife für einen eigenen Nationalstaat erlangen sollten. Der »Erziehung zur Freiheit« sollte die Herausgabe der antiken Klassiker dienen. Um sie seinem Volk verständlich zu machen, übersetzte Korais die »alt-griechisch« geschriebenen Texte zum Teil in eine von ihm selbst entwickelte »gereinigte« (= Katharevoussa) neugriechische Schriftsprache. Sie sollte einen Kompromiß darstellen zwischen dem klassischen »Attischen« und der neugriechischen Volkssprache (Demotike). Die künstliche Katharevoussa orientierte sich jedoch deutlich zum »Altgriechischen« hin und faßte im neugriechischen Staat trotz politischer Zwangsmaßnahmen niemals Fuß in den breiten Volksschichten. Seit 1976 gilt eine von Fremdworten gereinigte Form der Demotike endgültig als offizielle Schriftsprache.

Als Anhänger der europäischen Aufklärung war Korais ein Gegner der orthodoxen Hierarchie und wertete das byzantinische Reich als Zeitalter des Niedergangs und des Aberglaubens. Der historische Bezugspunkt seines neuen Griechenlands war das Hellas der klassischen Antike. Er kam damit den Vorstellungen der europäischen Philhellenen entgegen.

Maurokordatos, Alexander

Freiheitskämpfer und Politiker (1791 Konstantinopel – 1865 Ägina); einer alten Fanariotenfamilie entstammend; die Maurokordati stellten dem Osmanischen Reich Dragomane (Chefdolmetscher mit ministerieller Funktion) und Hospodare (Statthalter) der Walachei und führten im Westen den Prinzentitel. Maurokordatos studierte in Italien, war Mitglied der Hetärie der Philiker und gelangte 1821 nach Griechenland; 1822 Präsident der 1. griechischen Nationalversammlung in Epidauros und erster Ministerpräsident Griechenlands 1822–1825, Opposition zu Kapodistria (s. o.). Unter König Otto 1833/34 Ministerpräsident, dann Gesandter in München, Berlin und London; nach der Einrichtung des Parlaments 1843 einflußreicher Führer der »Englischen Partei«, ab 1850 Gesandter in Konstantinopel.

Metaxas, Ioannes

General und Politiker (1871 Ithaka – 1941 Athen), Militärausbildung in Berlin, 1913–1916 Generalstabschef und Berater König Konstantins I., Gegner der von Venizelos betriebenen Kriegs- und Expansionspolitik.

Metaxas sicherte 1935 die Wiedereinführung der Monarchie (Georg II.) und errichtete durch einen Staatsstreich 1936 ein autoritäres Regime. Am 20. Oktober 1940 lehnte Metaxas das Ultimatum Mussolinis mit dem berühmten »Ochi« (Nein) ab.

Michael Choniates

fälschlich auch *Akominatos*, Erzbischof von Athen (1138 Chonai/Konas – 1222 Bodonitsa); Studium der klassischen Literatur, Schüler des Homer- und Aristophanes-Kommentatoren Eustathios (1177–1191 Metropolit von Thessalonike), 1182 Metropolit (Erzbischof) von Athen, 1204 Weigerung, sich der lateinischen Kirche unterzuordnen und Exil auf der Insel Keos, ab 1217 in Bodonitsa/Mendenitsa. Überliefert sind zahlreiche gelehrte Schriften in antikisierendem Stil, häufig zitiert wird seine »Elegie über den Verfall Athens« (»Eine Ruine, wenn auch berühmt«).

Morosini, Francesco

Venezianischer Feldherr, Ehrenname »Peloponnesiacus« (1618 Venedig – 1694 Nauplion), einem venezianischen Senatoren- und Dogengeschlecht entstammend, »Generalkapitän des Meeres«, Verteidiger Candias (Heraklion) auf Kreta gegen die Türken 1667–1669, Oberbefehlshaber im venezianischen Ägäisfeldzug 1684–1688, Eroberung der Peloponnes, dabei kurzzeitige Einnahme Athens und Zerstörung des Parthenon 1687; Doge von Venedig 1688–1694.

Nikephoros I.

»Retter Griechenlands«, Byzantinischer Kaiser, Regierungszeit 802–811. Unter Nikephoros wurden die im 6. und 7. Jahrhundert in Griechenland eingedrungenen Slawenstämme unterworfen. Die Rückeroberung der griechischen Halbinsel und die Einrichtung von Themen (militärischen Verwaltungsbezirken) war die Voraussetzung für die erfolgreiche byzantinische Kolonisierung und Re-Gräzisierung dieses Raumes vom 9. bis zum 12. Jahrhundert.

Nikon Metanoite

(*metanoite* = bekennt!) Byzantinischer Missionar (um 930 in Armenien – um 1000 in Lakonien), von 962–969 tätig auf der von den Arabern geräumten Insel Kreta, ab 970 in Griechenland, vorwiegend in Lakonien, Mission unter den slawischen Stämmen im Taygetosgebirge, unter Kaiser Basileios II. (976–1025) Bischof von Lakedämone (Sparta) und Gründung der Nikonsbasilika ebendort.

Papandreou, Andreas

Politiker, Premierminister (*Chios 1919), Sohn von Georgios Papandreou (s. u.). Während des Metaxas-Regimes 1938 Auswanderung in die USA, Erlangung der amerikanischen Staatsbürgerschaft und akademische Karriere als Ökonomie-Professor an der Universität von Berkeley/Kalifornien. 1961 Rückkehr nach Griechenland und Vorsitzender des Zentrums für ökonomische Forschung und Planung in Thessalonike; als Minister im Kabinett seines Vaters 1963–1965 dezidierter Vertreter des linken Flügels. Der von Hof und Militär befürchtete »sozialistische« Einfluß von Papandreou junior auf Papandreou senior war mit ein Grund für die Machtübernahme des Militärs 1967. Im Exil Gründung der radikalen Panhellenischen Befreiungsbewegung (PAK) und heftige Kritik an USA, NATO und EG als den »juntafreundlichen ausländischen Faktoren«. Nach dem Ende der Diktatur 1974 Rückkehr und Gründung der »Panhellenischen Sozialistischen Bewegung« (PASOK). Wahlsieg 1981 über Karamanlis (s. o.) und »erste sozialistische Regierung« von 1981–1989. Nach einem konservativen Zwischenspiel unter Konstantin Mitsotakis erneuter Wahlsieg Papandreous 1993.

Papandreou, Georgios
Politiker, Premierminister (Kaletsi/Patras 1888 – Kastri/Athen 1968). Ausbildung zum Rechtsanwalt in Athen und in Deutschland; unter Venizelos 1917–1920 Gouverneur von Chios und von 1930–1932 erfolgreicher Erziehungs- und Kulturminister; Gründung einer linksliberalen Demokratischen Sozialistischen Partei, Exil während des Metaxas-Regimes 1936–1941; kurz vor dem Zugriff der deutschen Besatzungsbehörden 1944 Flucht zur griechischen Exilregierung nach Kairo und Bildung der »Regierung der nationalen Einheit«. Rückkehr als Ministerpräsident nach Athen im Oktober 1944. Seine Regierung konnte sich gegen den Aufstand der kommunistisch geführten ELAS im Dezember 1944 nur mit Hilfe der Briten behaupten. 1950 und 1952 Gründung eigener liberaler Fraktionen, 1961 Zusammenfassung zur linksliberalen Zentrumsunion als stärkster Oppositionskraft gegen Karamanlis (s. o.). Nach Anfechtung des konservativen Wahlsieges 1961 Wahlsiege der Zentrumsunion 1963 und 1964 und Bildung der Regierung Papandreou 1963–1965. Sturz 1965 durch Intrigen des Hofes und des Militärs. Die Neuwahlen im Mai 1967 ließen einen großen Wahlsieg Papandreous erwarten. Der Militärcoup im April 1967 kam ihm zuvor. Das letzte Lebensjahr verbrachte Papandreou unter Hausarrest. Sein Begräbnis 1968 war die erste große Demonstration gegen die Militärdiktatur in Griechenland.

Plethon Georgios Gemistos
Byzantinischer Philosoph und Staatstheoretiker (um 1360–1452 Mistra), um 1380 am osmanischen Sultanshof in Adrianopel/Edirne und Bursa, 1393 Rückkehr nach Konstantinopel. Der Philosoph gelangte um 1414 als Erzieher des Kaisersohnes und späteren Despoten Theodoros II. Paläologos (1407–1443) in die Residenzstadt Mistra und gründete dort eine Akademie, in der die Schriften Platons gelehrt wurden (Neuplatonische Schule); 1438/39 Teilnahme am Konzil von Florenz als Befürworter der

Kirchenunion und Lehrtätigkeit an der platonischen Akademie Cosimo de Medicis; Rückkehr nach Mistra 1441. In Denkschriften an die Despoten forderte er die Erneuerung des Hellenentums allein aus dem antiken (nicht byzantinisch-orthodoxen!) Geist heraus und machte konkrete Vorschläge zur Schaffung eines platonischen Fürstenstaates auf Morea. Für Plethon sollte nicht mehr das östliche Byzanz, sondern das sich dem Westen öffnende Gebiet des antiken Hellas zum Mittelpunkt eines neuen Griechenland werden.

Rhigas, Pheräos

auch *Velestinlis,* Pheräos; Dichter und Märtyrer der griechischen Unabhängigkeit (1757 Velestino/Thessalien – 1798 Belgrad), einer hellenisierten vlachischen (aromunischen) Sippe entstammend. Rhigas stand zuerst als Sekretär des Dragomans (Chefdolmetscher mit ministerieller Funktion) im Dienst der Hohen Pforte und sodann im Dienst der fanariotischen Hospodare (Statthalter) der Walachei. Um 1796 gründete er in Wien eine geheime revolutionäre Gesellschaft und verfaßte ein Befreiungsprogramm für die Balkan-Völker, in welchem das traditionelle byzantinisch-griechische Sendungsbewußtsein mit den sozialen und nationalen Gedanken der Französischen Revolution vermengt ist. Das Byzantinische Reich sollte als Republik wiederauferstehen; die alte religiöse »Megale Idea« (Große Idee) von der Wiederaufrichtung des orthodoxen Doppelkreuzes auf der Hagia Sophia in Konstantinopel wurde von Rhigas in die säkulare Form der Megale Idea von »Groß-Griechenland« transformiert. Dieser neue Staat sollte den gesamten Balkan und Kleinasien umfassen und unter der Führung der Griechen stehen. Mit 3000 Exemplaren seiner Schrift versuchte er von Triest zu den französisch besetzten Ionischen Inseln und von dort nach Griechenland zu gelangen. In Triest wurde er von einem Landsmann an die revolutionsfeindlichen österreichischen Behörden verraten, die ihn als osmanischen Untertanen nach Belgrad abschoben, wo er 1798 wegen Landesverrats hingerichtet wurde.

Seferis, Georgios

Nobelpreisträger für Literatur 1963 (Smyrna/Izmir 1900 – Athen 1971), Diplomat, folgte 1941 der königlichen Exilregierung nach Kairo, Botschafter in London 1957–1962, 1969 Aufruf gegen die Militärdiktatur. Seferis gilt als der Begründer der modernen Dichtung in der Demotike (Volkssprache): »Mythistorema« (Mythische Geschichte Griechenlands, 1935).

Solomos, Dionysios

Nationaldichter (Zakynthos/Zante 1798 – Korfu 1857). Italienischer Kulturhintergrund, erster Lyriker in der Demotike (Volkssprache) »Hymne an die Freiheit« 1823 (später griechische Nationalhymne); Versepos »Freie Belagerte« über die Belagerung Mesolunghis (1822).

Theotokopoulos, Domenikos (El Greco)
Kretischer Maler in spanischem Dienst (um 1541 Phodele/Herakleion –
1614 Toledo). Traditionelle Künstlerausbildung in der nachbyzantinischen »Kretischen Malerschule«, 1565 Schüler Tizians in Venedig, ab 1577
Hofmaler König Philipps II., genannt »El Greco« (der Grieche).

Trikoupis, Charilaos
Politiker, Premierminister (1832 Nauplion – 1896 Cannes), Jugendjahre in
London als Sohn des griechischen Gesandten (und Historikers) Spyridon
Trikoupis. Zwischen 1875 und 1895 siebenmal Premierminister mit längeren Phasen 1882–1885 und 1886–1890. Trikoupis setzte 1875 das parlamentarische Majoritätsrecht durch, d. h. der König sollte als Premier nur
berufen, wer die erklärte Mehrheit hinter sich habe. Unter seiner Regierung wurden die ersten seriösen Modernisierungsprogramme entworfen
und in die Tat umgesetzt: Eisenbahnbau, Entwässerung der böotischen
Senken, Kanal von Korinth, sowie Reformen in der Bürokratie. Trikoupis
versuchte eine Angleichung an die europäische politische Kultur, scheiterte jedoch in der praktischen Politik an seinem demagogischen und
populistischen Gegenspieler Theodoros Delijannis (1826–1905), der das
»alte System« verkörperte.

Venezis, Elias
Schriftsteller (Ayvali/Kleinasien 1904 – Athen 1973), beschreibt in hartem
Realismus die Aussiedlung der Griechen aus Kleinasien (»Äolische Erde«)
und seine Erfahrungen als Kriegsgefangener im Inneren Anatoliens (»Numero 31328«), die ihn zum Pazifisten werden ließen. Im autobiographi-
schen Roman »Block C« verarbeitet er seinen Widerstand gegen die
deutsche Besatzung im II. Weltkrieg.

Venizelos, Eleftherios
Politiker, Premierminister (Chania/Kreta 1864 – Paris 1936). Erreichte als
Führer der kretischen Enosis-Bewegung 1897 die Autonomie der Insel.
1910 vom Militär als Premierminister berufen, gründete er eine fort-
schrittsorientierte »Liberale Partei« und entwarf ein alle politische Berei-
che umfassendes Reformprogramm. Außenpolitische Erfolge nach den
Balkankriegen 1913 (Anschluß Kretas, nahezu Verdoppelung des festländischen Staatsgebiets) ließen ihn zu einem glühenden Verfechter der
»Megale Idea« (Groß-Griechenland unter Einschluß Konstantinopels)
werden, die er im I. Weltkrieg an der Seite der Entente zu erreichen
versuchte. Da König Konstantin einen neutralen Kurs steuerte, installierte
Venizelos 1916 eine kriegswillige Gegenregierung und befürwortete die
Vertreibung des Königs durch die Entente-Mächte 1917. Das Ergebnis war
die »Nationale Spaltung« zwischen Royalisten und Venizelisten. Auf den
Versailler Konferenzen 1919 und 1920 erreichte Venizelos eine signifikante
Erweiterung des Staatsgebiets und die Option auf Kleinasien. Der von ihm

initiierte Feldzug gegen die Türkei 1919–1921 endete jedoch in der »klein-asiatischen Katastrophe« und dem Exodus der Griechen aus Kleinasien. Nach einer Exilzeit kehrte er von 1928 bis 1933 wieder in die Politik zurück und hatte großen Anteil an der Integration der Flüchtlinge. Die schlechte Wirtschaftslage und das Erstarken der royalistischen Kräfte zwang ihn 1933 zum Rücktritt. Zwei Staatsstreiche, die ihn wieder an die Macht bringen sollten, schlugen fehl, ebenso mehrere Attentate seiner Gegner auf ihn selbst. 1935 floh er nach Frankreich, verpflichtete seine Partei aber auf den zurückgekehrten König Georg. Die venizelistische Partei zerfiel darauf in mehrere Fraktionen. Venizelos starb 1936 im Exil in Paris.

Villehardouin, Geoffrey
Gründer des Fürstentums Achaia (1171–1218), einem Adelsgeschlecht aus der Champagne entstammend; Teilnehmer am 4. Kreuzzug, 1204 Landung auf der Peloponnes, Eroberung Mittel- und Südgriechenlands, 1210 »Princeps Achajae« (Fürst von Achaia, d. h. der Peloponnes); unter seinem Sohn *Guilleaume* (Fürst 1246–1278) Gründung von Mistra (1249) und lehensrechtliche Unterstellung des Fürstentums unter das Königreich Neapel Karls von Anjou (1267).

Mittelalterliche und neuzeitliche historische und kunsthistorische Stätten

Arta
Antik Ambrakia; Ende des 11. Jhs. als byzantinische Festung bezeugt, 1204–1318 Hauptstadt des byzantinischen Despotats Epiros, 1449 osmanisch (Narda), 1881 griechisch.
Phrourion (byzantinisches Kastell, 13. Jh.); Kirche *Panagia Parigoritissa* (die »Trostreiche«) von 1290, mit Mosaiken, heute Museum; mehrbogige *Brücke* über den Arachthos (Anfang 17. Jh.).

Athen
Nach 600 byzantinisches Kastron auf der Akropolis, im 9. Jh. erzbischöflicher Sitz. 1205 fränkisches Herzogtum, 1311 Übergang an die Katalanische Kompanie, 1388 an die Acciajuoli (Florenz), 1456 osmanisch, 1687/88 kurz venezianisch, 1821 griechisch, 1827 osmanisch, 1833 endgültig griechisch.

Denkmäler aus byzantinischer Zeit: Kleinräumige mittelbyzantinische Kreuzkuppelkirchen. *Hagii Apostoli* an der Südostecke der Agora, erbaut um 1000; *Hagii Theodorii*, gestiftet 1049, heutiges Interieur 19. Jh.; »*Kapnikarea*«, gestiftet um 1060 von einem »Kapnikaris« (Rauchsteuereintreiber), im 12. Jh. erweitert, vom bayerischen König Ludwig I. 1834 vor dem Abriß gerettet, moderne Ausmalung von 1955; *Hagios Eleutherios* (auch »Gorgo-

epikoos«), die »kleine Metropolis«, ein eleganter Bau von nur 13 × 7 m aus hellen Marmorblöcken und zahlreichen antiken Spolien (spätes 12. Jh.). Die neobyzantinische »*Große Metropolis*« wurde 1840–1855 aus dem Material von 72 (!) abgerissenen kleinen Kirchen errichtet, ab 1864 ist sie Sitz des Erzbischofs.
Das *Theseion* (richtig: Hephaiston), ein dorischer Tempel von 449 v. Ch., wurde in der Spätantike christianisiert und im 13. Jh. zur Georgskirche umgewandelt, während der Osmanenzeit wurde sie nur zum Patronatstag geöffnet.

Osmanische Denkmäler: Fatih-(Sieges-)Moschee (kurz nach 1460) an der römischen Agora, heute Antikenmagazin; *Tsistarakis-Moschee* (1759) am Monastiraki-Platz, ab 1958 *Museum der Griechischen Volkskunst.*

Klassizistische Bauten: Altes *Königsschloß* am Syntagmaplatz (1836–1842) von Friedrich von Gärtner (das Interieur in »Pompejanischer Manier« wurde 1910 durch einen Brand zerstört), ab 1935 dient das Gebäude als griechisches *Parlament* (Boule, Vuli); *Universität* (1839–1842) von Christian Hansen; *Nationalbibliothek* (1878–1891), nach Plänen von Theophil von Hansen.
Haus Heinrich Schliemanns (*Iliou Melathron*) von 1878 im Neo-Renaissance-Stil, ab 1928 Sitz des Areopags (oberster Gerichtshof); *Zappeion,* die nationale Ausstellungshalle (Stiftung der Gebrüder Zappas), erbaut von Theophil von Hansen 1874–1888 im neoklassizistischen Stil.

Museen: *Byzantinisches Museum* in der Villa Illisia (Rekonstruktionen früh-, mittel- und spätbyzantinischer Sakralarchitektur, Ikonen); *Nationales Historisches Museum* im Alten Parlament (9.–20. Jh.); *Benaki-Museum* (Sammlung Antonios Benaki) mit zahlreichen Schaustücken der mittelalterlichen und neuzeitlichen Geschichte Griechenlands; *Kriegsmuseum* (Balkankriege, I. und II. Weltkrieg); *Marinemuseum* in Piräus (Historische Seeschlachten).

Athos
Entfällt hier, da nicht allgemein zugänglich.

Chlemoutsi (Elis)
Clairmont, Castel Tornese. Hauptburg des fränkischen Prinzipats Achaia auf einem 226 m hohen Tafelberg über Kyllene; erbaut 1220–1223 von Geoffrey I. de Villehardouin. Die geräumigen tonnengewölbten Säle in französischer Gotik vermitteln eindrucksvoll das feudale Ritterleben auf der fränkischen Morea vom 13. bis ins 15. Jh.

Daphni (Athen)
Kloster mit Kirche, Gründung im 6. Jh.; heutige Klosterkirche um 1080. Die Originalmosaiken des späten 11. Jhs. sind in ihrer Pracht erhalten. Für den

westlichen Betrachter ist besonders das Christus-Bild in der Kuppel interessant: Die byzantinische Kirche stellt Christus nicht als den Gekreuzigten, sondern als den Weltenherrscher und -richter (»Pantokrator«) in den Mittelpunkt. 1207 wurde das Kloster französischen Zisterziensern übergeben, aus dieser Zeit stammen die gotischen Spitzbögen an der Westseite; im 14. Jh. wurde das Kloster mit Wehrmauern umgeben, die Osmanen übergaben das Kloster 1458 wieder der orthodoxen Kirche, im 19. Jh. wurde es verlassen; heute *Museum*.

Hagia Lavra (Achaia)

»Große Höhle«, Kloster südwestlich von Kalavryta. Gründung im 10. Jh., heutige Gebäude 19. und 20. Jh. Der nationalen Legende zufolge hat hier Erzbischof Germanos von Patras am 18. (25.) März 1821 den Griechischen Freiheitskampf ausgerufen. Die Fahne mit der Inschrift »Eleutheria i Thanatos« (Freiheit oder Tod) befindet sich im *Klostermuseum*.

Herakleion (Kreta)

Hauptstadt Kretas; venezianisch Candia, griechisch auch Megalo Kastro. 824 arabisch (Rabat el Kandak), 961 wieder byzantinisch (Chandax), 1204 venezianisch (Candia), 1648–1669 osmanische Belagerung, 1669 osmanisch, 1898 autonom unter osmanischer Hoheit, 1913 griechisch.
Monumentale venezianische *Stadtumwallung* nach Plänen des Veroneser Baumeisters Michele Sanmichele mit mehreren starken Einzelfestungen, 1538 beendet. Dem Hafen vorgelagert ist die *Rocca di Mare* (Meeresfestung) von 1523–1540. Die Befestigungswerke hielten der 20jährigen türkischen Belagerung 1648–1669 stand.
Kirche *Hagia Aikaterini* mit 6 Ikonen des Malers Michael Damaskinos, des – neben El Greco – hervorragendsten Vertreters der »Kretischen Malerschule« (Mitte 16. Jh.).
Grab des kretischen Schriftstellers Nikos Kazantzakis von 1957 auf der Bastion Martinengo.
Historisches *Museum von Kreta* (Sammlungen aus dem 6.–19. Jh.).

Hosios Lukas (Phokis)

Kloster; Gründung durch den »Hosios« (Seligen) Lukas 939. Bau der Theotokos-Kreuzkuppelkirche unter Kaiser Romanos II. (959–963); die Hauptkirche (Katholikon) auf kreuzförmigem Grundriß von etwa 1020/40. Die »Goldenen Mosaiken« (darunter 160 Heiligendarstellungen) zählen zu den bedeutensten der mittelbyzantinischen Epoche, *Museum*.

Ioannina/Janina (Epiros)

Festung auf einem Vorgebirge im See von Ioannina, 1798–1815 von Ali Pascha stark ausgebaut; äußere Burg mit osmanischem Kütüphane (Bibliotheksbau) und Aslan-Aga-Moschee aus dem 17. Jh. (heute *Stadtmuseum*), in der inneren Burg (Its-Kale) Fatih-(Sieges-)Moschee (15. Jh.) und Grabmal Ali Paschas von 1823.

Im See von Ioannina das byzantinische Inselkloster Hagios Nikolaos Spanos mit Fresken von 1660, und das Panteleimon-Kloster, in dem Ali Pascha ermordet wurde (*Schauräume*).

Kastoria (Makedonien)

Justinianische Festung (um 540) an der Via Egnatia, im 13. Jh. kurzzeitig bulgarisch, 1261 wieder byzantinisch, 1331 serbisch, 1385 osmanisch (Kesrye) mit Blütezeit des Handels im 18. und 19. Jh., 1913 griechisch.
Aus byzantinischer und nachbyzantinischer Zeit zahlreiche kleine Kirchen (ursprünglich 72, jetzt 54) erhalten, z.B. *Hagii Anarghyrii* (Kosmas und Damian) 10.–12. Jh., *Taxiarchenkirche* (12. Jh.) mit Fresken aus der serbischen Periode (14. Jh.), *Hagios Athanasios*, eine Gründung der albanischen Familie Musaki 1385.
Archontika (Herrenhäuser) reicher Händler aus dem 18./19. Jh.

Kavala (Thrakien)

Antik Neapolis, byzantinisch Christoupolis, nach 1204 fränkisch (Chevalleria »Pferdewechsel«), 1243 wieder byzantinisch, 1387 osmanisch, ab 1913 griechisch, 1915–1918 und 1942–1944 bulgarisch besetzt.
Altstadt auf einem ins Meer vorspringenden Felskap, die *byzantinische Festung* (Phrourion) und die Ummauerung wurde nach einem Erdbeben 926 wiederhergestellt (Inschrift).
Osmanisches *Kamares-Aquädukt* aus der Zeit Sultan Suleimans des Prächtigen (1520–1566) im römischen Stil.
Geburtshaus Mehmed-Alis (1769–1849), Khedive (Vizekönig) von Ägypten, gutes Beispiel eines osmanischen Herrenhauses (Konak), heute *Museum*.
Mehrkuppeliges *Imaret* (muslimische Armenküche und Altersheim), eine Stiftung Mehmed Alis von 1820.

Korfu

Griechisch Kerkyra, Hauptstadt der gleichnamigen Insel. 1386–1797 venezianisch, niemals türkisch (schwere Belagerungen 1537 und 1715), 1814–1864 britisches Protektorat.
Fortezza vecchia (Alte Festung) auf dem Vorgebirge Koryphon (davon abgeleitet venezianisch »Korfu«) auf byzantinischer Grundlage, die venezianische Westbastion aus dem 16. Jh. mit dem Denkmal des siegreichen Verteidigers von 1715, Marschall Graf Schulenburg (errichtet 1716).
Venezianische *Fortezza nuova* über dem Hafen, 1577–1588, im 17. Jh. erweitert.

Korinth

Nach Zerstörungen der römischen Stadt durch Westgoten (395), Erdbeben (521) und Slawen (585), Verlegung der Siedlung nach Akrokorinth; Sitz des byzantinischen Befehlshabers der Peloponnes während der »Dunklen Jahrhunderte« (7./8. Jh.), Wiedererrichtung des Erzbistums im 9. Jh., by-

zantlnischer Wiederaufbau der Unterstadt (Kutupulin) im 11. und 12. Jh.
1205 fränkische Baronie, 1395 wieder byzantinisch, 1421 venezianisch,
1458 Eroberung durch Sultan Mehmed II., 1687–1715 venezianisch, dann
wieder osmanisch, 1821 griechisch, 1858 Vernichtung der historischen
Stadt durch Erdbeben, Anlage der Neustadt-Korinth am Meer.

Akrokorinth: (»Schlüssel zur Morea«)
Akropolis des antiken und mittelalterlichen Korinth in eindrucksvoller
Höhenlage über dem Golf von Korinth mit Baudenkmälern aus allen
Epochen der mittelalterlichen Geschichte Griechenlands: 4 km langer
Mauerring aus byzantinischer Zeit (11. Jhd.) auf antiker Grundlage, im
Westen verstärkt zu einer dreifach gestaffelten Wehrmauer mit osmani-
schen (16. Jh.) und besonders venezianischen *Bastionen* (um 1700). Im
Inneren Ruine der Fatih-(Sieges-)*Moschee* (15. Jh.) auf einem monumenta-
len *Zisternengewölbe* (antik oder byzantinisch); auf dem Westgipfel (575 m)
das *Frankokastellon*, ein fränkischer Wohnturm (Donjon) aus dem 13. Jh.

Palaio-(Alt-)Korinth:
Ausgrabungsgelände der antiken Stadt; keine obertägigen Monumente
aus byzantinischer und fränkischer Zeit. Aus osmanischer Zeit *Gülseni-
Moschee* (18. Jh.) und der malerische *Hadji-Mustafa-Brunnen* von 1515 an der
Auffahrt nach Akrokorinth.

Isthmia:
Fundamente des »*Hexamilions*«, der 9,3 km langen Sperrmauer Kaiser
Justinians (527–565) quer über den Isthmos von Korinth, 1415 von Kaiser
Manuel II. Palaiologos neubefestigt.

Kanal von Korinth:
Künstlicher Durchstich (6343 m lang, 23 m breit, 8 m tief) zwischen Korinthischem und Saronischem Golf, Anlage 1882–1893. Der Kanal verkürzt
die Schiffahrt von der Adria zum Piräus um fast 200 Seemeilen. Ein erster
Versuch unter Kaiser Nero mußte 67 n. Chr. wegen technischer Schwierigkeiten abgebrochen werden.

Mani, Maina (Messenien und Lakonien)
»Mittlerer Finger der Peloponnes«, gebirgige und kahle Halbinsel. Die
Manioten konnten ihre Unabhängigkeit von byzantinischer, fränkischer,
venezianischer und osmanischer Herrschaft weitgehend erhalten. Bis ins
19. Jh. erhielten sich hier archaische Bräuche, wie die Blutrache. Davon
zeugen noch zahlreiche hohe »Geschlechtertürme« (Wehrtürme, Pyrgoi
oder Kule). Charakteristisch sind auch die über die ganze Landschaft
verstreuten kleinen, z. T. mörtellos aufgeschichteten »Megalith-Kirchen«,
die von griechischen Gelehrten ins 9. und 10. Jh. datiert werden, aber wohl
meist aus dem 18. und 19. Jh. stammen. Kleine byzantinische Kirchen
haben sich in Babaka (*Hagii Theodorii*, Gründung 1075), in Pyrgos Dhirou

(*Hagios Ioannes*, 12. Jh.), in Erimos (*Hagia Barbara* 12./13. Jh.) und in der *Episkopi-Kirche* bei Kitta (12. Jh.) erhalten.

Exo (Äußere) Mani: Thalamai mit *Museum* maniotischer Volkskunst; osmanische Sperrfestung *Kelepha* von 1670 über der Bucht von Oitylon (Vitylo); fränkische Burg *Passava* von 1254.

Mesa (Mittlere / Innere) Mani: Hauptorte Areopolis (bis 1841 Tsimova) und Kitta mit gut erhaltenen Wohntürmen des 17.–19. Jhs. Das pittoreske Bergdorf *Vathia* besteht nur aus Türmen, mehrere davon sind als Hotel ausgebaut.

Mesolonghi (Akarnanien)

Mesolongion, italienisch Missolunghi. Festungsstadt, während des Griechischen Unabhängigkeitskrieges von den Osmanen 1822–1825 belagert, 1825 mit ägyptischer Hilfe eingenommen, 1829 wieder griechisch. Am 5. Juni 1824 kam Lord Byron nach Mesolonghi und starb dort am 19. April 1825 an der Malaria.

Heldenpark (Heroon) mit Statue Lord Byrons, die sein Herz enthält, im Rathaus Erinnerungsstätte an Byron.

Meteora (Thessalien)

Kollektivbezeichnung für ursprünglich 24 Klöster, von welchen heute noch 5 bewohnt sind; Klöster in eindrucksvoller Landschaft, zumeist auf isolierten Felskegeln erbaut. Gründung der Klöster- und Mönchsgemeinschaft im 14. Jh. Die luftige (= »meteora«) Lage, die früher die Klöster nur mit Strickleitern und mit Korbaufzügen erreichbar machte, ist ein bewußtes Zeichen der Weltabgeschiedenheit und des orthodoxen Eremitentums. Die Bauwerke und ihre Malereien vermitteln uns ein gutes Bild der spätbyzantinischen (14./15. Jh.) und nach-byzantinischen (16.–18. Jh.) Kunst.

Großes Meteora-Kloster, Kirche von 1387/88, im 16. Jh. erweitert, Fresken aus dem späten 15. Jh. in »makedonischer Schule« und aus dem 16. Jh. in »kretischer Schule«; im Refektorium (Trapeza) Museum mit Ikonen.

Balraam-Kloster; Hauptkirche 1544 beendet, Fresken aus dem 16. Jh. (*Klosterschatz-Museum*).

Kloster Hagios Nikolaos Anapausas, Gründung im 14. Jh., Hauptkirche aus dem 16. Jh. mit bedeutenden Fresken des Theophanes Strelitses um 1527, eines Hauptvertreters der nachbyzantinischen »kretischen Malerschule«.

Methone (Messenien)

Methone, venezianisch Modon, bildete zusammen mit dem westlich gelegenen Korone (Coron) die »Augen der Republik Venedig«. Von 1206–1500 wichtiger venezianischer Flottenstützpunkt auf dem Seeweg in die Levante und ins Heilige Land, 1500 von Sultan Bayasid II. erobert. Die historische Stadt auf der Landzunge ist heute ein Ruinenfeld. Die Stadtmauer verläuft auf antiken und byzantinischen Fundamenten. Am Hafen der »Wappenturm« mit Markuslöwe und den Insignien venezianischer Adelsgeschlechter; auf der Seeseite Schiffsarsenale. Das Stadtareal wird durch eine osmanische Quermauer geteilt, die achteckige »Laterna del Mar« (Leuchtturm) auf dem vorgelagerten Riff wurde von den Türken nach 1500 erbaut (heute »Bourtzi« von türkisch Bordj, »Turm«). Die monumentalen landseitigen Befestigungen stammen von den Venezianern 1480–1495, die äußeren Bastionen und das Triumphtor aus der kurzen Zeit der venezianischen Okkupation 1689–1714.

Metsovon (Epiros)
Historischer Gebirgsort der aromunischen und sarakatsanischen Wanderhirten, in der Türkenzeit privilegiert. Archontikon (Herrenhaus) der Tositsa aus dem 19. Jh., heute *Volkskunstmuseum* (17.–19. Jh.).

Mistra (Lakonien)
Fränkische Burg auf dem Gipfel (564 m), erbaut 1248/49 von Guilleaume II. de Villehardouin, ab 1262 byzantinisch. Bildung der spätbyzantinischen Stadt vom 13.–15. Jh. Ab 1386 Residenz des Despoten (Teilherrscher) von Morea.
Despotenpalast 13.–15. Jh. mit gewölbtem Thronsaal von 1400, erweitert 1460. Fassade in byzantinisch-gotischem Mischstil.
Metropolis (Erzbischöflicher Hof, heute Museum) mit Kirche Hagios Demetrios, gegründet 1291/92, im 15. Jh. zur Kreuzkuppelkirche umgewandelt. Interieur: Marmorplatte mit Doppeladler als Erinnerung an den letzten byzantinischen Kaiser Konstantin XI., der 1449 hier gekrönt wurde.
Kloster Brontochion (»das Lärmende«, nach einem Stadtviertel benannt), Grablege der Despotenfamilien Kantakuzenos und Paläologos. Kirche Hagii Theodorii, gegründet um 1295, älteste erhaltene Kirche Mistras, Kuppel 1930 erneuert. Kirche Hodigitria (Wegweiserin), auch Aphentiko (Gebieter) genannt, entstanden um 1310 mit Fresken und schönem Glockenturm aus dem 14. Jh.
Nonnenkloster Pantanassa (Weltenherrscherin) mit Kirche, heute das einzig bewohnte Gebäude Mistras, 1365 gegründet, 1438 erweitert und mit dem gotischen Glockenturm versehen. Das Kloster gilt als das beste Beispiel des »Mistra-Typs«, der Verschmelzung byzantinischer und abendländischer Kunstformen.

Monemvasia (Lakonien)
»Einziger Zugang«, ursprünglich griechische Fluchtsiedlung Ende des 6. Jhs., 1248 fränkisch, 1262 wieder byzantinisch, 1464 als »Malvasia« venezianisch, 1540 osmanisch, 1687 wieder venezianisch, 1711–1822 osmanisch.

Unterstadt: Bischöfliche Kirche *Christos Elkomenos* (der »Gezogene«), gegründet Ende 13. Jh. heutiger Bau 17. Jh. in byzantinisch-venezianischem Mischstil; osmanische Stadtmauern und Bastionen (16. Jh.).

Oberstadt auf dem Plateau der Felseninsel: Eindrucksvolles Ruinenfeld, aus dem als einzig intaktes Gebäude die Kirche *Hagia Sophia* emporragt (gestiftet von Kaiser Andronikos II. Palaiologos um 1300, heute durch eine venezianische Loggia des 17. Jh. verunstaltet); auf dem Gipfel das rechtekkige byzantinische Kastell (12. Jh.).

Naupaktos (Ätolien)
Venezianisch Lepanto. Die Festung über dem Hafenstädtchen mit dem dreifach nach oben gestaffelten Mauerring wurde im Mittelalter mit der »Tiara des Papstes« verglichen. In den Gewässern von Lepanto sammelte sich im Sommer 1571 die gesamte osmanische Kriegsflotte, verstärkt durch die Barbaresken (nordafrikanische Korsaren), unter dem Admiral Uluc-Ali. Die eigentliche Seeschlacht gegen die siegreiche vereinigte spanisch-venezianisch-päpstliche Flotte unter dem Oberbefehl des Habsburgers Don Juan d'Austria fand am 7. Oktober 1571 außerhalb des Korinthischen Golfes bei den Oxia-Inseln statt. Teilnehmer war Miguel de Cervantes (»Don Quichotte«).

Nauplion (Argolis)
Antik Nauplia. Stark befestigte Hafenstadt. Ab 1210 (oder 1246) fränkischer Hauptort der Morea, 1388 Verkauf an Venedig (»Napoli di Romania«), türkische Belagerungen 1463, 1500 und 1538. Ab 1540 osmanische Hauptstadt der Morea, 1686 wieder venezianisch, 1714–1822 wieder osmanisch, von 1829–1834 erste offizielle Hauptstadt Griechenlands.

Akronauplion: Auf dem Vorgebirge Its-Kale 3 Festungen aus verschiedenen Epochen, 1) byzantinisches Kastron auf dem Gipfel (nur geringe Reste), 2) das »Frankokastello« mit interessanten profanen Fresken des späten 13. Jhs. 3) das venezianische *Castel Torrione* von 1477–1480, das 1711 durch die spitzwinkelige Grimani-Bastion verstärkt wurde.
Der Hafen wurde 1471 durch das Inselfort »*Castello deglo Scoglio*« geschützt (heute »Bourtzi« genannt).
Die Stadt am Fuß des Burgfelsens wurde erst 1502–1520 von Venedig auf Pfahlrosten gegründet. Nach 1830 wurde sie klassizistisch wiederaufgebaut. In der schachbrettartigen Anlage fallen besonders die nach Südosten ausgerichteten ehemaligen Moscheen auf, die von der Bedeutung der Stadt in der Türkenzeit zeugen. Hauptmoschee am Syntagmaplatz (heute Konzertsaal), diente 1827–1834 als erstes griechisches *Parlament* (Bouleutikon, Vuleftiko), auf der Rückseite schöner osmanischer *Zierbrunnen* aus dem 18. Jh., *Hagios Georgios*, eine Moschee des 16. Jhs., 1822 in eine Kirche umgeweiht (im Inneren der Purpurthron König Ottos), *Frankoklisa*, Mo-

scheebau des 18. Jhs., 1834 von Otto in eine katholische Kirche umgewandelt (im Inneren Erinnerungstafeln an die Philhellenen).
Das streng barocke Gebäude der venezianischen *Marinekommandatur* (1713) dient heute als *Archäologisches Museum*. An das Attentat auf Graf Kapodistria 1831 erinnert eine Tafel an der Spyridon-Kirche (18. Jh.). *Museum für Volkskunde* (Trachten und Geräte des 18. Jhs.).
Auf dem Felsenberg über der Stadt (221 m) errichteten die Venezianer 1711–1714 die *Festung Palamidi*, eine der stärksten neuzeitlichen Fortifikationen im gesamten Mittelmeerraum, bestehend aus 8 miteinander verbundenen Forts, erreichbar von der Stadt aus auf einem steilen, gedeckten Treppengang. 1715 war jedoch die Bemannung bei weitem zu gering, um den Osmanen zu widerstehen.

Pronoia (Vorstadt von Naupilon): Landungsort Ottos von Bayern 1833; *Löwendenkmal* König Ludwig I. von Bayern (1834) zur Erinnerung an die in Griechenland ums Leben gekommenen bayerischen Philhellenen und Soldaten.

Navarino (Messenien)
Heute Pylos.
Palaiokastro:, fränkische Burg auf dem Koryphasion-Felskap, 1287–1289 von Nikolaus II. von Saint Omer erbaut, 1423 venezianisch, 1500 osmanisch; schwer zugängliche Ruine.
Neokastro:, osmanische Festung Anavarin am Eingang zur Bucht von Navarino 1573 von Admiral Kilic-Ali angelegt, sternförmige Zitadelle und Meeresbastionen. Die heutige Metamorphosis-Kirche in der äußeren Festung ist die ehemalige Murad-Moschee (um 1580, Neubau im 18. Jh.).
Bucht von Navarino: 6 × 2 km, (venezianisch »Porto Zonchio«, Binsenhafen), Schauplatz der Seeschlacht von Navarino am 20. Oktober 1827, Vernichtung der osmanisch-ägyptischen Kriegsflotte unter Ibrahim Pascha durch ein englisch-französisch-russisches Geschwader unter den Admirälen Codrington, de Rigny und von der Heyden. Französische und russische Kriegerdenkmäler auf den Inseln Tsisli-Baba und Sphakteria, englisches Denkmal auf dem Chelonaki-Inselchen.
Im *Museum von Pylos* Relikte der Seeschlacht.

Nea Mone (Chios)
Kloster; Gründung um 1050. Die Hauptkirche Panagia ist ein bedeutendes Beispiel mittelbyzantinischer Sakralbaukunst des 11. Jhs., oktogonaler Zentralbau mit Mosaiken im »kaiserlichen, konstantinopolitanischen Stil«. Der Mauerring stammt aus dem 13. Jh., der Glockenturm von 1512 (erneuert 1900). Klosterschatz und Bibliothek wurden 1822 während des griechischen Aufstands von den Türken zerstört.

Patmos (Dodekanes)
Großkloster Hagios Ioannes Theologos; Pilgerstätte seit frühchristlicher Zeit, nach der Legende schrieb hier der Apostel Johannes um 95 die Apokalypse und das nach ihm benannte Evangelium. Gründung 1088, Ausbau zur heutigen burgartigen Anlage im 13. Jh., Blütezeit im 13. Jh. (*Theotokos-Kapelle mit Fresken*) und im 18. Jh. (Priesterseminar von 1729). Berühmtes *Archiv* mit 1000 Handschriften und 13 000 Urkunden. Die *Schatzkammer* birgt die bedeutendste Klostersammlung Griechenlands außerhalb des Athos. In der Schausammlung (Museum) Ikonen, Evangeliare und Teile des Codex Porphyrius (Markusevangelium) aus dem 6. Jh.

Patras (Patrai)
»Griechisches Tor nach Westen«. Patras blieb auch während der »Dunklen Jahrhunderte« byzantinisch, obwohl ein Großteil der Einwohner nach Sizilien auswanderte, byzantinischer Sieg bei Patras über die Slawen 807, Errichtung einer Metropolie, 1205 fränkische Baronie, 1276 autonomes katholisches Erzbistum unter päpstlicher Oberhoheit, 1430 wieder byzantinisch, 1458 osmanisch, 1687–1714 venezianisch, dann wieder bis 1828 osmanisch. Zerstörung der mittelalterlichen Stadt 1822, Wiederaufbau in klassizistischem Stil 1829.
Kastron (Akropolis): Zitadelle mit Bauten des 13.–16. Jhs.
Unterstadt: Neobyzantinische *Andreas-Kathedrale*, vollendet 1974, größte moderne Kirche Griechenlands.
Rhion: Osmanische Artilleriefestung Cigerdelen (»die Herzdurchbohrende«) auf Kap Rhion, 1499/1500 von Sultan Bayasid II. an der engsten Stelle des Korinthischen Golfes erbaut, 1711–1714 von den Venezianern als »Castel Morea« verstärkt, 1828 letzte Festung der Türken auf Morea.

Skripou bei Orchomenos (Böotien)
Panagia-Kirche, Erbauung laut Inschrift 873/74 durch den Protospatharios (Statthalter) Leon. Die Kuppelbasilika ist die älteste noch erhaltene byzantinische Kirche in Mittel- und Südgriechenland und dokumentiert die Wiederherstellung der griechischen Herrschaft in dieser Region nach den »Dunklen Jahrhunderten«.

Thessalonike
Kurzform Saloniki. Hauptstadt Makedoniens. Römischer und byzantinischer Hauptort an der Via Egnatia Rom–Konstantinopel; vergebliche Belagerungen durch Slawen Ende des 6. und im 7. Jh.; Zentrum der Mission der Balkanslawen im 9. Jh. (Kyrill und Method); 1205 fränkisch, 1224 wieder byzantinisch, 1394 osmanisch, 1403 wieder byzantinisch, 1423 an Venedig verkauft, 1430 osmanisch (Selanik), ab dem 16. Jh. bedeutende sephardisch-jüdische Kolonie, 1912/13 griechisch, 1917 Vernichtung der alten Stadt durch Brand; während des I. und II. Weltkriegs bulgarische Ansprüche auf die Stadt.

Triumphbogen des Galerius von 297 über der Via Egnatia, ehedem durch eine Prachtstraße mit der Rotonda (s. u.) verbunden. *Stadtmauerring* Theodosios' I. (378–395), ursprünglich 7 km, heute noch 3 km mit 60 rechteckig vorspringenden Türmen erhalten, Akropolis Heptapyrgon (Sieben-Türme) 1431 von den Osmanen wiederaufgebaut.

Kuppelbau der *Rotonda* (um 300), vermutlich Mausoleum des Kaisers Galerius, kurz vor 400 zur christlichen Kirche Hagios Georgios umgewandelt (zeitgleiche frühbyzantinische Mosaiken und Wandmalereien), im 10. Jh. Restauration, weitere Fresken im 11. und 12. Jh. Von 1591–1912 Sinan-Pascha-Moschee, schwere Schäden durch Erdbeben 1978. Heute *Museum für Christliche Altertümer Makedoniens.*

Demetrios-Kathedrale, 5-schiffige frühbyzantinische Basilika, größte Kirche Griechenlands. Gegründet 412/13 (Mosaiken des 5. Jh. sind noch erhalten), nach Brand 630 erweitert und mit Fresken versehen, 1491–1907 in die Kasimiye-Moschee umgewandelt, im Stadtbrand von 1917 fast völlig zerstört, Wiederaufbau bis 1938. Museum in der Krypta. Baulich mit der Demetrioskirche verbunden ist die *Euthymios-Kapelle* aus dem 10. Jh. mit Freskenausmalung von 1303, ein prachtvolles Beispiel der »paläologischen Renaissance« des 14. Jhs.

Kirche *Hagia Sophia* aus dem frühen 8. Jh., Übergangsform der Basilika mit Kuppel zur Kreuzform. Mosaiken aus dem 8. Jh., entstanden nach dem Bilderstreit, berühmtes »Verklärungsmosaik« vom Ende des 9. Jhs.; von 1585–1912 Moschee.

Kirche *Hagios Nikolaos Orphanos* (die »Verwaiste«), eine der wenigen Kirchen der Stadt, die unter den Osmanen nicht in eine Moschee umgewandelt worden ist; gut erhaltene Wandmalereien von 1310/20 (Paläologische Renaissance).

Moschee *Hamza Beg Cami* gegenüber dem Dimarcheion (Rathaus), 1468 von Hafsa, einer osmanischen Feldherrentochter, gestiftet und 1592 und 1620 mit einer hallengesäumten Hofanlage zur größten Moschee Griechenlands ausgebaut, heute als Kino profaniert.

Beg Hammam, große osmanische Badeanlage, 1444 von Sultan Murad II. erbaut, heute noch z. T. als »Loutra Paradeisou« (Paradies-Bäder) im Gebrauch.

Weißer Turm (Leukos Pyrgos), runder, 32 m hoher Wehrturm am Hafen, nach jüngst gefundener osmanischer Inschrift 1535 erbaut; heute *Stadtmuseum* Thessalonikes.

Trikala (Thessalien)

Auch Trikkala, antik Trikka; justinianische Festung (um 540), 1359 serbisches Teilfürstentum, 1393 osmanisch, 1881 griechisch. Unter den Osmanen Hauptort Thessaliens; Moschee *Osman Schah Cami*, evtl. ein Werk des berühmten osmanischen Baumeisters Sinan oder einer seiner Schüler um 1570.

Zakynthos

(italienisch Zante); Hauptort der gleichnamigen Ionischen Insel. Römische und byzantinische Siedlung auf der Akropolis Hagios Stephanos über der heutigen Stadt. 1185 normannische Eroberung; zusammen mit Kephalonia, Grafschaft Cefallenia, Teil des Königreichs Sizilien (Anjou); 1449 venezianisches Protektorat; 1479–1481 osmanische Besatzung; 1485–1797 venezianisch, dann Teil der »Septinsularen Republik« (1814–1864 britisch).

Wegen schwerster Erdbeben 1515 und zuletzt 1953 sind nur wenige historische Bauten erhalten: Venezianische Festungsmauern (16. und 18. Jh.), Häuserfassaden in venezianischem Barock (z. T. nach 1953 restauriert). Kirche *Hagios Nikolaos an der Mole* von 1561. Klosterkirche *Panagia Skopiotissa* auf dem Skopos-Berg mit Fresken der »kretischen Malerschule« des 16. Jhs. Im *Museum von Zakynthos* eine umfangreiche Sammlung von »nachbyzantinischer Malerei« des 16.–18. Jhs. Gedenkstätte an den Nationaldichter Dionysios Solomos.

Literatur (Auswahl)

(Im laufenden Text finden sich zusätzliche Literaturhinweise)

Andronikos, Manoles/Chatzidakis, Manoles, Die Museen Griechenlands. Freiburg 1992.

Beck, Hans-Georg, Das byzantinische Jahrtausend. München 1978.

Ders., Byzantinisches Erotikon: Orthodoxie, Literatur, Gesellschaft. München 1984.

Bon, Antoine, Le Péloponnèse byzantin jusqu'en 1204. Paris 1951.

Ders., La Morée Franque. Bd. 1–2. Recherches historiques, topographiques et archéologiques sur la principauté d'Achaie (1205–1430). Paris 1969.

Clogg, Richard, A concise history of Greece. Cambridge 1992.

Ducellier, Alain, Byzanz – Das Reich und die Stadt. Frankfurt/Main 1990.

Eideneier, Hans, Neugriechisch für Humanisten. München 1980.

Fallmerayer, Jakob Philipp, Geschichte der Halbinsel Morea während des Mittelalters. Bd. 1–2. Stuttgart 1830–1836. Neudruck Darmstadt 1965.

Finlay, George, The History of Greece under Ottoman and Venetian Domination. London 1856.

Fleischer, Hagen, Im Kreuzschatten der Mächte: Griechenland 1941–1944. Okkupation, Résistance, Kollaboration. Bd. 1–2. Frankfurt/Main, Bern 1986.

Gaitanides, Johannes, Griechenland ohne Säulen. München 1990.

Gregorovius, Ferdinand, Geschichte der Stadt Athen im Mittelalter. Stuttgart 1889. Neuausgabe mit einer Einleitung von H.-G. Beck. Darmstadt 1980.

Griechenland-Brockhaus. Griechenland von A–Z. Wiesbaden 1983.

Grothusen, Klaus-D. (Hrsg.), Griechenland. Südosteuropa-Handbuch Band 3. Göttingen 1980.

Hertzberg, Gustav F., Geschichte Griechenlands seit dem Absterben des antiken Lebens. Bd. 1–4. Gotha 1879.

Hetherington, Paul, Byzantine und Medieval Greece. Churches, castles and art. London 1991.

Heydenreuter, Reinhard / Murken, Jan / Wünsche, Raimund (Hrsg.), Die erträumte Nation. Griechenlands Wiedergeburt im 19. Jahrhundert. München 1993.

Hopf, Carl, Geschichte Griechenlands vom Beginn des Mittelalters bis auf unsere Zeit. Leipzig 1868. Neudruck New York 1961.

Kitsikis, Dimitri, L'Empire Ottoman. Paris 1985.

Lauer, Reinhard (Hrsg.), Die Kultur Griechenlands in Mittelalter und Neuzeit. Göttingen 1994.

Lauffer, Siegfried (Hrsg.), Griechenland – Lexikon der historischen Stätten von den Anfängen bis in die Gegenwart. München 1989.

Lienau, Cay, Griechenland: Geographie eines Staates an der europäischen Südperipherie. Darmstadt 1989.

Löhneysen, Wolfgang von, Mistra. Griechenlands Schicksal im Mittelalter. Morea unter Franken, Byzantinern und Osmanen. München 1977.

Mackenzie, Molly, Turkish Athens: The forgotten Centuries 1456–1832. Reading 1992.

Mackridge, Peter, The modern Greek language. Oxford 1985.

Melas, Evi (Hrsg.), Alte Kirchen und Klöster Griechenlands. Ein Begleiter zu den byzantinischen Stätten. Köln 1985.

Miller, William, The Latins in the Levant. A History of Frankish Greece 1204 to 1566. London 1908. Neudruck New York 1965.

Mouzelis, Nikos P., Modern Greece: Facets of underdevelopment. London 1979.

Pettifer, James, The Greeks. The Land and the people since the War. London 1993.

Philippson, Alfred, Die griechischen Landschaften. Eine Landeskunde. Bd. 1–4. Hrsg. von Ernst Kirsten. Frankfurt 1950–1959.

Polewoi, Wadim M., Die Kunst Griechenlands. Von den Anfängen bis zur Gegenwart. Dresden 1991.

Polites, Linos, Geschichte der neugriechischen Literatur. Köln 1985.

Richter, Heinz A., Griechenland im 20. Jahrhundert. Bd. 1: Megali Idea, Republik, Diktatur. Köln 1990.

Rossiter, Stuart, Reiseführer Griechenland. München 1982.

Runciman, Steven, Mistra. Byzantine Capital of the Peloponnese. London 1980.

Seidl, Wolf, Bayern in Griechenland. Die Geburt des griechischen Nationalstaats und die Regierung König Ottos. München 1981.

Setton, Kenneth M., Athens in the Middle Ages. London 1975.

Tsigakou, Fani-Maria, Das wiederentdeckte Griechenland in Reiseberichten und Gemälden der Romantik. Bergisch Gladbach 1982.

Tzermias, Paul, Die neugriechische Literatur. Stuttgart 1987.

Tzermias, Pavlos, Neugriechische Geschichte. Eine Einführung. Tübingen 1993.

Ders., Die Identitätssuche des neuen Griechentums. Eine Studie zur Nationalfrage mit besonderer Berücksichtigung des Makedonienproblems. Freiburg (CH) 1994.

Vakalopoulos, Apostolos, Griechische Geschichte von 1204 bis heute. Köln 1985.

Van der Kiste, John, Kings of the Hellenes. The Greek Kings 1863–1974. Strand 1994.

Weithmann, Michael W. (Hrsg.), Der ruhelose Balkan. Die Konfliktregionen Südosteuropas. München 1994.

Woodhouse, Christopher M., Modern Greece. A short history. London 1991.

Zakythinos, Dionys A., The making of modern Greece. From Byzantium to independence. Oxford 1976.

REGISTER

Personen

Die kursivgedruckten Personennamen werden im biographischen Anhang besonders behandelt.

Orte, Länder, Völker

Häufige Begriffe wie »Griechenland«, »Griechen«, »Hellas«, »Byzanz«, »Osmanisches Reich«, »Türken« etc. sind nicht enthalten. Die kursiv hervorgehobenen Stätten werden im Anhang näher erläutert.

Kunstdruckteil:

Bayerisches Hauptstaatsarchiv, München: S. 155
Bayerische Staatsgemäldesammlung, München: 153, 154 und Umschlagmotiv
Bilderdienst Süddeutscher Verlag, München: 145, 146, 148, 157 (o.)
Bundesarchiv Koblenz: 158 (u.)
Interfoto, München: 147 (Popperfoto), 159
Keystone Pressedienst, Hamburg: 158 (o.)
Machiel Kiel, Utrecht: 149 (u.)
Münchner Stadtmuseum: 152 (Foto: Wolfgang Pulfer)
Aus: Views of Greece from Drawings by Edward Dodwell, London 1830: 151
Weithmann, Michael, Passau: 149 (o.), 150, 156, 157 (u.), 160

Textabbildungen:

S. 57 aus: Bernhard Breydenbachs Reise ins Heilige Land 1483; S. 78 und 84 aus:
Großer Bildatlas der Kreuzzüge, hrg. v. Riley-Smith, J., Freiburg 1992; S. 107 aus:
Thevet, A., Cosmographie de Levant, 1554; S. 116 Machiel Kiel, Utrecht; S. 119
aus: Randolph, B., The Present State of Morea; S. 126 aus: Constantinopel mit
deroselben ringsumbliegenden Meeren, 1688.
Die restlichen Textabbildungen stellte der Autor zur Verfügung.

Karten:

S. 12 u. 250 nach: Clogg, R.: A Concise History of Greece, Cambridge 1992; S. 90 aus:
Ducellier, A., Byzanz, Frankfurt 1990. S. 200 aus: Bevölkerungs-Ploetz. Raum
und Bevölkerung in der Weltgeschichte, Würzburg 1965.